STEPPING FORTH INTO THE WORLD

少年行

1840—1911

晚清留学生历史现场

李书纬 著

U0854702

SPM
南方出版传媒
广东人民出版社
·广州·

图书在版编目(CIP)数据

少年行：1840-1911晚清留学生历史现场 / 李书纬著. — 广州：广东人民出版社，2016.7（2023.1重印）
ISBN 978-7-218-10685-4

Ⅰ. ①少… Ⅱ. ①李… Ⅲ. ①留学教育—教育史—中国—1840～1911 Ⅳ. ①G649.29

中国版本图书馆CIP数据核字(2015)第308396号

SHAONIAN XING: 1840—1911 WANQING LIUXUESHENG LISHI XIANCHANG

少年行：1840—1911晚清留学生历史现场

李书纬 著

出 版 人：肖风华

策划编辑：钱飞遥
责任编辑：钱飞遥
责任技编：吴彦斌 周星奎
出版发行：广东人民出版社
地 址：广州市大沙头四马路10号（邮政编码：510199）
电 话：（020）85716809（总编室）
传 真：（020）83289585
网 址：http://www.gdpph.com
印 刷：三河市嵩川印刷有限公司
开 本：787毫米×1092毫米 1/16
印 张：27.5 字 数：400千
版 次：2016年7月第1版
印 次：2023年1月第2次印刷
定 价：88.00元

目　录

蔡元培看到晚清中国腐朽的现状，以其开创精神，推动近代中国的教育革命。当此之时，革命需要他，事业需要他，况且他还有自己的家庭，因而出国留学只能在心中潜藏着。但是，他仍然在不断地学习外语、研讨西方文化，他感到终有一天会有机会的，出国留学会成为可能。

留学生到日本留学，速成教育虽然使一些人获得了毕业证书，但这样的教育方式，显然有着急功近利的功利色彩，面对这种问题多多的速成教育，驻日大使杨枢在给朝廷的奏章中说：“挟利禄功名之见而来，务为苟且，取一知半解之学而去，无补文明。”

袁世凯对立宪的态度，是想维护自己的权力。新官制方案，消弱了袁世凯的力量，更使他感到，必须借重于立宪派的力量。他权衡利弊，知道慈禧太后已是风烛残年，不定哪一天就会驾鹤西去。到时候光绪帝重新掌权，将对自己大大不利，而立宪派正好削弱皇帝的势力，所以他积极支持。

李鸿章对李劢协派遣淮军军官前往德国学习西洋军事的建议很感兴趣，立即召见卞长胜等人。淮军毕竟是李鸿章一手经营，因而对于军中的人员情况，大都有所了解。当时，卞长胜等人的年龄大都在 20 多岁左右。他们给李鸿章的印象是，这些人还算诚实，当然这也是李鸿章的用人标准，他喜欢唯他马首是瞻的人。

辜鸿铭的爱国忠君到了愚忠的地步。他把中国内乱外患的责任，全部推给了康有为，并声称，如果不是康有为变法维新，抨击慈禧仇视向西方学习，并进而袒护义和团的排外活动，西方列强不可能会对慈禧“猜忌不满”，自然也就不会有如此惨痛的结局。如此牵强附会的推理，也只有辜鸿铭做得出来。

第一章　启蒙

“容闳留美”与洋务召唤

一、林则徐的“师夷”思想与容闳的留学先机

1840年6月，中国与西方两种不同的意识形态，通过战争的方式进行较量，终于在英国人焦急的等待中到来了。

决定与大清朝开战的计划是在1839年10月由英国内阁通过决议作出的。内阁决定由懿律为侵华英军总司令。经过几个月的准备，懿律率领40余艘军舰和4000名官兵组成的舰队气势汹汹地驶入中国的洋面，由此，第一次鸦片战争爆发。

这一战，大清朝的门户被英国人的坚船利炮轰开。“天朝上国”苦心经营数百年的闭关锁国政策也被击得粉碎。

远隔重洋的大英帝国为什么要不远万里用坚船利炮轰开中国的大门？这要从当时的环境和趋势说开。鸦片战争之前的西方世界，几个发达的资本主义国家先后经历了工业革命，社会生产力得到空前提高。但是，作为当时头号资

第一次鸦片战争时，清水师在虎门外大角、沙角炮台与英军激战。图为英国随军画师所绘制

本主义工业帝国的英国，在工业的发展中，也出现了生产过剩的困扰。法、美、俄等国也紧随其后存在这种问题。1825 年并为之爆发了西方资本主义历史上因为生产过剩带来的经济危机。

经济危机爆发，这些西方资本主义帝国的执政者坐不住了。他们急于向海外开辟商品市场和原料供应地。当时被西方视为老大的英国首先把目光瞄向了人口众多、资源丰富的中国。

英国人在乾隆朝时就已觊觎中国市场，1793 年，英国公使马戛尔尼访问中国觐见乾隆皇帝时，就提出过这一主张。马戛尔尼的这次访华实际上是来中国探路，了解中国情况，为英国在中国开辟商务、外交打前站的。当年的 9 月 14 日，乾隆皇帝在热河避暑山庄接见了马戛尔尼。接见中，马戛尔尼提出，希望中英两国贸易通商，但遭到了乾隆皇帝的断然拒绝。

乾隆皇帝拒绝的理由很简单。大清朝作为天朝上国物产丰富，应有尽有，什么都不缺，不需要与外夷互通有无，并警告说，英国人没有经过大清国的允许，不要再到天津、浙江等地从事贸易、经商了，否则将被“驱逐出境”。

事实上，乾隆皇帝拒绝马戛尔尼的请求，还有一个让他愤愤不平的原因。在接见之时，发生了一桩让史家评议纷纭的礼仪之争。拜见之时，乾隆皇帝和清廷的朝臣们要求马戛尔尼使团按照延续了几千年的中华礼仪，对乾隆皇帝行三跪九叩之礼，而马戛尔尼则不肯屈尊，坚持认为应该以觐见英王的礼仪，单膝下跪，行吻手礼。双方的坚持中，乾隆皇帝退让了一步，让马戛尔尼以觐见英王的礼仪方式单膝下跪行吻手礼。当马戛尔尼轻吻乾隆皇帝的手时，这样的礼仪，乾隆皇帝嘴上不说什么，但是内心却十分反感，心中也在暗骂：你荒蛮外夷，不知中华礼仪，不知上下尊卑，还谈什么商贸往来。因而，马戛尔尼的请求被乾隆皇帝断然拒绝。

马戛尔尼碰了一鼻子灰，心情大为不快地离开了中国，回到了英国伦敦。在中国的碰壁，也使他对大清朝存有偏见。因而，对于清朝的立国，予以全盘否定。他在其《纪事》中写道，清朝自立国以来，中国“至少在过去一百五十年里没有进步，或者更确切地说反而倒退了”。为什么退步了呢？马戛尔尼说，这是因为清朝的保守固步自封，当欧洲人开始使用来复枪打仗时，清朝人却还在为自己军队马上骑射的潇洒而飘飘然。他还说，“清政府好比是一艘破烂不堪的头等战舰，它之所以在过去一百五十年中没有沉没，仅仅是由于一班幸运、能干而警觉的军官们的支撑，而它胜过邻船的地方，只在它的体积和外表。但是，一旦一个没有才干的人在甲板上指挥，那就不会再有纪律和安全了”[1]。

马戛尔尼访华的一段历史，他的碰壁，在历史的进程中，逐渐烟消云散，人们已淡忘。但是，西方资本主义工业化的进程中，由于生产过剩带来的经济危机并没有停止，生产的东西卖不出去，国内原料紧缺，这让西方资本主义国家的头脑对大清朝的闭关政策很是不满。当时，大清国对外贸易的城市仅限于广州，即便如此，清政府还规定，进入中国的外国商人销售商品和购买土货必须经过政府特许的公行商人才能从事贸易。这样的限制下，进入中国的西方商

[1] [法]阿兰·佩雷菲特：《停滞的帝国：两个世界的撞击》第567页，生活·读书·新知三联书店1993年版。

品应该成为紧俏商品才对。但在小农业和手工业相结合的自给自足的自然经济为主体的中国，西方国家生产的工业品并不受中国百姓欢迎，而中国丝织品、陶瓷等传统手工制品却深受西方人青睐，这种局面对于大清朝是贸易顺差，而对于西方却是贸易逆差。英国人当然不想让这种尴尬的局面持续下去。权衡利弊，英国人利用鸦片对中国的贸易获取暴利，并希望以此达到控制中国的目的。

鸦片，作为一种毒品，对人们的危害是巨大的。自晚清以来由于吸食者众，鸦片害民祸国充分地表现出来了。对于中毒甚深，搞得面目黑瘦、精神萎靡、形体瘦弱的鸦片嗜食者，国人斥之为“鸦片鬼”。

鸦片危害，不仅伤害个人，对家庭、社会甚至国家的危机也是深远的。虽说元朝之时，人们已经知道了鸦片的危害，但当时吸鸦片的人并不多，到了清朝乾隆年间，吸食鸦片者大量出现，乾隆皇帝不得不为此制定了严厉的禁制政策。

乾隆皇帝向全国下达了一条禁令，大意是，凡商人贩卖鸦片，戴枷一个月，廷杖 100 棍，然后发配边疆；对于官员贩卖鸦片的，加重处罚，除罢免管制外，还要发配边疆为奴，终身不为朝廷所用。乾隆皇帝还为此搞了一场收缴鸦片的“大跃进”式运动，焚烧了千余箱鸦片。严令之下，一时对鸦片商人有所震慑。因而，当时的鸦片流入大多靠的是走私。

到了嘉庆年间，嘉庆皇帝也制定了一些政策。可是禁令难以畅行，雷声大雨点小，致使鸦片走私十分猖獗。崇尚节俭的道光皇帝很想励精图治使国家富强，对于鸦片问题，道光帝很想做到令行禁止。因而，他在乾隆、嘉庆政策的基础上，对吸食者也治以重罪，对鸦片走私坚决打击。但走私犯很狡猾，改过去的岸上交易为海上趸船交易。

为此，1837 年 6 月，道光皇帝下令要求两广总督邓廷桢驱逐这些走私商船，“严饬洋商，传谕该国坐地夷人，勒令寄泊趸船尽行回国，无许托故逗留。并确查窑口巢穴所在，悉数按治，毋稍姑息”。

一个月后，道光帝又谕令邓廷桢严厉打击私贩鸦片商人。根据谕令，邓廷桢通知英国商务监督义律等撤走趸船，停止鸦片走私，却遭到了英商的拒绝。

在这种情况下，邓廷桢不得不采取铲除“快蟹”走私小艇的办法，使其货源无法提出，从而使贮存在趸船的鸦片无法出售。同时，邓廷桢又对国内的鸦片贩子进行严厉的清查打击。邓廷桢的禁烟措施虽然取得了一定的成效，但是，禁止鸦片非一时一日之功。鸦片走私活动仍十分猖獗，白银大量外流并未改变。这也使得道光帝感到要使禁烟政策做到令行禁止，必须痛下重手。1838 年 6 月，鸿胪寺卿黄爵滋向道光皇帝呈奏《请严塞漏卮以培国本折》，建议采用重治吸食洋烟的方法禁止鸦片。

黄爵滋说，鸦片是害民之物，从国计民生考虑，吸食鸦片有病国之忧。因此，黄爵滋主张“今欲加重罪名，必先重治吸食者”[1]。

黄爵滋是一个典型的禁烟派，他的建议同道光皇帝的想法如出一辙，因而道光帝阅览他的奏章后，又谕令“盛京、吉林、黑龙江将军，直省各督抚”对黄爵滋的奏章提出更合理的建议。

道光皇帝的谕令下达后，作为湖广督抚的林则徐十分认同黄爵滋的主张。林则徐结合自己在湖广辖境的经验，也向道光皇帝上了一道奏章。他在奏章中说，严刑峻法是可以禁绝鸦片的。

林则徐在奏章中还附上了《钱票无甚关碍宜重禁吃烟以杜弊源片》，说明了吸食鸦片的危害。道光皇帝看了林则徐的奏章，让他入朝觐见。最高领导人要召见谈话，使林则徐意识到了责任重大。入京之前，他感到道光皇帝可能命他主持禁烟。事实果不出所料，从 1838 年 12 月 27 日到 1839 年 1 月 3 日，道光帝先后召见了林则徐八次，给予他极高的礼遇，恩赐他紫禁城骑马、上毡垫，并谕令他全权主持禁烟。于是，由林则徐负责的一场声势浩大的禁烟运动全面展开。从 1839 年 2 月开始，林则徐接连发布政令，严厉打击鸦片贩子和吸食者。

林则徐雷厉风行地禁烟，严重打击了鸦片商人和吸食者的嚣张气焰，并没收了大量的鸦片。仅 1839 年 6 月 3 日到 25 日，林则徐就在虎门当众销毁了英美烟贩交出的鸦片 237 万公斤，史称“虎门销烟”。

---

[1] 林庆元：《林则徐评传》第 55 页，南京大学出版社 2000 年版。

林则徐虎门销烟的重大胜利，让道光帝很高兴，也很振奋。他认为，这是他励精图治的重要步骤。林则徐虎门销烟给英国资产阶级贸易集团造成极大的冲击，但他们不甘心失败，于是一再发起武装挑衅，并鼓动政府发动战争，说林则徐禁烟是“不可饶恕的暴行”，是对英帝国的一种侵略，对中国“应该出之以迅速而沉重的打击，事先连一个字的照会都不用给”[1]。这样，第一次鸦片战争爆发。这次战争以大清国的失败，被迫签订《南京条约》而告终。

第一次鸦片战争，从一开始就是在不对称的条件下进行的。整个战争中，英国人出动不到两万人，竟然可以在中国的土地上耀武扬威，而当时的中国拥有 80 万军队。失败的根本原因就是技不如人、器不如人。这场战争中，英国人以坚船利炮同中国作战，清军虽然也使用了火炮，但大部分都是长矛加大刀的冷兵器，使用的火炮也是粗笨的老式火炮，根本不能适应近代战争的需要。

不对称的作战武器，人员的伤亡情况也大不相同。在大角、沙角之战中，清军战死 277 人，而英军只有人员受伤，没有官兵死亡；在虎门之战中，清军战死 250 余人，而英军却只有 5 人受伤；在吴淞之战中，清军阵亡 88 人，而英军只有 2 人战死。第一次鸦片战争中，清军虽然拼死抵抗，但这些不对称的数字，在失败的阵痛中，却道出了中西方差若天渊。

鸦片战争的胜利，使英国人从此一洗被清帝国拒于国门之外 120 余年的耻辱。而被战争吓破了胆的道光皇帝和他的近臣们则惊慌失措地在《南京条约》上签字画押，这是中国近代史上第一个不平等条约。

英国人的成功，为西方列强在中国索要多端提供了范例。此后，美国、法国、沙俄等列强也一窝蜂地涌进中国，起哄地提出各自的要求，并派出军舰在中国海域逞威。与英国人开战遭惨败，道光皇帝已是惊弓之鸟，经受不住任何威吓，于是与美国签订了中美《望厦条约》。这个条约是美国侵略者从中国勒索到的第一个不平等条约。除无割地、赔款外，美国不仅获得英国在《南京条约》中取得的全部侵略特权，还扩大了领事裁判权，进一步破坏了中国关税自主权。

[1] 林庆元:《林则徐评传》第 108 页，南京大学出版社 2000 年版。

第一次鸦片战争失败，琦善等人代表清政府与英国人谈判

继美国之后，法国也派出军舰到中国海域逞威，胁迫清政府签订了不平等条约《黄埔条约》。

目睹中国的惨败以及西方列强的纷纷强索，在禁烟运动中与西方人接触较多的林则徐提出了“睁眼看世界”的主张。林则徐并非中国学习西方的第一人，但他却把列强的侵略与中国学习西方抵御外侮紧密地结合起来。林则徐是道光朝官员中了解“夷情”较多的一个。起初，他受道光帝之命，出任湖广总督后，了解到西方人渴望与中国贸易通商的心情非常迫切，特别是英国人大量地向中国私售鸦片，使他感到，了解西方情况，做到知己知彼非常重要。因而，他经常从英国商人那里买来英国报纸，并组织人员翻译西书。

老实说，林则徐最初对西方的认识和大多数人一样，不把他们放在眼里。马戛尔尼不肯向乾隆皇帝行跪拜之礼一事，他也认为是西方人不知礼数，随着对西方的了解增多，使他感受到中国人对西方的了解实在是太少了。为此，林则徐特意聘请了几名会英语的华侨和教会学校的学生作为他的智囊，帮助他了解西方情况。

1840 年，林则徐组织编译成的《四洲志》系统地介绍了英法美等世界上一些主要国家的地理和社会风俗、政情，为中国人学习西方提供了借鉴。

林则徐特别对欧美强国做了丰富的记载，他在《四洲志》说：英国“俗贪而悍，尚奢嗜酒，惟技艺灵巧。纺织器具俱用火轮、水轮，亦或用马，毋须人力。”对于法国，林则徐这样说：“俗尚奢华，虚文鲜实。精技艺，勤贸易，商船万四千五百三十。”[1]

《四洲志》丰富而系统地对西方先进技术的描述，充分显示了他渴望中国人睁眼看世界的心情。这种羡慕西方技艺的思想，鲜明地表现在他对俄国彼得大帝学习西方的叙述上。《四洲志》中说：俄国“及至比达王，聪明奇杰，离其国都微行，游于岩氏达览等处船厂、火器局，讲习工艺，旋归传授，所造火器战舰，反优于他国。……造至近日底利尼王攻取波兰国十部落，又击败佛兰西国王十三万之众，其兴勃然，遂为欧罗巴最雄大国”。

后来，林则徐因为虎门销烟，英国人迁怒，道光皇帝慑于英国人的淫威，便把责任推到了林则徐身上。鸦片战争的失败也使道光帝对禁烟和抵御外侮政策产生了动摇，认为只要惩办了林则徐就可以和英国人握手言欢。于是，林则徐被革职、查处，后被流放新疆伊犁。在前往伊犁途中，他总结泱泱大国的中国败于英国的原因，深深地感到“器不良”“技不熟”是主要原因，他说，大清要不受外夷欺侮：“器良技熟，胆壮心齐”才是根本。作为朝廷的罪犯，他仍然无所避讳，他对道光帝的软弱一针见血地说，与西方人作战，不谋求造船造炮，编练水军，只能自取失败。

林则徐忧心忡忡希望中国人“睁眼看世界”，但当时的道光帝不接受，朝廷中的保守派更对他招募华侨和教会学堂学生为幕僚视为“汉奸”的举动。虽然如此，出身于福建一个贫困塾师家庭的林则徐，从小在家风的影响下就形成了在任何条件下都不畏困难的顽强品格。面对朝廷中保守派的指责，林则徐仍然坚持自己的信念。

林则徐在去往新疆伊犁途中，路过镇江时，他的好友魏源特意赶来相送。

[1] 夏东元：《论洋务运动的经济背景和思想背景》，《上海社会科学院学术季刊》1986 第 3 期。

那时正是初秋时节，天气清爽。魏源经过与护送的差役通融，他们才得以同住一室，两人把酒畅谈，共叙友情，谈到国事时，林则徐将自己组织人员编译的《四洲志》等有关西方国家情况资料交给魏源，希望魏源继续对世界各国的情况进行研究。

魏源不负重托，他根据林则徐鸦片战争的斗争实践、鸦片战争失败的教训，以《四洲志》为蓝本编著《海国图志》。他在该书序言中明确说明了他写此书的目的是“以夷攻夷”、“以夷款夷”、“师夷长技以制夷”。如何师夷制夷呢？魏源给出了三个答案，一是坚船，二是利炮，三是养兵练兵之法。这为后来的洋务派强军提供了参考。但在道光朝，魏源的主张仍然得不到支持和响应。

一个重要的原因就是风气未开。按理说，经历了第一次鸦片战争，挨了打的清王朝本应该研究自己为什么会被西方打败。正所谓兵家所说的，知己知彼，百战不殆。对西方国家的情形进行研究，做出相应的对策。既然林则徐、魏源等有识之士发现西方列强的“技”和“器”优于大清，就应该采取“师夷长技以制夷”的对策。可是当时的大清，朝野上下大多数人仍然抱着固有的思想，认为大清乃“天朝上国”，什么都优于西方，一次失败不足为虑。从道光皇帝到他身边的那些保守顽固的近臣们，普遍认为中国文化才是正统，只有中国改变西方，没有西方改变中国的道理。因此，第二次鸦片战争之前的大清朝完全是无所作为的。

道光帝和朝廷中的保守派虽然反对中国学习西方，但毕竟洋枪洋炮已经轰开了中国的国门，《南京条约》也使得大清朝被迫允许西方人到中国自由贸易，英商可以到中国自由居住。此后，在中美《望厦条约》中，规定美国人可以在通商口岸建立教堂、传教、设立医院等等。既然有这个背景，朝廷虽然抵触，但西方人却可以自由进入，因而，中国人接受西方思想、文化、先进技术是在被动的局面中进行。在当时，中国人视西方为“蛮夷”，大多数人谈到西方都谈虎色变，不可能主动通过游历、留学、商贸等方式“睁眼看世界”。

晚清中国，中国人了解西方世界，是以传教士为主要途径的。西方文化的传入非自鸦片战争始，以传教士到中国传教为前导，早在明末清初即已展开，但第一次鸦片战争后，一系列不平等条约的签订，清政府允许西方国家到中国传教、商贸，使得大批的传教士涌入中国。传教士到中国后，他们在中国设立教会，开设教会医院、教会学堂等等，积极对中国产生影响。

当时，以传教的方式对中国积极进行西式教育的“马礼逊学堂”当属具有代表性的一个。“马礼逊学堂”是英国人来华创办的一所较早的西式教育学堂。校名中的“马礼逊”是一位英国传教士的名字，1834 年，马礼逊在中国病逝。他病逝的第二年，在华传教士为纪念他在传教事业上的筚路蓝缕之功，便在澳门以“马礼逊”的名义创办了一所小学。这就是后来的“马礼逊学堂”。1843 年，马礼逊学堂迁到已成为英国殖民地的香港，成为香港第一所新式学校。校址在今天的摩理臣山。塞缪尔·布朗博士成了该校的第一任校长。

“马礼逊学堂”作为一所西式学堂，当时英国教会的初衷是为教会服务，但是，它却积极地推动了中国人“睁眼看世界”，推动了中国人“自强”意识的觉醒，这是西方人所始料未及的。

被后人誉为“中国留学生之父”的容闳和他的两个小同窗黄宽、黄胜在马礼逊学堂几年的学习生活，在布朗博士的带领下走出国门，接受西式教育，最初，学堂也是希望他们将来为西方传教事业服务的，但是，他们到国外后，西方的发达、文明却激发了他们渴望通过所学使祖国强大的梦想。三人中，容闳是最具典型的代表。

“马礼逊学堂”最初在澳门创办时，容闳的父亲便把他送到学校读书，那年容闳 7 岁。学堂迁到香港时，容闳也随学堂到香港读书。在马礼逊学堂接受教育的几年里，使得容闳对西方的风土人情、文化、历史等诸多方面都有所了解，因而对西方世界也充满了好奇与向往。

容闳和他的两个小同窗在 1847 年 1 月启航前往美国。当时，容闳还不知道到国外留学的意义，他只是在马礼逊学堂学习时，听布朗博士讲述美国的情况，因而对美国产生了向往。当时，容闳还不知道自己到国外学习的目的，但是他曾经梦想过走进一片神奇的新大陆。

容闳曾在他的自传《西学东渐记》中，谈到他在马礼逊学堂读书时曾经

容闳

作过一篇《梦想之纽约游》的文章，文中幻想他来到新大陆的种种情景。

人生梦想往往成为人们某一个理想的动力，想不到马礼逊学堂校长塞缪尔·布朗博士的一个宣布，竟使容闳走进新大陆的梦想成为现实。

布朗博士决定带几名学生到美国学习，是在1846年12月的一天。那一天，天气很好，容闳和他的同窗们像往常一样在教室里坐着，等待他们的老师布朗先生来给他们授课。临近中午的时候，既是老师又是校长的塞缪尔·布朗博士面带倦容地走了进来。

他声音有些沙哑地对学生们宣布："同学们，我因健康状况欠佳，准备休假回国调养。此行愿带三五名学生赴美留学。我已与香港基督教教会的几名教友谈妥。他们愿意为每个同学提供2年的留学经费和父母的赡养费。诸生有愿意前往者，请起立。"[1]

面对这个突如其来的机会，当时许多同学都不知道该怎么反应。这样的

[1] 王奇生：《中国留学生的历史轨迹》第3页，湖北教育出版社1992年版。

机会如果放在今天，肯定会有无数的学子争先恐后地报名，但在晚清那个闭关锁国的时代，到国外留学，在人们的思想和观念里还没有那个认识。40 多名中国学生面面相觑，默不作声。最后仅有三个人悄然站立。这三个人就是容闳、黄胜、黄宽，由此，他们成为了晚清中国的留学先驱。

要跟随塞缪尔·布朗博士出洋留学，这个大胆的决定，对于容闳的父母来说，无异于石破天惊。

当容闳把布朗博士要带他们到美国的消息告诉父母的时候，以农为生的父母第一个反应自然是惊惧、无所适从。当时在人们的传言中，海外是一个蛮夷遍地的世界，那里的人都长着一身红毛，大清国的子民因此称那里的人为“红毛人”。容闳的家乡是广东香山县的澳门小岛。此时，澳门岛已经被葡萄牙殖民者租占近三百年。租占的历史里，也许是百姓对外来者的天然抵触情绪，因而，将这些外国的“红毛人”视为妖魔的化身。百姓们还传言：“红毛人”见到中国的小孩后，会将他们开膛剖肚，挖眼掏心。港澳居民中虽有人跨海出洋过，但那是为生计所迫，不得不远走异域他乡谋生，至于出国留学，更是前所未闻。何况容家在当时是小门小户的农民家庭。因此，对于儿子要去美国留学，父亲反对，母亲还为此潸然泪涕。起初，容闳的父母送他们到洋教堂学习，目的不过是希望儿子在教会学堂里学点文化，学点洋文，将来好在香港的外国人家里当仆人，找点事做，根本没有想到将来要出国留学。

儿行千里母担忧，容闳对父母的担忧是理解的，他劝说母亲之后，于 1847 年 1 月 4 日，随布朗夫妇以及黄宽、黄胜两个小同乡一起踏上了留学美国的行程。他们所乘坐的是美国奥利芬洋行的“亨特利思”号商船，船由黄埔港出发，经中国南海，过马六甲海峡，绕道好望角，进入大西洋。商船在途经大西洋上的圣赫勒拿岛时做了短暂停留，圣赫勒拿岛是拿破仑的终老之地，容闳和几个小同乡及布朗夫妇一起走下商船上岸拜谒了拿破仑陵墓。容闳是一个感性的人，离开小岛时，他特意折取坟前柳树上的一枝柳条带回船中，准备赴美登岸时栽植留念。数年之后，当容闳在耶鲁大学毕业时，他带到美国栽种的细柳，已是枝叶丰茂的大树。

1847年4月12日，经过长达98天的漫长旅行，“亨特利思”号商船终于抵达美国纽约港。容闳、黄宽、黄胜三个孩子随布朗夫妇一起抵达美国后，布朗先生将他们送进马萨诸塞州的孟松学校就读。孟松学校是当时美国最著名的大学预备学校。在这里，容闳、黄宽、黄胜三个中国孩子有幸被孟松学校校长海门亲自教授。海门是一个十分博学的人，尤其在英国文学方面有着很深的造诣。海门不同于中国私塾先生的填鸭式教育，他反对把学生训练成“会走路的百科全书”或是“有灵性的鹦鹉”，他注重的是培养学生“优美的品格”。

容闳就读的孟松学校

名师的引导，容闳很自然地融入到新的学习环境之中，并很快适应那里的生活方式。当时美国的生活程度不高，贫苦的学生，稍稍为人工作，就不难得到学费，每星期只要得到1元2角5分美金，就足可以支付食宿、燃料等费用；而劈柴、生火、烧炭等，须学生自己料理。

这对于容闳来说，倒没有什么。他认为，这正好是磨练筋骨、锻炼身体的好机会。容闳的住处与学校有半英里的路程，他把这半英里路程也充分利用起来，作为运动的一个途径。他每天从学校到住处往返三次，都是徒步，有时跑步到校，寒来暑往都是如此，长年的坚持运动，不仅使得这个正在长身体的孩子饭量大增，身体也比在国内时更加强壮。

1848年秋天，同去的黄胜因病回国。另一位同学黄宽，从孟松学校毕业后，进入苏格兰爱丁堡大学医学院。容闳因为有一个理想，想进入耶鲁大学，因而便没有和黄宽同往。

黄宽之所以选择到爱丁堡大学读书，是因为到那里读书可以得到资助，这也是资助他们的香港教会的计划，但容闳更神往海门校长和布朗博士的母校耶鲁。但是，到耶鲁大学读书，香港教会并不予资助，这使得容闳进入耶鲁大学读书的愿望成为难题。没有经济来源，求学和生活都将无法得到保证，况且，没有经费他也无法进入耶鲁大学。

经济问题不能解决，容闳自然无法再继续求学。他一人置身异域，无所依靠，只好向布朗先生求助。布朗先生找到孟松学校的校董。校董同意资助容闳进入大学读书，但他附带了一个条件，要求容闳毕业后必须回国充当传教士，在中国传教。按说，容闳从小就接受美式教育，对美国的文化有一定的了解，况且现在在美国又经过了两年多时间的学习，对美国的文化和风土人情有了更深的认识。但当孟松学校校董对他说出这个要求的时候，他没有思考就断然拒绝了。他在他的自传《西学东渐记》中回忆："传道固然好，却不是造福中国的独一无二的事业。……志愿书一经签字，我就受到束缚，很可能坐失为国家谋福利的机会。"他认为："人类应尽的天职，不能因为贫穷而改变宗旨。"[1]

容闳不愿改变自己的宗旨，他的宗旨是什么呢？他曾经对他的恩人布朗先生说："我虽贫穷，但生性自由，毕业后无论选择何种职业，只求选择对中国最有益的工作。"

容闳的这番表态，也使得布朗博士感到，这个中国年轻人是一个有责任感的人，他不会因为贫穷和眼前的利益而改变初衷。因而，他对他这个昔日的小学生越发喜欢，甚至产生几分敬佩之情。人生际会，命运往往难以预料。当容闳不愿做传教士而得不到资助时，内心不免也产生几丝恐慌，今后的生活该怎么办呢？

没有进入耶鲁大学的学习经费，每日里还要为一日三餐的吃饭问题发愁，衣食无着的境遇下容闳本打算打点行装回到国内。1850年夏天，容闳希望进入耶鲁大学的愿望发生了戏剧性的转机。斯时，布朗博士到南方探望亲属，顺道造访了乔治亚州的"萨凡那妇女会"。他带回了好消息：萨凡那妇女会答应资助容闳。

[1] 容闳：《西学东渐记》第58页，岳麓书社1985年版。

得到萨凡那妇女会的支持，容闳很快考入了耶鲁大学。在耶鲁大学学习期间，容闳穿的是萨凡那妇女会寄来的鞋袜，学费来自萨凡那妇女会和阿立芬特兄弟公司的资助；除此之外，他也通过劳动获得一些收入，来维持日常的生活。学校考虑到他的困难，让他当学校兄弟会图书馆的管理员，这也可以获得一些微薄收入。他平时非常省吃俭用，甚至节省下 30 美金，托人辗转带回国给自己的母亲。

耶鲁大学成立于 1701 年，在美国的教育史上，这是一所富有传奇经历的综合性大学。1701 年，以詹姆士·皮尔庞为首的一批公理会传教士说服康州法院开办一所学校，使青年“可以学习艺术和科学……为教会和国家服务”，康州法院同意了这个请求，随后，10 位传教士从他们藏书不多的图书馆里拿出 40 本书，作为对建校的支持。1701 年 10 月，教会学校正式成立，传教士们推举哈佛大学毕业生亚伯拉罕·皮尔逊为第一任校长。1718 年，英国东印度公司高层官员伊莱休·耶鲁先生向这所教会学校捐赠了 9 捆总价值 562 英镑 12 先令的货物、417 本书以及英王乔治一世的肖像和纹章，这些现在看起来极其普通的物品，在当时对襁褓之中的耶鲁简直是雪中送炭。为了感谢耶鲁先生的捐赠，学校正式更名为“耶鲁学院”。后来耶鲁学院发展为美国颇具规模的第三所大学。

容闳到这里读书时，耶鲁已经发展到了惊人的规模。耶鲁的功课对刚入学的容闳来说非常难。头一年，他每天读书到深夜，身体吃不消，一天天变得消瘦。这样，他不得已休学一周，到布朗母亲的家中休息。第二年，最苦恼的是微积分，考试常不及格。好在容闳的英文论说十分优秀，在第二、第三学期连获首奖。

容闳的一位好友回忆：“他带着辫子，穿着中国长袍进入大学。但不到一年，就把这两样都割弃了。”学业中，容闳遇到不少的困难，但经过不懈的努力，终于读出了好成绩。“容闳终于闯过来了。”

1854 年，容闳以优异的成绩从耶鲁大学毕业，获得文学学士学位，于这年秋天从纽约乘船踏上回归祖国的路程。此时，容闳已在美国求学 8 年，他信心满满，决心用自己学到的新知识改造离别了8年的祖国。他能改变祖国的命运吗？

容闳坚信，通过国外所学，改变中国将成为时代潮流和趋势。他出国留学那一年刚刚18岁，这是一个人价值观、世界观形成的关键时刻。在这个年龄段容闳在塞缪尔·布朗博士的带领下，来到美国这块新奇的土地读书。他从启蒙到中学、大学，受的是系统完整的资产阶级教育，资产阶级的文学、哲学、政治学、心理学以及新兴的自然科学他都认真学习过。容闳留学时的美国也正是美国资本主义经济兴起的时代，19世纪40年代以来，在相对较短的时间里，美国快速实现了工业化，传统的小农经济转变为工业经济，科学技术也飞速发展，相继发明了铁路、电话、汽车等新技术。这些开创性的创造也推动了美国的经济增长，改变了美国人的生活方式和生活质量。在教育方面，美国政府重视科研和教育的作用，大力发展教育事业，奖励科学发明。美国的这些开创举措使留学美国的容闳已深有感触，这也是他认识到在美国学习，不应该只是学习语言，猎取异闻。那样，充其量只能是鹦鹉学舌，不能灵活运用的工具而已。容闳明白，在美国所学，就要学习精髓，所学为中国所用。留美期间，他广泛接触美国社会，接触能够改良中国社会的新思想、新文化，他的这种前瞻的思想，他的一位美国朋友布斯后来评价说，容闳是一个很有才干的人，“他有强烈的爱国心”。

容闳在美国的学习、生活和所观所感，使他感到中国人应该抛开固步自封的思想，“睁眼看世界”学习西方，特别是学习美国。容闳认为美国的崛起，很值得中国学习和借鉴。他考入耶鲁大学之时，他想着努力学好自己的学业，将来报效自己的国家。他在致美国友人的信中说：“如果住到1854年夏，我将获得文学士学位。此后我将考虑回国，并且仔细考虑将来的职业。谈到职业，我还没有一定的结论。但有一点是确定的，我将来要学习农业化学，我也许去学习内科和外科医学。有那么多东西，而且每一种都对想为祖国谋福利的人同样具有价值，以致要想知道应该选择哪一种是实在太困难了。”[1]

容闳由美归国之举，表明了他希望回报祖国，使国家富强、人民康乐的理想追求。他的好友特韦契耳写道：他居留美国已久，具备彻底归化的资格。事实上，他已经是一个美国公民。

虽然在思想观念上容闳已经“西化”，而且也有机会留在美国，但他依然选择了回归。尽然，他已经不能适应中国的环境。而且在中国没有什么需要他去做的事。那里除了卑微的亲属以外，他没有朋友，不会给他任何地位和照顾。不仅如此，考虑到他曾经所呆乏地、他的变化和他将来的打算，他在社会上不可能不遇到歧视、怀疑和敌意。容闳也知道，回到国内，不一定会有好的前景。但是他说，这时《圣经》上有条经文，就像上帝的声音一样在他的耳边萦绕回响。经文上说：“不论是谁，如果不为自己，特别是不为自家人作打算，他就是否定了教义，因而比异教徒更坏。”

容闳希望凭美国所学，促动中国人“睁眼看世界”，学习美国，使中国趋于文明富强之境。美国的自由开放，使他感受到鸦片战争以来中国之所以失败，就在于清廷的闭关锁国，科学技术的落后，他把大清国和美国做了一个比较，认为封建专制的腐朽、反动，不变革，中国亡在旦夕。他在大学毕业前夕曾这样写道：

当修业期内，中国之腐败情形，时触予怀，追末年而尤甚。每一念及，辄为之怏怏不乐，转愿不受此良教育之为愈。盖既受教育，则予心中之理想既高，而道德之范围亦广，遂觉此身负荷极重，若在毫无知识时代，转不知觉也。更念中国国民，身受无限痛苦，无限压制，此痛苦与压制，在彼未受教育之人，亦转毫无感觉，初不知其为痛苦与压制也。故予尝谓知识益高者，痛苦亦多，而快乐益少。反之，愈无知识，则痛苦愈少，而快乐乃愈多。快乐与知识，殆天然成一反比例乎。[2]

[1] 李喜所：《近代留学生与中外文化》第 18 页，天津人民出版社 1992 年版。
[2] 容闳：《西学东渐记》第 61 页，岳麓书社 1985 年版。

睁眼看世界学习西方，特别是学习美国。容闳最大的感触是，美国教育事业非常发达。中国教育体制的落后，这也正是中国贫穷、被动挨打的根本原因。容闳很希望中国的青少年像他一样接受美国教育。

他在自传中说：中国年轻一代应当享受与我同样的教育利益；这样通过西方教育，中国将得以复兴，变成文明国家。我的志向就是去实现这一目标，而此目标犹如一颗明星，时刻指明我前进的方向。我竭尽我的全部智慧和精力朝着这一目标奋斗着。

容闳的想法，正是当时时代所迫切需要的。对于容闳来说，中国是他思想的异乡和血缘的故土，出于对故土的热爱，他感到自己有责任拯救祖国于水火中，这种使命感和责任感，使他义无反顾地回到了中国。作为接受西方教育的留学先驱，他做好了“去异乡流浪”和挑战可能出现的各种困难的思想准备。而实际上，回归之路的坎坷，实现理想的艰难，还远在他的预料之外。

二、曾国藩推动洋务运动昭示留学强国

留学美国的容闳归国后的第三个年头也就是 1856 年，第二次鸦片战争便爆发了，这次战争的浩劫，使得继道光之位的咸丰帝不得不与西方列强分别签订《中英天津条约》《中美天津条约》《中法天津条约》和《中俄天津条约》等一系列更为屈辱的不平等条约。但这些条约，列强们并不满足于《天津条约》的既得利益，仍然时刻蓄谋重新挑起战争。

1860 年，英法联军再次攻占天津，并进犯北京，坐在皇宫的咸丰皇帝害怕了，打着北狩的旗号，仓皇北窜，将其祖宗的家产连同其子民们丢给了列强。

咸丰皇帝跑了，英法联军的铁蹄野蛮地踏进了北京城。一夜之间，千年古都成为人间地狱，百姓惨遭屠戮，妇女遭到奸淫，雍正皇帝亲手建造的花园——圆明园，也被联军野蛮地烧为灰烬。这个悲剧的场景是在 1860 年 10 月

间，凶残贪婪的列强并没有就此罢手，他们又威逼咸丰帝的亲弟弟——恭亲王奕䜣在一个霸王条约上签字画押。代表着一段屈辱历史的《北京条约》以法律的形式，巩固了《南京条约》《天津条约》的既定成果，又赋予了外国列强一系列在华的新权益。

恭亲王奕䜣

两次鸦片战争的惨败和西方列强的索要多端，中国人终于明白，自称老大帝国的中国处于千年未变之变局，已经落伍于浩浩荡荡的历史潮流，中国要自强，要内平暴乱，外御列强，必须学习先进技术，朝廷中经过一次次的大讨论后，学习西方，师夷长技以制夷的思想就成为大清朝同治、光绪两朝的国策。

学习西方，作为恭亲王的奕䜣内心有一种强烈的渴望，《北京条约》上屈辱的签字画押，对他来说，有一种难以言说的苦痛。当时，圆明园的余烬还没有熄灭，奕䜣在英法联军胁迫和沙俄公使的欺骗"调停"下，签订了《北京条约》，条约签订的过程中，外交、商贸往来等很多问题，他都是一知半解，更为荒唐的是，参与谈判的中国官员全然不会外语，没办法只好临时找了个外国人作为翻译。在与洋人的谈判中，利益纠葛的交涉，作为战胜国——英法两国的咄咄逼人，都使他感到，要学会与洋人打交道。

原本，咸丰皇帝奕詝对他这个六弟是不太信任的。但是，无奈国事维艰，吓破了胆的咸丰帝带着妻妾、儿子和亲随逃亡热河的时候，感到北京的烂摊子还是交给自己的家人好些。打仗亲兄弟，上阵父子兵。于是，咸丰帝就把北京的烂摊子交给奕䜣处理，由他负责与洋人交涉议和。

奕䜣担当这一重任之初，对洋人是排斥的，心中有一种憎恨。嘴上不说，但是心里却在暗骂：你们这些老毛子，蛮夷，不好好待在西洋，却来我中华帝国寻衅。因而，最初的接触时，他抱有很强的蔑视和憎恶成分。但是，洋人凭着坚船利炮在中国横行和大清国屡屡惨败，又使他对洋人有一丝恐惧。

在与洋人的交涉中，随着接触的增多，外交、商务事务的谈判，也使他静下心来思考洋人为什么会那么强。交涉中，也使他对西方人有了新的认识，他很赞赏西人的精明、眼界的开阔和对工作的敬业态度。他们不像大清的一些臣子们，整天沉浸在争权夺利中蝇营狗苟。后来，奕䜣同意英国人李泰国整顿重建中国海关，让英国外交官赫德担任海关总税务司，都说明奕䜣在与洋人的交往中态度的转变。

《北京条约》签订后，中外交涉事务逐渐增多，大清国原来的“六部”架构已经不能适应外部交流的需要，急需成立一个新的机构来统率各部。但是，奕䜣又不敢自专，他的聪明就在于在咸丰帝的排斥猜疑中，能够小心翼翼地平衡他与四哥奕詝的关系。因为在当初的皇位选择上，他们的父亲道光皇帝曾经在皇位继承人的选择上一度倾向于奕䜣，可以说他是后来成为咸丰帝的奕詝的最强力竞争者。但是奕䜣的性格比较率真，而奕詝却是一个八面玲珑的人。道光帝权衡利弊，还是选择了奕詝为皇位的继承者。但是，道光帝出于对六子奕䜣的厚爱，将他封为恭亲王。将这个遗嘱一同放到册立皇位继承人的一个密匣里，一匣二谕，这是自雍正皇帝秘密立储制度以来，仅有的一例。从这个层面，也说明了道光帝对奕䜣的喜爱。

咸丰帝即位之初，倒也谨遵父命，宣布奕䜣为恭亲王。奕䜣喜欢舞枪弄棒，咸丰帝便让他署领侍卫大臣并管理京城的巡防。后来又将他调到军机处，再后来由他领班军机大臣。但是，好景不长，奕䜣的生母孝静皇贵太妃病故，孝静也曾对奕詝有过十几年的养育之恩，基于这样的关系，奕䜣便奏请他这位同父异母的皇帝哥哥，请求晋封他的母亲为孝静皇太后。奕䜣的请求，咸丰帝大为恼怒，认为奕䜣“礼仪疏略”将他一撸到底，重回尚书房读书。三年后，奕䜣虽然仍复起用，但两人总有一种说不清道不明的嫌隙。

1860 年奕䜣授命留守京城，处理与列强议和事宜。逃亡热河的咸丰帝时常听到身边的近臣肃顺、载垣、瑞华等人诽谤，说奕䜣与洋人走得很近，得到洋人的支持，有不臣之心。这样，本有矛盾的两兄弟之间的隔膜就更深了。

肃顺、载垣、瑞华等人的诽谤，奕䜣不得不处处小心。但是，要处理对外关系，他又不能不与洋人交往。要处理好对外关系，他觉得应该设立总理事务衙门。于是他上奏咸丰帝，说出了自己的设想，并借此机会说明了自己在京的情况。咸丰帝看了奏章，猜疑之心有所减缓。咸丰帝感到平衡与各国的关系，兹事体大，因而便同意了奕䜣的奏请，并要他主持总理衙门。

总理各国事务衙门成立之初，主要负责外交和商务。但是随着外国与清政府接触面的扩大，总理衙门逐渐承揽了财政、军事、矿物、交通等方面的大权，成为管理和交涉对外一切事务的机构。总理各国事务衙门在对外交涉中，起初并无经验。一位外国学者这样评述说："总理衙门在那时还没有经验，所以在一切国际问题上从商议一个条约到解决一个土地纠纷，都常听取在北京的总税务司的意见，并要求他的帮助。"[1]

因为毫无外交经验，总理各国事务衙门在处理对外事务时的一个特点就是"迁就"，也就是对西方列强的索要多端妥协退让。这样的局面，让主持总理衙门的奕䜣忧心忡忡，百般无奈。

该怎么解决这种尴尬的局面呢？奕䜣认为，首要的任务是国家图强。一些史学家认为，洋务运动是以奕䜣上奏咸丰帝成立"总理各国事务衙门"为开端的。但当时的权力很小，前面说过，主要是负责外交和商务。这样的职权范围，奕䜣很不甘心。后来，咸丰帝病死热河，当时被咸丰帝封为"赞襄政务大臣"的肃顺、载垣、瑞华等人辅佐咸丰帝年仅 6 岁的独生子载淳继承大统。在顾命大臣中，却没有奕䜣的分儿。根据咸丰帝的安排，赞襄政务大臣将载淳继位的次年定为"祺祥"年号，载淳称为"同治皇帝"，其母叶赫那拉氏被尊为"圣母皇太后"，加"慈禧"封号，咸丰帝的皇后被尊为"母后皇太后"加"慈安"徽号。两人均不许过问朝政。这样的安排，两宫皇太后很不甘心，被排斥出局的奕䜣更是不甘心。

况且，被咸丰帝封为"赞襄政务大臣"的肃顺、载垣、瑞华等人在咸丰

[1] [美]马士：《中华帝国对外关系史》卷二，第 390 页，（台北）成文出版社影印本 1978 年版。

帝去世后，很不把慈禧、慈安放在眼里，处处掣肘，冷待，大有凌驾于同治之上的野心。面对这样的局面，本来就有野心的慈禧当然不干了，她怎能容忍肃顺等人凌驾于自己之上。这使得奕䜣、慈禧、慈安悄悄地联系在一起。

1861 年 10 月，奕䜣以奔丧为名，前往热河。他以小叔子的身份拜见两位皇嫂时，谈话间，说出了彼此的遭遇。咸丰在世时，肃顺等人对奕䜣多有谗言，奕䜣正想办法扳倒他们，于是，三人经过商议，决定铲除肃顺等人。但是，此事在热河是行不通的。于是，奕䜣与两宫皇太后一面笼络握有重兵驻兵京津的兵部侍郎，作为后援支持；一面又让肃顺负责护送咸丰灵柩入京的重任，这样做的目的实际上是牵制肃顺的行动自由。而两宫皇太后则带着小皇帝提前回京。肃顺在护送灵柩的途中，被奕䜣安排的人逮捕。载垣、瑞华也被两宫皇太后在宫廷控制，拘押到宗人府治罪。

在整个政变中，奕䜣出力甚多，因此，慈禧、慈安给予了他很多的荣誉：让他领班军机大臣、封为议政王主持总理衙门等等一大堆的头衔。但是慈禧是一个权力欲望很强的女人，在她赋予奕䜣权力的同时，又感到芒刺在背，担心有一天奕䜣做大，有僭越之举，因而心中不免猜忌。

猜忌归猜忌，毕竟奕䜣帮助她刚刚杀掉了肃顺，铲除了异己。她慈禧也不可能立马过河拆桥、卸磨杀驴。况且，慈禧垂帘听政，在当时还没有政治经验的她也需要依靠奕䜣帮助辅佐朝政。慈禧毕竟是一个有心计的女人，她晋封奕䜣为“议政王”，这个封号不同于“摄政王”，意思是只能参政议政，而不能亲操权柄，而最终的决策大权仍然操纵在两宫皇太后手里，而慈安不热衷于政事，这样实际的大权就控制在慈禧的手里。

慈禧对奕䜣虽然猜疑，但是对奕䜣推行的各种政事，基本上是持支持态度的。在洋务方面，虽然说自总理衙门成立的那一刻，就标志着洋务的开端，但在当时与西方打交道一味妥协、迁就的局面，必须是要打破的。因而，在“祺祥政变”成功后的当年冬天，奕䜣向两宫皇太后提出了“自强”的主张。这个主张，实际上在咸丰帝逃亡热河后，在与列强议和时，奕䜣就提出过。他在给咸丰帝的奏章中说：“窃臣等酌拟大局章程六条，其要害在于审敌防边，以弭后患。然治其标而未探其源也。探源之策，在于自强，自强之术，必先练兵。”由此，奕䜣成为晚清中国第一个提出“自强”主张的人，但是，当时咸丰帝在热河如惊弓之鸟，一病不起，根本无心顾及，因而，也根本没有向奕䜣下放权力。而今，政变成功，奕䜣旧话重提。慈禧太后很快便同意奕䜣的奏请。

奕䜣“自强”的主张首要目标是使国家富强，怎样才能实现这一目标呢？奕䜣的设想是利用西方的先进科学技术，最主要的是利用和学习西方的先进军备和军事技术，他把这视为“自强”的第一要务。由此，以武装和训练军队、引进先进装备为目的的“自强”成为慈禧太后垂帘听政后同治朝的国策，也拉开了洋务运动的大幕。

“自强”的强国思想，后来，曾国藩、李鸿章对这一主张又有所丰富和发展，但都把军事视为第一要务。“祺祥政变”后的当年冬天，大清国首先创建了神机营，这是编练陆军的开始。奕䜣以此为契机，提高清朝军队的装备和作战能力，从而又将军队的近代化逐步推广到湘军、淮军乃至各省兵营。

洋务运动的肇始，形成了这样的阵营，在朝廷以奕䜣为中央级代表，朝廷中的支持者主要是桂良和文祥，在地方则形成了曾国藩和李鸿章为主要代表的地方领袖。他们在整个洋务进程中起着很大的支持作用。

曾国藩是中国历史上一位不同寻常的人物。他精于理学，崇尚礼教，作为大清王朝的一员，他深知中国闭关锁国、远远落后于世界潮流的深重危机。正是这种危机感使得曾国藩对“洋务”格外留意。在清廷朝野动议购买西方轮船镇压太平天国之初，曾国藩就提出了“目前资夷力以助剿济运，得以纾一时之忧；将来师夷智以造炮制船，尤可期永远之利”的主张，强调资夷力助剿只是权宜之计，长远的目标是自强、发展中国的近代化工业。

曾国藩 1811 年生于湖南湘乡县一个财主家庭。据说他降生之时，曾国藩的祖爷爷年近 70 岁的曾竟希做了一个奇怪的梦，梦到一条巨蟒从空中蜿蜒而下，盘桓在他家的房梁上。曾竟希被这个奇怪的梦惊醒了。当他醒来时，被家人告知，家里添了一个小曾孙。这个曾孙就是曾国藩。难道这是一种巧合？曾竟希就将自己奇怪的梦告诉家人，家人也感到惊奇，又告诉邻人。这样，一传十十传百，大家都认为曾国藩是蟒蛇投胎，便对他的身世赋予了一层神秘色彩。传说归传说，老实说，曾国藩年轻时并没有什么特别之处，他 19 岁那年，与 10 岁的弟弟国潢一起去衡阳授业于唐氏私塾，跟随塾师汪觉庵学习。弟弟伶俐，喜欢表现，学习之中，逢问必答。因而汪觉庵对他十分喜欢。而曾国藩年轻时却是一个闷葫芦，平日里沉默寡言，不问他时，便一言不发。对曾国藩的课业，汪觉庵总是一句“还好”应付了事。

有一次，汪觉庵让曾国藩背诵诗文，曾国藩背不出来，汪觉庵大骂道：你这个蠢货真是一幅天生戳牛屁股的相！要是你将来有点出息，我就是给你背伞的人。曾国藩本来就其貌不扬，这番侮辱性的话大大伤了他的自尊，也使他牢牢地记在心间。后来，曾国藩参加会试，不想竟中了进士。他高中进士，从此进入仕途。他还乡拜谢汪觉庵时，故意拿了一把伞去，进门便放在汪家祭祀的神龛旁边。后来，他告辞回家，走出汪家的大门时，故意折回来对汪觉庵说：“我忘了带伞。”汪觉庵说：“曾大人在此等候，我去给您取来。”当汪觉庵取来伞递给曾国藩的时候，曾调侃说：“谢谢汪师，您终于有机会做给我背伞的人了！”这使汪觉庵想到自己过去曾经说过的话，不免尴尬。

曾国藩对西方世界的了解是在他进入仕途之后，青年时代的曾国藩长期生活在家乡封闭的小山村，跟随汪觉庵又学习的是儒家传统。加上当时闭关锁国的社会环境，也不可能使他对西方世界有所认识。但是，他入京后，开阔了视野，长了见识。第一次鸦片战争爆发，中国的失败和西方列强的强索，使他对西方列强有了本质上的认识。当时，他刚刚科举入仕，职务为翰林院检讨，后又担任国史馆协修官，作为一个名不见经传的低级官员。他还无缘把自己的见解和主张上达统治上层。但是，鸦片战争的失败，又使他看到了中国的腐败和落后。他很赞同林则徐、魏源“睁眼看世界”的主张，认为作为泱泱大国的中国之所以倍受“外夷”欺侮，重要的原因就是技不如人、器不如人，武器装备和军事技术与西方相比存在很大的差距。战争中，他认识到了西方列强战舰的迅猛、快捷，洋枪洋炮的巨大威力。而中国长期闭关锁国，夜郎自大，加上朝廷上下腐朽，导致了将无良才，兵无利器。这样的情形，与西人决战，无疑是以卵击石。要扭转这种局面，必须“睁眼看世界”、“自强”中国，这也是曾国藩之所以后来积极投身洋务运动的一个原因。

作为一个崇尚礼教、深受理学影响的官员，曾国藩认识到了“睁眼看世界”是“自强”中国的必然趋势，因而，他认为中国应该以“师夷”之手段，达到“制夷”之目的。

但在当时，曾国藩人微言轻，他的主张还无法实现。第二次鸦片战争爆发后，西方列强在1860年火烧圆明园，民族存亡的危机更加迫在眉睫。此时，镇压太平天国起义取得军功的曾国藩、李鸿章等人也逐渐走上统治集团的上层。

在朝廷中拥有话语权的曾国藩，通过镇压太平天国运动，更深刻地认识到西洋武器在军事中的重要性。因而，他把奕䜣的“自强”主张，学习西方的军事技术上升到“平内患”，又能“勤远略”抵御外侮的高度。

1861年秋，曾国藩向主持总理衙门的奕䜣上了一个条陈，主张从外国购买船炮，装备一支掌握外国长技的海军。在条陈中，他还认为，中国不仅要购买外国船炮，而且还要学会制造。他说，购船买炮是“应计之策”，不仅花费大量钱财，而且容易受制于人。

曾国藩的主张，奕䜣很是欣赏。自总理衙门成立以来，奕䜣一直渴望有

总理各国事务衙门办公地，1861年建立

所作为。奕䜣看到条陈后，立即将此事禀报慈禧太后，慈禧看了条陈后，也很同意曾国藩的主张。因而，在奕䜣的推荐下，曾国藩从此走上了洋务运动的前台。当年冬天，曾国藩即着手在安庆设立“安庆军械所”。这是中国第一座近代化兵工厂，安庆军械所的成立，曾国藩希望以此为契机，让全国各地仿行“渐推渐广，以为中国自强之本”。

曾国藩的这一设想，一年后，他的门生李鸿章在上海也办起了制造军火的洋炮局。虽然在性质上都是军工厂，但曾国藩用的都是中国人，而李鸿章却很注重使用西方的技术人才。作为曾国藩的门生，两人的相识，是因为李鸿章的父亲与曾国藩有同年关系。因为这层关系，李鸿章在 1845 年即师事曾国藩，并得到曾的赏识。李鸿章回忆说：“臣从曾国藩讨论军事数年，见其选将练兵，艰苦经营”，学到了很多有用的东西。李鸿章曾经很感恩地对曾国藩说：“鸿章侍函丈最久，于时事微有通晓。”因而，李鸿章在很大程度上延续了“自强”衣钵，在思想和行动上都具有“中体西用”、“以夷制夷”的功利色彩。李鸿章认为，中国在很多方面是不落后的。他曾经在给慈禧太后的奏章中说：“中国文武制度，事事远出于西人之上，独火器万不能及。”

奕䜣、曾国藩与李鸿章渴望通过学习“西人之长技”“以夷制夷”来实现中国“自强”的共同目的，使得第二次鸦片战争后的晚清中国形成了强大的洋务阵营。中央有奕䜣、文祥、桂良，地方有曾国藩、李鸿章等洋务大员。他们在“祺祥政变”后掀起了第一波以“自强”为目标的洋务运动。

洋务运动毕竟是中国近代史上的崭新事业，虽然是以“中学为体、西学为用”的“以夷制夷”，但在风气未开的中国，在“外国只能学习中国，中国不能学习外国”传统士大夫与封建顽固派这潭死水中，无疑是投入了一块巨石，洋务运动遭到他们的抵制是在所难免的。

推行洋务运动，无论是练兵、制器，还是购船买炮、学习西方的军事技术，无一例外都要睁眼看世界，同洋人打交道。1862 年（同治元年）奕䜣上奏慈禧太后，在北京创办同文馆，招收学员学外文，方便外交以及商务等等。但是，这一主张，保守派却极力反对。

1866年，奕䜣考虑到中国引进西洋船舰、制造火炮以及学习西方先进技术，无一不和天文、算学有关。因此，他上奏慈禧太后，设立天文算学馆，请西洋教习来教授天文、算学。奕䜣的这一主张，当时作为监察御史的张盛藻跳起来大加反对。张盛藻认为，中国人走科举之道才是正途。他摇头晃脑地说："读孔孟之书，学尧舜之道，明体达用，规模宏远也，何必令其习为机巧，专门制造轮船，洋枪之理乎？"

用现今的话来说，张盛藻认为，中国的孔孟之学，尧舜之道，就像是一枚威力巨大的原子弹，是战胜一切敌人的不二法宝。他的意思是，大清朝的子民都应该好好地读四书五经，学习西方人那些玩意儿，实在是多此一举，没有什么用处。

张盛藻的说法，代表了晚清帝国传统士大夫大多数人的观点。甚至他们中的一些人，把同洋人打交道视为汉奸行为。如果要是到西方走一走、看一看，了解西方的风土人情，更被看作是入虎狼之穴，视作畏途。

1866年春，在中国出任海关税务司的英国人赫德，作为当时的大龄晚婚青年要回国结婚，特到总理衙门请假六个月，临行前，他对奕䜣说，贵国可以派出一个考察团随他到西方各国游历一番，也了解一下西方的政情和社会状况，为中国的发展提供借鉴。

赫德的建议，奕䜣听后感到非常可行，认为很有利于洋务事业的推动。因而，一次临朝时他向两宫皇太后禀报了此事。朝议时，在讨论派谁去的问题上，让奕䜣感到尴尬的是，朝臣们竟然互相推脱，没人愿意前往，大家都认为，到西方去十分危险，担心性命难保。这个说家中有80岁老母需要赡养，那个说家中有八个月的幼儿需要照看，还有人说家中小妾怀孕八个月了，正待临产。总而言之，谁也不愿意前往。慈禧太后也不能强逼搞摊派呀。最后，奕䜣到同文馆找那些接受西学的学生商量，问谁愿意前往，同文馆里的学生也是默不作声，没人愿意去，大家都把漂洋过海远行视作畏途。即便是在同文馆里毕业，到总理衙门帮办外交的几个人也不愿意前往。

这样的局面，奕䜣很是尴尬，也就在这时，一位63岁的老人站了出来。

他就是斌椿。英国人赫德到中国后，斌椿曾经给他做了几年中文教师并兼办文案。在与赫德的接触中，他对西方事务有所了解，也产生了兴趣。他看到无人愿意前往，便站了出来。他慨然愿意前往，虽然年老，但能解燃眉之急。既然没有人愿意前去，斌椿又自告奋勇，奕䜣十分高兴，便同意了他的请求。于是，斌椿带领 3 位同文馆学生和他的儿子一行 5 人组成了中国最早的出洋考察团，开始了西洋各国的游历。

经过近四个月对西方英国、法国、美国等十余个国家的游历，斌椿一行开阔了眼界。在游历中，斌椿发现西方近代的科学技术、物质文明和古代文化是中国所需要学习的。火车、轮船、电报、电梯、活字印刷、铁路隧道、蒸汽机、起重机、传真照片及一般摄影、显微镜及幻灯、大纺纱厂和兵工厂的生产情况等，这些对于老大帝国的中国都是前所未见的新鲜事物，这也是斌椿认识到，奕䜣为什么要提出“自强”学习西方的先机技术。

这次游历中，斌椿一行还参观了埃及大金字塔和古太阳神庙，观看了欧洲博览会和芭蕾舞剧，特别是在英国，白金汉宫的雄伟、大英博物馆的文明、国家议院、报社、高等学院、植物园，法国的凡尔赛宫、拿破仑大帝的凯旋门等等,所有这些都让彬椿一行感受到与中国儒家传统文化迥然不同的西方文明。

斌椿回国后，将出国考察的所观所感写成《乘槎笔记》和《诗集》，考察团员张德彝著成《航海述奇》。这次考察，斌椿一行通过东西文化的对比，感到当西方工业化潮流带动各国纷纷进入现代文明生活的时候——火车奔驰、轮船畅通、电线高架、通讯便利等等，中国人所沉醉的田园诗般静谧的自然经济生活与西方的近代文明相比，实在是太落后了！

落后是要挨打的，鸦片战争以来列强的几次不请自入，正说明这个道理。派人出洋游历，正是洋务派“睁眼看世界”“以夷制夷”的重要一环。然而，推动洋务运动，在风气未开的中国，每前进一步都举步维艰存在诸多的困难，好在垂帘听政的慈禧太后对洋务派是持积极的支持态度的。

被世人屡屡诟病，被视为敛权、阴险、冷酷的慈禧太后，在维新变法中成为一个反对变革的保守派，而对洋务运动却积极支持，是什么原因呢？

康有为、梁启超等人与光绪皇帝后来推动的维新变法，触及到了慈禧太后的权力，而洋务运动，则是他刚刚垂帘听政后的一场洋务变革。慈禧跟随咸丰帝逃亡热河，颠沛流离的生活，也是慈禧太后希望通过进步力量，采取各种措施来拯救危难之中的大清。在太平天国之后，“御侮”成为大清国重要的课题，而当时的奕䜣、曾国藩、李鸿章甚至左宗棠都是同洋人打交道比较多的。

与洋人的交往中，奕䜣、曾国藩、李鸿章、左宗棠等人都发现了西方的长处、中国在先进技术方面的不足，因而提出了“自强”主张。在当时，奕䜣、曾国藩、李鸿章等人的主张也是慈禧所需要的。说实在的，虎毒不食子，慈禧在同治之初垂帘听政，也想把一个健健康康的大清交到同治帝手中。但是天意弄人，同治不成器，成年后，到处寻花问柳，年纪轻轻就因为花柳病而葬送了性命。另一方面，她支持洋务运动，是因为她与道光帝的自闭、咸丰帝的软弱不同。第二次鸦片战争的失败，慈禧太后也确实感受到洋鬼子的厉害。虽然对洋务运动并不了解，但是，奕䜣、曾国藩等人提出的“以夷制夷”学习西方先进技术，引进军备可以富国强兵的道理，她又何乐而不为呢？于是她对洋务运动积极呼应，表现出支持的态度。

1862 年 11 月 17 日，慈禧太后在发布的上谕中，要求沿海各口岸挑选精兵，接受西法的训练。她说“官兵不能得力，暂假洋人训练，以为自强之计”。并且表示：“除学习洋人兵法外，仍应认真学习洋人制造各项火器之法。各项得其密传，能利攻剿。”几天之后，她在发布的另一道谕旨中又这样写道：“购买外国船炮，近以剿办发逆，远以巡哨重洋，实为长驾远驭第一要务。”[1] 短短的几天，两道谕旨，这对曾国藩、左宗棠、李鸿章等洋务派官员无疑是一种极大鼓励。

除此之外，慈禧太后还发布懿旨，对奕䜣、曾国藩、李鸿章等从中央到地方的洋务派高级官员通令嘉奖。既表示对他们洋务事业所做出的成绩的肯定，又表明朝廷的支持态度。在同文馆、天文算学馆的创办中，慈禧太后还惩戒了

[1] 中国史学会主编：《洋务运动》（二）第 244 页，上海人民出版社、上海书店出版社 2000 年版。

张盛藻、倭仁等反对洋务运动的保守派官员。这些都表现出慈禧太后与洋务派是站在一起的。

慈禧太后的积极支持，奕䜣、曾国藩、李鸿章等人的积极推动，使得洋务运动得以较为顺利地开展。

开展洋务运动，没有大批掌握近代知识的新型人才是无法向纵深推进和取得成效的。这一点，奕䜣看到了，曾国藩看到了，李鸿章也看到了。他们在创办同文馆，设立天文算学馆，聘请西洋教习，挑选优秀学生，让他们学习西方语言以及西方近代自然科学知识、军事技术等等，目的就是培养通晓西方情形以及外国先进技艺的人才。

培养近代中国的新型人才，洋务派也把向国外派出留学生作为重要一环。而在派遣留学生的问题上，曾国藩当属推动晚清留学教育的第一人。

曾国藩推动留学教育，应该说受益于容闳的影响，容闳是晚清留学史上到国外留学的先行者。容闳回国后，与曾国藩的相识始于 1862 年，留学归来的容闳本想在太平天国寻找救国的希望。但是，他在太平天国碰壁后，就把希望寄托在洋务派身上。1861 年，容闳在好友的引荐下，给曾国藩的幕僚写了封信，说明自己的想法，并于 1862 年到安庆曾国藩的军营求见曾国藩。初次见面，容闳给曾国藩留下了良好的印象。后来，曾国藩在给好友郭嵩焘的信中说了他与容闳见面的事。在信中，他这样评价容闳：

> ……容纯浦上年曾来安庆，鄙意以其久处泰西，深得要领，欲借以招致智巧洋人来为我用，果其招徕渐多，则开厂……此间如华若汀、徐雪林、龚春海辈，内地不乏良工。曷与容君熟商，请其出洋广为罗致。如需赍多金以往，请即蕲之少荃，虽数万金不吝也。其善造洋火铜冒者，尤以多募为要。[1]

曾国藩给郭嵩焘的信中透露了这样一个信息，推进洋务事业很需要西式

[1] 李喜所主编，刘集林等著：《中国留学通史》（晚清卷）第 68 页，广东教育出版社 2010 年版。

人才，容闳的到来，正是他所需要的。容闳毕竟是有着深厚的西学教育经历。因而，他对容闳引以为重，他还希望通过容闳吸引一些西式人才。基于这些，曾国藩让他的幕僚正式向容闳发出邀请，表示“亟思一见”，希望他帮助襄办洋务。

曾国藩的邀请，也使容闳看到了希望。后来，容闳留学教育计划能得以成功，在很大程度上就是借力于曾国藩的推动。当然，作为一代“中兴名臣”，曾国藩积极支持留学教育，也是洋务运动的需要。办洋务最急需西式人才，他对于博学多才的西式人才“尤加敬礼，乐与交游”，这也是他积极招徕容闳的原因。经过与容闳的接触，曾国藩认为容闳“庶几闳毅之选，不仅通译之材”，“为中国可造之材”，李鸿章也称容闳“洋学及西国律法探讨颇深，洋情既熟……其志趣尚知要好”，这样的人才，正是可以协助他们办理洋务、对外交涉的合适人选，双方的合作于是就在这样一种对彼此的认识和需要下展开，也使得后来容闳的留学教育计划得见天日。

三、容闳把心中的宏伟计划告诉了曾国藩

一代“中兴名臣”曾国藩对容闳的赏识，至关重要的因素是到美国接受西式教育的经历和他的洋务能力，在曾国藩的支持下，也使得他派遣留学生到西方留学成为现实。而容闳的这一愿望，在当时的中国也经历了一个曲折的过程。

1854 年，容闳以优异的成绩从美国耶鲁大学毕业，成为第一个受过完整美国教育并取得大学学位的中国人。他既以自己是第一个毕业于美国大学的中国人而自豪，又以自己的这种特殊感而苦恼。中国先人常说的一句话是“学以致用”，而容闳最大的苦恼，就是美国所学，在自闭的中国，学不能致用。

当时，西方近代工业快速发展；而回望祖国，传统的农业，原始的生产结构模式，特别是鸦片战争后，祖国大地一片疮痍破败景象。在清政府内，更

是一种腐败颓靡之气，这使学成归国的容闳感到深深的失望。

1854年11月13日到1855年3月15日，当美国海萨公司“尤利加”号商船从美国纽约港起航向中国的洋面上飘来的时候，坐在轮船上的容闳曾经作过许多的幻想。当时，容闳曾幻想他回国后的工作情况，设想凭他在美国所学，所见所闻，他一定能将中国带入富强康乐之境。

然而，随着轮船离祖国越近，他发现他的理想与现实存在巨大的落差。当轮船停靠在中国香港口岸时，发生的一个插曲使他感到通过在美国所学，也为中国的富强尽一份力的想法未免太乐观天真了。当时，有一位中国领水来到船上，船长因容闳是中国人就请他担任翻译，询问附近有无危险的暗礁和沙滩。容闳竟然找不到恰当的中国词汇把“暗礁”和“沙滩”翻译出来。这让容闳非常尴尬，轮船上，中国人与外国人混杂的讥笑声中，使他认识到在美国学习的几年，已使他对祖国文化甚至一切产生了隔膜。封闭的中国不了解这个学成归来的人。这种隔膜感将影响到他今后的工作和生活，而以后的遭遇也不断地验证着这一点。

让容闳更感到困惑和无奈的，是他的母亲也与他产生了距离感。当他带着一颗思念已久的炽热之心急切地奔赴自己的家乡广东香山南屏村的时候，他的母亲望着跪在膝下西装革履的儿子总觉得有几分不顺眼。她告诉他，长袍马褂是祖宗留下来的，不能丢弃祖宗留下来的东西而穿洋人的服饰，也不要留小胡子，中国人延续了几百年的辫子更应该留下来。他不敢抗拒母亲的意志，立即上街找理发匠剃去胡子，并找了根假辫子蓄在脑后。

容闳的美国妻子玛丽小姐

容闳告诉母亲，说他是美国名牌大学耶鲁大学的毕业生并获得了学士学

身着清代服饰的洋人一家，证明了华洋杂处时代两种文明在交融

位。对于这些他的母亲并没有表现出很高兴的神情，她关心的是这个耶鲁的学士相当于朝廷科举考试中的什么功名，是进士还是探花或者举人，凭此能挣多少钱？母亲的问话，让容闳有些无可奈何。他虽然有些无奈，但在母亲的面前，还是努力表现出一副笑嘻嘻的样子，回答说学士相当于中国之秀才，且为常人难得之“稀贵荣誉”。

面对诸多的苦恼，容闳有一种“众人皆醉我独醒”的茫然感。容闳的这种近乎孤独的茫然感不是没有道理的，是时的中国还是一个纯粹的旧中国，容闳的西方生活方式，在众人的眼里是一个异类。对他来说，中国反倒像是异乡，处处遭受歧视、猜疑和敌对。在这种隔离感的心境中，也有种被世界抛弃的孤独。他在家乡度过了三个月这样的日子，感觉实在是待不下去了，他需要为自己的理想，甚至幻想着为中国富强寻找出路。

渴望自己的祖国强大，他归国后目睹帝国主义勾结清政府的贪腐官员，以及一些社会败类将“中国华工”以辫相连，三五一群，输送国外做劳工，还有中国城市、乡村的破败景象……这些都使得容闳对中国强大的愿望十分强烈。

容闳最先把梦想的实现寄托在太平天国运动上。容闳之所以首先对太平天国寄予希望，主要是洪秀全的堂兄弟洪仁玕 1859 年自香港到达天京，受到洪秀全重用，被封为干王。此时，他提出了《资政新篇》，容闳在香港时就与洪仁玕相识，两人在思想见解上也有很多共同之处。对于洪仁玕的《资政新编》里边的许多主张，容闳是赞同的。因而他认为太平天国有可能是他实现理想的地方。

怀着实现理想的心境，经过一番周折，容闳冒着生命危险于1860年11月18日到达天京，第二天就见到了洪仁玕。老友见面，分外高兴，畅谈甚欢，性急的容闳立即和盘托出自己的七点建设现代国家之策，如创办现代军队、银行、学校，制定现代文官制度等等。两天后，洪仁玕又主动要和他见面，表示自己完全懂得这些建议的意义，但得不到其他人的支持，所以无法实施。

在太平天国的日子，容闳根据自己的观察，发现太平天国这支农民起义力量并不能使中国强大起来。虽然太平天国作为农民阶级的代表颁布了《天朝田亩制度》《资政新篇》等创造性的制度和政策，对清王朝和地主阶级造成一定的冲击，但太平天国定都南京后，洪秀全以及他的将领们安于享乐。洪秀全整日里只是沉醉在“拜上帝会”的伊甸园里，研究教义，玩弄女性，对近代世界大机器生产的隆隆机声和先进科学技术大潮充耳不闻。不仅如此，太平天国内部还互相倾轧，作为洪秀全的堂兄弟，洪仁玕提出《资政新篇》施政纲领，但由于内部的抵制而难以得到施行。这些情况，容闳都看在眼里，因而，当洪仁玕委任他高官，并对他说明，他的建议在太平天国内难以实现，容闳便谢绝洪仁玕的好意，离开天京。

面对现实，容闳找不到一个可以施展自己抱负的政治力量，于是不得不在上海暂当茶商维持生计，获利颇丰。但这都不能排解他报国无门的苦闷。

正在苦闷之时，1862年春，容闳连续收到曾国藩令其幕僚张斯桂、李善兰两人分别发来的邀请函，邀他到安庆一叙。他们信中介绍了曾国藩想办近代工厂的想法，来信的情真意切使容闳大为感动，感到实现自己生平抱负的机会可能来临，于是在9月的一天到达安庆，求见曾国藩。

曾国藩的抱负和主张，容闳早有耳闻，因而当有人把容闳介绍给曾国藩时，他立即对容闳表现出足够的重视并亲自接见。这次接见，很有戏剧性。这是“中国留学生之父”与“中国近代化之父”的历史性会见，很有象征意义。容闳被人领到曾国藩面前的时候，曾国藩含笑不语，只是用一双锐利的眼睛从头到脚打量容闳一番，问了一些大致的情况。容闳毕竟是留过洋见过世面的，并不胆怯。对于曾国藩的提问，他都应对自如，一一回答。

曾国藩

这种独特的会见方式实际上是曾国藩对人才考察的一种手段。曾国藩用人，在正式任用之前都要经过这种“四目相对”的考察方式。从心理学的角度讲，这种方式对人的心理具有一定的威慑作用。一些心虚或者不自信的人，往往会在曾国藩的目光直射下坐立不安甚至落荒而逃。容闳毕竟是见过世面的，经过这一次“考察”，曾国藩感到容闳是一个自信而堪当大用之人。

初次相见给曾国藩留下的良好印象，使得两周后，曾国藩再次约见容闳。这一次，曾国藩问了一些容闳留学美国的事情，并问了如何使中国强大等问题。两人的长谈中，曾国藩问容闳“今日欲为中国谋最有益、最重要之事业，当从何处着手？”容闳认为应该先建设一座西式机器工厂，建造这个工厂应当有制造机器的先进设备，进而也为中国制造工业的发展积累经验。

容闳的建议与曾国藩希望办近代化工厂的设想不谋而合，这次会见后，曾国藩即安排容闳协助建立机器厂事宜。对于这个决定，容闳自然十分高兴，在美国的观感，使他感受到美国之所以强大，与近代工业的发展有很大关系。而今，中国终于有执掌大权之人认识到办近代化机器工厂的重要性。

曾国藩安排容闳协助建厂事宜，经过一段时间的磨合，进一步加深了解。曾国藩决定由容闳先期赴美准备绘制机器与未来机器厂的图样，并采购机器厂需要的设备。这样，容闳则先到欧洲稍作考察，并再次来到他曾经生活学习过的美国。

容闳先在法国和英国一共考察了 40 多天，于 1864 年初春横渡大西洋，到达美国纽约。这时正好是容闳自耶鲁大学毕业后的第十个年头，他的耶鲁同学在纽黑文举办了一个毕业 10 周年校友团聚会，邀请容闳参加。于是，容闳在离开耶鲁十年之后，又成了校友们谈论的中心。

参加校友会，只是容闳故地重游的一个临时决定。他不能忘了他此行的重要目的是受曾国藩之命购买机器，但是，当时正值美国南北战争战事正酣，美国的机器厂商都忙于承担政府的订货，无暇顾及容闳的订单。容闳担心完不成使命，就通过在美国的朋友关系，找到马萨诸塞州费屈伯格城的“普特纳姆公司”承造中国订货。

毫不讳言地说，容闳毕竟在美国留学数年，对这里的山山水水、一草一木是有感情的。容闳在等货期间，突然觉得自己应该为正在进行的南北战争尽一点力。为此，他还央求留学时的一位同学，这位同学的父亲是一位将军。容闳希望通过同学父亲的关系参加南北战争的战斗。这位同学的父亲就是美国颇负盛名的巴恩斯将军。容闳向巴恩斯将军表示，美国是他的第二故乡，他有义务为其服役。但当巴恩斯将军获知他来美国的主要任务后，认为采购机器比服役参战更具重要性，便没有同意他的请求。

容闳希望参加战斗，巴恩斯没有同意。他只能在百无聊赖中等待普特纳姆公司尽快交货。1865 年初春，所有订购的机器顺利完工。这些机器由纽约装船，经大西洋，过好望角东行运到上海。容闳本人则有心做环行地球的第一个中国人，他自纽约乘船南下，穿巴拿马地峡至旧金山，然后再由旧金山西行过太平洋，经日本到达上海。

容闳到美国采购机器设备不辱使命，所有的设备完好无损地到达上海后，按照惯例,容闳应该向曾国藩汇报在美国的情况。但是,当时曾国藩并不在上海。

自国内太平天国起义被平息后，曾国藩便奉命调往徐州讨剿闹腾得正欢的捻军起义。容闳便同曾国藩的幕僚华蘅芳一道前往徐州拜见曾国藩，汇报赴美购机的情况。容闳到美国采购的设备在当时是十分先进的，这不仅提升了他的身价，同时也获得曾国藩赞许。拜见曾国藩时，曾国藩表示要立即专折奏请皇帝嘉奖封赏。

曾国藩的一位幕僚将奏折的内容透露给容闳，奏折的大意是，容闳是一个通晓各国语言文字的人，曾经在美国读书，聪明而且很有胆识，同治二年（1863年）10月，拨给他巨额银两，派他到西洋采购办铁厂的设备，经过四年的努力，完满地完成了任务。这样的人，朝廷应该给予奖励，为了激励他报效朝廷，恳请皇上恩准授予官职。

此后不久容闳被正式任命为五品实官，成为一名有清朝正规俸禄的官员。

容闳从美国采购机器归来后不久，江南机器制造总局在上海虹口正式成立，两年后，地址迁至高昌庙。

江南机器制造总局成立后，容闳更是被曾国藩信任任用。但他并没有为此而飘飘然，他知道，当时中国的状况，要发展近代工业，重要的是培育人才，因而，他一直把教育视为极重要的事。在曾国藩接见他之初，他就想向曾国藩阐述自己对于教育的观点和主张，但与曾国藩的交谈中，他了解了曾国藩最急切的事情是创办近代工业，这也是容闳看到了自己教育理想的希望。他清楚，创办近代工业离不开人才，更离不开教育。此时，容闳没有急于求成，而是顺应了曾国藩的愿望。所以当曾国藩问他兴办最有益、最重要的事业应该从哪里着手时，容闳采用了曲线办教育的策略。“以创办机器厂”迎合了曾国藩的思想，有关设立机器厂的问题，本来不是容闳的专长，但是他留学美国目睹近代化对国家富强，振兴经济、发展教育带来的益处，因而提出了与曾国藩相同的主张。

人生际遇，莫过于有知遇者，容闳在江南制造总局工作期间最为得意的事，是他促成了江南制造总局附属学校建立。设立机器厂后，容闳曾经很有策略地劝说曾国藩办教育。1867年，曾国藩在视察上海江南制造总局时，容闳陪他参观了制造总局里的机器设备，曾国藩对此也表现出浓厚的兴趣，他站在那里始终欣然不倦地注视着机器自动运转。这是他第一次见到机器和它的运转情形。容闳趁此机会，对曾国藩进言说制造总局应该附设一座机械学校，以培养中国青年学习机械工程的理论和操作。这样，到了相当的时候就可解雇外国工程师

晚清时代的江南制造总局车间一角

和机械师，使中国人能完全独立操作。曾国藩听后，认为容闳的建议很有道理，便决定在制造总局建设一所学校。

也是在当年，容闳又向刚任江苏巡抚的丁日昌提出派遣留学生的计划。这个建议，丁日昌十分赞成，并写成改革建议共五条准备上奏朝廷，其中第二条即留学计划。丁日昌的奏章中说："政府宜选派颖秀青年，送之出洋留学，以为国家储备人才。派遣之法，初次可以选定 120 名学额以试行之。此 120 人中，又分为四批，按年递派，每年派送 30 人。留学期限定为 15 年，学生年龄，须以 12 岁至 14 岁为度。视第一批学生出洋留学著有成效，以后永定为例，则以后每年派出此数。"[1]

丁日昌的奏章呈到总理衙门，但是，总览总理衙门事务的文祥因为母亲去世，回乡守孝而被搁置下来。

[1] 容闳:《西学东渐记》第 86 — 87 页，岳麓书社 1985 年版。

容闳推动中国留学教育，得到曾国藩的支持，“天津教案”发生是一个推动。第二次鸦片战争失败，《北京条约》签订后，法国天主教传教士在天津望海楼设立教堂，仗势横行，诱人入教，强占民地，激起民愤。并先后发生了虐童致死事件。

虐童致死的事件，当地百姓传言说这是外国传教士诱拐儿童“剜眼剖心，制造药材”残害儿童。于是，1870 年 6 月，天津民众组织代表与法国领事交涉，但是，法国驻天津领事丰大业却蛮横地将民众代表轰出堂外。丰大业又于 6 月 21 日午后，持枪闯入三口通商大臣衙门，开枪恫吓，要清廷官员派兵弹压抗议百姓。不仅如此，丰大业在路遇天津知县刘杰时，竟然向刘杰开枪，击伤刘杰随从高升，还声称：“我不怕中国百姓！”秘书西蒙也鸣枪威胁。民众怒不可遏，当场击毙丰大业和西蒙。随后焚毁法国领事馆、教堂、育婴堂及英、美教堂数所，打死打伤外国传教士多人。史称“天津教案”。事发后，英、美、法、德、意等 7 国军舰集结天津、烟台一带海面示威。

“天津教案”发生后，容闳作为丁日昌的随员和中国方面翻译也前往天津参与交涉。他在分析教案发生的原因时，认为中国百姓对西方的不了解是这场外交纠纷的根源，要减少和杜绝这种有害无利的外交灾难，只有加速推进能够提高民智和增进中国人了解外部世界的教育工程。于是，他再次向丁日昌和曾国藩提出了他的留学教育计划。

此时，曾国藩也因为“天津教案”受到百姓的指责。因此，对于容闳的建议，曾国藩认为切中时弊，很有见地。当年 10 月，曾国藩、李鸿章、丁日昌联名将容闳的建议上奏朝廷。1871 年 5 月，曾国藩又给总理衙门写了派留学生到国外留学的呈文。曾国藩在信中说，

1870 年 6 月天津教案发生，事发后英美等 6 国军舰结集天津一带示威，清政府判 20 人死刑抵罪。图为清兵执行现场

丁日昌多次来信商量，希望朝廷选派聪颖幼童，赴西方各国学习军政、船政、制造等先进技术。曾国藩在呈文中也列举了到西方学习的好处：西洋之所以发达，有地理、数学、天文、制造等多种知识；他们重视引入外国的先进技术，把学有所成的“游学”者请到学校，教授各门科学；他们把陆军和海军的建设看作“身心性命”，中国要仿效他们的成功之道，最紧迫的是，应当选拔聪颖子弟到海外留学，努力钻研，以实现皇上逐步自强的夙愿……

曾国藩和丁日昌都支持容闳提出的留学西洋首选美国主张。一个重要原因是1867年蒲安臣与美国的续约中，有一条约定：嗣后中国人欲入美国大小官学学习各等文艺，须照相待最优国之人民，一体优待。既然美国给予这么好的条件，首选美国理所当然。再说，容闳曾留学美国，他的经历和能力，也使曾国藩感到美国教育的发达，派留学生到美国学习是一个理想的选择。

1871年9月3日，曾国藩与李鸿章等人又联衔会奏《选派幼童赴美肄业酌议章程折》，详细阐述了派出留学生的意义。认为中国要效仿西方，实现富强，既然现在风气已开，就应该选派聪明的学生，到国外学习。

会奏的原话这样说：“中国欲取其长，一旦遽图尽购其器，不惟力有不逮，且此中奥窍，苟非遍览久习，则本源无由洞彻，而曲抑无以自明。古人谓学齐语者，需引而置之庄岳之间，又日百闻不如一见，此物此志也！”[1]

9月15日，朝廷批准了这一奏请。诏令成立“幼童出洋肄业局”，划拨经费库平银120万两，用于幼童选派的招选及准备工作。

根据章程和朝廷的谕令，曾国藩、李鸿章立即在上海开设了幼童出洋肄业局，主要帮助学生快速适应美国的学习生活。朝廷正式决定派遣留学生赴美留学，容闳为此兴奋不已，当曾国藩把“著照所请”的朱批给他看时，他不禁有些激动起来。多年的教育兴国梦想，终将成为现实。这实在是一个振奋人心的消息，中国的教育工程终于成为一项千真万确的历史事实，这将在中国教育史上开创一个新纪元。

[1] 李喜所主编，刘集林著：《中国留学通史》（晚清卷）第74页，广东教育出版社2010年版。

四、留美幼童的艰难“招选”

大清朝同意派遣留学生赴美留学的奏章得到批准后，曾国藩、李鸿章即开始着手留学生的选派工作。在当时，人们对西方世界还十分陌生，人们对留学海外谈虎色变，该如何选派学生赴美呢?

选派学子赴美留学，毕竟是中华之创举。曾国藩、李鸿章既然表示了支持容闳的教育强国设想，又联名会奏朝廷，他们认为一定要把这件事情办好，毕竟留美生的选派直接关系到这一创举的成败。因而，留美生的选派成为他们最关心的问题。

曾国藩、李鸿章在给朝廷的《选派幼童赴美肄业酌议章程折》所附十二条章程中提出派遣留学生的具体方案。方案指出，在上海设立出洋肄业局，负责幼童的招选、派送等事宜。对于幼童的招选，由通商大臣负责管理，在上海、宁波、福建、广东等沿海地带招选，年龄在十三四岁到二十岁之间，曾经读过中国书，并且他们的家属愿意送其出洋读书的幼童。

根据章程和朝廷的谕令，曾国藩、李鸿章立即在上海开设了幼童出洋肄业局，肄业局的设立，主要是负责在沿海各省每年选派幼童赴美学习。

根据计划，留美幼童招选派送 120 名。自 1872 年开始每年派 30 名，到 1875 年派完。这 120 名官费留学生，留学费用完全由官方承担，留学年限为 15 年。这样的条件是十分优厚的，但在当时，普通百姓还不知留学为何物，许多人把留学看作是危险的事情，认为西方都是“蛮夷之邦”。在民间甚至有谣言说外国人会把中国人的皮剥下，“安在狗身上”，然后在大街上展览。此番美国之行，一别就是 15 年，幼童们的家长担忧，在所难免。

中国百姓对西方世界谈虎色变，对留学产生恐惧，传统的科举制度对此有很大的影响。在许多人的眼里，科举入仕才是正途。而对西方教育，西方文化的传播，当时还十分有限。社会风气的影响使人们对西学所不齿。普通百姓

晚清重臣李鸿章

如此，甚至官宦人家、地方士绅都不屑为之。此番要选派留美幼童，难度可想而知。一位留美幼童后来回忆被招选时的情景，说：

当我是一个小孩子的时候，有一天，一位官员来到村里，拜访各住户看哪一家父母愿意把他们的儿子送到国外接受西方教育，由政府负责一切费用。有的人申请了，可是后来当地人散布流言，说西方野蛮人会把他们的儿子活活地剥皮，再把狗皮接种到他们身上，当怪物展览赚钱，因此报名的人又撤销。[1]

谈虎色变的流言，当时有一位留美幼童这样认为：那时的中国闭关自守，对世界事务一无所知。朝廷中有一些保守派官员认为西方教育会对中国起破坏

[1] 刘真主编，王焕琛编著：《留学教育》第一册，第 83 页，(台北)国立编译馆 1980 年版。

作用，所以根本提不到议程上来。此外通过几万里的海洋将遇到各种各样的危险，最后将没有人能安全到达。尤其在农村，对外界了解很少，没有学生敢出国。

要顺利招选幼童，必须打破这种疑虑。经曾国藩举荐，被朝廷任命为留学生副监督的容闳，便以自己的亲身经历来说服那些家长。说西方并不可怕，也不会剥人皮展览。容闳还以相同的方法到自己的家乡广东以及幼年生活学习过的香港招选学生。经过一番努力，第一批30名幼童总算招满了，后来，容闳又相继招选了三批。招选的这些幼童中有一个相似的特点，一部分是容闳的同乡，他们的父母接受了容闳现身说法的劝导；还有一部分是由于家人或亲友在洋人处做事，或与西人有过接触，因而对外国情况有所了解。当时上海有名的买办商人唐廷枢，就乐于送自己儿子出洋留学。后来在中国非常著名的铁路工程师、广东南海人詹天佑，他的留学则缘于一位在香港做事的邻居的大力鼓动。詹父本希望儿子将来走科举正途，犹豫不决，这位见过世面的邻居再三劝说，并承诺待詹天佑学成归来就把自己的女儿许配给他，詹父才下定决心。

当时的留学生李恩富就有着这样的经历，他是在上海经商的堂兄回乡说服了他的寡母而报名的。他回忆：

投考出洋的人中以沿海省份最多。事实上，父母很不希望让儿子出去离开他们那么长时间，并且去到他们并不了解的而且他们听说又是野蛮人居住的地方。我的兄长那时在上海经商，他的想法不同，他没有被这种思想所吓倒。他带着这种闪光的思想回到家里，说服了母亲，使我投考出洋有了金色的希望。我那时12岁，我父亲3年前已去世，我母亲还负担3个孩子，但不管她内心是否真舍得我离去，她并没有阻拦我，而对这件事作出了决定。这或许是一种冒险，想见世面是我惟一的愿望。我毫不犹豫地答应了。我那聪明的母亲可能还有顾虑，但她已像勇敢的妇女一样，她要把好事留给孩子，她已为我往上海而做准备了……我一生中这是第一次离家，寂寞、凄凉、悲哀充满了我的脑海。

这些家长同意选派自己的孩子远涉重洋到美国留学，政府要这些孩子的家长都立一“具结”，向政府做出保证。詹天佑的父亲詹兴洪所立“具结”如下：

具结人詹兴洪今与具结事，兹有子天佑情愿送赴宪局带往花旗国肄业，学习机艺回来之日，听从中国差遣，不得在外国逗留生理。倘有疾病生死，各安听命，此结是实。

童男，詹天佑，年十二岁，身中面圆白，徽州府婺源县人氏，曾祖文贤，祖世鸾，父兴洪。

同治十一年三月十五日，詹兴洪亲笔画押。[1]

从这个具结的文本可以想象，当时出洋留学的确充满艰险、命运未卜的冒险之事，对于幼童和他们的父母来说，有些生死离别的不舍。

李恩富回忆说：“在和我的叔叔、婶婶、兄弟姐妹以及街坊邻里告别后，我用传统的方式向我母亲做最后的告别。”李恩富在他的自传体回忆录《我在中国的童年故事》中，描述了他离开家乡前往上海预备学校和家人告别的场面：“我没有拥抱她，也没有亲吻她。噢，这在中国传统礼仪中可不是体面的做法。我所做的就是向我们的母亲磕了四个头。她想装出很高兴的样子，但我能看见泪水在她眼睛中打转。她只是给了我一些零花钱，嘱咐我做个好孩子，经常给家里写信……”

李恩富

儿行千里母担忧，何况是在中西文化隔膜的时代。正如李恩富在自传中所回忆的那样，幼童们是在父母的泪水和叮咛声中走出国门的。

招选幼童虽然十分艰难，但朝廷并没有因此降低门槛，朝廷对留美幼童的招选要求“挑选聪明幼童，年十三四岁至二十岁为止，曾经读中国书数年，愿送往西国肄业者，即会同地

[1] 徐盈、李希泌等著：《詹天佑》第8页，中国青年出版社1956年版

方官取具亲属甘结，并开明年貌籍贯存案，携至上海公局考试，如资性聪慧，并稍通中国文理者”[1]，方可招选，且要求招选的幼童无肇事犯罪记录等等。

这样苛刻的条件，在整体国民教育十分缺失的晚清时代，其难度可想而知。对此，曾国藩、李鸿章也主要选取与外洋接触较多、风气较为开化的东南沿海一带招选幼童，并在当时的《申报》上大力宣传，消除各种顾虑和困难。就这样第一批 30 名幼童总算招满了。

1872 年 7 月，《申报》以“上海西学局学生赴美国”为题进行了报道幼童的成功招选。文中开列了 30 名幼童的姓名、年龄、籍贯。报道说，第二批留美幼童计划明年招选派送，从此后将源源不断地选派幼童出洋学习西洋各国的先进技术。

此后三批幼童出洋，《申报》都有及时报道，有时还专门发表评论。在第三批幼童将启程赴美时，《申报》报道了出洋局“乘轿童子三十人”，在两位长官带领下，“往谒中西各宪”的情况。报道评论，“以十余龄之童子作数万里之壮游，将来学业一成，定可名扬中外，岂非诸童子之厚幸哉”。舆论的积极报道，在一定程度上消除了百姓的疑虑情绪，推动了留美幼童的招选。

留美幼童招满后，面临一个问题。这些幼童，在综合教育缺失的时代，他们的整体文化素质可想而知。要让他们适应美国的学习生活，容闳、曾国藩、李鸿章等人不得不对他们进行严格的中英文强化训练。为此，他们积极筹备，于 1871 年在上海设立了出洋预备学校。

出洋预备学校校长是刘翰清，副校长是吴子石。刘翰清当时是候补知府，他对洋务比较熟悉。经曾国藩、李鸿章的提议，这位晚清时代的厅局级闲散干部就成了最早的出洋留学培训学校校长。可惜的是，作为幼童出洋的功臣之一，他没有像容闳那样名垂青史，而是逐渐地湮没在历史的尘烟中。

出洋预备学校除了正副校长之外，还有英文教员和中文教员各三名。校址设在上海山东路靠近南京路的地方。可惜的是，现在校址早已不见了。出洋

[1] 刘真主编，王焕琛编著：《留学教育》第一册第 83 页，（台北）国立编译馆 1980 年版。

留美幼童合影

预备学校成立后，对留美幼童的学习、生活都做了严格的安排。要求学生们每天早晨起来诵读诗文一首，然后开始写字，听先生讲课。听先生讲完课后，开始背诵课文。背诵课文是非常严厉的，经常有学生因为背不出课文，而遭到老师打手板的惩罚。然后，继续回到座位上做作业或者读书。此举校方的说法是为了激励他们的智力和提高他们的记忆力。

每天吃午饭的时间是中午 12 点，下午一点到三点这一段时间，温习老师讲过的课程，对于不理解或有疑问的也可以向老师发问。下午四到六点，学习外国语言文字。六点吃晚饭，晚饭有米饭，肉和蔬菜，搭配还算丰富，晚上九点熄灯就寝。这样经过半年的培训，作为幼童的具体操办者——容闳，距幼童出发尚有半年，即开始着手安排他们留学期间的食宿及入学等。

1872 年 2 月 17 日，容闳给耶鲁校长波特写信，协商幼童赴美后的一应事宜：

让我愉快地告诉你，去年的10月1日，在没有任何力量胁迫的情况下，我的政府已经最终做出决定选派一批孩子去美国接受完全的教育，日后回到中国为政府的各个部门服务。

……我不得不考虑这些幼童在美国的住宿问题。城市的花费现在非常的高，或许我们可以考虑让他们居住在乡下。那里不像城市那样热闹，而朴素的风土民情，可能更有助于让孩子们养成用功的学习习惯。另外，是否应该考虑将这些孩子分开居住，让他们进入不同的学校，这样对提高他们的英语学习更有益处？是让他们进入寄宿学校还是把他们分散在不同的美国人的家庭中？是让他们先集中在一起住六个月，还是立刻将他们分散开来？这些我认为都是非常重要的问题，我把他们陈述给您以便得到您的意见。[1]

经过积极的准备，容闳将这些幼童分别安排在美国家庭。容闳这样做，是希望这些幼童尽早过语言关并适应美国的生活，取得良好的学习效果。经过积极的准备、培训，1872年8月11日，第一批留美幼童在陈兰彬的带领下，由上海登船启程。

这一天，上海港丽日当空，码头上人声鼎沸，驻上海的地方官员、百姓，幼童的父母、亲人、同窗前来为这些即将跨海越洋赴美的幼童送行。在那个闭关锁国的年代，留学对于许多家庭都是前所未闻的事情。因此，这些幼童启程的那一刻，很多家长都流下了不舍的泪水。午后，承载幼童的美国远洋商船一声长鸣，起锚开行。岸上的人们频频地向他们招手，呼喊叮咛。少年不知愁滋味，亲人的叮咛并没有全然放在心上，此刻，站在甲板上的他们是对未来生活，即将去往的海外世界产生着联想和向往。

轮船在浩渺的海面上犁出鱼鳞般的长浪前行。幼童赴美，他们的家人有着诸多的不舍，但这毕竟是中国开天辟地的新鲜事。关于这些幼童的送行场面，国内外的报纸都予以报道。

---

[1] 李喜所主编，刘集林等著：《中国留学通史》（晚清卷）第92页，广东教育出版社2010年版。

1872年，幼童赴美前，唐绍仪（右）与梁如浩（左）合照

当时，中国近现代史上一份重要的报纸——《申报》，刚刚在上海创刊不过几个月。8月5日（农历七月初二），是该报创刊后的第83号，这天报纸的第三版报道了“留美幼童”谒见美国驻上海领事的消息。报道说，8月3日早晨，学生们浩浩荡荡，乘坐40多乘轿子，来到领事馆门前——这些幼童下轿后，跟随护送官员刑部郎中陈兰彬鱼贯进入美国驻上海领事馆。这些幼童全都冠履庄严，礼仪合乎规范。他们皆衣葛纱缺襟袍，腰系带钩、凉帽、尖靴、荷包、扇坠焕然全新，给人一种生机和活力。他们在领事馆大厅排成两行，等待美国领事接见。

美国领事在接见他们时说了一些鼓励劝勉的话，大意是，你们这些幼童生长在中国，现在大清国要励精图治，实现自强。你们肩负使命，到美国后要好好学习，天天向上，希望你们将来学成归国，报效你们的国家。

留美幼童启程赴美的场景是隆重的。这些包含着大清因为鸦片战争以来一次次的被动挨打，渴望图强的一种寄望。对于留美幼童，朝廷承诺：这些孩子留学归来朝廷给官做。这也使幼童们的父母和亲人对异域世界的疑虑和茫然有了一丝安慰。

留美幼童前后四批共招收了120名。这些幼童都是乘坐轮船远涉重洋踏上美国的土地的。第三批留美幼童，当时负责护送的是一个叫祁兆熙的官员。他在大清的官员中，是开明的一位，在这些幼童中，他12岁的儿子一同前往。

祁兆熙早年于“法兵驻沪之时”即已对西方世界有所了解，并开始学法语，“未及一年，与兵头往还，（办）事能顺手”。祁兆熙不仅好学，颖悟能力也很强。再从他与“兵头”打交道，办事得心应手来看，用今天的话说，他智商好，情商亦高。1865年，祁兆熙进入江海北关任职，他在那里开始学习第二门外语——英语。历“三年之久，能将关单自译，无用通事”。通事即翻译。护送幼童赴美留学事涉外事，这样的工作祁兆熙应该说是合适人选。

祁兆熙《游美洲日记》完整地记录了幼童们途中的生活场景。在他的记述中，幼童们登船那一刻是快乐的。他的日记里说，登船的头天晚上，孩子们看到洋泾浜，看到“自来火灯”(煤气灯)“簇簇匀排，荡漾波心”，内心之中快乐之极。启航那一天，他们都起得很早，兴冲冲地观看轮船驶出吴淞口。

最初他们也因为“风雨交加，舱面不能行走，晕浪者呕吐大作，俱睡而不能起”。但是，幼童毕竟年幼，这样的不适应持续了十多天，他们便渐渐地适应了海上的生活。晕船者也逐渐减少。遇到大风暴袭来，大人们还晕如醉汉，而这些孩子们却嬉戏自得，全然没有了当初的恐惧和晕船的反应。一些胆大的孩子甚至会走出船舱，看大海起伏的浪涛。每当这个时候，祁兆熙也会免除孩子们的功课，让他们尽情地放松。

作为第三批留美幼童的护送官员，祁兆熙既有人性化的一面，也有严厉的一面。护送途中，他发给幼童们《太上感应篇》《三训合刊》，并且为他们认真讲解，要求幼童们熟记于心。每天晚上他则让孩子们温习“西书”，对于调皮或者没有完成课业的孩子他也会打手板以示惩戒。

虽然是一名护送官员，祁兆熙也有哭笑不得的时候。他有喉咙疼的顽疾，临行之前带了一些咸西瓜皮作为防治之用。但是幼童们起初吃不惯船上单调的西餐，就一哄而上，将祁兆熙的咸西瓜皮抢吃个精光。咸西瓜皮吃完了，轮船上又没有中餐，孩童们无奈便渐渐地适应了西餐的生活。

祁兆熙在日记中记述，轮船上供应的西餐有牛肉、羊肉、面饼，饮料是奶茶和冰水，有时候也提供一些水果与干果之类。

漫长的航行中，实在不像在国内那样，玩耍、嬉戏都来得惬意。单调的生活，也使幼童们迅速学会了轮船上一些外国人的掷沙包游戏。掷沙包游戏就是用布包装沙子缝制成囊球状，供游戏者相互抛掷。既可达到锻炼筋骨的效果，又可达到休闲娱乐的目的。这样，幼童们在轮船上倒也无忧无虑。这些情景，在祁兆熙日记中都有记述。万里航行，第一批走出国门的幼童中有一个叫温秉忠的留学生，他在日记中记述了他们当时在海上航行的情况：

出国前夕，每位学生发给铺盖一床及小箱子一只，内有长袍马褂，他们并学习如何在官员面前应对，以及一些礼仪。

各批学生必须到上海“海关道台衙门”叩头谢恩，使他们得此留美机会。理论上言，海关道台是他们的“主试官”，而且当时上海海关道台是全城最高长官。那次接见使幼童感到如同觐见皇帝一般的震慑，因为道台是第一次特准他们可以抬头看他脸的大官。

第二天，幼童们特去拜见美国驻上海总领事，他热诚接见幼童，并飨以简单茶点。最后，幼童及老师以及同学告别，在一种复杂茫然的心情下搭上日本的一条轮船赴日本（先至日本，再转道赴美），向岸上挥泪的亲人及微笑的亲友告别。在当时，到美国的旅程，好似到天涯海角一样，而一般家长父母是不愿其子弟远行的。

到日本航程六天……不久，“中国号”出现在横滨港口中。我们依次登船，对于远赴异国的中国学生，登上一艘与祖国同名的远洋轮船，实在是一件极为巧合之事。

……横渡太平洋花了二十八天，一个漫长疲困的航程，但对幼童而言，太平洋是风和日丽水波不兴。他们在甲板上散步，注视着蓝天和飞鱼，来打发他们的晕船。有时一只鲸鱼向空中喷出一道水柱，引起大伙无比的兴奋。有时在甲板上游戏，在不知不觉中旅程到了最后一天——他们的轮船驶到旧金山大桥下。[1]

留美幼童在美国一登岸，就换上了早已准备好的锦缎帽子、软缎靴子、酱色长马褂、蓝色大长袍，脑后拖着一条油黑发亮的长辫子。这种装束是清朝

[1] 李喜所：《近代中国的留学生》第31页，人民出版社1987年版。

服饰制度的体现，也是朝廷要求的，因为代表着大清的意志和形象，但这种装束在美国也遇到了美国习俗的挑战。

五、在美国拥抱新生活

留美幼童到美国后，考虑到适应美国生活、学习的需要，这批幼童在容闳的安排下，大多寄住在美国家庭。这样做的目的，是想其能够快速适应生活。他们被安排在康州和麻省大小城镇的15个家庭之中，麻省李镇教堂助祭海德家里安排了两名幼童。当这两名幼童身穿锦缎长袍、脑后拖着大清特有标志的长辫出现在李镇时，李镇的人们对他们奇异的装束感到新奇，竞相传闻。被安排到海德家里的两名幼童对美国的新生活，也有一种新鲜感。虽然也是在农村，但他们对村子里的牲畜和家禽都十分感兴趣。这两个幼童一个喜欢养鸡，一个喜欢和邻居的小猪逗乐。有一天，这名幼童在街上追赶一头小猪，他奇特的装束构成了小镇的另一道风景。李镇的人们看到他追逐小猪的样子，像观赏外星人一样，哄笑不已。这位幼童后来回忆："最初，幼童均穿长袍马褂，并且结着辫子，使美国人当他们是女孩。每当幼童外出，后面总会跟着一群人高叫：'中国女孩子！'使他们颇感尴尬。[1]"

这种习俗和装束的差异，容闳有过切身的感受，因而，容闳处处为幼童着想，他将这些幼童安排在美国的一些家庭里，就是希望通过这种"家庭式"的留学生活方式来实现中西两个文明体制习俗、生活方式的融合。但是，这些幼童在国内毕竟接受的是传统的儒学教育。初到美国之时，他们对美国的生活既有好奇的一面，又有拘谨、无所适从的一面。

留美幼童李恩富回忆当时的情景，感到自己是一个幸运者，他被分配到春田一位和蔼可亲的女主人家中，当李恩富被指派给她时，她把李恩富拉进怀

[1] 高宗鲁译注：《中国留美幼童书信集》第79页，（台北）传记文学出版社1986年版。

里吻了一下。这一举动惹得其他男孩哈哈大笑，弄得李恩富面红耳赤。用他自己的话说，“因为那是我自出生以来得到的第一个吻……”

对于留美幼童来说，宗教信仰也常常使他们感到无所适从。李恩富回忆：

星期天到来了，午饭后，女主人叫我们做好准备去主日学校，那时我们只懂一点点英语，只听见“学校”两个字，心想，糟了，星期天还要去学校。我们收拾课本准备出发，结果我们的监护人使劲向我们表明不需要带书本。我们就空手出门了。等到达“学校”后，和我住一块的伙伴嘀咕道：“这是一所教堂。”我们仔细打量了一下，发现里面的人正在起立唱歌。是教堂！教堂。我们一边嘀咕着，一边以你能想象的最快的速度冲出教堂，直到回到我们住处的房间。[1]

生活上的差异，使这些幼童对美国的一切感到新奇，于当时的美国人来说，虽然觉得这些幼童滑稽可笑，但对他们还是十分友好的。在生活上，关照他们，希望这些幼童尽快地融入到美国的生活，经常帮助他们整理衣物、书籍，帮助他们缝补衣服，饮食上尽量照顾他们。曾经留美的罗国瑞回忆：

我忆起在西海岸我们共同度过的童年。那里有海滩与树林，我相信我一生最快乐的日子是在那里度过。人人是那样和蔼可亲，而最使孩子们常念不忘的是那丰盛可口的食物，就在这种无忧无虑的环境下，我们共同步入成年。[2]

除了生活上照顾他们之外，在学业上也经常帮助他们。后来成为卓越工程师的留美幼童温秉忠 1923 年曾在一篇演讲辞中回忆：

第二天，容闳先生分配他们给来自各地的美国老师。老师带他们回去。

[1] 李喜所主编，刘集林等著：《中国留学通史》（晚清卷）第 95 页，广东教育出版社 2010 年版。
[2] 高宗鲁译注：《中国留美幼童书信集》第 47 页，（台北）传记文学出版社 1986 年版。

在以后留美的岁月中，这些美国老师负起教养监护的责任。每一个美国老师家庭负责两个或四个幼童。英文合格的幼童直接送入美国学校，不合格的在老师家接受个别补习，做入学的准备。[1]

美国家庭家长式的帮助，使幼童们的学习进步很快。他们大都能赶上学习进度，他们中的一些人甚至后来考上了耶鲁、哥伦比亚等美国著名的大学，成为学校的佼佼者。

留美幼童中，詹天佑就是学习比较突出的一位。他是从纽黑文中学考入耶鲁大学的。在耶鲁大学，他的学习成绩令美国的同学、老师也对他刮目相看。他多次考试都以第一名的成绩获得学校的奖励，并两次获得学校的奖学金。晚清的中国，在西方人的眼里，中国人的智商是很低的。詹天佑的成绩，美国《纽约时报》既赞赏、羡慕，又有些酸溜溜地评述道：中国幼童均来自良好高尚的家庭，经历考试始获甄选。他们机警、好学、聪明、智慧，像由古老亚洲来的幼童那样能克服外国语言困难，且能学业有成，吾人美国子弟是无法达成的。

留美幼童快速地适应美国学习生活，并且学习进步很快，作为留美幼童的温秉忠认为这种进步，与容闳安排的美国"家庭式"留学生活有很大关系。他后来回想当时的情景时说：

最初，幼童均穿长袍马褂，并且结着辫子，使美国人当他们是女孩。……为了减少困扰，数月以后，幼童向"出洋肄业局"委员呈准改穿美式服装。当时幼童平均不及十五岁，对新生活适应很快，迅速接受了美国的观念及理想。……中国幼童们与一同食宿的美国家庭及中学、大学同学们，均建立了深厚之友谊。……美国老师及监护人那种家长式的爱护，使幼童们久久铭感不忘。[2]

[1] 高宗鲁译注：《中国留美幼童书信集》第 80 页，（台北）传记文学出版社 1986 年版。

[2] 同上。

詹天佑（后排右二）等酷爱运动的“留美幼童”组成的“东方人棒球队”

与温秉忠有着相同感受的周寿臣在1930年写给哈特福特全体市民的信中，回顾了这种家庭式的美国学习生活。他在信中说：

五十年前，我在哈城及其近郊度过我的少年时代，在那里的岁月对我是充满欢乐及鼓舞的回忆。在那里，我第一次有机会接触到西方的文化及文明，亲身目睹美国人民共同生活中的民主方式及无数其他有意义的活动。

这种家庭式的留学生活，为幼童们营造了愉快而温馨的学习环境，再加上年纪尚幼，可塑性很强。因而，他们很快便适应了美国的学习与生活，学习不断进步，也给美国人留下了良好的印象。

曾经教授留美幼童的巴托拉小姐对他们印象深刻，也予以很高的评价。她说：“他们富有青春活力，非常聪明能干，一般来说，只要我教会他们一种游戏，他们就会赢我，他们学英语非常快，除了初次见面我们交谈有困难外，以后一点困难都没有了，等到他们进入学校，同学们都很喜欢他们，他们读书进步很快，老师也为他们的成绩而骄傲。”

优秀的幼童们，使得美国的一些媒体也在改变着对中国人的错误看法。美国的一些报纸发表评论说：“这些男孩都有君子之风，他们不但谦虚而且有礼貌，我们都很喜欢他们，崇敬他们，我们都以他们做我们的榜样。这是他们国家的荣誉。他们对于美国人的友谊衷心感谢，对于美国的家庭生活，他们很快地适应,他们还送给他们的监护人可爱的礼物,而且时时存有感恩图报之心。”

曾经作为留美幼童的同学、玩伴，菲尔伯斯后来也感慨幼童们快速适应环境的能力。他认为这些中国小伙伴能够与人很好地相处，有着可爱的性格，是适应环境的天才。

留美幼童快速适应环境，适应美国学习、生活的能力，作为当时护送官员的祁兆熙深有感触。他的儿子作为第三批留美幼童中的一员，到美国后很快便适应了美国的家庭生活。在完成护送任务准备回国前，祁兆熙专程前往他的儿子寄住的美国家庭看望祁祖彝。当时，祁祖彝与另外一名幼童朱宝奎一同寄住在名叫 Moore 的美国家庭里，祁兆熙到来时，祁祖彝和朱宝奎正在大口地吃着苹果，短短几天，已经没了初来时的那种拘谨。

祁兆熙发现，儿子到美国人的家里才短短几天，和主人用英文交谈已很熟练。幼童们快速地适应美国的学习、生活，见证了中美两个不同国度的文化融合。幼童们毕竟年幼，朝廷的官员们担心他们在美国忘记了中国本土文化，因而，在他们接受美国教育之余，还要求他们学习中文。

当时负责监督留美幼童学习、生活的朝廷官员陈兰彬、容闳等人为此专门设立了出洋肄业局，设在哈特福德，租了一座三层小楼，顶上一间专供孔子牌位，并有几间教室，每三个月让幼童分批来这里学习汉语。一般是每批 12 人，时间 14 天。所教内容主要是写字和作文。

当然，这样的安排也是十分必要的。留美幼童的中文底子还是很差的，朝廷担心他们顾此失彼，因而要求他们在固定的时间到出洋总局研习中文。这样，他们一边接受美国教育，一边学习中文，这种办法也确实取得了一定的成效。这些幼童在学习西学方面取得优异成绩的同时，也没有荒废中文，较之当年容闳留学美国，回国时不能作中国言相比，的确是很大的成效。

留美幼童学习优秀，1876年，在美国费城举办的世界博览会上，举办方特意把留美幼童的作业作为一项教育成果展出。这虽然有些功利的成分，但也反映出留美幼童接受西方教育所取得的成效。当时在宁波海关任职的李圭受朝廷的委派出席了这次博览会。世界博览会当时还有一个名字叫“万国博览会”，第一届博览会在英国举行，此后各国参会都由其海关税务机关办理。而中国因当时的海关税务由外国人代办，所以代表中国出席博览会的都是外国人。但是这样一个代表国际形象的盛会，从主管到帮办都是蓝眼睛大鼻子的老外打理，这真有点说不过去。于是，长期在海关供职的李圭成为中国参展团的一员。李圭这个在政坛上名不见经传的小人物，由此也成为中国参加世界博览会的第一人。

1876年，在美国费城举办的世界博览会上的中国展馆

参加费城博览会的有37个国家，中国代表团虽然仍然大都是洋鬼子，但毕竟有中国人参与其事。美国方面特意展出了中英对照的留美幼童作业和一些民族传统手工展品。这让看到展出情景的李圭大发感慨，激动不已。

李圭记述，费城博览会上，展出留美幼童的作业有“……绘画、地图、算法、人物、花木，皆有规格”，也有汉文策论，“如《游美记》、《哈佛书馆记》、《庆贺百年大会序》、《美国地图论》、《风俗记》，亦尚通顺”，并且每篇策论后均“附洋文数页，西人阅之，皆啧啧称赞”。[1]

李圭借这次费城博览会的机会，了解了留美幼童的学习、生活。还请他们参观了费城万国博览会，并与几位幼童座谈，李圭先问幼童对博览会的观感。

[1] 李圭:《环游地球新录》第15页，湖南人民出版社1980年版。

问："此会究有益否？"

曰："集大地之物，任人观览，增长识见。其新器善法，可仿而行之。又能联各国交谊，益处甚大。我侪动身之先，馆（学校）师嘱将会内见闻，随意记载，回馆后各作洋文议论一篇，再译为华文。"

问："何物最佳？"

曰："外国印字法，中国雕牙器。"

问："想家否？"

曰："想也无益。惟有一意攻书，回家终有日耳。"

问："饮食起居何若？"

曰："饮食似较洁净，起居有定时，亦有（定）时必须行动（运动），舒畅气血，尤却病良法也。"

问："各居停主人照料何若？"

曰："照料若其子弟。稍有感冒，尤关切。而哈地（哈特福德）水土宜人，病亦少。"

问："何以着洋人装束？"

曰："不改装有时不方便，我侪规矩，惟不去发辫，不入礼拜堂（这里是指清廷不许留美幼童受洗入教。礼拜日，幼童也常随师友一起去礼拜堂。在哈特福德，有一个留美幼童和马克·吐温一起听讲的教堂）两事耳。"[1]

一席谈话，李圭对幼童有了初步的了解，认为他们不仅聪明，而且很有思想，对幼童十分喜欢。在费城博览会期间，幼童们还受到美国总统的接见。李圭记述，美国总统与他们一一握手，并告诫他们，好好学习，学以致用。这次接见，在中国留学史上，应该是有史以来外国元首第一次接见中国留学生。

李圭与幼童们在费城博览会期间的谈话，他认为幼童赴美是"中学为体，

[1] 董守义：《清代留学运动史》第100页，辽宁人民出版社1985年版。

西学为用”的体现。这种评价也正是朝廷派出留学生学习西方先进技术的主导思想。李圭毕竟是清朝官员，虽然官阶不高，但思想中也体现出朝廷的教育理念。

通过对幼童的观察、接触，李圭对幼童们“仍兼读中国书”，“……三纲五常，此幼童所固有，不以业西人之事而少有阙也”[1]感到欣慰。他感到“中学为体，西学为用”教育思想培育出来的学生一定能够为大清所用。李圭的判断固然有其认识的一面，但他对幼童的判断仅局限于费城博览会期间的一面或几面之缘。作为清政府的一名官员，他的立场也是倾向于政府的。事实上，他并没有观察到美国社会文化对留美幼童所产生的深远的文化渗透力。这些学生年幼之时走进美国，西洋文化、生活方式已经使他们西化，但清政府甚至李圭这样的长期与洋人打交道的官员都认为幼童学习西学，而不应该忘记中学。在美国的学习生活中，在留学监督的督促下，他们虽然也中西兼顾，但幼童毕竟年幼，在美国教育文化、环境潜移默化的影响下，幼童们价值观念、行为方式、知识结构等方面的西化，幼童们逐渐离异于传统，是朝廷保守派所不愿意看到的，这样，一场因为中美文化冲突的发生就势在难免。

六、发生在留美幼童身上的中美文化冲突

幼童在美国留学，接受的是资本主义文化，过的是美国式的生活，又住在美国人家里，和美国儿童玩耍、交朋友，再加上童年时代对新生活特有的适应能力，美国文化的浸染日益加深，使他们很快便融入这种新的生活和环境。

受美国生活方式与环境的影响，留美幼童在观念与文化认知上也发生变化。毕竟上美国的学校，天天和美国孩子在一起，在这种情形下，要使他们心甘情愿地继续学习中文，严守中国旧礼教的规矩，实在是件不容易的事。

在美国读书当然不像在国内接受私塾教育，接受的是传统的“四书五经”。

[1] 李圭：《环游地球新录》第106页，湖南人民出版社1980年版。

在美国，他们从小学、中学到大学受的是正规而系统的美式文化教育，接受的是崭新的自然科学和社会科学知识。在文化素养的知识结构方面，占绝对优势的是“西学”，而不是“中学”。幼童们学的数学、天文、生物、化学、机械、采矿、土木工程等科目，在当时的中国是没有的。至于电报、军事、商业等科目，清廷当时也还没有作为学校的教学内容。这样，幼童们所学的科学知识就为中国的传统文化注入了新的内容，他们后来归国后推动军事、科学技术、实业的发展，奥秘也正在这里。

幼童们在美国所学，接受新的文化教育，所学科目在唯科考是举的时代是很难看到的。当时，随李圭一同赴美参加费城博览会的一位翻译翻看了幼童们所学的课本。他感叹，幼童所学科目在国内难得一见，他高度评价派出留美幼童的意义。

清廷派出留美幼童虽然有着很强的功利目的。幼童对新思想新观念的接受，虽然与朝廷派出幼童的初衷发生了冲突，但全新的知识结构还是对留学教育产生了深刻的影响。在社会科学方面，幼童们学习了一些美国的哲学、法律、经济等知识；在文学方面，幼童们也受到资产阶级文学的影响。当时，英国著名作家和剧作家莎士比亚的作品在美国十分风靡，幼童们也爱上了莎士比亚的作品。

初到美国的詹天佑（右一）

留美幼童詹天佑每天除了学习专业的文化课外，他从不间断阅读西方文艺作品。莎士比亚的作品，他都阅读过。幼童们在美国接受社会科学，资产阶级文艺的启蒙以及美国生活的所观所感都像一个导航仪，指导着幼童们的思想、观念、行为发生变化。

留美幼童在美国接受的教育可谓德、智、体全面发展。他们从小就在国外接受西式教育，使他们中的一些人对传统文化十分反感，见了长官不磕头作揖，学习四书五经也是心不在焉。

但是他们对各种体育运动特别感兴趣。各种游戏、排球、足球、溜冰、跑步等等都是他们喜欢的项目。当时，棒球运动在美国中小学里非常流行，幼童们几乎人人喜欢玩棒球，在他们的房间里总能找到球和棒球，他们还组织了棒球队，与美国的同学们比赛，出人意料的是，这些幼童竟然常能获胜。划船也是幼童们喜欢的运动项目，幼童中有一个叫钟文耀的，曾是耶鲁大学划船队队长。他们在与哈佛大学的一次比赛中，不但获得胜利，而且钟文耀指挥若定，让美国的同学对他另眼相看。

曾经教过留美幼童的一位美国教授后来在自传中写道：

这许多孩子们，不仅在运动方面比我们美国人卓越，在其他方面也比我们强。……当他们参加任何社交活动，我们许多美国人即失去所有的机会。……任何舞会或招待会上，美丽动人的女孩子们，总是对东方人特别恩宠有加，这是事实。当他们从我们的前面经过，或者接受中国学生们注意的那种温柔，以及使美国孩子感到痛苦的那种表情，使我永远不能忘怀。[1]

受美国教育的影响，他们的思想观念、文化认知、行为也在发生着变化。还有一个明显的特征是服饰也发生变化。

在服装穿着方面，幼童们讨厌穿长袍马褂，喜欢穿美式服装。对脑后的辫子尤为头痛。一个原因是，在美国社会，长袍马褂与脑后的长辫，同西式装束的简便相比，的确是格格不入。幼童们常常因此遭受美国人的嘲笑。

美国教育重视德、智、体全面发展，长袍马褂、长辫也不利于运动。留美幼童的一位美国同学后来回忆说，幼童们脑后拖着长长的辫子，他们在踢足球的时候，常将辫子塞进内衣里，有时候缠在头上，辫子一开，对手就会抓他们的辫子，这样踢球就会失败。为避免这种尴尬，幼童们常将辫子盘在头顶，用帽子压住，这样活动起来就方便一些。幼童们中也有胆子大的，他们索性将

[1] 刘真主编，王焕琛编著：《留学教育》第一册，第90页，（台北）国立编译馆1980年版

钟文耀（第二排中）和耶鲁大学划船队

辫子剪掉，但辫子是大清王朝体制的象征，剪辫子是要治罪的。因而他们剪去辫子后，又担心被监督官员发现，拜见他们时，常常弄一条假辫子来蒙混过关。但天长日久不免会露出破绽，留美幼童谭耀勋、容揆因为剪辫被留学生监督吴嘉善发现，而要求校方将他们除名。这些幼童也知道，他们剪辫回国后有杀头的危险，因而，他们悄悄地躲避起来拒绝回国。

幼童们剪辫的大胆举动，却给了留学生监督吴嘉善攻击留美教育的口实，他以留美幼童剪辫为由，诬蔑他们政治上不合格，要求清廷将幼童中途撤回，结果使中国首批留美生的留学活动中途而夭折。

更让吴嘉善、陈兰彬不满的是，这些幼童在美国学习、生活，逐渐适应并融合于美国文化。在他们身上少了封建等级观念，他们崇尚民主、自由，鄙视封建的科举取士制度。对于留学生监督，很多幼童希望平等相处，幼童归国后，常常写信给美国友人发泄他们对清廷的不满，渴望再次呼吸美国的自由空气。

留美幼童还有一个观念上的变化，就是渴望像美国的青年那样，追求自由真挚的恋爱婚姻。留学生中有一个叫薛有福的，他留美时与凯蒂小姐是好朋友，他们常用书信表达友谊之情。这种友谊之情也渐生爱慕，他在给凯蒂的一封信中，这样写道：

凯蒂吾友：

经历极愉快的旅程，上周一我们安抵此地。到此之前，我们在尼亚加拉大瀑布停留，游览了该地。那瀑布真是壮观，我们顺道到加拿大南部一游。

我们通过落基山后，看到许多印第安人，该处山色雄伟，但我认为加州风景仍属第一。

我们真高兴，能看到这么多地方，此间一切与东方迥异。以后我们将邮寄一些礼物，纪念我们共处的时光。那些礼物将来自中国，我希望你会喜欢。

凯蒂，我想问你一件事，当我们分手之后，我却忘了问你：你可愿意继续与我通信？

在遥远的天边，多么希望听到你的信息，以便得悉朋友们在世界那端的情形。

我们在美国的相逢真是太愉快了，至少对我是如此，渴望你继续成为我的好友！

本月六日，我将乘“北京城”号返回中国，我焦急地等待你的回信。

你的挚友　薛有福[1]

此信1881年9月1日写于美国旧金山皇宫饭店，当时幼童们正在返国途中。透过含情脉脉的文字，可以看出薛有福对凯蒂萌发了炽热的爱。

留美幼童中，还有一个叫丁崇吉的学子，他在美国学习期间爱上了一位名叫Sussie的美国女孩，这段恋爱虽无疾而终，却令丁崇吉终生不忘，甚至于晚年给自己的孙女取英文名为Jessie。和薛有福、丁崇吉含蓄内敛的脉脉深情相比，容闳的侄子容揆在追求爱情方面可谓轰轰烈烈。容揆作为留美幼童，当时有许多大胆的举动：带头剪辫子，加入基督教，无不触及大清的体制纲常。在美国读书，他爱上了比他小7岁的美国女孩玛丽小姐。容揆寄住的家庭女主

[1] 高宗鲁译注：《中国留美幼童书信集》第177页，（台北）传记文学出版社1986年版。

人和玛丽的父母是好朋友，这为容揆追求玛丽提供了便利，但玛丽是一个腼腆矜持的女孩，容揆的热烈追求，漫长的等待，还是打动了玛丽。经过十几年的恋爱，他们最终走进婚姻的殿堂。他们的爱情故事，在美国新格兰一时成为佳话。

留美幼童受美国文化的影响，观念的转变，朝廷中的一些保守派是持反对态度的。因而，也出现了一些争议，保守派把矛头指向留美幼童正副监督，作为副监督的容闳是支持学生们接受这些新观念的。

容闳毕竟是在美国留学接受过美式教育的，思想已经“西化”。留学8年，归国之时，竟然不能作中国言，但是美国的自由民主以及近代化的日新月异，又使他感到大清国要实现国富民强，必须学习美国。留美幼童的派出，使他看到了希望，他希望留美幼童在美学习，能够精通美国的思想文化，学有所用。他对幼童寄予厚望，所以处处支持他们，为他们提供学习、生活等方面的便利。即便是有些学生违反了大清的体制，犯了错误，他也设法通融，希望网开一面，对幼童们坦诚以待，父亲般的关怀，也使他和幼童们关系融洽，幼童们也把他当做朋友。容闳在美国接受的思想观念，使他对官场规则也全然陌生。1876年，李鸿章的推荐，朝廷任命他为驻美公使，容闳却坚辞不就，他的心思完全在留美幼童身上。后来，他致信李鸿章说明自己的态度，但李鸿章没有作出回答。最后，朝廷任命他为驻美副公使兼管留学生事务。其实，容闳以全部精力从事幼童的留学教育事业。当陈兰彬、吴嘉善等人中伤并力主撤回留美幼童时，他毫不屈从，进行了坚决斗争。

事实上，陈兰彬成为学生监督，与容闳的举荐有很大关系。天津教案发生时，陈兰彬与容闳在丁日昌的引荐下得以认识。当时容闳为处理天津教案的曾国藩充任翻译，同陈的交往中，容闳觉得陈兰彬是留学生监督的合适人选，因为他既懂洋务，又通旧学，中西皆可应付。然而，1872年，陈兰彬带领第一批幼童赴美后，容闳才发现陈兰彬其实是一个观念守旧之人。陈兰彬反对幼童分住在美国人家里，千方百计强调学习儒学，看不惯幼童参加体育活动，对幼童在服装、辫发、礼俗、读书等方面的新变化都持反对态度。

在最初的斗争中，容闳是胜利者。因为陈兰彬虽是正监督，但无法左右

1878 年，首任驻美公使陈兰彬在华盛顿白宫蓝厅递交国书

局面。幼童初到美国之时，许多事情都是由容闳决定，容闳毕竟是有留学美国的经历，8 年的学习生活，他在美国结交了很多朋友，因而幼童的衣食住行和读书学习等事情都由他安排。陈兰彬虽然是经容闳推荐才坐上留学生监督这个位置的，但是他在美国并不甘心这种凡事不经他决断的“摆设”地位。这也是他对留美幼童、对容闳吹毛求疵的一个原因。后来，他干脆以留美幼童难以管理为由致函李鸿章，请求辞去留学生监督一职。1875 年秋，在没有得到答复的情况下，他称病请假回国。回国后，他推荐区谔良接任留学生监督一职。1876 年，他被任命为驻美公使，再返美国。

区谔良翰林出身，曾任工部候补主事，年富力强，志趣广泛，思想开通，但沾染了腐朽的官僚习气。抵美后，住在大宾馆里，专有侍妾两人服务，十多天也不到留学事务所一次。即使去了，对讨论的任何问题从不表态。没过多久即奉调回国，由容增祥接任。容本是留美幼童的中文教习，不久“丁忧归国”。

在留美幼童正副监督的矛盾分歧中，容闳注定要成为失败者，作为留美归来的他不懂封建礼教的森严，对于统治者来说，伦理纲常是高于一切的，这也是他们统治、愚弄人民的一种手段。在这样的背景下，容闳的斗争是孤单的。

1879 年底，出任大清国驻美国公使的陈兰彬举荐吴嘉善为第四任留学生监督。吴嘉善是翰林中最早能看懂英文的人，曾首创用汉字注音学习英文的方法。他是洋务运动初期广州同文馆的中文教习，在驻外公使馆也已工作两年。或许因为这些原因，最初，美国的报纸评论他是“非常支持教育计划的，属于中国那些少数的，但正在增长的共和派”。可是这位“共和派”一到哈特福德，就时时批评出洋肄业局过去的规定，摆开了整肃的架势。因而，他与容闳的分歧更为巨大。

1880年4月1日，吴嘉善向全体留学生发布了《谕示》：

要思出洋本意，是令尔等学外国功夫，不是令尔等忘本国规矩。是以功夫要上等学习，规矩要不可变更。若尔等不上等学习，将来考试，岂能争先胜人？若任意将规矩变更，将来到家，如何处群和众？尔等既在外国学馆，功夫有洋师指授，不虑开悟无方。惟到局时候甚少，规矩日久生疏，深恐渐濡莫抛。是以谕示尔等，要将前后思量，立定主义。究竟在外国日少，居中国日长。莫待彼时改变不来，后悔莫及也。[1]

吴嘉善《谕示》的英文本曾在美国报纸发表，发表时的题目是《中国留学事务委员致中国学生的公开信》，文辞较中文柔和。在发布《谕示》的同时，吴嘉善发布了出洋肄业局的新守则。守则规定：

（每年暑假期间，中国各生都要认真研习中文）每月均须将所作中文课业呈送本局查考。凡按时呈送且成绩优良者，必发奖励，凡迟送者，当处罚金。另外，各生每月有30页的中文功课，必须呈送本局，不得有误；

凡一切仅适合美国学生而不适合中国学生之学科（如美国地理、钢琴演奏、英诗写作等），本局切盼中国各生之美籍教师们立刻予以停止教授；

每值学校短期假期，各生不得离开原住处，不得提用假期生活费，作为旅行开支，和往他地接受美国家庭之食宿招待”；

[1] 刘真主编，王焕琛编著：《留学教育》第一册，第91页，（台北）国立编译馆1980年版。

凡住康州哈特福德城各生，每值周六及周日，必须到局听宣讲《圣谕广训》；

凡不专心学业各生，本局当勒令其退学，并遣送回华。

除了这些繁琐的规定外，吴嘉善还摆出一幅官僚架子，令幼童们十分反感。两者之间经常发生矛盾，关系十分紧张。幼童容尚谦后来回忆，自从吴嘉善到了哈特福德，幼童们便把此楼称为“地狱之屋”，因为这里给他们留下了管教、处罚的黑暗记忆。

清末著名外交家和诗人黄遵宪，曾写下一首题为《罢美国留学生感赋》的诗，诗中记录了他当时听说吴嘉善严厉管束学生的情景：

新来吴监督，其僚喜官威。谓此泛驾马，衔勒乃能骑。征集诸生来，不拜即鞭笞。弱者呼暴痛，强者反唇讥。汝辈狼野心，不知鼠有皮。谁甘畜生骂，公然老拳挥……

正如黄遵宪诗中所讽刺的那样，作为朝廷的一名官员，吴嘉善反对幼童西化。在他看来，这是在维护大清政制，维护祖宗成法。在美国，他不满幼童的所言所行，便向朝廷历陈留美幼童的种种不是。他在奏章中说，留美幼童在美国读书的时间少，玩耍的时候多，全然忘了到美国的目的是学习西人之技。吴嘉善还说，留美幼童到美国后，事事效仿西人。有些学生甚至加入了美国基督教以及其他一些秘密组织，全然忘了祖宗法度。对这些学生虽然约束管教，但他们已全然没了尊师重教的传统。对于新监督的训话，他们置若罔闻，根本不当回事。这些学生，如果任其在美国长期居留，必然会丧失爱国之心。他日之后，即便回到国内，也难以为朝廷所用，甚至还会危害社会。吴嘉善在奏章中建议朝廷从速撤回留美幼童。

吴嘉善的造谣中伤在清朝政府中引起了一片反对留学的声浪。而先前辞职回国的区谔良此时也通过刘坤一转奏朝廷，指责留美幼童的种种不是。

朝廷中有一些保守派官员本来就惟科举是途，反对西学。这样一来，更给了他们口实。在一片非议的声浪中，朝廷谕令李鸿章调查此事。吴嘉善等人极力破坏留美幼童留学事业，目的是抵制幼童接受西方文化，但幼童一到美国便适应了美国的教育和文化，难以理解中国传统文化的礼制规范。这样，吴嘉善一面上奏朝廷，一面采取严厉的管教措施：一是加强了“中学”课程；二是强调中国礼制规范；三是检查辫子和是否加入基督教组织。

自清朝入关，顺治皇帝颁布蓄辫令后，剪辫就成为杀头的重罪。吴嘉善到美国后，把剪辫和加入基督教上纲上线到是否爱国的大是大非问题上来，不能不让学生们惊慌失措，剪去辫子的学生，为了应付检查，便设法弄条假辫子戴在脑后，但后来还是被吴嘉善发现了，对于这类幼童，吴嘉善下令一律遣返回国。

留美幼童谭耀勋到美国后，觉得辫子于生活、学习都不便，便剪去了辫子。他剪去辫子之后，又加入了基督教。这都在吴嘉善的严禁之列，因而，他下令取消谭耀勋的留学资格，准备押送回国。谭耀勋知道回国后有杀头的危险，便在幼童的帮助下秘密逃跑了。幼童们还凑集学资，帮助他完成了在耶鲁大学的学业。但是不幸的是，他毕业后，刚刚获得了在纽约中国总领馆的一个职位，却因肺病而客死他乡。

在留美幼童中，还有一个被吴嘉善视为大逆不道的是容闳的侄儿容揆。他也因剪辫、加入基督教而被勒令回国。当时，容揆曾经给自己远在故国的父亲写信，说明自己剪了辫子，并加入了基督教。父亲看过信后，大发雷霆。他给出洋肄业局写信，请求将他的儿子遣送回国，并说要严厉管教这个逆子，令其改邪归正。容揆的父亲这样的举动，在当时真有些大义灭亲的壮举。但容揆后来选择了逃跑，没有给自己的父亲大义灭亲的机会。

容揆逃跑后，在其女友的帮助下，他先是躲进了春田镇中学，然后又到耶鲁大学完成了学业。容揆本来考入的是哈佛大学，但容闳也许是对耶鲁大学的独特感情，也让自己的侄子转到耶鲁大学。后来，容揆以第三名的成绩在耶鲁大学雪菲尔德理工学院毕业。

在美国这样的“自由”国度里，吴嘉善要维护大清的专制法度很难奏效。留美幼童在美国思想、行为、观念发生变化，与传统体制的格格不入，吴嘉善也把矛头指向容闳，指责容闳放纵学生，任其自流。

容闳与吴嘉善的分歧，曾经积极支持留美幼童的李鸿章起初担心事态扩大，十分着急。因而，他一方面劝勉容闳，一方面则劝说陈兰彬与吴嘉善。光绪五年六月初九（1879年8月6日）李鸿章致函陈兰彬，指出容闳“立言为公”，劝陈兰彬要以大局为重，不可因个人积怨，“负曾文正创办之初衷”[1]。但是，李鸿章的调解实际上并未达到预期目的。1879年之前，吴、陈因畏于李鸿章的政治势力，尚不敢有所举动。至1880年（光绪六年），由于形势变化，出洋肄业局内外交困，成众矢之的。一方面，美国政府从1879年起掀起一股排华浪潮，多次通过各种排华法案，中美外交由第二次鸦片战争后保持的和局转入低潮，国内随之出现一股“撤回留学生，以报复美人”的浪潮。1880年后，李鸿章在朝廷受到保守的清流派政敌攻击，一贯反对留学事业的保守派把攻击留美幼童的声势推向高潮。

国内保守势力的攻击，朝廷也谕令李鸿章调查幼童在美国的情况。李鸿章的立场禁不住也动摇起来。李鸿章态度发生动摇，应该说是同他的功利心态相呼应的。最初，他表明支持幼童留美，有着很强的功利主义色彩。他在上奏朝廷的奏章中说：

> 出洋后，肄习西学仍兼讲中学课以孝经、小学、五经及国朝律例等书，随资高下，循序渐进；每遇房、虚、昴、星等日，正副委员传集各童，宣讲《圣谕广训》，示以尊君亲上之义，庶不至囿于异学。[2]

在李鸿章看来，中国礼制传统、科举等文武制度，远远优于西方，具有战无不胜的力量，只是在军事技术、武器装备上不及西方。他在致总理衙门的

[1] 李鸿章：《复陈荔秋星使》（光绪五年六月十九日），《李文忠公全集·朋僚函稿》卷18，第32页。
[2] 李鸿章：《幼童出洋肄业事宜折》，《李文忠公全集·奏稿篇》，第9页。

原函中说，“中国文武制度”不可动摇。他主张遵循儒家传统的治国方略，内修政事，缓和阶级矛盾，巩固帝制统治秩序。但是李鸿章又十分赞赏西方的军事技术。因而，他主张学习外国的先进军事技术，引进武器装备，并进而造就掌握先进技术的人才。

李鸿章主张学习西方先进军事技术，他的确发现了大清国被动挨打的要害，为中国从冷兵器时代到发展近代军事工业的转变开了先河。但李鸿章主张向西方国家学习的目的是以“以中国之伦常名教为原本，辅以诸国富强之术”，他把中国传统礼制看作“本”，把学习西方先进技术看作“末”，认为学习外国先进技术在治理国家、实现富强的方略中，仅是“治标”的性质。目的还在于固本，即维护体制传统。

这不仅是李鸿章的观念，而且是大清国官员中绝大多数人的看法。即便是很早就开始呼吁在中国实施议会政治的郑观应，在谈到向西方学习时，也持相同的观点。

回归到留美幼童的问题上，幼童们在美国的学习是中西兼顾，朝廷同意派出幼童到国外学习，其目的是以补时艰，学西人之长技，实现自强。容闳极力推动留学事业，他期待有一天，这些幼童回国后缔造一个春意盎然的中国。而陈兰彬、吴嘉善之所以对留美幼童指责、攻击，根本的原因是幼童们改穿洋装、剪辫了、加入基督教。而实际上，陈兰彬与吴嘉善还有一个不满，在他们看来这些幼童身在美国全然忘了上下尊卑的礼仪传统。

1879年，吴嘉善初到美国时，招集幼童们集中训话。幼童们在接受训话时，竟然敢于直视吴嘉善的面孔，而不行跪拜之礼。对于见到官长的跪拜之礼，其实幼童们甚为反感。容揆后来在回忆文字中说：“吴子登对于我们胆敢直盯着他的脸的行为感到震惊，居然还敢对他嘴里说出的话不言听计从。”容揆想到自己将要回到不厌其烦的行跪拜之礼的故国，他的逃跑就变得不足为奇了。

李鸿章也无法原谅幼童们无视中华礼制，见到官长竟然不行跪拜之礼，这无疑是对延续了几千年的王朝意识形态的背叛。功利的李鸿章并不需要先进的思想理念，他所需要的，是所学能够直接地给国家富强带来利益。但幼童们一到美国，耳濡目染、生活、学习中对西方风土人情的接触，使得他们渐渐蜕变成开启新时代的新公民；李鸿章们戴着传统意识形态的有色眼镜，看不到新思想新观念的优越性，自然更无法认可。这样，留美幼童的命运便可想而知。

七、尴尬的“召回事件”

李鸿章对留美幼童由支持到态度动摇，使得朝野间对留学事业的反对之声甚嚣尘上，就连曾经支持留学生的恭亲王奕䜣也对留美幼童持反对态度。

于是，朝廷责令李鸿章等查明此事，对洋局劣员分别参撤，对留美幼童要严加管束，如有加入基督教的就将其撤回。李鸿章立即致信容闳，批评他严重失职，要他今后少管留学生事务，同时命令陈兰彬、吴嘉善等“设法整顿”留美幼童，但又要他们以大局为重，勿因个人积怨将事态扩大。

一直蒙在鼓里的容闳此时才知道陈、吴等人告了他和留学生的黑状，愤怒异常，赶紧给李鸿章写信说明真相。他说，吴嘉善在美国举止荒唐，性格乖张，常常做一些损人不利己的事情，这样的人实在不适合出任留学生监督。但此时在美国的陈兰彬、吴嘉善不顾李鸿章要顾全大局的规劝，在位于华盛顿的公使馆官邸里密商撤回留美幼童事宜；在国内，朝廷受保守派的影响，也认为留美幼童问题严重，默认陈、吴等人的所作所为。

1881年初春，吴嘉善致电李鸿章，说撤回留美幼童应从快从速，拖延下去非国家之福。并说自己将带二三十名学生先期回国。李鸿章接电后，虽不赞成，但也表示留美幼童“如真无功效，弗如及早撤局省费”[1]。

李鸿章的意思是，留美学生如果真的不能达到为朝廷效力的目的，那就撤回吧，这样也可以为朝廷节省一些费用。此时，朝廷已经深受陈兰彬、吴嘉善等人的影响。认为，学生们存在的问题，容闳有很大责任。朝廷的责难，容

[1] 李鸿章:《复陈使》(光绪七年正月二十二日),《李文忠公全集·电稿》卷1, 第4页。

闳又气又急，担心幼童真的撤回，自己的心血将付诸东流。因而，他四处奔走，拜访，联络美国社会各界名流、官方政要，希望通过他们来劝说清政府改变态度，使留美幼童继续完成学业。

李鸿章与美国前总统格兰特合影

容闳的积极努力，美国作家马克·吐温亲自找到美国前总统格兰特，希望得到他的帮助。在此之前，格兰特曾经访问过中国，格兰特的到访实际上并不是真正意义上两国政要会晤。格兰特自 1877 年卸任离职后，他与妻子开始周游世界。此番他游历了欧洲、非洲、亚洲大陆。1879 年 3 月，格兰特抵达中国，在天津受到了李鸿章的热情接待，从此两人建立了友谊。此番，马克·吐温请格兰特帮忙，格兰特立即给李鸿章写信，希望中国政府同意幼童继续在美国学习，完成学业。格兰特的信中说："幼童在美颇有进益，如修路、开矿、筑炮台、制机器各艺，可期学成，若裁撤极为可惜。"[1]

与此同时，美国教育界也在积极呼吁，由耶鲁大学校长朴德起草，100 多位大中小学校长、老师、幼童监护人联名给清政府主管留学事务的总理衙门写了一封长信。信中对留美幼童在美国的表现大加称赞，说他们有着快速的适应能力，品学兼优。在美国完成学业，将来可以回去报效国家，如果此番撤回幼童，前功尽弃，对中国来说，将是莫大的损失。这封信全文如下：

贵国总理衙门鉴：

予等与贵国留美学生之关系，或师，或友，或则为其保人。今闻其将被召回国，且闻贵国政府即欲解散留学事务所，予等咸规规自失，且为贵国忧之。

[1] 李鸿章：《寄陈使》（光绪七年正月二十六日），《李文忠公全集·电稿》卷 1，第 4 页。

今请以某等观察所及，及得之外界评论者，为贵衙门一陈之。

贵国派遣之青年学生，自抵美以来，人人能善用其光阴，以研究学术。以故于各种科学之进步，成绩极佳。即文学、品行、技术以及平日与美人往来一切之交际，亦咸能令人满意，无间言。论其道德，尤无一人不优美高尚，其礼貌之周至，持躬之谦抑，尤为外人所乐道。职是之故，贵国学生无论在校内肄业，或赴乡村游历，所至之处，咸受美人之欢迎，而引为良友。凡此诸生言行之尽善尽美，实不愧为大国国民之代表，足为贵国增荣誉也。盖诸生年虽幼稚，然已能知彼等在美国之一举一动，皆与祖国国家之名誉极有关系，故能谨言慎行，过于成人。学生既有此良好之行为，遂亦收良好之效果。美国少数无识之人.其平日于贵国人之偏见，至此逐渐消灭，而美国国人对华之感情，已日趋于欢洽之地位。今乃忽有召令回国之举，不亦重可惜耶！夫在学生方面，今日正为最关重要时期，曩之所受者，犹不过为预备教育，今则将进而求学问之精华矣。譬之于物，学生犹树也，教育学生之人犹农也，农人之辛勤灌溉，胼手胝足，固将以求后日之收获。今学生如树木之久受灌溉培养，发芽滋长，行且开花结果矣，顾欲摧残于一旦而尽弃前功耶！

至某等授予贵国学生之学问，与授与敝国学生者不少异，绝无歧视之心，某等因身为师保，故常请贵国所派之监督或其代表来校参观，使其恍然于某等教授中国学生之方法。惜贵国所派之监督轻视其事，每遇此种邀请，或不亲临，或竟无代表派来也。贵衙门须知此等学生，乃当日由贵政府请求美国国务卿，特别咨送至予等校中，欲其学习美国之语言文字学术技艺，以及善良之礼俗，以冀将来有益于祖国。今学生于科学文艺等皆未受有完全教育，是所学未成，予等对于贵国之责任，犹未尽也。乃贵政府不加详细调查，亦无正式照会，遽由予等校中，召之返国，此等举动，于贵国国体无乃有亏乎？

某等对于贵国，固深望其日跻富强，即美国国人平日待遇贵国学生，亦未尝失礼。贵政府乃出此种态度，以为酬报，揆之情理，亦当有所不安。至于他人之造谣诬蔑，谓中国学生在校中肄业，未得其益，反受其损等言，此则某等绝对不能承认。何也？苟所谓无益有损者，指其荒芜中学而言，则某等固不任咎，以某等对于此事，从未负丝毫职务也。况贵政府当日派送学生来美时，原期其得受美国教育，岂欲其缘木求鱼！至美国以习中学，今某等所希望之教育，虽未告成，然已大有机会，可竟全功。当此事业未竟、功过未定之日，乃预作种种谣言以为诬蔑，是亦某等所不乐闻也。某等因对于素所敬爱之贵国学生，见其忽受此极大之损失，既不能不代为戚戚，且敝国无端蒙此教育不良之恶名，遂使美利坚大国之名誉，亦受莫大之影响，此某等所以不能安缄默也。愿贵衙门三复此言，于未解散留学事务所之前，简派诚实可恃声望素著之人，将此关于学生智育德育上诬蔑之言，更从实地调查，以期水落石出，则幸甚幸甚。[1]

这封出自耶鲁大学朴德之手的信由美国驻华公使交到总理衙门，但这封信并没有改变朝廷的态度。

李鸿章接到格兰特的信后，他再次致函陈兰彬、吴嘉善。对于留美幼童的命运，陈兰彬、吴嘉善等人裁意已决，此时朝廷也受其影响，支持裁撤。这样，陈兰彬、吴嘉善对李鸿章的来函就不当回事了。1881 年 6 月 19 日（光绪七年五月二十三日），朝廷御批“依议，钦此”。这就注定了肄业局结束的命运。

要撤回留美幼童，他们回国后将何去何从？陈兰彬亦早有计划，提出“将各学生撤回内地，严加甄别，择稍有器识者分派需用各衙门，充当翻译通事，俾之学习政事威仪。其次者令在天津、上海各处机器、水雷等局专习一艺。”[2]

当清政府作出裁撤驻洋肄业局的决定时，幼童们并没有觉察到什么变化，照样地在美国家庭生活，在美国学校读书。而这时候，留美幼童詹天佑有一种预感，他感到吴嘉善没有原来那么严厉了，隐隐约约感到这不是一个好的现象，但又说不出来。从吴嘉善那凝重的目光中可以感觉好像有什么重大的事情要发生。

1881 年 7 月，即将裁撤的肄业局传来一个喜讯，留美幼童詹天佑与欧阳赓首先完成了耶鲁大学三年的学业，获得了耶鲁大学的毕业文凭和学士学位。

[1] 容闳著:《西学东渐记》第 142 页，岳麓书社 1985 年版。

[2] 李喜所主编，刘集林著《中国留学通史》（晚清卷）第 110 页，广东教育出版社 2010 年版。

著名画家方瑞笔下的洋务运动与留美幼童

詹天佑在耶鲁大学土木工程系攻读的是铁路工程专业。他选择这一专业，是出于对工程技术的热爱。在山房高级中学读书时，詹天佑受环境和学校的影响，就对美国快速发展的近代科学技术表现出越来越多的兴趣和热情。19世纪70年代，世界科技迅速发展，美国人发明了电话，德国人发明了内燃机，英国人铁路火车快速发展，美国的铁路事业也取得了巨大的成就。1869年，美国东西两端筑成横贯全美大陆的两段铁路，使美国进入了快速交通的铁路时代。美国铁路事业的巨大成就引起世界注意。留学美国的詹天佑自然看在眼里，联想到祖国的落后，一旦他日富强，必然要发展铁路事业。

渴望科学报国也是詹天佑选学铁路工程专业的一个原因。怀着学习西方先进科学技术，将铁路事业引进中国的理想，詹天佑三年的大学生活刻苦认真，学习成绩十分优秀，连续三年获得学校的奖励。这让他美国的同学都十分羡慕。在耶鲁大学，临近毕业的第三年，詹天佑到纽哈芬港海陆联运码头作调研，他对港口使用的一种巨型起重机进行了分析，用半年的时间完成了题为《码头起重机研究》的毕业论文。

1881 年 6 月 29 日，詹天佑、欧阳庚从耶鲁大学雪菲尔德理工学院土木工程系毕业。毕业典礼时，作为留学生正、副监督的吴嘉善和容闳应邀参加。这对吴嘉善是一件尴尬的事儿，在他与陈兰彬的影响下，朝廷已经决定撤回留美幼童，他内心是清楚的。而此时的容闳还抱着一线生机，他希望通过自己的努力，使朝廷放弃决定。

这次毕业典礼，更让吴嘉善感到羞愧难当的是，詹天佑、欧阳赓两名毕业生当着诸多师生的面，向吴嘉善和容闳行了中式大礼。他们从耶鲁大学校长朴德手里接过毕业证书后，戴着学士帽、穿着学士服依次来到吴嘉善和容闳面前，摘帽在手，向两人深深地鞠躬致敬。这个庄重的场景，让在场的朴德校长、美国老师和同学们不约而同鼓起了热烈的掌声。这个代表着中国传统文化的礼仪，是容闳和吴嘉善都没有想到的。他们都不免有些激动，吴嘉善的内心更是五味杂陈。他在想，如果留美幼童都像詹天佑和欧阳赓一样懂得中国礼仪，懂得尊师崇长，认真学习，不剪辫，不加入基督教，他真的会为他们高兴。可是现在垂帘听政的慈禧太后已经决定撤回留美幼童，而且这个决定与自己有关。但是，他又想到，自己向朝廷报告留学生的情况，也是职责所在。

鞠躬礼之后，容闳像父亲一样拥抱了詹天佑和欧阳赓一下。吴嘉善似乎心中有愧，只是看着他们这种亲人般的举动。事实上，吴嘉善给人的感觉是一贯严厉，使得詹天佑和欧阳赓也不敢去拥抱不苟言笑的吴嘉善。他们又向吴嘉善鞠了一躬，吴嘉善则拱手点头算是回礼。

吴嘉善知道朝廷要裁撤出洋肄业局，召回留美幼童。当校方邀请他们参加詹天佑与欧阳赓的毕业典礼时，吴嘉善本想说让容闳一个人去就可以了，但容闳执意两个人一起去，吴嘉善不好拒绝，便一同参加了。

参加詹天佑与欧阳赓的毕业典礼之后，吴嘉善的心情更为复杂，对过去的言论，他也有些后悔，所以他也不愿告诉他们即将被撤回的消息。

1881 年 8 月，暑假到了。留美幼童本想可以放松一下紧张的学习生活。这时候，学生监督吴嘉善的态度也似乎变得十分友善，这使学生们的心情变得轻松、开朗起来。然而，当容闳将裁撤出洋肄业局的消息告诉他们的时候，他们的心情又一下子跌入深谷。当时，他们正在班丹湖畔举行野外宿营，以图欢聚。也就在同学们放松心情欢歌笑语的时刻，容闳向他们说出洋肄业局将裁撤，他们将被召回的消息。这个消息让在场学生们听了都垂头丧气，只得怏怏地各自回到寄宿的地方去收拾行李，准备回国。温秉忠后来忆及当时的心情说："命令下达，对幼童言乃一忧伤之日，大多数再过一两年即可毕业，中途荒废学业，令人悲愤异常。幼童召集会议并派代表往见容闳博士，希望他代表幼童向政府交涉。容博士安慰幼童，并告诉幼童此番回国仅是度假，将来再返美完成所学。由于这种'保证'，幼童才同意返国，但是仍有六个学生始终留美未归。[1]"

召回留美幼童的消息传开后，立即在中美与西方舆论间引起了强烈的反响，美国舆论对清廷愚昧无知、简单粗暴解决问题的方式纷纷予以抨击。

1881 年 7 月 16 日，《纽约时报》的评论说："提及计划被终止的原因其实并不隐秘，因为中国的官员担心，这些没有保持严格传统教育的中国青年将来无法真正为自己的国家效力。不管当时是什么原因促使中国政府开展了这个留学项目，可以肯定的是，政府对于这项事业的意义远没有容闳博士看得那么远。"

同年 7 月 23 日，该报的社论进一步批评清廷的做法。社论如是说：留美幼童"深知公民的自由意味着什么，而他们要把这些危险的学问念头带回一个不负责任的独裁政府那里。这个政权如此的复杂神秘，以至于他大多数高贵的臣民根本不知道这个政权的准确位置在什么地方。中国不可能只从我们这里引进知识、科学和工业资源模式，而不引进那些带有病毒性质的政治上的改革。否则，她将什么也得不到。"[2]

和西方社会相比，国内各界对于留美幼童中途被撤回则众说纷纭，赞叹不一的立论角度体现了中国社会新旧观念的激烈冲突。当时《申报》有一篇文章这样写道：

[1] 李喜所：《近代中国的留学生》第 58 页，人民出版社 1987 年版。

[2] 李喜所主编，刘集林等著：《中国留学通史》（晚清卷）第 114 页，广东教育出版社 2010 年版。

归国前的大清部分留美幼童合影

中国前派幼童出洋学习西法，本属美举，而论者纷纷，以为是者半，以为非者亦半，及今岁将在美国之学徒尽数召回，论者又复臆度，各执一说。大抵言：学徒辈在美国学习有年，甫将卓有成效，而遽行召回，颇为可惜。更有谓：学徒出洋之后，至今究未知其所学何如，如将召回，考其所业。又有谓：因中国近年创设电报，经理需人，故特召回，使之襄理电线诸事。其说不一，卒不知其孰是。[1]

反对撤回留美幼童的多是一些倾向于西学的开明人士，他们以自己对西学的了解为基础，为幼童不能完成学业深表惋惜。

改良主义思想家郑观应曾经作《盛世危言》，对朝廷撤回留美幼童深为惋惜。他说，将留美生全数撤回，实在是令人惋惜。幼童们在美国学习已八九年，算学、文理科日都比较优秀，学生们再有四年就可以完成学业，为朝廷所用，现在却浅尝辄止，在中外将成为一个笑话。

当然，当时在社会上也有很多人主张撤回留美幼童，尤其是在民间，对

[1]《再论续选学生出洋》，见《申报》，1882年1月24日。

幼童们剪去发辫、穿洋装、不行跪拜之礼的举动难以理解。

朝廷选送留美幼童，原计划15年完成学业，现在不到十个年头，却中途撤回，这一事件被称为“留美幼童公案”，这一事件的发生，作为推动者的容闳，最为伤心。

对容闳来说，留美教育计划花费了他十余年的心血才得以实现，无疑是步履蹒跚了；然而对当时的中国社会而言，容闳的教育计划又仿佛是一朵过早开放的花，它缺乏适宜的土壤，也缺乏适宜的气候。清朝官场中，唯一支持他的实力派是曾国藩。但曾国藩在1872年8月便病故了，容闳没有了支持他的力量。这样，容闳又成为“孤独”的人，对于容闳的留学教育强国主张，江苏巡抚丁日昌曾推心置腹地对容闳说：“君所主张，与中国旧学说显然反对。时政府又甚守旧，以个人身当其冲，恐不足以抵抗反动力，或竟事败于垂成”[1]。容闳自己也未尝没有看到这一点。

留美幼童被召回，等待他们的又会是什么样的命运呢？留洋归来，在今天犹如衣锦还乡，是值得骄傲的事。然而，之前陈兰彬、吴嘉善等人对幼童们的指责，朝廷中保守派认为幼童们已经异化，忘记了祖宗成法，使得他们的归来，如同囚犯一般。当他们从大洋彼岸踏上祖国的土地时，没有欢迎仪式，没有熟悉的亲人前来迎接，他们在成队的士兵看管下，乘坐几辆独轮车，被送往中国海关道台衙门。沿途围观的群众像观看外星人一样，在百姓的眼中，他们无疑成了异化了的假洋鬼子。

他们一路上承受着嘲笑和冷眼，为防止他们逃脱，押送他们的水兵又将他们押送到“求知书院”关了起来，给他们提供粮食，但不许外出。当时正是中秋，他们虽然回国，却不能见到亲人。他们虽然在国外学有所长，有着为国家富强施展自己的才能的愿望。但朝廷愚昧无知，根本不知道如何利用这笔财富。这样的状况正显示出动荡晚清在与西方文明激烈碰撞的当口，所表现出来的不良症状。

[1] 容闳：《西学东渐记》第126页，岳麓书社1985年版。

留美幼童被召回，容闳是最为难堪和无奈的人了。容闳本来是寄希望予通过留学改造贫病虚弱的中国，可是他的这个愿望没有实现。在留美幼童被召回的时刻，他美国的妻子身患重病，这对他来说，是极大的打击。容闳虽然多方寻找名医诊治，精心照料，但妻子还是在1886年病逝。当时，他的两个孩子还年幼，一个9岁，另一个7岁。容闳回忆这一段艰难的生活时说，从1881年到1886年是他人生中最痛苦的时期，幼童被召回，妻子又病重，这些都使他对前途感到心灰意冷。妻子病故后，容闳既当父亲，又要担当起做“母亲”的重任，心力更加交瘁。但即便如此，他强烈的忧国忧民之心仍在心中燃烧。

1894年7月，日本在朝鲜问题上，与中国挑起战端，导致了中日甲午战争爆发。此时，身在美国的容闳焦急地关心战事，为中国的命运担忧。爱国心切的容闳连续给张之洞写信，张之洞的幕僚蔡锡勇曾经在中国驻美公使馆工作过，与容闳相熟，容闳便通过他将信件转交给张之洞。

容闳的信中提出了两大抗日之策。第一策建议朝廷向英国借款1500万元，购买军舰三四艘，并雇用外国兵5000人由太平洋抄袭日本后路，使其首尾不能相顾，这样日本必然调回在朝鲜的兵力。中国可以趁此机会加紧操练新军，海陆并进一举击败日本。第二策是在向英国借款的同时，派员与欧美强国协商，将台湾全岛抵押给欧美的某一国，以借款4亿美金作为训练海军、陆军以及与日本作战的军费。容闳的这一书生之见，在今天看来有点卖国的嫌疑，但在当时，也是一种无奈之策。

晚年的容闳

容闳的建议，张之洞认为第一策是可行的，第二策万万行不通，他不想在朝廷中授人以柄。对于第一策，他致电容闳，要他尽快到英国协商办理此事。得到张之洞的电报，容闳感到受命于危难，自己当义不容辞，于是，立即由美启程前往英国。在英国，他上下奔走，几经努力，终于与英国银行界达成借款协议，同意以中国海关税作为担保。但是，当时的朝廷外患频仍，内部也是矛盾重重。以光绪帝为首的“帝党”与慈禧太后为首的“后党”权力斗争十分激烈。朝臣中，李鸿章与左宗棠关系不睦，李鸿章与张之洞也是互相倾轧，相互掣肘。张之洞提出的以海关税为担保向英国借款之事，遭到慈禧太后与李鸿章的反对而被否决。

容闳的提案虽然被否决，但张之洞很希望他回国为自己所用，于是给他写了封信，容闳接到信后，就踏上回国的路程。1896 年期间，容闳参照美国的体制，草拟了建设中国国家银行的方案，并得到户部尚书翁同龢等官员的赞成,从而上奏朝廷。命运再次跟容闳开了个玩笑。盛宣怀抢先兴办了银行！同时，他提出的兴建天津到镇江的铁路计划也因遭到盛宣怀和张之洞的反对而流产。

屡次的打击，失落的容闳得出这样的结论：“在这个帝国中，上自慈禧太后下至最低微卑贱的差役，无不与贿赂有染，整个国家政治结构因此被弄得千疮百孔……在中国，金钱是无所不能的，一个人能用金钱达到任何目的。一切都是交易。谁出价最高，谁就能得到他想要的东西。”

由此，容闳认为，中国的出路，根本在于改变体制的问题。只是他长期在美国生活，在朝廷中没有一个可以依靠的政治力量支持。

第二章　赓续

从“留美散兵”到热潮掀起

一、“留美幼童”给动荡晚清的一点启示

1881年，留美幼童被召回国后，由于先前保守派的攻击以及革新的举动，官方对这些归来的留学生，表现出冷淡的态度。留美幼童黄开甲在写给美国友人的一封信中，这样描述他们返回祖国后备受清政府官员“苛刻待遇”及上海旁观群众奚落的情况和感受：

曾幻想有热烈的欢迎等待着我们，也有熟悉的人潮和祖国伸出温暖的手臂来拥抱我们。可是天呀！全成泡影……人潮围绕，但却不见一个亲友。没有微笑来迎接我们这失望的一群……只有一个人上船来接我们——是管理我们信件的陆先生，一个不如平庸中国人的头等笨伯。他不雇用马车或者船将我们载往目的地——中国海关道台衙门，却雇用独轮车来装载我们。行程迟缓，使我

们再度暴露在惊异、嘲笑的人群中。他们跟随着我们，取笑我们不合时尚的衣服。我们穿着旧金山中国裁缝的杰作，很难为时髦的上海人看上眼的……独轮车没有“法租界”的通行证，我们必须下车自扛行李而过。在中国士大夫眼中，这都是丢人现眼有失尊严的事情……为防止我们脱逃，一队中国水兵，押送我们去上海道台衙门后面的求知书院……[1]

黄开甲这封信是写给他在美国学习时，曾经帮助过他的“美国家长”巴特拉夫人的。黄开甲是第一批留美幼童中的一员，他到美国后被安排在巴特拉夫人家中生活、学习。黄开甲天资聪明，他在耶鲁大学踌躇满志地攻读二年级时，留美幼童的一纸召回令，也打碎了他的梦想。

回国之初，黄开甲和众多的留学生一样被禁闭在这间已废置多年的潮湿、破败的书院内。时值中秋，他们更加思念亲人，但官方却不许他们外出与亲人团聚。后来，他们虽然被解除了禁闭，但上海百姓对他们并不理解，常常用异样的眼神看着他们。社会的排斥以及冷眼的遭遇，使得失落的黄开甲怀着愤懑和失落的心情，给巴特拉夫人写了这封信，说了国内的遭遇。黄开甲遭遇冷遇，让他不敢相信的是，他几年的留学生活，他的父母、亲人与他已变得十分生疏而隔膜了。在“求知书院”过了几天囚犯一样的禁闭生活，经过上海道台的一番盘问，他们终于获得了自由。

黄开甲获得自由后，搭上英国“露西塔”号轮船经香港前往英国。去英国之前，他回到他的故乡汕头看望他的父母。到达汕头那天，父母都未得到消息，因为中国邮政不佳，一周前寄的信与他本人同船抵达。

黄开甲离开家乡的时候，毕竟年幼，一切的记忆都还朦胧。近十年的海外生活，使得故乡的印象也变得朦胧。他能找到自己的家，的确是件不容易的事。他已不会用方言和家乡人交流，好在他的父亲是汕头海关的一名官员，常和外国人打交道，经由一位英国商人的帮助，黄开甲才找到自己的家。

---

[1]《黄开甲给巴特拉夫人的信：一八八二年一月二十八日于中国上海》，高宗鲁译注：《中国留美幼童书信集》第 10 — 12 页，（台北）传记文学出版社 1986 年版。

一天，黄开甲被海关人员带到一处府院深深的大宅。那里就住着他分别多年的父母。黄开甲到家的时候，已是上午 10 点，也许是当时人们时间观念差的缘故，他的父母还没有起床。他轻轻地叩击门环，无人理会，他便放弃了斯文，用力拍门。睡眼惺忪的仆人打开门看见一个身穿洋装的少年，不知道是谁，就不许他进去。黄开甲对仆人说，这家的主人是自己的亲人，并向仆人求情，希望让他进去，但仆人坚决不信。

留美归来的黄开甲

无奈中，黄开甲突然想起用最原始的方式，一声“爸、妈”就可以拉近与故土、亲人生疏的距离。黄开甲在门口大声喊叫着“爸！”“妈！”这声音也是所有留美幼童初回故乡时面对亲人的呼喊。海外的生活，回到国内遭遇到的冷遇，所有的委屈都在这声声呼喊中得到宣泄。当时，同黄开甲一样有着切身感受的留美幼童还有很多，他们虽然留学海外，但在中西文化的冲突和融合的阵痛中，在本土社会的敌视和排斥下，其命运充满戏剧性，大起大落，历经波折。

但是，他们归来之时的中国正是洋务运动刚刚兴起的时候，盛宣怀等洋务大臣创办邮政、轮船招商局以及铁路、矿务等近代工业。怀着报国热情的留美幼童虽然备受冷遇和歧视，但他们仍然积极投身于洋务事业，在海军、铁路、矿业、电报、兵工厂、造船厂、海关、纺织、招商局、教育、外交等领域，努力工作，希望有所作为。

容尚谦是容闳的侄子，他作为留美幼童的一员，1932 年在给美国友人的信中这样说：“忍耐、奋斗及受难，是我们的传统，故我们必须全力以赴。”他们的忍耐坚毅使清政府“看到幼童的忠贞美德和爱国心，然后开始起用他们，并界以重任”[1]。

让朝廷认识到留美幼童的作用和能力还有这样一个历史契机。1884年6月（光绪十年），中法海陆战争开始。8月，中法马尾海战爆发，这次战争中，詹天佑、容尚谦、杨兆南、黄季良、薛有福、邝泳仲、吴其藻等七名留美幼童英勇参战。

这些人中，有必要提及黄季良，黄季良是第三批留美幼童，第一批留美幼童黄仲良的弟弟。1881年，他们撤回国后，与詹天佑等人一起被安排在船政局学堂驾驶第八届学习，后来到“扬武”舰任见习军官。中法战争爆发后，黄季良感到报效祖国的机会来了。1884年7月27日（光绪十年六月六日）黄季良给父亲写了一封信，当时他的父亲在江南制造局做官。他在信中夹了一幅画：一个稚气未脱的青年，身穿浅黄色的清朝军服，脚蹬皂靴，腰佩战刀。

黄季良在给上海的父亲的信中说，法国人侵犯我海疆，现在已经进入马江，望父亲大人不要担心，牵挂孩儿，只是战争的发展难以预测，孩儿既然深受皇恩，自当忠勇报国，孩儿也知道报效国家参与战斗不能胆怯畏惧，犹豫不前。如果有一天孩儿不幸战死海疆，希望父亲大人不要为孩儿难过。父亲大人不是常告诫孩儿要把孝敬父亲的感情用到报效国家上面来吗？

信寄出一个月后，中法海战爆发，黄季良和另外三名留美幼童邝泳仲、杨兆南、薛有福坚守岗位，四人都以身殉国，对于留美幼童的壮烈行为，中外的许多媒体纷纷报道他们的英勇事迹。

英国人在上海创办的《字林西报》报道：“这次中法海战，约经五小时三刻钟。西方人士料不到中国人会这样勇敢力战。‘扬武’号兵舰上的学生七人中以詹天佑的表现最为动人。他临大敌而毫无畏惧，并且在生死存亡的紧要关头上，还能镇定如常，鼓其余勇，由水中救起多人。”[2]

黄季良等人的壮举让世人感动。美国驻华公使杨约翰也希望抓住这一感人事迹来促动中国政府继续派遣留学生到美国学习。因此，中法海战一结束，

[1] 陈学恂主编：《中国近代史教学参考资料》（上）第148页，人民教育出版社1986年版。

[2] 石霓：《观念与悲剧：晚清留美幼童命运剖析》第205页，上海人民出版社2000年版。

留美幼童归来后在 1905 年聚会合影

杨约翰即照会总理各国事务衙门，提出“尚望贵国于幼童出洋一事，嗣后仍按时举办，将人才辈出，贵国兴盛之机，自必茁茁日上矣”[1]，希望中国恢复派遣留学生，同时美国国务卿佛林休生 (Frelin-ghusen) 专门报告此事，说在此次福州事件中，这些“洋化”的学生都充分表现了高度勇敢及爱国心。

在留美教育仍然处于寒冬的时节，1894 年又发生了一件震动中国上下的大事件。1894 年中日甲午战争爆发，留美幼童再一次显示了忠勇和壮烈，也使一些开明人士看到了派遣留学生到海外学习军事技术的紧迫性和重要性。中日甲午海战中，作为北洋水师的成员，留美归来奋战海疆的有 12 人。陈金揆、沈寿昌、黄祖莲 3 人壮烈殉国。留美归来的陈金揆从美国召回后，先是被派到北洋水师学堂学习。后经北洋大臣李鸿章推荐，成为“扬威”舰把总，得到管

[1] 李喜所主编，刘集林等著：《中国留学通史》(晚清卷) 第 121 页，广东教育出版社 2010 年版。

带邓世昌的赏识，提拔为“扬威”舰大副。1889年，清政府设立海军衙门，李鸿章向朝廷奏请推荐陈金揆代理中军营都司，提升为游击、“致远”舰帮带兼任大副之职。在海战中，陈金揆亲自在“致远”舰上掌舵驾驶，冒着炮火，寻找有利战机，以大炮击伤日舰多艘。当“吉野”等四艘日本军舰进逼北洋“定远”旗舰时，陈金揆开足马力，冲在“定远”前面，拦击敌舰，致使“致远”舰多次遭到敌舰炮击。后来，在弹药将近时，“致远”舰被日本“吉野”舰鱼雷击中，导致“致远”舰沉没海中，陈金揆和全舰官兵壮烈牺牲。

甲午之战，北洋水师全军覆没暴露出政治腐败带来的深层次危机。留美幼童吴应科当时是“定远”舰作战参谋，甲午海战，他因作战英勇被朝廷嘉奖，授予“巴图鲁”勋章，但他气愤朝廷腐败，导致海军覆没，于是将所得奖章扔进渤海之中。

甲午战争的失败，使中国的很多开明人士认识到，中国要强大，必须打破固步自封的局面，必须学习国外先进的技术和经验。也就是从这时候起，留学东瀛成为热潮，到美国留学仍然处于历史的低谷。

留学美国虽然没有引起清政府的重视，但留美幼童所做出的贡献却是有目共睹的。留美幼童詹天佑虽然也遭遇冷遇，但是他对中国的铁路事业所做出的贡献却是妇孺皆知。

在当时归国的留美幼童中，获得学士学位的只有詹天佑和欧阳赓两个人。詹天佑和众多的留美幼童一样，在延宕了很长一段时间后，终于获准出来工作。清政府当初答应给他们官做，给他们前途，但在旧的环境和制度的制约下，根本无视他们在美国所学，也不考虑他们在美国所学的各种近代专门知识的重要价值和报国热情，而是将他们当作无科考功名、有一技之长的“工匠”随意安排了事。黄开甲在日记中说，留美学生归来完全不按个人兴趣及在美所学，全由中国官员来决定，而他们的笨拙无知，使他们对这种事根本无法下判断。[1]

詹天佑被分配到福州船政学堂学习海军驾驶，与他一道被分配去的还有

[1] 经盛鸿：《詹天佑评传》第59页，南京大学出版社2001年版。

1917 年，詹天佑与全家合影

15 位留美同学。让詹天佑这位在美国学习土木工程与铁路建造多年，并获得耶鲁大学学位的优秀留学生去搞海军驾驶，不能不说是一个莫大的笑话。

但即便这样，詹天佑并没有抱怨，后来他投身到铁路事业，还是通过同学的引荐。1888 年在留美幼童邝景扬的推荐下，他进入由开平矿务局改组而成的中国铁路公司。1892 年，詹天佑参加修建京沈铁路，成功地建成了滦河大桥。此项工程地形复杂，水流湍急，在詹天佑之前，总工程师英国人金达 (Kinder) 曾聘请英国、日本、德国的工程师多次修筑，均告失败。不得已，请来了詹天佑。詹天佑认真勘测地形，总结前人失败的经验教训，以身作则，带头作业，终于使大桥屹立在滦河之上。滦河大桥全长 305 米，是由中国工程师设计建造的第一座现代化桥梁。詹天佑的成就，令金达等外国工程师刮目相看。

对詹天佑来说，滦河大桥还只是小试锋芒。让詹天佑蜚声中外的，是在没有任何外援的情况下修建京张铁路。

修建京张铁路是袁世凯的决策，因中国东北发生日俄战争，他督办的关内外铁路无法向北展筑，便奏请朝廷提取关内外的铁路盈利的一部分来修建京张铁路。而让詹天佑主持修建京张铁路工程，与滦河大桥的成功以及为慈禧太后祭祖修建的西陵铁路的成功有很大关系。

修建京张铁路时从美国购进的大功率马莱机车

张家口位于北京通往内蒙古的要冲，修建这条铁路，在政治、军事、经济方面都具有重要价值。修路的消息一出，俄国、英国等列强均向中国提出要求承建这一工程，并向清廷施压。

英国人想插手京张铁路，认为这是将自己的势力伸向东北的大好时机，借此可以制衡正在全力向中国长城以北扩张的沙俄。英国人要插手京张铁路，俄国人当然不干，俄国政府在甲午中日战争之后就将长城以北视为自己的势力范围，不容他人染指。因而，俄国政府便以以前与清政府所订条约中有“长城以北的铁路不能有第三方承建”为由，要求俄国承建。

列强们的如意盘算，面对压力清廷不得不声称，京张铁路全由中国人承建并经理。留美幼童出身的梁敦彦当时为关内外铁路总办，他向袁世凯力荐詹天佑主持修建京张铁路。袁世凯又奏明朝廷，慈禧太后、庆亲王奕劻都表示同意。1905 年，朝廷正式任命詹天佑为京张铁路总局总工程师兼会办，一年后升为总办。

由中国人修建自己的铁路，这个消息传出后，外国人认为，这是滑天下之大稽的荒谬之举，说中国建造京张铁路的人才还没有出世。詹天佑顶住各种压力，发誓要为中国人争口气，在给美国友人的信中，詹天佑这样写道：

中国已渐觉醒，而且急需铁路，现在全国各地，都征求中国工程师。中国要用自己的资金，来建筑中国自己的铁路。

好想我成为中国最佳的工程师，因此全体中国人和外国人都密切注视着我的工作。如果我失败，不仅是我个人的不幸，也为全体中国工程师和所有中国人的不幸，因为中国工程师们将不会再被人们信赖！

在我受命此工作前，即使出任之后，许多外国人公开宣称中国工程师绝不可能担当如此艰巨的重任，因为要开山凿石，并且修建极长的隧道！但我全力以赴，至今已修成一段。[1]

1909年10月2日，京张铁路正式建成通车。经过四年多的努力，中国人终于在中国铁路史乃至世界铁路史上开创了一个盛举。当天的通车典礼上，朝野上下，东西各国人士纷纷前来观看。这是詹天佑同他的伙伴们与筑路工人一起，完全用自己的技术与力量，用中国人自筹款项，自主完成的一项伟大工程。京张铁路的通车比原计划提前了两年，节省经费约银28万两，且工程质量十分好，抱着为中国人争光的动机，詹天佑真正实现了他提出的“花钱少、质量好、完工快”的目标。这一工程的完工，让外国人也大为叹服。美国《纽约时报》撰文称赞说，京张铁路的通车显示了詹天佑在工程技术方面受到过至为严格的训练。

京张铁路的建成，显示了留美幼童的能力，而在矿业、电信、实业、外交、军事等领域，留美幼童都在显示着自己与众不同的魅力。他们展现的魅力，也为晚清留学教育起着积极的推动作用，不过在这一时期，官方趋向于留学欧洲罢了。

二. 幼童被召回后的“留美散兵”

1881年留美幼童被召回，留美教育几乎中断。加上美国排华政策的甚嚣尘上，从留美幼童被召回到1900年，是留学生赴美人数最少的时期。到庚款留学前的近二十年间，只有三三两两的自费生和十分稀少的官费生在书写着中美教育、文化交流的历史。对于这一历史时段的留美学生，史学家称之为“留

[1] 高宗鲁译注:《中国留美幼童书信集》,（台北）传记文学出版社1986年版。

1922 年时的施肇基，从左至右分别是顾维钧、施肇基、王宠惠

美散兵”。

在“留美散兵”中，施肇基、颜惠庆是比较典型的代表。施肇基当时作为一名驻美使馆的翻译官，因为工作的需要而接受美国教育。到美国之前，他并没有想到留学强国这个层面，而到美国后，中美社会、经济、文化等各个方面的巨大差距，使他的强国梦想日趋强烈。

施肇基，浙江人，1887 年考入上海圣约翰书院，肄业三年，后专攻汉文两年，1893 年随驻美公使杨儒赴美，为驻美使馆翻译生。当时，施肇基只有 16 岁，他们到达美国的时间是在 1893 年底。

当时，驻美使馆的官员主要有：二等参赞何彦生，三等参赞胡惟德，二等翻译官莫震蕃，三等翻译官钟文耀；随员主要有苏剑钊、徐尚，这两人都是总理衙门派出的书记官。另外，杨儒还带了理发匠一人和厨师两人以及裁缝两人。[1]

当时的大清国驻美使馆位于美国首都西北区的杜邦园一带。杨儒作为中

[1] 施肇基:《施肇基早年回忆录》第 19 页，(台北)传记文学出版社 1985 年版。

国出使大臣，按规定出使三年，第一年在美国，第二年在西班牙，第三年在秘鲁。三年期满后，或者留任，或者调离，或者回国。

钦差大臣出国之时，一次性领足在国外活动、生活的经费及往返的旅资。驻美国、秘鲁、西班牙、日斯巴尼亚的使馆人员以及所属的领事官员及北京、上海文报局的工作人员五十多人，俱有驻外公使指派，经费也由钦差大臣包办不需报销。派在外的使馆工作人员三年届满后，得“异常保举”；京、沪文报局的人员得“寻常保举”。在当时清廷的官制中，升迁是十分严格的，你得有关系有门路，还得一步步来。这样一来，保举就显得十分难得。这些随行官员，大多数是冲着“保举”而来的，往往到第三年初，得到奏保以后，即行返国。公使的经费第三年因人员减少而常有盈余，这样驻外公使就成为肥差。

驻外公使三年任满归国后，往往会调任他缺。但是职务的优劣，往往依赖于他们在京中的人事关系，年节所送的冰炭两敬。所谓冰炭两敬，在清朝即地方官员对京官（主要是本部门上级官吏）以夏季降温和冬季取暖名义上贡的银子，是一种例行的行贿手段（因京官坐衙门，而地方官在外，天高皇帝远接近市场接近百姓故也，官场流行的“潜规则”）。

冰炭两敬，对于想谋得高官厚禄的驻外公使来说，也关系甚大。杨儒归国之时，也不能免俗。他回京之时，对于在京的长官同僚皆有馈赠。

杨儒是一个喜好应酬，又遵守繁文缛节的人。这也是朝廷选派他为驻外公使的一个原因。在他之前，驻美、秘鲁、西班牙三国使馆公使是崔国因，他因性格比较拘谨，不善于应酬，在美任内很少和外界往来，这对于处理外交关系是十分不利的。而杨儒却不同，他善于外交，且仪表魁伟，穿着讲究，且夫人又是满人，所以经过总

晚清外交官杨儒

理衙门奏请，朝廷决定派遣杨儒为驻三国公使。出国之时，朝廷给的经费特别多，并嘱咐他，到任后一定要与外界多多联络。杨儒夫妇喜欢应酬，夫人是一个穿着讲究的人，在当时女性缠足风行的社会里，杨儒的夫人作为满人仍然保留着一双天足。这就为她的出行、外交提供了方便。因而，杨儒的夫人也可以说是夫人外交的第一人。

驻外公使杨儒注重繁文缛节，因而对使馆工作人员工作、礼节、学习、生活等方面要求十分严格。施肇基作为一名翻译人员，对他的英语能力，杨儒自然也是要求十分严格。在充任翻译生的同时，又安排他在华盛顿市立中学学习。施肇基回忆：

余任翻译学生时，兼在市立中心中学求学，每晨八时办入学，下午二时回馆。每天任务为翻译时事新闻百余字，及陪同杨钦差及其夫人于拜客赴宴时担任传译之事。通常随任翻译的为钟文耀与余两人。钟为杨钦差人传译，余为杨夫人传译。美国人好奇心重，加以杨氏夫妇衣饰华丽，喜好酬应，故宴会特多，每次赴宴，皆系四人同往。余因之甚忙，预备学校每感到功课不足，且余数学根底不佳，而校中又规定法文、拉丁文皆为必修功课，深以课务繁重为苦，余之所以选入中心中学者，系因该校为华盛顿规模最大之中学，而又校址适中，交通方便，余为中国人在该校肄业之第一人。[1]

施肇基在华盛顿市立中学学习，一个根本的原因是英语程度不够，这将直接影响到工作。所以大多数时间，他都在补习英文。他第一年跟随柔克登非学习（此君曾为美国美京市政委员）。第二年，又跟随华盛顿市立中学教员摩根女士学习英文，每小时学费一元五角，但摩根女士每次授课都延长两个小时左右，且收费只按一个小时计算。摩根女士教学十分严谨，每次都让施肇基朗诵小说或者散文一两篇。在施肇基朗读的过程中，摩根女士则用铅笔将他误读

[1] 施肇基：《施肇基早年回忆录》第 24 页，（台北）传记文学出版社 1985 年版。

的词句一一画出，令他更正，必到施肇基全部读正确了才肯罢休。不仅如此，第二天还要温习旧课，才开讲新课。

摩根女士讲课严谨认真，但却是一个温和善良、和蔼可亲的人，年老独居寂寞，常请中国学生寄宿其家。施肇基和他的弟弟都曾经在摩根女士的家中生活过。她对中国学生都积极鼓励，要他们克服困难，努力学习。因此，中国学生也乐意住在她的家中。摩根在弥留之际，尚有中国学生陪伴在侧，她枕于学生手臂上含笑而逝。

后来，杨儒调任俄国公使，伍廷芳接任。伍廷芳出任驻美公使，乃是李鸿章提拔，伍廷芳曾经跟随李鸿章签订《马关条约》，因而，李向朝廷极力推荐伍廷芳。况且，伍廷芳当时也是外交官中英语非常流利的一个。伍廷芳到美国后不久，施肇基在华盛顿市立中学毕业，伍廷芳又派他到康奈尔大学读书。施肇基赴康奈尔大学就读，为中国学生在该校入学之第一人。施肇基在康奈尔大学文学院就学期间，师从史蒂文森教授。教授在讲解欧洲近代史时，向他提问："来美求学，有何志愿？"

施肇基想到鸦片战争以来，中国屡屡被动挨打的局面，说："中国积弱，受人欺凌，愿以所学，为国家收回权力，雪耻图强。"教授又问："雪耻图强，如何做起？"他胸有成竹地回答："中国屡在国际战争中惨败，国民失去自信自尊之心，必须再与外人作战，战胜一次，恢复其自信自尊之心，然后可以努力有为。"[1] 教授颇为赞许，作书介绍施肇基往见各大学著名教授学者，扩大学术交往。

两年后，在俄国出任公使的杨儒给施肇基写了一封信，说他身边的翻译生病，邀请施肇基赴俄相助，并派赴海牙出席"弭兵会议"，任中国代表团参赞官，居俄京圣彼得堡及海牙一年。1900 年施肇基返校，次年毕业，得文学学士学位。史蒂文森教授勉励他再读一年。他深造一年后，于 1902 年获得了文学硕士学位。他在大学三年级时，被选为康奈尔大学年报编辑，每年有酬金

[1] 施肇基：《施肇基早年回忆录》第 30 页，（台北）传记文学出版社 1985 年版。

百元。1926年，施肇基回校参加25周年校庆时，捐款1万美元，设立“施氏奖学金”，每年提取利息400元作为奖学金。

1902年夏，施肇基学成回国，1906年9月参加新科举考试，得最优等法政科进士，成为第一批“洋进士”。

施肇基留学，是出于使馆学生帮办事务的需要，并不是专力留学。这种情况也说明，当时的官派留学生并不多，不过，自19世纪80年代到90年代，基本上每年都有各类自费留美者，当时的有关资料显示，这一时期在美国专科以上高等院校就读者至少有19人，其中1881年4人，1883年2人，1885年1人，1886年1人，1892年2人，1895年1人，1897年4人，1898年3人，1899年1人。[1]晚清留学生自费留学，不像现在门路繁多，条条大路可以通罗马。在庚款留学之前，自费生出国留学主要有两种途径，一是由在华教会帮助他们进入美国学习；二是家庭比较殷实的，家长将子女送出国门。当时风气未开，达官贵人、豪门大户是不愿意将自己的孩子送出国门读书的，认为到国外留学充满风险。容闳、黄宽、黄胜虽然是普通人家的孩子，但他们的父母一样表现出很多的担心。这种情况也说明，最初的留美生多是贫困人家或中产阶级家庭的孩子。

随着出洋留学的风气渐开，前期留学归来的学子大多在朝廷和地方得到任用，官派留学被达官贵人的子女垄断，一些中产阶级家庭，也希望自己的孩子出人头地，光宗耀祖，一些士绅大户便通过自费将自己的孩子送出国门。

美国政府限制华工入境，使得很多自费生进入美国也经历许多难关，这样的情况下，许多自费生便请传教士帮助带入美国。1884年7月，美国国会通过了《限制华工条例》，这是1882年《限制华工条例》文本的增修补充，其中第六条规定，来美华人须经中国政府备案，由中国政府授权的官署发给进入美国的护照，护照是英文或中英文译本，写明入境者的姓名、性别、年龄、职业、国内住址等情况，入境时交由美国海关查验，但是由传教士带入就省去

[1] 李喜所主编，刘集林等著：《中国留学通史》（晚清卷）第309页，广东教育出版社2010年版。

很多麻烦。

施肇基作为驻美使馆翻译官，有官方背景。而当时另一位留学散兵——颜惠庆却没有这种背景。颜惠庆的父亲颜永京是一位基督教牧师，受基督教和美国教育的影响较深，后来成为在中国传播西方资产阶级心理学的第一人。颜永京曾经被基督教圣公会选送到美国留学，在俄亥俄州一个不太知名的建阳学院读书，后来，获得硕士学位。1862 年，颜永京学成归来，先在上海英国领事馆担任翻译，不久加入同文书局，后来又成为上海租界工部局通事。颜永京自小接受基督教启蒙教育，又在美国留学多年，使得他对美国文化有一种认同感。1870 年，颜永京正式加入基督教，成为一名牧师，帮助外国传教士在华进行传教事业。当年，他在武昌置地创建文体学院，也就是现在华中师范大学的前身。颜永京一边办学，一边传教，在武汉传经布道达 12 年。1878 年，颜永京又帮助在上海传教的美国传教士施约瑟创办了圣约翰书院。1881 年，施约瑟聘请他出任校长，主持教务工作。颜永京积极创办学校，在发展教育的同时，也积极传教。因此，美国传教士称赞他“信仰坚定，自我牺牲，绝不畏惧”。对美国文化的认同，使得颜永京希望他的子弟都接受美国教育，他的弟弟颜澍隆、长子颜锡庆都曾经留学美国，就读于建阳学院。颜惠庆到美国读书，也是由颜永京安排。

颜惠庆由美国传教士帮助进入美国，在进入美国之时，曾经发生这样一个插曲。他到美国后，由美国传教士卜舫济的父亲卜老先生前来接船，才得以登岸。颜惠庆回忆：

彼时出国旅行，护照一类的证件，并无专管机关颁发。我的留学护照，系上海道署所出的一纸中文公函，申述我系赴美留学而已。公函用笺的边上，仅由美国驻沪总领事，用墨水笔签字证明，加盖官章。纽约海关人员验着该项文件时，口称不识华文，认为一切无效。并说按照移民法，华工入境，须具备第六款所规定之证书。卜老先生当即指出美国总领事既经签证，而来人实系青年学生，并非工人。年老的关员听后，一面搔首，一面喃喃自语：“手续不合，手续不合。”但终于让我登岸无阻。[1]

颜惠庆，字骏人，1877 年 4 月 2 日出生于上海虹口，颜永京给他取了一个英文名字，叫 Willams，是为了纪念颜永京在教会中的好友——美国人威廉斯主教。颜惠庆的母亲姓戚，是上海浦东人。1880 年，颜家从虹口搬到圣约翰书院，颜惠庆有机会接触到美国人。此后，他在圣约翰、英华学塾及上海官方与英人开办的同文书院就读，学过英文和拉丁文以及数学。中文旧学另请家庭教师来完成。

除了在学校学习西方科学文化知识，由于家庭环境，颜惠庆在家中也在受西方文化的熏染。作为一个深受西方文化影响的家庭，他们的每个“欢乐的晚上，常常是在比赛拼写英文单词的游戏中度过的。这种游戏的玩法是，用一堆写有字母的小纸片，组合成一个个单词，它使我们在学习英语词汇方面取得了很大的进步”[2]。

颜惠庆的父亲接受西方文化，在他的家中收藏了很多介绍西方文化的书，无疑就是一个小型的西方世界图书馆，这也使颜惠庆兄弟无形之中获取到西方的科学知识与文化。颜惠庆后来回忆说：“在那个年代，可能只有我们的家庭拥有一个小型的英文图书馆……我们十来岁时，浏览了父亲收藏的大部分图书和杂志。《普克》《法官》和《圣尼古拉斯》等刊物，不仅使儿童时代的我们领略到阅读的乐趣，且令我们深受教诲和启迪。后来，随着年龄和英语知识的增长，我们开始阅读《哈泼斯周刊》和《论坛》，我们还阅读了托尔斯泰的短篇和《我的宗教》、狄更斯、萨克雷和司各特的大部分小说。”[3]也正是这样的环境，使他很快适应了美国的环境。

1895 年 10 月，步入成年的颜惠庆开始了留学美国的生活。刚到美国之时，

[1] 颜惠庆著，吴建雍等译：《颜惠庆自传——一位民国元老的历史记忆》第 16 页，商务印书馆 2003 年版。

[2] 李喜所主编，刘集林等著：《中国留学通史》（晚清卷）第 187 页，广东教育出版社 2010 年版。

[3] 颜惠庆著，吴建雍等译：《颜惠庆自传——一位民国元老的历史记忆》第 16 页，商务印书馆 2003 年版。

1924 年四五月间，刚获诺贝尔文学奖的泰戈尔应北京讲学社邀请到中国。颜惠庆与泰戈尔在一起，前排左一为泰戈尔，右一为颜惠庆

老实说，他的确有点不太适应。特别是在饮食上，当时的中国人在吃饭的问题上，虽然还不懂什么养生、保健，但新鲜的菜蔬、家常的烹饪技术与美国的西餐相比是完全不同的。好在当时，颜惠庆只有 18 岁，且由于家庭背景的缘故，使他较早地接触过美国的生活，因而到美国不到一年，他就渐渐地适应了那里的生活。

颜惠庆到达美国后，首先就读于圣公会中学。圣公会中学坐落在一座常受大风侵扰的荒岭上，学校的生活条件非常艰苦，以致颜惠庆在其回忆录中称那段生活“堪与斯巴达式的禁欲风尚相比”。条件虽然艰苦，但他功课进步很快。圣公会中学开设基督教的验证、数学、德语、演说、修辞学等课程，颜惠庆都取得了不俗的成绩。在圣公会中学一年半的学习，颜惠庆顺利通过了各科的考试，还赢得了作文比赛的金奖和辩论比赛的大奖。不仅如此，颜惠庆还顺利获得了进入弗吉尼亚大学学习的资格。

1897 年 9 月，颜惠庆正式进入弗吉尼亚大学读书，他先后学习德文、英国文学、自然科学和人文社会科学诸学科。其中，他选修的德文、拉丁文、哲学、国际法和宪法等对他以后从事外交活动产生积极影响。学习德文为他后来出任驻德公使积累了语言条件。学习通史课，对颜惠庆了解世界、了解国际局势有很大帮助。哲学缜密的逻辑思维，使颜惠庆增添了在外交领域的谈判技巧。尤其是国际法的学习，对颜惠庆日后的外交生涯都产生了积极的影响。在后来的外交生涯中，他积极努力，为国家为民族争得了权益。

颜惠庆在弗吉尼亚大学学习了五年的时间，他的积极进步赢得了校方的赞赏。在这里学习的第五个年头，教务长豁免了他的学费，并告诉他说："你在我们州住了这么长的时间，大家可以把你当作一个弗吉尼亚人了。"[1]

根据弗吉尼亚州的规定，本州州民的子弟是可以免交学费的。弗吉尼亚大学已经完全把颜惠庆当作弗吉尼亚的一员。在弗吉尼亚大学5年的学习，颜惠庆可谓功德圆满。他于1900年6月获得弗吉尼亚大学文学学士学位，成为毕业于该校的第一位中国学生。在这里五年的留学生涯，他善于社交的性格，也使他结识了美国社会各界的一些名流，为后来从政开展外交活动积累了一批人脉。在美国期间，他经常出入中国公使馆，由于当时公使馆会说英语的人不多，使馆的工作人员都很欢迎他的到来，充当使馆的义务翻译和向导。也正是因为这样，他结识了伍廷芳、周自齐、钟文耀以及施肇曾、施肇基兄弟。

颜惠庆从小学习英语，竟然使他有机会为比他年长10岁的李鸿章之孙担任英语教师。也就是从这时候起，颜惠庆结识李鸿章，并逐渐与李氏家族建立了非同寻常的关系。后来，李鸿章亲自为颜惠庆做媒促成了一桩婚事。1896年，李鸿章作为专使大臣出席俄国沙皇的加冕典礼，李鸿章曾经邀请正在圣公会读书的颜惠庆担任翻译，这些都为他后来从政积累了资本。颜惠庆从弗吉尼亚大学毕业后，先在上海圣约翰大学教授英语、地理和数学。1906年，颜惠庆参加清廷举办的游学欧美毕业生考试，结果名列第二，受到慈禧太后的召见，并要他到学部任职，但他未就任，而是继续在圣约翰大学任教。1908年，伍廷芳奉命出使美、墨、秘鲁等国，颜惠庆毛遂自荐，表示希望跟随伍廷芳出国，伍廷芳对其早有了解，便当即答应，任命他为驻美公使馆二等参赞。从此他开始了外交生涯。

[1] 颜惠庆著，吴建雍等译：《颜惠庆自传——一位民国元老的历史记忆》第38页，商务印书馆2003年版。

施肇基、颜惠庆可谓当时留美散兵的佼佼者，这代表着留美幼童被召回后，中国学子留学美国的另一种现象。

三、救助传教士的孔祥熙留美为强国

在晚清的留美散兵中，孔祥熙也是值得提及的一位。

孔祥熙留学美国，走出国门之前，就抱定为中国寻找富强之路的理想，但是，他的走出国门，与施肇基、颜惠庆相比，则运气不佳。孔祥熙，字庸之，1880 年出生于山西省太谷县，是孔子的后裔。从孔氏家族 66 代到 85 代的字号是“兴毓传继广，昭宪庆繁祥，令德维垂佑，钦绍念显扬”。孔祥熙的名字中有一个“祥”字，验证了他是孔氏家族的 75 代裔孙。他的儿子取名中有一个“令”字，也使他的身份和辈分得到了确证。孔祥熙 10 岁入美国教会在太谷所办的“华美公学”读书。1894 年，在基督教公理公会保送下，进入潞河书院读书，从此成为一名基督教徒。

按照潞河书院的院规，历届毕业生中各方面最优秀者，院方负责资送赴美进修。在潞河书院的毕业考试中，孔祥熙和他的同学费起鹤取得了一二名的好成绩，于是，经传教士麦美德提议，院方经过研究商定，资送孔祥熙、费起鹤两人赴美国留学深造。

在赴美之前，孔祥熙曾经冒出刺杀慈禧太后的狂妄想法。在传教士的眼中，孔祥熙本来就是一个狂生。他在潞河书院读书时，常常发表一些言论令传教士们大惊失色。

在潞河书院，教士传道之后，总会让一些学生发表观点，而孔祥熙总是在证道词中借助《圣经》抨击朝政。他指责朝廷政治腐败，丧权辱国，王公大臣愚昧无知，若不改革变法，中华民族将亡国亡种。在当时，这种言论可谓大逆不道，弄不好就会引来杀身之祸。对孔祥熙的大胆妄为，外国传教士也多次劝阻，但由于只限于口头上的反对，因此未能使他有所收敛。

孔祥熙与费起鹤留美前合影（左为孔祥熙）

1900年，八国联军侵略中国，腐败无能的清政府签订了丧权辱国的《辛丑条约》。这一条约几乎使清王朝断送了国脉民生，而慈禧太后却仍然牢牢地控制着统治大权。在孔祥熙看来，民族危亡，慈禧太后是最大的根源，慈禧不除，则全国人民永无宁日。于是，他准备趁慈禧回銮，戒备松弛之际，刺杀慈禧太后。他打算花钱收买一名太监，但是一连几天他连一个太监的影子都没看到，正心灰意冷间，麦美德飘然而至，不由分说将他拉回通州。[1]

本来，麦美德正上下奔走，帮他们落实留学的事情，可是“皇上不急太监急”，麦美德多方奔走，孔祥熙却不知所踪，也没有向潞河书院请假。麦美德早就听说孔祥熙有刺杀慈禧太后的想法，一打听，他果然上了北京，麦美德马不停蹄地追到北京，正赶上他无功而返，于是便一同返了回来。

孔祥熙试图刺杀慈禧太后的举动，所幸没有败露，要不然他留学美国也不会得到李鸿章的支持。孔祥熙得到李鸿章的赏识，说起来有这样一段渊源。

1900年6月，义和团涌入北京，围攻使馆，八国联军以保护侨民为借口，攻入天津、北京。慈禧太后携同光绪皇帝仓皇逃出北京，北京城遭受空前浩劫。位于通州的潞河书院无法正常开课，孔祥熙无奈便准备返回山西老家，此时，因教案被洋人指名要求撤换的山东巡抚毓贤已调到山西出任巡抚。毓贤是义和团的坚定支持者，在孔祥熙途经山西太原回家的那几天，毓贤还唆使义和团的一些拳民，焚烧了寿阳教堂，活活烧死两名教士及其两名家属。不仅如此，毓贤到任山西后，还将太原全城的外籍教士一律集中到铁路公所，让清兵化装成

[1] 李茂盛：《孔祥熙传》第12页，中国广播电视出版社1992年版。

拳民乱砍乱杀将他们杀死。毓贤还派清兵到太原北门天主教堂，放火焚烧修女院，并将院内中西修女200余人全部杀害。

太原城屠杀洋教士的血雨腥风使孔祥熙感到，自己的家乡太谷的传教士也不会幸免，于是急忙赶回家，准备拯救对他有治病、栽培之恩的高斯、魏禄义等教会人士。

孔祥熙回到家中，果然太谷的教士已被囚禁起来，正等着太原方面来人行刑。对此情形，孔祥熙急忙向他的父亲要了一大笔钱，准备贿赂看守洋教士的乡民。他虽然上下打点，但是，看守的乡民只同意放走三四人，其余的留下来等候太原方面处理，洋教士们经过商量，决定让麦纳等三名女性教士悄悄地跟随孔祥熙离去，魏禄义等六名男教士则写下遗书，并留下纪念物，告诉孔祥熙，等他们死后，务必将遗物寄给他们的亲人。

后来，三名女教士随孔祥熙逃出了监牢，孔祥熙规劝她们到自己的家中躲避，但三人担心连累孔祥熙，于是趁着夜色连夜逃生。

三名女教士逃走后，六名男教士在"公理会"被杀。在血洗外籍教士的行动中，华籍教民大多也遭到捕杀。孔祥熙深受教会影响，也在捕杀的名单之中，义和团拳民四处搜捕他，并说一旦抓到就地正法。消息传来，孔家上下万分着急。孔祥熙的五叔孔繁杏当时在榆次县任知县，听说义和团要捕杀孔祥熙，慌忙托辞跑回家中，以搬运器物为理由，将孔祥熙救出。当时，孔繁杏纠集了榆次县的全副执事，鸣锣开道回到家中，用大木箱将孔祥熙装到箱中，让孔繁慈化装成车夫扶手，由孔知县的一群衙役押送，堂而皇之地将

山西教案发生后，太谷殉教纪念碑前的基督徒

孔祥熙从家中救出。

李鸿章与孔祥熙的结识，教案的发生应该说是很大的因缘。当八国联军攻占京津之时，慈禧太后任命李鸿章为全权议和大臣。事后，对山西发生的捕杀教士事件，慈禧太后迫于压力，命光绪帝下罪己诏，要求各地保护教民。8月下旬，潞河书院鉴于事件的缓和，也准备复课。孔祥熙得到通知后，准备返校，他的父亲担心他的安危，便派人护送他回到了潞河书院。

孔祥熙到北京后，住在祖父在北京购置的宅子里。此时，李鸿章正在北京与洋人就山西捕杀洋教士与联军斡旋。联军本计划攻打山西的，这让朝廷万分恐惧，认为联军如攻山西，势必动摇国本，于是要求李鸿章想办法阻止。

有一天，在联军总部担任要职的医生出身的叶守贞谒见孔祥熙，探询自己在太原设立的医院的情形。两人在聊天中，叶守贞询问孔祥熙，有关义和团捕杀教士教民的情况，孔祥熙没有正面回答，而是解释说，山西暴乱，完全是由山西巡抚毓贤一人所为，与平民百姓无关。巡抚衙门200余位男女教士教民被杀，都是毓贤卫队以红衣包头，化装成拳民所为。

孔祥熙与叶守贞关于山西教士被杀事件的谈话，叶守贞后来又向英国传教士李提摩太做了说明。此时，李提摩太受李鸿章的委托，代为折冲山西教案事件。李提摩太从叶守贞那里得知孔祥熙从山西到了北京，并得知他救了几名女性教士，便专程前往拜访。

在孔家的京宅里，孔祥熙与李提摩太的谈话进行了很久。孔祥熙谈了教案发生的经过，对于这一事件的发生，孔祥熙对李提摩太说，教案的发生，既因毓贤所为，也因人民百姓的无知。要使教案事件不再发生，必须“开通民智”，兴办新文明教育，让百姓更多地了解西方世界。这样，教案事件非但不会发生，而且可以为中国立百世不朽之基。孔祥熙的话，李提摩太大为赞赏。

此时，八国联军在进攻山西的问题上，也存在分歧。德国、法国、意大利主张向山西进军；英、美则不主张扩大战争。李提摩太从孔祥熙那里了解情况后，又向联军做了说明。于是联军决定，要求朝廷惩办祸首毓贤，不再进军扰民。

1901 年在山西太原传教的传教士 G.B.Farting 一家

联军放弃进攻山西的计划，避免了一场大灾难。这让处理教案事件的李鸿章万分惊奇，搞不清楚联军为什么态度由强硬转为缓和，于是多方打听缘由。孔繁慈的好友吴汝纶把此事的来龙去脉告诉了李鸿章，李鸿章在外交场合摸爬滚打几十年，知道折冲樽俎绝非易事，他想不到后生小辈竟然也能够扭转令他头痛的外交危机。因而在惊讶好奇之余，也是爱才之意，便让吴汝纶邀约孔祥熙谈话。

两人的谈话，使李鸿章对孔祥熙更加赏识，便有留在身边之意。李鸿章要孔祥熙出来“参办教案”，并给了他一个“帮办洋务”的头衔。但是，因为孔祥熙曾经发誓不与慈禧太后主持下的清政府合作，同时他想留学出国深造，因而，婉言谢绝了李鸿章的美意。

孔祥熙希望出国留学，还有一层原因：孔祥熙小的时候，曾经受过严格的儒学教育，他的童年是在“不学诗无以言，不学礼无以立”的环境中成长，他的父亲是一位饱读诗书的通儒，又对孔祥熙要求甚严，所以他在童年便打下了良好的国学根基。但是，随着年龄的增长，他到潞河书院读书，接受的是西式教育。通过对中西文化的比较以及了解当时中国所发生的种种现实，孔祥熙对中国的发展趋势有一个新的判断和认识。在他看来，所谓的儒家礼制只不过是对人的思想行为的约束；而鸦片战争以来，中国与列强发生战争的屡战屡败，说明中国的传统体制已成落败之势，已经不能融入世界文明浩浩荡荡的历史潮流。中国要屹立于世界之林，只有打破闭关锁国的局面，打破旧传统，吸收世界文明之精华，才能真正实现富强。通过对比，孔祥熙觉得在国内做一个小官员为腐败的清政府效命，不如走出国门，寻求救国救民的真理。

参办“山西教案”时，孔祥熙给李鸿章这位握有清朝外交与军政大权的实力派人物留下的良好印象，所以当他为留学之事求见时，李鸿章立即召见了他。

这次相见，两人进行了深入的长谈。李鸿章很赏识孔祥熙这个从著名教会学校出来的年轻人，像长者一样规劝他留在国内，李鸿章的意思是，国内也可以读书，不必远涉重洋。谈话中，李鸿章问孔祥熙：“难道中国的书不够读吗？”孔祥熙回答：“倒不是中国的书不够读，学生只是想到外国去求些切合实用的学问。”李鸿章追问：“什么是切合实用的学问？”孔祥熙又答：“窃以为富国强兵之术，都是切合实用的学问。为了获此学问，研究声光化电之学，显系当务之急。西人每谓：声光化电是发达实业之母，而发达实业又为富国强兵之基……这些只不过是学生的一得之思，管窥之见，还请中堂大人有以教之。”[1]

两人推心置腹的谈话，李鸿章感到眼前这位年轻后生的确是一个人才，便答应帮助孔祥熙出国留学，并赠送了一些银两作为学费。除了李鸿章的资助外，传教士创办的潞河书院也给予孔祥熙一笔很丰厚的学资。

通过自己的智慧阻止了八国联军进攻山西，孔祥熙在潞河书院同学们的心目中已经成为一个英雄。这番求见李鸿章，得到李的支持和帮助，孔祥熙更成为师生们心目中的传奇人物。他从李鸿章处回到潞河书院，立即得到同学们的欢迎。在山西太谷老家时，曾被孔祥熙成功救出的麦纳女医生也参加到欢迎的人群中，她又把自己得到孔祥熙救助，从山西太谷成功逃脱的经过向大家说

[1] 王炳林主编：《孔氏家族秘史》第 32 页，中国档案出版社 1995 年版。

了一遍，大家无不对孔祥熙另眼相看。麦纳女医生为报答孔祥熙的救命之恩，专门为他写了一部传记，书名是《华夏两英雄》，书中的两个人物是孔祥熙和费起鹤，后者也救了几名洋人，为此父母惨遭义和团杀害。后来，这本书在英国得以出版。

有了李鸿章的支持，加上孔祥熙与费起鹤在潞河书院的考试中又名列一、二，经麦美德的提议，潞河书院同意资助两人赴美留学。这样，孔祥熙与费起鹤两人带着留学强国的梦想准备启程。

1901 年的夏天，孔祥熙在去美国之前，特意回了一次山西太谷老家，向家乡的亲人辞行。在家乡的一个多月里，他看到父亲、叔父身体健康，一如往常地生活，心中自是快乐不已，他知道自己很快就要跨海越洋去实现理想，所以也尽量多抽出时间与他们相处。

1901 年秋天，孔祥熙、费起鹤在传教士麦美德的带领下，从天津出发，乘坐海轮踏上了赴美留学的行程。当海轮到旧金山的时候，出现了这样一个插曲：本来，李鸿章已经让幕僚吴汝纶给孔祥熙、费起鹤开出了前往美国的“官札”，并亲自致电伍廷芳，希望孔祥熙、费起鹤到美后，给予生活和学习的方便。麦美德拿着李鸿章开出的“官札”到美国驻天津领事馆办完签证后，三人乘“多瑞克”号轮船从天津出发途经日本，于 1901 年 9 月 12 日抵达美国著名的旧金山港。当他们向旧金山海关递交签证和李鸿章“官札”的时候，出现了麻烦。海关人员认为签证和“官札”不符合《限制华工条例》第六条的规定，因而拒绝他们入境。李鸿章虽是朝廷大员，但没有获权签署出国护照，当时的美国只承认天津、上海和广州签署的护照。况且，李鸿章所写的“官札”是中文，没有英文，也没有出境人的详细资料。

美国传教士麦美德博士

后来，经清政府驻旧金山总领事馆多次交涉，旧金山海关请示美国移民局后，将孔祥熙、费起鹤两人暂时拘押在“多瑞克”号轮船公司提供的住处，两人的护照则重新发回中国核发。

当李鸿章所开出的“官札”和孔、费两人的护照寄回中国时，李鸿章已于1901年11月7日病逝，继任者袁世凯没有弄清原委，便又将护照发出，自然又被退回。直到第三次写明两人真实身份情况，美国才准许他们入境，这样的周折长达一年半之久。

孔祥熙、费起鹤被拒进入美国的日子里，麦美德心急如焚，多方奔走。她向美国官方介绍孔祥熙、费起鹤两人在义和团运动中救助传教士的情况，请美国民政部门考虑两人的这种特殊情况，准许他们入境学习。孔、费两人被拘押的境地里，虽然海关为他们检查身体，但行动上还是受到限制。这让他们也是感慨万千。他们虽是教会学生，且救助过美国传教士，但他们毕竟是中国人，孔祥熙从《限制华工条例》中感受到了一种弱国的耻辱。1903年1月，美国旧金山海关第三次收到孔、费两人的护照，资料详细，终于准许他们入境。

当月，孔祥熙、费起鹤在麦美德的亲自护送下，从旧金山乘火车出发到达美国俄亥俄州，进入欧柏林大学读书。

在欧柏林大学，孔祥熙前两年学习理化，后两年又攻读社会科学。他希望通过社会科学，从改进社会入手，使人们生活安乐，使中国跻身于世界强国之列。但是，他一方面又渴望实业救国，这种矛盾的心情持续了两年多，后来他在回忆这段经历时痛悔地说，一个人要学商便学商，想学工便学工，必须就个人志趣之所在，早早拿定主意，万万不可脚踏两只船，犹豫不决。脚踏两只船的结果，准定是跌到河里成了落汤鸡。[1]

1905年，孔祥熙在欧柏林大学取得了毕业文凭，可这文凭对他来说又有什么用呢？理化和社会科学，二者平分秋色，都是半途而废，谈什么学以致用，回去之后又拿什么来报效祖国呢？毕业文凭对孔祥熙来说只是一张废纸，只能说明一个人喝过“洋墨水”或“镀过金”罢了，实际能力一点也说明不了。

因此，孔祥熙决定继续留在美国深造。经教会批准，这年秋天，孔祥熙

[1] 王炳林主编：《孔氏家族秘史》第34页，中国档案出版社1995年版。

考入了著名的耶鲁大学研究院，专攻矿物学。

为什么专攻矿物学呢？孔祥熙告诉他的同学："中国人只知道自己的国家地大物博，人口众多，殊不知中国矿产蕴藏量之丰实，甲于全球。有这么丰实的宝藏委弃于地，而全国处处仍在闹穷，这是多么的愚不可及。因此，我决心学习矿物，将来我回国传授学生，大家一道来开发地下的富源和宝藏！"[1]

1907年夏天，孔祥熙几年苦学，修成正果，他获得耶鲁大学研究院颁发的硕士学位。

1907年，孔祥熙从耶鲁大学毕业，在太谷创办了铭贤学校。孔祥熙曾经立下不从政的誓言，后来随着他进入国民党权力圈，成为国民党"四大家族"之一，证明他的誓言不过是一时的激愤罢了。不过他在美国所学，在他一生的事业中还算所有所用。

四、自费生顾维钧在美国寻求"现代化中国"

晚清的留学生中，顾维钧是主动放弃官费，自费到美国留学的。后来，顾维钧回忆当时的情形，这样写道：

> 我记得还有费用问题。一天，我和父亲谈起了此事。要知道，当年横渡太平洋的旅费尽管比现在便宜得多，还是很可观的。父亲告诉我，费用没问题，要我不必担心。他告诉我说，事实上，和他相识多年的两江总督端方曾为我提供了官费，因为江苏省政府正在派遣一些学生赴美留学。那时有一种风气，一些眼光远大的高级官员都鼓励并支持派学生出国。父亲告诉我说，他已派去电报婉言谢绝。他告诉总督，他能负担我的费用，并会希望能把这笔官费授予家庭经济条件较差的其他学生。[2]

[1] 李茂盛:《孔祥熙传》第15页，中国广播电视出版社1992年版。

[2] 中国社会科学院近代史研究所译:《顾维钧回忆录》第一分册，第23页，中华书局1983年版。

顾维钧留学美国，在美国的所观所感，使他产生了通过自己的所学，实现中国像美国那样“现代化”的梦想。

顾维钧（1888–1985），江苏嘉定（今属上海）人，出身官绅家庭，幼年读私塾、小学，后入上海圣约翰书院，1904年尚未毕业决定留美，当年的8月，顾维钧等一行七人随留美博士施肇基来到美国纽约州北部地区。

七人中有施氏三兄弟炳元、赞元、厚元，朱榜生、孙嘉禄、顾炳均，此外还有一位江苏官府派出的官费留学生。施肇基是这批留学生的领队。在他的安排下，顾维钧和孙嘉禄进入库克学院进行预备学习，这是一所乡村中学，位于蒙图尔瀑布村的私立寄宿学校，男女合校，生源来自附近村庄。

顾维钧、孙嘉禄所在的库克学院费用是比较低的，食宿、学费一年才900美元。虽然两人的家境都比较殷实，但毕竟是在国外读书，能省则省。由于学校地处乡村，他们两个很少出校，在学校里与美国同学相处得也比较融洽。学院校长及其夫人对这两个异国的孩子像对待自己的子弟一样给予关怀和照顾。顾维钧、孙嘉禄在学习上倒也争气，特别是顾维钧，数学成绩十分突出，让他的美国老师也十分惊讶，为此常常让顾维钧帮助那些数学成绩不佳的美国同学。进入库克学院之时，校方原计划他们需要两年的时间完成大学预科的全部课程，但是他们只用了一年的时间，经过考试，获得了进入美国高等学校学习的资格证。

早在出国之前，顾维钧就盼望能去哥伦比亚大学读书，这是一所著名的大学，政治系尤为有名。

1906年9月，他顺利考进哥伦比亚大学，正式开始了留美大学生活。在哥大读书，是顾维钧的一段快乐时光。哥伦比亚大学包容的人文情怀，使他常常感受到师生、同学之间的友谊和温暖。因此，在哥大学习，他毫无隔阂与种族差异感，很好地融入大学的集体生活。

哥伦比亚大学有个惯例，一年级学生需要戴一顶镶有一枚白纽扣的小软帽以示与高年级同学的区别，顾维钧进入哥大后也戴上了这顶帽子，开始了在

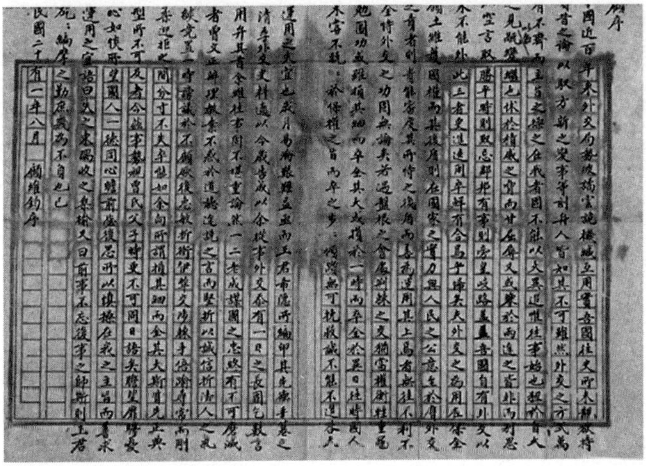

顾维钧手书

哥伦比亚的大学生活。

哥伦比亚大学有一种怪现象，二年级的学生喜欢拿一年级的学生开涮，也就是搞恶作剧。顾维钧印象最深的是，二年级的同学常常喜欢将一年级的同学扔进学校的水池里，但他自己却不曾有过这种遭遇，不仅如此，二年级的同学还会主动走过来邀请他参加他们的活动。这使顾维钧感到外国学生在这里有一种备受尊重的感觉。顾维钧在学校里与几位留学生成为很好的朋友，这些人中有波斯人、俄罗斯人、非洲人等等。高年级的同学同样也不对他们实施恶作剧。哥伦比亚大学学生这种对待外国同学的友好态度，使得外国的学生对这所学校评价很高，因此吸引了很多留学生到这里学习。

正是这种氛围使顾维钧积极地参与各种活动。学校里有一个划艇队，受同学们的邀请，他担任划艇队的舵手。在与高年级同学的对抗赛中，他甚至学会了用英语骂人。他除了积极地参加体育活动外，还参加学校的文艺和演讲活动。学校的法学社经常组织同学进行演讲和辩论比赛，他也积极参加。

顾维钧在哥伦比亚大学最有意思的经历是大三时竞选学生代表会成员。起初他没有想要参加竞选，但当几位同学向他游说时，他了解了游戏规则，因此决定自己参选。在竞选中，凡有人来向他拉选票，他都会表示同意，但他也

1945年5月，顾维钧参加旧金山联合国制宪大会。中国大使顾维钧（左一）与法国、美国、俄罗斯、英国外交官一起合影

会向对方提出要求，要求对方投他的票。让他意想不到的是，他竟然成为哥伦比亚大学“九人学生会”的成员，这使他万分高兴。当时，在哥伦比亚大学内，有一个很突出的问题，犹太学生和非犹太学生关系十分紧张，常常发生矛盾，顾维钧发现这对自己并不是坏事，他可以向双方拉选票，争取两方的支持。

哥伦比亚大学的这种经历使顾维钧明白了美国民主的运作模式，这也使他对美国政治产生了兴趣。1908年，美国总统大选，他选修了有关美国政治的课程。一次课堂上，教授让同学们模拟美国总统候选人的推选大会。这次模拟课，顾维钧的精彩演说赢得了同学们“热烈而长时间的掌声”[1]。

在哥大学习，顾维钧最大的愿望是早日学成归国，报效祖国。因此，他如饥似渴地吸收西学新知，参加学校和美国社会的一些活动，希望能更多地了解美国社会，同时也通过他的参与，让美国社会了解中国。顾维钧常常会将一些中国问题讲给同学们听，他关注着中国发生的一切，他的演讲使美国同学对中国有了新的认识。

1905年末，清廷派遣五大臣考察西方宪政。考察团到达美国，参观哥伦

[1] 叶维丽著，周子平译：《为中国寻找现代之路：中国留学生在美国（1900 — 1927）》第31页，北京大学出版社2012年版。

比亚大学时，顾维钧作为学生代表参加了欢迎仪式。顾维钧了解到，考察团的主要顾问大多是曾经留学美国或英国的学生，他因此深受启发。到哥伦比亚大学学习之前，顾维钧曾经为如何报国，以一种什么样的方式和途径报国产生过纠结。当时，一同在库克学院学习的孙嘉禄曾经和顾维钧在选读大学和专业方向的问题上争论过多次。孙嘉禄主张他学习工程，不要涉及政治。当时，孙嘉禄打算去康奈尔大学学习机械工程，顾维钧回忆：

他极力主张我干工程这一行。他自己就准备去康奈尔大学学机械工程。我告诉他，我想学政治学和外交学，他极力反对。我几乎被他的论点说服。首先，他说，工程师的职业比较不受约束，不需要像政界人士那样见了上司就得卑躬屈膝。这个职业比较安定，只要你掌握了技术，你可以确信不论让你从事何种工作，你都能保住你的职位。这是一种生活有保证的职业。中国急需大批工程师修造铁路和桥梁。他竭力反对我进入官场，因为在政界，一切都取决于权势和裙带关系，最后的决定因素并不是一个人的长处。第二，孙嘉禄争辩说，在政界，除非加入一个政党或者自己组织政党，单枪匹马是不会有什么成就的。第三，他说，在整个中国历史上，政治生活是很危险的，有的人甚至牺牲了自己的性命。孙嘉禄提到了康有为维新变法运动中三位爱国者之死。他们都被斩首。尽管他们是伟大的爱国者、学者，有才干的人……

他不断重复这些论点。我告诉他，我想为改善国家的状况做一些事情。首先，我说，我想做一些有益于国家的工作。这倒不是我在夸大我个人的重要性，而是我的目的是为国效力，以实行改革，特别是在处理外交关系方面。第二，我说，父亲总是要我进入政界。事实上，按照当时的风气和政府的政策。他已经为我捐官，为我投身政界做好准备。他的想法是使我从一开始就比别人高出几等。第三，投身政界还能光耀门庭，胜于发财致富或者俭朴过活。中国最需要的是能推行改革的一批新的政府官员。[1]

[1] 中国社会科学院近代史研究所译:《顾维钧回忆录》第一分册, 第 27 页, 中华书局 1983 年版。

家庭的影响，五大臣的到访美国，使顾维钧的兴趣逐渐转向政治，到哥伦比亚大学的第一学年末，他决定主修政治与国际外交。

哥伦比亚大学在政治和国际外交领域可谓师资力量雄厚，名家云集。这里有研究宪法的伯吉斯，研究行政法的古德诺，研究经济学的塞利格曼，研究国际法和外交学的穆尔，研究历史的比尔德，研究欧洲史的罗宾逊，研究社会学的吉丁斯，研究近东和西亚的杰克逊。这些名家中，顾维钧除了没有上过杰克逊的课外，其他教授的课他都上过，甚至还和比尔德、古德诺、穆尔等教授建立了深厚的友谊。

除了热衷于政治和国际外交，顾维钧还对文学产生了兴趣。为了拿到文学学士学位，他在大学二年级时努力学习拉丁文。他仅利用六周的时间，就学完了拉丁文四年的课程，这让学校的老师和同学们大为赞叹。在大学二年级，顾维钧还学习了采矿业。学习采矿业主要是受一位中国同学的影响，这位同学也在哥伦比亚大学读书，他常向顾维钧讲述在中国发展采矿工业的意义，顾维钧觉得很有意思，就去找矿业学院的肯普教授，肯普教授当时还是矿业学院的院长，也是美国非常知名的地质学家。顾维钧说明了来意，肯普教授问了他一些个人的情况，想打消他学习矿业的念头，但见他十分执着，便同意顾维钧试一试。地质学在当时是相当先进的学科，顾维钧仅仅用了半年的时间，就通过地质学的全部测验，获得令老师们也甚为满意的成绩。

1908 年暑假，顾维钧接到家里的来信，踏上了省亲的轮船。他取道欧洲，想顺便看一看旧大陆。这次旅程，对他来说也是一次难忘的经历。在英国和法国，他看到了和美国不一样的新奇，那里的井然有序和中国的破败，更是形成鲜明的对比。如果不是急于回国，他真想多停留一些时日。在英国、法国等欧洲国家作了短暂的停留后，他乘坐一艘大英伦公司的班轮，穿过苏伊士运河，途经科伦坡、新加坡和香港等英属港口，最后到了上海。顾维钧回忆：

这是一次约四十天的长途旅行，天气极热。我记得，这次旅行使我深深感到，不仅欧洲与美国，而且东方与西方大不相同。如果我把当时的印象用几个字概括起来，那就是我为亚洲人民的贫困所震惊，一过苏伊士运河，沿途看到老百姓贫困，和西方的繁荣对照起来，令人沮丧。亚洲人显得知识落后，其文盲之多，贫困之甚，使其难得温饱。这些深刻的印象，使我意识到，我所经过的国家，大都是英法等西方列强的殖民地。这大概就是他们贫困的主要原因之一。当然，我对欧洲历史的研究也证实了这种看法。[1]

回国省亲的顾维钧还有一种感受，就是对家乡生活的不适应，内心产生强烈的震动。他在回忆录中写道：

当我到达上海的时候，我发现什么都不一样，不是和我离开时相比，而是和我在美国所见到的相比。街道、房屋、服装和风俗习惯等，一切东西看来都很稀奇。这个鲜明的对照使我明白了，上海是多么落后，要使国家和人民赶上海外的生活条件，该做多少事情啊！[2]

中西对比的强烈落差，使顾维钧“产生投身建设现代化中国的愿望”，并通过观察中国现状对中国落后的原因进行反思。顾维钧在回忆录中说：

我感到中国当时正经历着社会、知识和文化革命的痛苦阶段。虽然没有进行革命，但国家和人民在思想上很不稳定。在上海，人们自然急于理解和乐于接受西方的新思想，许多社会习惯显得过时了。虽然法律禁止抽鸦片，缠足却还在流行。整个国家都在动荡中。新学堂建立起来了，但其中还有许多是按老办法管理的。上海人民发现西方思想比中国旧思想好；其他通商口岸我相信也这样。我这一代的学生对革新政治思想深感兴趣。和其他许多中国青年一样，我觉得中国的苦难是西方列强剥削造成的，同时我们也觉得这又是由于清

[1] 中国社会科学院近代史研究所译:《顾维钧回忆录》第一分册, 第 48 页, 中华书局 1983 年版。
[2] 中国社会科学院近代史研究所译:《顾维钧回忆录》第一分册, 第 49 页, 中华书局 1983 年版。

组建欧美同学会时的顾维钧

朝的软弱无能和腐败所致。中国青年普遍认为，不推翻满洲贵族的统治，中国就不能强大。……我的结论是：中国人民为改善国家的状况，可以做很多事情，却没有做多少。政府从根本上错了。它不是鼓励那些该起带头作用的人有所作为，而是阻挠他们去进行改革。[1]

家乡之行所看到的巨大反差，使顾维钧产生了强烈的改变中国的愿望。1908 年，他又从家乡回到了哥伦比亚大学，是年年底修完了本科的全部课程。到了大学四年级时，他实际是在研修研究生的课程。修完本科课程的学分，也使顾维钧长长地吁了一口气。

修完大学课程后，根据穆尔教授的建议，顾维钧于 1909 年注册为法学院的学生，开始学习法律专业，并成为政治系的研究生。穆尔教授很喜欢这个中国孩子，顾维钧经常主动向他请教，穆尔教授也乐意花费时间给他讲解当时的一些法律和国际问题。他对顾维钧说，学习法学并不是为了学位，而是获得相应的知识，将来为己所用。

穆尔教授这样向顾维钧解释，他认为英国、美国习惯法是法律原理取之不尽的源泉，是英、美司法制度的基础。穆尔以他的《国际仲裁》一书为例，告诫顾维钧学习法律知识，在处理任何国家对外关系的具体问题和实际问题上都十分必要。他说，这是他对美国强权外交的感受。穆尔教授曾担任美国助理国务卿多年，甚至一度当过代理国务卿，所以才有如此切身的感受。

在穆尔教授的指导下，顾维钧通过自己的努力，完成了文学硕士学位论文《“破火山口”案件的历史和法律》，并完成了博士论文《外国对中国政府

[1] 中国社会科学院近代史研究所译：《顾维钧回忆录》第一分册，第 49 页，中华书局 1983 年版。

的权利要求》，这是一个对中国政治具有重大现实指导意义的论题。

对于这个论题，顾维钧广泛搜集中、英、法、德文资料，深入探讨，用了两年的时间完成这篇论文。论文共9章，加上引言，“论文的重点是把中国和外国开始交往以来，外国向中国提出权利要求的全部案例加以概括”[1]。论文的引言部分介绍了中外关系的背景、外国人的地位以及外国人在中国的特权等等。其他各章包括解决这些权利要求的一般原则，确定损失的规定、付款方式、利息问题以及政府和个人对中国政府的权利要求的不同。1912年春，因袁世凯的邀请任职，顾维钧提前通过答辩，回到国内。他希望通过自己的努力使中国强大起来。

五、梁诚巧争“庚子赔款”助推中国留学教育

晚清时代的“留美散兵”和女子留学虽然见证了中美文化交流的历史，但在19世纪末与20世纪初的交替之际，中国学生留学美国一直未形成热潮。这种现象既有清政府的原因，也与美国政府的排华政策有一定的关系。

在中国留学史上，美国是最早接受并乐于接受中国留学生的国家，但美国在相当长的时间内拒绝接受中国军事留学生。1890年，容闳曾拟送数名中国学生入美国陆海军学校学习，遭到美国国务院拒绝并轻蔑地说：“此间无地可容中国学生也”[2]，容闳因之深感弱国子民的屈辱。

美国政府不愿接受中国派遣军事留学生，但又很希望中国留学生到美国留学。在这种尴尬的局面中，身为驻美公使的梁诚，得到这样一个讯息。他听说，列强超索庚子赔款，美国政府正在讨论超索部分的去向。梁诚得此消息，立即向美国国务卿海约翰提出退回庚子赔款超索部分。梁诚的积极努力，不仅为中国争得了利益，也使得陷入低谷的留美教育走向高潮。

---

[1] 李喜所主编，刘集林等著：《中国留学通史》（晚清卷）第341页，广东教育出版社2010年版。

[2] 容闳：《西学东渐记》第140页，岳麓书社1985年版。

1900 年侵略中国的八国联军

根据《辛丑条约》规定，清政府向各国赔款总额达白银 4.5 亿两，分 39 年还清，连利息滚成 9.8 亿两。当时，中国人口约 4.5 亿，这样折合起来，每人要承担 2 两白银的赔款。但是当时各参战国提出的赔款数字总额高达 4.6 亿多两，比后来合约规定的数字总额高出 1000 万余两。因此，各国就赔款的分配问题继续谈判。谈判期间，美国政府表示愿意按比例消减赔款，并指示美国驻中国公使康格转告各参战国，美国政府愿意在庚子赔款消减到 4.5 亿两后，继续做进一步的消减，前提是其他参战国也同意作等比例的消减，美国政府的这个建议，没有得到其它国家的回应。各参战国只是同意按比例将赔款消减到 4.5 亿两，而不同意作进一步的消减。

4.5 亿两的巨额赔款，美国约得总数的 5%，折合美金 2500 万元。对于这个数字，无论是美国国务卿还是当时的美国驻华公使康格以及参与条约谈判的驻华全权代表柔克义都明白，美国分得的庚子赔款超出了它应得的数额。对于这个数字，美国国务卿海约翰说，中国应该赔给美国的实际款数只是条约规定的一半。他曾给柔克义的信中说，“我们准备把我们的要求缩减一半，如果其他列强也这样做的话”[1]。当时，条约正在谈判阶段，柔克义认为在这个时候提出这个问题，有点不恰当，容易引起列强的不满，因而就没有提及。1903年2月，梁诚赴美出任驻美公使，很快获悉这一消息。当时，美国官方并没有确认超索庚子赔款的消息。

梁诚到美国之初，主要是奉朝廷之命就庚子付款问题进行交涉，当时交涉的主要内容是用金还是用银支付。朝廷倾向使用银支付，为此，1904年12月1日，梁诚拜晤海约翰，力陈“中国财政支绌……现筹赔款已穷罗掘，一概还金，势须加增租税，民间艰于负荷，仇洋之念益张，大局或有动摇，祸患何堪设想”[2]。对此，海约翰表示有些为难，他婉转地说，恐怕议会不会同意用银支付，他会将此事告知西奥多·罗斯福总统，并全力促成此事。但又说，西奥多·罗斯福总统刚刚蝉联，此事也不可操之过急。

12月5日，梁诚再次拜会海约翰。海约翰告知，总统和议员们都认为，收银之说，难以实行，因为政府不能不考虑民意的趋向。梁诚再次向海约翰阐明中国政府的困难。如果一定要用金支付，将给中国百姓造成负担，因之而造成仇洋情绪，这是美国政府也不愿意看到的。梁诚又说，庚子赔款对于美国的军费、商民教会抚恤各项开支是微不足道的，而对于中国人民却是巨大的负担。为此，他建议美国政府将赔款数目重加勘算，将赔款核减。这次拜见，梁诚晓之以理，动之以情，让海约翰为之动容，他沉默了一会儿，似乎思考该不该说，但他还是说出“庚子赔款原属过多”[3]的话。这是海约翰第一次向梁诚谈及庚子赔款的真相。见海约翰承认庚子赔款超索，梁诚把话题从用金还是用银支付转移到超索部分能否退赔上。梁诚说，美国“如能倡首，义声所播，兴起闻风矣”[4]。

梁诚的建议，海约翰认为很有道理，他答应将帮助促成政府退还超索的

[1] 梁碧莹:《梁诚与近代中国》第249页，中山大学出版社2011年版。

[2] 清华大学校史研究室编:《清华大学史料选编》第一卷，第74页，清华大学出版社1991年版。

[3] 梁碧莹:《梁诚与近代中国》第248页，中山大学出版社2011年版。

[4] 崔志海:《关于美国第一次退还部分庚款的几个问题》，《近代史研究》2004年第1期。

庚款。对海约翰的承诺，梁诚当天即电告清政府外务部。此后，梁诚放弃付金或是付银问题的交涉，他多方奔走，要求美国政府考虑超索庚款的退还。

1904 年 12 月 6 日，应海约翰的要求，参与《辛丑条约》谈判的柔克义草拟了一份提交国会的关于退还部分庚子赔款的备忘录。备忘录中说：

经调查，美国公民在义和团时期所遭受的损失以及美国军队的开支并非最初估计的那么多，鉴于这一事实，以及中国目前的财政困难和我们以前也有过向中国退还多余部分赔款的政策，向国会提出庚子赔款对中国是否存在不公正问题是我的职责；退还部分庚子赔款对减轻中国沉重的债务来说是十分必要的；如果这一建议获得国会的批准，我建议授权行政部门通知中国政府，此后美国只要求赔款总数的一半。[1]

这意味着美国官方以文本的形式，正式承认庚款超索。此后，梁诚频繁拜会海约翰，与美国外交部交涉，商讨超收庚款退还事宜。

但是，正当梁诚积极奔走交涉时，美国国务卿海约翰却在 1905 年 7 月初病故。他的去世，使梁诚担心庚款退还问题有可能陷入停顿。但是，在此之前，梁诚的积极活动是有成效的。梁诚的好友，新任美国内政部大臣格裴路与工商部大臣脱老士都在积极呼吁。参与《辛丑条约》谈判的柔克义也深表同情。

1905 年 4 月，柔克义被美国政府任命为驻华公使。前往中国前，他与梁诚就庚款退还问题进行了一次交谈。柔克义向梁诚转达了罗斯福总统对庚款退还的意见。柔克义说，总统想知道若庚款交还中国，是否返还民间，抑或移作别用。梁诚通过美国的朋友得知，美国的意图是将退款用于在中国办学，并派出留学生到美国留学。

事实上，梁诚也是支持庚款用于教育的，特别是到美国留学。作为留美幼童的一员，留学美国的经历使他十分重视中国的教育事业以及人才培养。

[1] 崔志海：《关于美国第一次退还部分庚款的几个问题》，《近代史研究》2004 年第 1 期。

1903 年，他到美国赴任之时，就带去 26 名学生到美国留学。当时，他在给朝廷奏章中说，带士子出国留学，是为朝廷培养有用人才。到美国后，他积极关心留美学生，而且与他们有着密切的交往。梁诚的儿子梁世华后来回忆说："先君对于教育，向表热忱……在美任内，除帮助官费生外，并有不少天津、上海、粤籍士商子侄，无不亲为管束，负起家长之责，后最出名者，如顾维钧等。"[1]

梁诚深知退款用于何处与庚款退还是否成功休戚相关，于是响应了将庚子超索之款用于广设学堂、派遣游学的主张。梁诚于 4 月 8 日致电外务部：

今美总统所言，无论是否有心于涉，均应预为之地，庶免为彼所持，尤应明正其词，庶彼为我必折，似宜声告美国政府，请将此项赔款归回，以为广设学堂派遣游学之用，在美廷既喜得归款之义声，又乐观育才之盛举，纵有少数议绅或生异议，而词旨光大，必受全国欢迎，此二千二百万金元断不至竟归他人掌握矣。在我国以已出之资财，造无穷之才俊，利害损益已适相反。[2]

然而，梁诚的积极努力并不是一帆风顺的。1905 年中美关系处于低潮，粤汉铁路让权问题、全国性抵制美货、广州教案等一系列事件的发生，致使庚款退赔问题的交涉停滞不前。

粤汉铁路租让权问题的发生是因为美国方面违约造成的。1898 年，清政府与美国合兴公司达成共建粤汉铁路协议。根据协定，这条铁路要在 1905 年全线通车，但美国合兴公司到 1902 年底才开始动工修建广州至三水的支线。不仅如此，美国合兴公司还违反约定，将三分之一的股权出售给比利时人。清政府担心比利时取得粤汉铁路的路权后，将原由比利时、法国合办的京汉铁路相连接，从而控制中国的南北干线，因而极力反对，决定收回路权。对此，美国总统横加阻挠，但在沿线人民的声援下，清政府还是决定收回路权，废约自办。

抵制美货运动的发生则缘于美国政府订立《限制来美华工保护寓美华人

[1] 罗香林：《梁诚的出使美国》第 28 页，（台北）文海出版社 1979 年版。
[2] 清华大学校史研究室编：《清华大学史料选编》第一卷，第 76 页，清华大学出版社 1991 年版 。

条约》，对华工进行种种苛刻限制。1904 年条约期满，华工、华侨联名上书清政府，要求与美国政府交涉，废除条约，提出新的草案。但美国政府一意孤行，要求清政府续约，因而遭到中国人民的反对。1905 年，一场全国性的抵制美货运动轰轰烈烈地展开。

抵制美货运动尚未平息，在广州又发生了连州教案。1905 年 10 月 29 日，当地百姓举办庙会，所搭的棚子占用了教会医院的部分土地，教会医院出面抗议，并没收了庙会使用的土炮筒。村民冲进教会医院寻找，无意中发现了医院研究用的浸泡童尸的玻璃瓶，村民们认为这是教会在蓄谋谋害中国幼童，群情激奋，放火焚烧了医院和教堂。慌乱中，五名洋人被村民打死。事后，清政府向美国方面表示要严惩凶手，但这一事件也激起了美国人对中国的不满。

这些事件发生后，美国驻华公使柔克义虽然致电罗斯福总统，希望他寻找一个恰当的方式，推进庚款退还。但罗斯福为了美国利益，对退款一事表现十分冷淡。1905 年 11 月 16 日罗斯福总统在接见丁韪良时说：抵制美货及杀害传教士之事，使退还庚款之事不可能，至少目前无法向国会提出。[1]

1906 年初，随着中国抵制美货运动的平息，尤其是 3 月间清政府应美国政府的要求，公开发布保护外人的上谕，消除了美国国内流传的有关中国正在出现第二次义和团运动的疑虑，罗斯福对退款的态度转向积极。

一系列事件的发生，使得中国青年的反美情绪高涨。这一阶段，中国青年到美国留学的人数几乎为零。这样的局面显然不利于中美关系的长远发展。美国政界和教育界的一些人士为此担心，他们呼吁总统，如果任此局面继续发展下去，美国将失去对整整一代中国人的影响力。

这些人中，美国伊里诺大学校长詹姆士是一个典型的代表，他多次呼吁美国政府加强对中国青年的教育。在国际关系中，国与国之间既无永恒的朋友，也没有永远的敌人，有的只是利益博弈。詹姆士主张庚款退还用于加强对中国青年的教育，其目的是希望通过教育来实现对中国人的影响，他不主张接受中

[1] 李喜所主编，刘集林等著：《中国留学通史》（晚清卷）第 352 页，广东教育出版社 2010 年版。

国劳工，而主张积极开展对中国青年进行美式教育，正是这种思想的鲜明体现。

1906年初，詹姆士在写给罗斯福的备忘录中说：

中国正临近一次革命。……哪一个国家能够做到教育这一代青年中国人，哪一个国家就能由于这方面所付出的努力，而在精神和商业的影响上取回最大的收获。如果美国在三十五年前已经做到把中国学生的潮流引向这一个国家来，并能使这个潮流继续扩大，那么，我们现在一定能够使用最圆满和巧妙的方式，控制中国的发展。

詹姆士对大批中国学生赴日本和欧洲留学，却很少到美国留学的状况感到不安。他强调：这就意味着，当这些中国人从欧洲回去后，将要使中国效法欧洲，效法英国、德国、法国，而不效法美国。这就意味着，他们将推荐英国、法国和德国的教师、工程师和专业人才到中国去担任显要公职，而不是请美国人担任。这就意味着，英国、法国和德国的商品被买去，而不是美国的商品。各种工业上的特权将给予欧洲，而不给予美国。这与美国的战略目标和在华的长远利益相矛盾。他的结论是："为了扩展精神上的影响而花一些钱，即使从物质意义上说，也能够比用别的方法获得更多回报。商业追随精神上的支配，比追随军旗更为可靠。"[1]

与詹姆士有同样理念的，还有美国公理会传教士明恩溥。1906年3月6日，在华从事传教事业的明恩溥给罗斯福总统写了一封信。明恩溥在中国传教时，曾经深入天津、山东等地，对中国百姓的生存状况有着切身的了解，因而他知道该用一种什么样的方式影响和改变中国。

明恩溥在中国著有《中国人的气质》和《中国乡村生活》两书，他在给罗斯福寄信时，附送了这两本书。他在信中建议重启庚款退还议案，用于开办和资助对华事业，并预言，随着每年大批的中国留学生从美国各大学毕业，美

[1] 清华大学校史研究室编：《清华大学史料选编》第1卷，第72页，清华大学出版社1991年版。

国将最终赢得一批既熟悉美国又与美国精神相一致的朋友和伙伴。没有任何其他方式能如此有效地把中国与美国在经济上、政治上联系在一起。

10天后，西奥多·罗斯福接见了明恩溥。他对明恩溥说，《中国人的气质》和《中国乡村生活》两书“迥非它书所能比拟”，他认真拜读了，并因此加深了对中国的了解。他还转述德国大使的话：“在他读过的所有关于中国的出版品中，尊著是最好的。”[1]

4月3日，罗斯福又给明恩溥写了一封信，信中说，“我之所以一直怀疑是否要将赔款用于你所提的建议，这仅仅是因为我对中国人是否会把它看作一个软弱的行动而犹豫不决”[2]。罗斯福表示赞成将退款用于派遣中国学生留学美国。他又说，只要不发生一些不利于美国的事件，他将采取行动，争取国会通过退款决议，并指出今后将由国务卿鲁特负责处理这件事。

1906年冬，美国各教堂筹备庆祝威廉斯镇祈祷大会一百周年纪念活动，董事会在各大城市召开一连串会议。组织者邀请了在中国传教的欧叟·H.史密斯博士回美演讲。他对中国的情况比较了解，欧叟·H.史密斯博士在演讲中多次谈到中国的庚子赔款问题。他说，“此巨款应该真诚地归还中国，不过，必须在巩固两国友谊的方式下实现”[3]。

史密斯博士参加完纪念大会后，在白宫受到美国总统罗斯福的召见。两人的谈话中，史密斯博士再一次谈到中国的庚子赔款问题。他主张美国政府退还中国的庚子赔款，用这笔款项和利息资助中国学生赴美留学，同时，在中国开办学堂，使中国的年轻人接受西式教育。他对罗斯福总统说，用庚款资助中国学生的方法，会使得中国人对美国产生感激之情，会促进两国的经济、政治关系变得紧密。史密斯的计划得到罗斯福总统的支持，罗斯福称赞说：“这是一个伟大的想法，我要设法完成它。”[4]

[1] 潘乃穆、潘乃和编：《潘光旦文集》第3卷，第11页，北京大学出版社1995年版。

[2] 崔志海：《关于美国第一次退还部分庚款的几个问题》，《近代史研究》2004年第1期。

[3] 刘真主编，王焕琛编著：《留学教育——中国留学教育史料》第一册，第141页，（台北）国立编译馆1980年版。

[4] 李喜所主编，刘集林等著：《中国留学通史》（晚清卷）第350页，广东教育出版社2010年版。

事实上，早在1906年春，美国教育界就对大清国释放出善意。当时清政府派出的戴鸿慈、端方和载泽等五大臣宪政考察团到美国考察教育，在与美国一些大学校长会晤时，耶鲁大学、康奈尔大学和威士里安女子学院都表示欢迎中国留学生，并愿意每年向中国免费提供若干留学名额。

美国名校伸出橄榄枝，清廷也是积极回应。当然，这也是时势使然。进入20世纪，清政府经过几次惨痛教训，感到不能照老样子统治下去了，于是标榜“新政”。在这场“新政运动”中，清政府发现最得力的人才竟是早期被撤回的留美学生。这批留美学生在久经磨难之后，终于有了用武之地，于是充分发挥他们早年从美国得来的学识和禀赋，很快崭露头角。这也使清廷看到：“美国学堂，结果甚善，而裨益中国者良非鲜浅”。[1]

包括慈禧太后在内的朝廷，虽然认识到了留美教育意义非浅，但是，此时的大清国刚刚经历庚子之痛，创伤未复，庚子赔款犹如千斤重担压在肩上，使本就虚弱的大清朝难以承担。

随着中美关系的转暖，清政府也积极行动，要求梁诚积极与美国交涉庚款退还问题。于是，梁诚继续多方活动，召开记者招待会，到处演说，游说国会议员，请求他们支持中国的合理要求。梁诚的积极努力，终于使庚款退还变得柳暗花明。

1907年4月，罗斯福总统邀请梁诚共进午餐。席间，梁诚重提庚款退还一事，罗斯福当即答应会尽快解决此事。罗斯福与国务卿鲁特商议，认为海陆军部册报支费数目过大，应该认真核查，切实核减。罗斯福要求鲁特经办此事。

1907年6月，距离梁诚卸任回国的日期已经很近了，出于对梁诚的关照，新任国务卿鲁特特意在6月15日致函大清国总理衙门，表示美国总统将在下次国会中正式要求修改与中国的庚款协议，豁免和取消部分庚子赔款。同时，鲁特将这个消息也告诉了梁诚，表示在下次国会召开时，总统将建议讨论退还庚款余额一事，对于庚款经核实超额部分，将退还给中国。梁诚得此消息，激

[1] 王奇生:《中国留学生的历史轨迹：1872—1949》第14页，湖北教育出版社1992年版。

晚清驻美公使梁诚

动之余无限感慨。从1904年末到1907年，屡经交涉，真是好事多磨。总统和国务卿的公开承诺，意味着问题的解决指日可待了。

庚款退赔，美国政界的主张是原则上直接和完全用于中国学生接受美式教育，梁诚也积极支持。清廷内却存在不同的声音。一部分人不主张将全部款项用于兴学，中国需要用钱的地方很多，使用退还的庚款的一部分用于兴学就可以了。身为直隶总督的袁世凯主张先用庚款兴办路矿，待获得利益后，再大力做兴学的打算。朝廷中还有人主张用此款开发东三省，以抵御俄、日两国在这里的扩张。

但是，庚款退还的主动权操纵在美国人手里。美国的意图是通过庚款留学来影响年轻的中国人，让他们接受美国教育，回国后，从精神和知识上影响中国政府，从而“控制中国的发展”[1]。

[1] 孙石月:《中国近代女子留学史》第137页，中国和平出版社1995年版。

虽然总理衙门让梁诚和奉天巡抚与美国方面协商，甚至与美方讨价还价，但美方坚持兴学本意。清廷中的不同意见，也使美国政府多了一个心眼，为确保庚款确实用于兴学，避免挪作他途，美国方面采用了“先赔后退”的方式来保证庚款的“专款专用”。

1908 年 1 月，美国方面开始正式讨论庚款退还提案。此时，梁诚已经卸任归国，伍廷芳接任驻美公使一职。1908 年 5 月 25 日，美国国会正式通过了庚款退赔议案，决定从 1909 年到 1937 年用 28 年的时间，逐年用庚款资助中国派遣留学生赴美，这推动了中国学生留学美国成为热潮。十年之后，各帝国主义看到这种成效，纷纷效仿。

从 1909 年开始，中国向美国派遣庚款留学生。为了使中国留学生适应美国的学习生活，清政府创设了清华学堂，作为留学生赴美就读的预备学校。并在华盛顿设立了游美学生监督处，负责管理中国学生。

1908 年 10 月 28 日，在军机大臣兼外务部尚书任上，还没有被罢黜的袁世凯代表朝廷签署了派遣留学规程。规程提出，自退款的第一年（1909 年）起，朝廷在最初四年里，每年至少应派留美学生 100 人，如果到第四年派足了 400 人，则自第五年起，每年至少要派 50 人赴美留学，直到“庚款”用完为止。在这批学生中，规定 80% 学农业、机械工程、矿业、物理、化学、铁路工程、银行等等，其余 20% 学习法律、政治、财经、师范等等。庚款兴学的事情确定下来之后，清政府外务部要求学部尽快制定一个派遣留学生赴美留学的具体章程。当时，身为外务部尚书的梁敦彦向朝廷建议，用庚款选派千名幼童赴美留学，从小就接受美国教育，使他们的思想、观念都彻底美化。待他们学成归国后，直接分配到全国各地，参与地方管理和改造，这样中国就会发生深层次的变革。梁敦彦曾经是留美幼童之一，他的见解自然来自亲身经历。但留美幼童到美国后观念、行为的改变，是清政府所不愿意看到的。朝廷中的大多数人认为幼童出国，容易丧失国民性，异化为十足的洋人，幼童被召回的事件对清政府来说，也是一件尴尬的事，因而梁敦彦的提议并不获接纳。

外务部与学部联合起草的《遣派学生赴美办法大纲》，朝廷倒是比较赞

庚款留学第二批学员赴美前合影

同。这个大纲提出，派遣留学生分为两个部分：一部分选取年龄在15—20岁之间的青少年，每年选取100名，考选中文、英文和专业技能。考选生由学部和外务部联合在北京招考，各省选送的考生也要在北京复试。另一部分是，选取15岁以下的少年，每年选送200名，名额根据各省的大小和所负担的赔款多少分配。这两部分学生录取后，都要进入留美预备学校集中培训数月或一年，然后从两部分学生中各选拔50名进入美国学习。未入选的学生，则继续在留美预备学校学习，等待下一学期进入美国学习。

鉴于留美幼童被召回的尴尬事件，加之当时到日本留学风潮正劲，且有一部分留日学生倾向革命，所以在留美生的选拔上，清政府要求严格，宁缺毋滥。1909年第一批学生的选拔，除了政治考察外，考试科目有经义、历史、地理、英文、高等代数、平面几何、物理化学等等。这些科目在今天看来不算什么，但在当时科举制度废除4年有余，新学尚处于初始发展阶段的环境下，对于学子们的确是一种考验。学部虽然在全国范围内招考，但符合条件者寥寥。

经过艰难的选拔，各省选送的学生有150余人，直隶地区报考者400余人，共计600余人。外务部和学部又对这600余名学生进行了统一的考试。初试的时候，600余人被淘汰了超过三分之二。复试后，录取的学生仅有47人。这个数字远远低于中美双方协议中规定的最初4年每年须派遣100名学生的约定。

1910年第二批庚款生招选，难度更大。除中文外，其余科目的考卷均要求用英文答卷，并且还要求考生须从德文和法文中选考一门“第二外语”。第二次招考的400名学生中，最后获得录取的仅70名，仍然没有达到规定之数。

在着手招选留美幼童的过程中，清政府在北京设立了游美学务处，由外务部和学部共同管辖，派周自齐为总办，唐国安、范源濂为会办。三人都有办“洋务”的背景。游美学务处最初设在北京的史家胡同，负责学生招选、派送、自主等一应事宜。

根据庚款兴学的约定，清廷在严格选拔留美学生的同时，对于已经在美国学习的自费生，游美学务处也为他们提供资助，帮助他们克服困难，完成学业。游美学务处规定，从1909年起，拿出退回的庚款的一部分资助留美自费生。规定中指出：自费留学生要品行纯正，学业优美，家境贫寒，并在美国大学本科第二年肄业，初定先资助50名，每年每人480元美金，每次以一年为限，最多不得超过三次。[1]

资助的范围虽然并不算广，但对自费留美起到了积极的推动作用，拉开了留美高潮的大幕。特别是1911年清华留美预备学堂的建立，出现了动荡晚清留学美国的历史性高潮。

六、“留美中国学生总会”促动“中国与世界同步”

晚清学子留学美国，他们抱持强国的梦想，在海外为中国寻路。他们还通过组织社团、交流情感、传播思想、传播知识的方式来促动中国与世界同步。

留美学生早先的社团组织以“学生会”命名。最早的学生会组织是“美洲中国留学生会”，也叫“西美留学生会”。这个组织成立于1902年秋，主

[1] 李喜所：《近代留学生与中外文化》第306页，天津人民出版社1992年版。

要由加利福尼亚的中国留学生发起。留美学生认为欲“知祖国之荣名，学问之大益，是非团结之而振其精神不可……学问贵通，精神贵结。……通今日之学问，去将来之扞格，是在团体，本此二意，而学生会之议起”[1]。

西美留学生会成立的目的是“联合中国学生,互相劝勉,以求学问兴中国”。它借鉴美国的社会制度,在选举上采用了议会民主制的方式选举组织领导机构。他们通过民主方式选举了总理、副总理、华文书记、英文书记、支应员等领导成员。所有任职成员任期一年，一年后再行选举。第一届总理为陈锦涛，他是1901年进入美国的官费留学生，当时他在哥伦比亚大学读数学和社会学，后又转入耶鲁大学攻读政治经济学，1906年获哲学博士学位。第一届副总理为刘轼伦。西美留学生会成立后，议定实行六事，其实也就是划定了学生会的工作职能。主要是调查在美留学生的生活、学习情况，搜集美国有关学校的章程以及发生在学生身边的新鲜事，设立助业部帮助困难学生勤工俭学，帮助在美华裔学生学习中文等。

西美留学生会的成立，对联络学生之间的感情、交流思想、传播文化起到了积极的作用。因而，西美学生踊跃报名参加。成立之初的第一次会议上，入会者就有23人，到1903年7月有46人，1904年初77人。

随着成员的不断增加，西美留学生会的组织生活也变得丰富多彩。1903年底，由华侨吴颂尧提供资助，举办了一次别开生面的命题演讲比赛。当时，参加这一活动的除留学生外，美国的一些商业人士和华侨商人也有百十余人前来参加这次活动。演讲的题目是“留学生与中国之关系”。演讲中，留学生都强调留学美国的使命感和责任感，呼吁发愤读书、团结人心、学有所成，将来回国报效国家。

留学生欧阳君月在演讲中说：“中国之弱，在乎失教育耳……然欲兴教育，必先学他人之教育，学他人之教育，非留学生之责乎。学他人之学以教我国民，复我利权，强我中国，非留学生之宜引为己责任乎！”“他日回国，兴学校，

[1] 李喜所主编，刘集林等著：《中国留学通史》（晚清卷）第333页，广东教育出版社2010年版。

倡爱国，以振起我国人，使之知敬国旗，尽义务，将复利权，强国家，皆由此始，留学生乎！留学生乎！”[1]

西美留学生会的成立，在当时产生着积极的影响。巧合的是，在西美留学生会成立之时，留日学生会馆也宣告成立，这个带有中国传统文化意味的组织的成立得到了中国驻日使馆的支持和赞助。而“西美留学生会”的成立是否得到官方的支持，没有资料佐证。但“西美留学生会”发展是迅速的，其宗旨是向在美国的华人灌输爱国思想，因为留学生认为他们缺乏对祖国的忠诚。秉持这样的理念，因而得到了很多留学生的呼应，1903年，梁启超在美国西海岸旅行，他了解到“西美留学生会”的组织成员已经达到50余人。[2]

对“西美留学生会”的成立，梁启超给予了积极的评价。他到日本后，把赴美洲游历考察的所观所感整理成了《新大陆游记》一书。此时的梁启超正经历着人生最落寞的时刻，自维新变法失败，他开始逃亡的生活。变法的失败，也使他希望找到新的出路，因而他对留学生的这种组织很是赞赏。

在梁启超到美国西海岸旅行的那一年，生活在芝加哥的中国留学生也成立了自己的组织，即“中美中国学生会”。因芝加哥留学人数较多，为联络情谊，成立此学会。会员人数不少，但学会活动并没有多少声色。自1903年至1909年6年间，会员主要来自芝加哥，因邻近中部各省多以入东美中国留学生会为幸事，所以会员人数未见增多。

后来，另一个迅速发展起来的留学生团体——东美留学生会曾试图将“中美中国学生会”纳入麾下，但遭到拒绝。自1909年庚款留学以后，中美的密歇根、芝加哥、威斯康星、伊利诺伊等大学的中国学生逐渐增多，中美中国学生会积极吸纳这些留学生加入组织，从而使中美中国学生会迅速壮大起来。

继中美中国留学生会之后，在康奈尔大学的中国留学生成立了绮色佳中国学生会、太平洋岸中国学生会等组织。诸多学生会的成立，体现了他们渴望

[1] 中国社会科学院近代史研究所译：《顾维钧回忆录》第一分册，第48页，中华书局1983年版。

[2] 叶维丽著，周子平译：《为中国寻找现代之路：中国留学生在美国（1900—1927）》第22页，北京大学出版社2012年版。

詹天佑与美国同学在耶鲁大学时的毕业照（四排左一是詹天佑）

团结，共同进步，维护民族尊严，通过传播西方文化使中国富强的心声。留学生要团结，要把美国的思想文化介绍到中国，组织之间的沟通与互动是必然的。其中，1905年在马萨诸塞州成立的东美中国留学生会，由于其成立后人数最多，实力最大，在他们的提议下，1911年，在美国的中国留学生形成统一的组织“留美中国学生总会”，组织范围涵盖整个美国。但由于美国版图巨大，东部、中部、西部三个区域相隔甚远，学生间要相互交流，沟通十分不便，因此，日常的活动，三个学生团体仍各行其是。这三个团体中，尤以东美学生会影响巨大，它基本上承担了全美学生会的职责。

东美中国学生会的成立，缘于北洋大学堂的学生到东海岸学习。他们到来之后，东海岸便成为中国留学生社团活动的中心。1905年9月，梁振东、周子贻等30多名留美生在马萨诸塞州发起成立“东美中国留学生会”。这一学生团体虽然成立稍晚，但成立后一直人数最多、势力最大、影响最广。东美学生会的宗旨是：（1）为中国的复兴努力；（2）促进中国学生在美国的联系；（3）维护留学生的共同利益。东美留学生会成立后，迅速扩展势力。学生会设三部：一为行政部，由留学生会之总理、副总理、中文书记、英文书记及会计5人组成；二为立法部，由会员选举之代表组成；三为发报部，由中文和英文书记分管，定期出版会报，如《留美学生年报》《英文月报》《留美同学录》等。领导人一律经选举产生，选举前候选人要发表竞选演说。[1]

东美留学生会虽然成立较晚，但一直把传播思想、交流感情作为团体发展的重要活动。为促进学生之间交流，互通声气，东美学生会发起创办了《英文月报》《中文季报》等报刊。《英文月报》创刊于1905年，参与发起者朱庭祺后来在《美国学生界》中说，《英文月报》的创刊目的是为联络在美的中国留学生，留学生分散于美国各地，联系起来十分不便，所以创办了这份月报。“平日所用皆英文，且印刷亦较便，故用英文。”其内容有论说和新闻，“凡可以贯通声气者皆备载焉。”[2]后来，《英文月报》的内容不断丰富，对美国的社会风俗、政治、社会状况以及留学生回到国内的情况也多有刊载。另一份报刊《留美学生季报》1911年创刊，以中文的形式刊出，最初为年报，创刊的目的是向国内介绍美国的社会状况和留学生在美的情形。《留美学生季报》给在美学生提供了一个公共论坛，每一个人都可以在上面发表自己的言论。

如果说东美学生会创办会刊为在美中国留学生提供了一个交流、互动的平台，而通过组织活动的形式，更使留学生团体成立的目的变得实至名归。东美学生会每年夏季都要举行一次全体大会，会期为一周，除了选举下一届的领导机构外，常常举办联欢活动。联欢的内容主要有演讲比赛、运动会、学术讨论等等。

年会最重要的内容是大会演讲，演讲者包括中国政府驻美官员、美国教育家，有时也有美国政府的官员。容闳后来在美国过隐居生活的时候，就曾经参加过年会，发表过演讲。演讲者都发出了对学生寄予的厚望。大会演讲成为每年年会都要进行的主要内容，这种形式对中国留学生也的确产生了积极的激励作用。

1910年8月在美国哈德福举行的第六次年会是别开生面的一次。当时参

[1] 中国社会科学院近代史研究所译：《顾维钧回忆录》第一分册，第25页，中华书局1983年版。
[2] 朱庭祺：《美国留学界》，《庚戌年留美学生年报》，1911年6月。

加会议的有留学生 143 人，其中女生 26 人，美国友人也有 10 多人参加。这次年会的主要内容是关于东美学生会如何发展的演说，留学生在美国学习生活的讨论，此外还举行了游戏和音乐演奏等活动。

一位留学生后来回忆说：有谁能说他或她的一生中有哪一个星期比这过得更有价值吗？有哪一个星期我们过得更愉快，获得如此有价值的知识和丰富多彩的娱乐？[1]

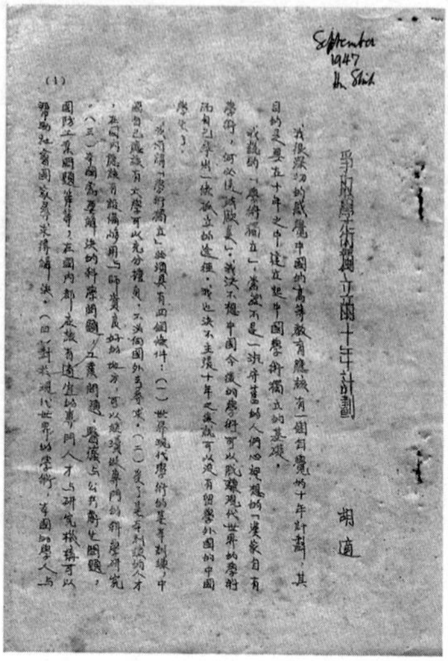
September 1947 H. Shih

(1)

争取学术独立的十年计划

胡適

我很深切的感觉中国的高等教育应该有一个自觉的十年计划，其目的是要在十年之中建立起中国学术独立的基础。

胡适在《留学生季报》上发表的文章

东美学生会组织年会除了交流感情、互通声气外，还有一个重要的目的是通过组织运动会或辩论会，培养学生们公平竞争的心理，提升学生们参与社会的能力。一位姓金的留学生 1913 年在《留美学生季报》上撰文写道，留学生团体组织活动“培养学生在道德上的独立判断，思想上的能力和强壮的体格，使他们在未来的更广阔的世界里能够担当责任”[2]。东美学生会除了组织年会，交流思想、感情，还积极参加各种政治和社会活动。1906 年，在粤汉铁路让权问题的交涉中，在要求美国政府改善华人权益等等问题上，都留下了中国留美学生的身影。

1910 年秋天成立的中国学会留美支会是留学生为传输西方文化、学术、新成果等等而建立的第一个中国人自己的学术团体。留美学生朱庭祺是主要的发起人之一，对于成立这个学术社团的缘起，他说：“今后之中国为发达学问时代。……发达学问，专门家之事也。美国之专门家，皆有学会……故虽散处于数千里之外，呼应极灵，研究之事，以互相鼓励而愈进，学问之事以互相讨

[1] 叶维丽著，周子平译：《为中国寻找现代之路：中国留学生在美国（1900—1927）》第 24 页，北京大学出版社 2012 年版。

[2] 叶维丽著，周子平译：《为中国寻找现代之路：中国留学生在美国（1900—1927）》第 27 页，北京大学出版社 2012 年版。

论而愈明。”[1]

朱庭祺身在美国，对美国教育的发达、学术思想的日新月异，他都是深切了解的，反观中国的落后，他感到需要一个学会，把美国的先进学术和经验介绍到中国去。他们认为，没有先进学术思想的中国，就像飘在大海中的舟船，不知道前进的方向，这也使得回国的留学生因为得不到新思想、新观念的传输，而不能更好地为国家效力。即使在美之留学生也由于没有此种学会为之联络，“故输进学识之事不能举办，专门相同之人不易相知”[2]。

带着强烈的爱国情感，留美学界发起成立了中国学会留美支会。1907年考取美国留学资格，进入美国威尔斯利大学读书的江苏女子胡彬夏，对于中国学会留美支会的成立，这样说：“学问为立国之基础，当今欧美各国学问日新月异，大有一进千里之势。若吾国不自今日及早讲求学问，恐优胜劣败终不免天演之淘汰。然诚欲讲求学问，非全国之趋向皆注于此不能有大效。欲全国之趋向皆注于讲求学问，非有一学会为合全国为一体不能有甚大之影响。”[3]

留学生们知道，当时的中国虽然腐朽落后，但是一旦振作，势必需要向国外更广泛地学习经验，虽然清政府在革命的大潮中不断被丑化，但是他们要维系江山永固，何尝不希望发展，实现民富国强。发展需要有新的知识体系，实现民富国强更需要有先进的技术经验和学问来支持。留学生们身在海外，了解发达国家的发展状况，更受西方国家先进理念的影响，他们要把国外的先进学术思想集合起来，通过留学生的力量研究、传播，共图中国的发展。因此，对于中国学会留美支会的成立，胡彬夏又说：

学会者，诚中国不可缺乏之社会也，既以增进学问为其唯一之主义，又因讲求学问，完满学问家之快乐，涵养学问家之道德，其为益于中国也大矣。……学会既以全力注重于学问，凡属于学会者又为非常之学问家，则他日中国

[1] 张剑：《清末民初留美学生社团组织分析》，《学术月刊》2003年第5期。

[2] 同上。

[3] 胡彬夏：《中国学会留美支会之缘起》，《庚戌年留美学生年报》1911年6月。

如有倍根、如有奈顿……如有罗梭、如有梭格拉底，亦谁得而知之耶！新中国既建设矣，新学问又昌明矣，若莘莘学子自五大洲负笈来吾土肄业于吾大小学堂，亦谁得而知之耶！[1]

胡彬夏认为，成立这样的学会不仅可以增进知识，砥砺道德，更可以使中国学术发达，通过汲取学术营养使中国实现自强。

中国学会留美支会的成立，虽然抱有强烈的爱国理想，遗憾的是由于缺少资金，团体的发展十分困难。其发行的中西学报更是“付之阙如。非无编辑及经理各员也，一则司空告匮，二则国事多艰”[2]，其后更是杳无音讯，他们所倡导的中国学会总会以后也没有人提起，湮没在历史的尘烟中。随着历史的进程向前发展，清王朝被共和革命所取代。一支更大的学生学术团体——中国科学社继承了中国学会留美支会的事业。

[1] 胡彬夏：《中国学会留美支会之缘起》，《庚戌年留美学生年报》1911 年 6 月。
[2] 留美学生会编：《留美学生年报》，上海中华书局 1913 年版，第 2 页。

第三章　自救

到欧洲找寻“自图振兴”的希望

一、黄宽留学爱丁堡成“华人第一位西医”

鸦片战争后，中国学子留学欧洲也逐渐形成热潮。最初赴欧留学的学子和留美学子一样，大多系传教士的帮助。当时，第一个到欧洲留学的是黄宽。黄宽之后，朝廷出于巩固国防的需要，开始派出军事留学生。黄宽和容闳 1849 年从美国孟松学校毕业后，容闳准备投考耶鲁大学，黄宽则转赴英国，入爱丁堡大学学医。黄宽有一个梦想，有一天学成归来，他要为有病得不到医治的父老乡亲诊病。

1829 年黄宽出生于广东香山 (也就是今天的中山市) 东岸乡。他的童年十分不幸，两三岁的时候父母因为疾病得不到医治而相继去世。哇哇啼哭的黄宽由祖母带大。黄宽天性聪明，他到私塾读书的时候学习儒家经典，只要一经塾师指点，即能领会贯通，并能轻松背诵。因家庭的拮据，幼年的他只能中途辍学。后来，黄宽的祖母听说教会学校不收学费，便把他送到了教会学校马礼逊学堂读书。

1846年9月，布朗博士宣布，自己因为身体原因即将回国，将带几名学生到美国读书。容闳、黄宽、黄胜三个小伙伴在当时对西方世界谈虎色变的社会环境下，大胆地站起来，表示愿意同布朗博士一同赴美。三人在布朗博士的带领下，进入马萨诸塞州的孟松学校读书。当时的美国还没有高等中学，仅有预备学校作为进入大学的预科，孟松学校就是这样一所学校。该校校长海门是美国颇有名气的学者，毕业于耶鲁大学，他对这三名中国孩子十分喜爱，关怀有加。黄宽、容闳、黄胜三人中，黄胜年龄最大，但由于水土不服，常常生病，不得不于赴美的第二年退学回国。

黄胜回国后，黄宽与容闳常在一起讨论将来的计划。他们觉得既然来到了海外，就要学有所成。要继续深造，但生活和学习所需要的费用在困惑着他们。怎么办呢？他们去求助校长海门和布朗先生。海门和布朗先生表示，将帮助他们找到资助者。

不久，布朗先生找到了容闳和黄宽，说香港的一位资助人同意提供帮助，但要求改变专业领域，最好是学习医学，将来成为传教士医生回到香港为教会服务。黄宽考虑了一下，决定到爱丁堡大学学习医学。容闳犹豫不决，最后放弃了这个带有条件的资助。

于他自身而言，黄宽选择医学，既是明智之举也是理想使然。幼年的不幸命运，使他的性格变得内向、孤僻，但是却有着很强的逻辑推理和动手能力，这些特质都为他学习医学提供了条件。在跟随布朗博士走出国门之前，黄宽目睹家乡人因病得不到救治痛苦呻吟甚至无奈死去的场面，这常在他的大脑中挥之不去。反观西方世界医学事业的进步，黄宽感到解脱家乡人的病痛之苦，必须学习先进的医学知识，这种动力也促使了他把治病救人作为自己的终身事业。

黄宽认为爱丁堡大学正是他实现理想的所在。爱丁堡大学是享誉世界的一流大学，特别是医科在英国和整个欧洲都享有极高的声誉。爱丁堡大学位于苏格兰，苏格兰本是一个独立王国，但后来放弃独立与英格兰合并为统一的大不列颠王国。爱丁堡大学是苏格兰国王詹姆斯六世于1582年批准，1583年成立的。由于该学院当时是受爱丁堡市政府的管理，所以又被称为“康尼斯学院”，后来正式更名为“爱丁堡大学”。

年轻时的黄宽

在爱丁堡大学成立之前，苏格兰的学生要学习医学、法律及神学方面的课程，需要到欧洲大陆，特别是到荷兰的莱顿大学或者乌特勒克大学学习。这种不便，使得王国的一些有识之士感到有必要建立一所高等院校，为苏格兰地区的学子提供学习上的便利，免除他们需要奔波欧洲大陆的求学之苦。这个动议也得到爱丁堡市政府的积极支持，所以经过詹姆斯六世的批准，这所高校得以成立。由于之前苏格兰的学生多在荷兰的莱顿大学或者乌特勒克大学学习，他们回到本土后，除了传播知识外，也把荷兰的新教精神和自由作风带到了国内，因而爱丁堡大学也承袭了这种精神和自由新风。

后来，随着爱丁堡大学的不断扩大，专业分科更加明晰，特别是它成为欧洲法律、医学、自然科学的教学和研究重镇以及爱丁堡大学开放自由的新风，都在吸引着欧洲大陆和北美殖民地的学生来到这所国际性知名大学读书。

1850年11月4日，黄宽进入爱丁堡医学院学习，成为中国第一个留英医学生。黄宽能考入这所大学实属不易，他所在的时代，爱丁堡大学医学院处于医学发展和科研的最前沿，能考入这样的一所大学，黄宽除了过人的智慧，更付出了艰辛的努力。

入读爱丁堡大学，黄宽除了得到来自香港的资助外，还得到了爱丁堡医学传教会的资助。爱丁堡医学传教会原名“爱丁堡医疗援外协会”，1843年改为此名。这个组织成立的目的是“交流医学传教的资讯，帮助其他机构开展医疗传教工作以及协助尽可能多的传教点获得资助”[1]。既然黄宽同意通过学医进行医疗传教工作，因而得到了该组织的帮助。

爱丁堡医学传教会的成立，是美国在华传教士医生伯驾以中国医学传教会的名义访问爱丁堡后的一项成果。第一次鸦片战争后，西方传教士大量涌入中国。伯驾是较早进入中国的西方传教士。1841 年 7 月，伯驾到英国爱丁堡介绍传教士在中国的传教情况，他呼吁爱丁堡的医学界和友善人士与中国医学传教会合作，推进中国的医学传教事业。也正是这次演讲后，出席会议的有关人士经过讨论商议，决定成立一个组织，为医学传教服务。

黄宽在得到这个组织的帮助之前，爱丁堡医学传教会执事会议拟定了一份“资助学生”的备忘录，对毕业后从事医疗传教的学生进行资助。有了这个备忘录，黄宽将得到爱丁堡医学传教会的资助直到 1855 年毕业。黄宽毕业后，先是在新外科医院作为米勒教授的助手工作了数月，这期间由于没有工资，爱丁堡医学传教会仍然提供资助。

1855 年 12 月，根据当时的约定，黄宽得到了一个医学传教士的职位，将返回中国到广州的教会医院工作。在回国之前，爱丁堡医学传教会为黄宽举行了一个欢送会，并赠送了一些医学资料和一套眼科器具。

1856 年 8 月，黄宽踏上返回中国的轮船，经过 166 天的航行，于 1857 年 1 月 15 日抵达香港。黄宽回到中国后，即投身到医疗事业当中。他先是在香港伦敦会医院工作。1858 年他回到了广州，当时，广州的教会医院名字叫惠爱医院，由一个叫合信氏 (B. Hobson) 的英国人管理，但是由于经营不善，也没有好的医生，医院很是冷清。黄宽接手后，对医院大力整顿，培养业务骨干，使得惠爱医院起死回生，病人纷纷慕名前来找黄宽看病。据 1859 年报告，该院有病床 80 张，住院病人 430 人，门诊病人达 26030 人。黄宽亲授生徒 4 人，以助理诊务。

黄宽回国之初，也像容闳那样，对故土有一种隔膜感。7 年的留学生活，

[1] 张大庆：《黄宽研究补正》，《中国科技史杂志》2011 年第 1 期。

长期生活在英语的世界里，中文已经十分生疏了，这使他回国后不得不重新学习中文，好在他极为聪明，很快便适应了国内的环境。黄宽在惠爱医院工作了两年，因不满医院里英国人颐指气使的种族优越感，再加上他自身的内向性格，不会逢迎拍马，最后决然离职。

1860 年，黄宽离开惠爱医院后，自己在广州开了一家诊所，这是中国人开设的第一家西医诊所。黄宽凭着娴熟的医术和渊博的学识，很快使诊所广为闻名，也推动了西医在广州的发展。

黄宽的医学名声在当时也传到急于延揽人才、为己所用的李鸿章的耳朵里。1862 年，李鸿章聘任黄宽为幕府医官兼私人医生，但是，不善于官场交际的黄宽没多久就辞职了。虽然李鸿章和当时上海道台丁日昌多番规劝，但他仍然回到了诊所里当医生。1867 年，博济医院院长嘉约翰因病回国，黄宽受邀代理博济医院院长一职。代理院长期间，他所施行的手术次数比过去任何一年都多。医校招收的学生人数，也较过去为多。许多重大手术，都由黄宽亲自操刀。由此可证，黄宽在当时的博济医院内教学、诊务方面的重要地位。1875 年黄宽又兼任西南施医局主任。总之，在他任职的各种岗位上，他始终恪尽职守，勤恳工作，从不懈怠，赢得了医界的普遍好评。

二、“通缉犯”王韬的欧洲“旅居式留学”

在黄宽留英归国 10 年之后，有一位秀才出身的王韬随同传教士理雅各前往英国。不过，他不是专事留学，而是通过旅居的方式，寻找中国的出路。

王韬，1828 年 11 月 10 日出生，出身于江苏省南里镇一个塾师家庭，称得上是书香门第之家。王韬从小接受中国传统文化的熏陶。虽然他天资聪明，读书过目不忘，但他对枯燥的八股文并不感兴趣。王韬虽然讨厌八股文，但由于自身天资聪明，记忆力超强，又加上父亲的严厉，到少年时代，他已是饱读诗书、十分博学之人。到了 1844 年王韬 17 岁那年，他奉父之命去参加科考。

王韬

乡试考场设在昆山，在苏州和上海之间。考卷要求学生作一篇策论。王韬凭着平日所学，引经据典，一个时辰就完成了老师的命题。他的策论很有见地，江苏学政张芾在审阅学生的考卷时，看到王韬的书法工整，引经据典有理有据，很是高兴，便给了他一个秀才。王韬做了秀才后，进入县学。

王韬并不喜欢那种死记硬背的儒学教育方法。到了县学以后，他感到这里的一切更加枯燥。虽然父亲对他期望很大，期望他能光宗耀祖，但王韬到县学后，对四书五经的课程渐渐厌倦。他为此无数次地质疑：科举考试不问一个人的真才实学，唯以僵硬死板的八股文取人，使得一班年轻人整天低首下吟，毫无生气，一旦中举做官，便又蝇营狗苟，置国计民生于不顾。难道说这就是一个人的前途？

虽然王韬对科举入仕产生怀疑，但在当时他还无法放弃科举这块敲门砖。1846 年秋天，江苏省 3 年一度的乡试在南京举行，带着父母的期望和自己的抱负，王韬走进了考场。

然而，在昆山应试中洋洋万言高中秀才的王韬这一次却吃了瘪，考卷没有引起考官大人的兴趣，他名落孙山。经过这次科场的失意，王韬从此绝意科举。从自己的切身经历中，他进一步看清了科举制度的腐朽。他由此前对科举考试的怀疑，进而发展到对整个科举制度的猛烈批判。在给友人的一封信中他写道：科举考试所选拔出来的人大多是井蛙式的鼠目寸光之辈，他们或是迂腐苟且，或者奢靡无耻，因此声言自己绝不与他们同流合污，今后一定要走一条有补于国、有益于民的人生道路。

1847 年王韬的父亲到上海设学馆，次年王韬来到上海省亲。那时的上海已经开辟为通商口岸，王韬乘船进入黄浦江后，感到气象顿异，从舟中遥望，见“烟水沧茫，帆樯历乱……率皆西人舍宇，楼阁峥嵘，缥缈云外，飞甍画栋，碧栏竹帘”[1]，完全是一派豪华景象。

作为一个在科第上不得志的才子，王韬很自然地认识到，在这一片繁华的沃土上，他有机会去寻求个人发挥才智的道路。最早给王韬出路的是英国伦敦会传教士麦都思，他聘请王韬出任墨海书馆的编校，在书馆内任职的还有中国近代著名数学家李善兰。

在墨海书馆的时候，王韬主要做书刊的编校、西方学术著作翻译等工作。当时传教士办的《遐迩贯珍》《六合丛谈》等著名期刊都有王韬撰写、翻译的文章。1860 年，一个偶然机会，他认识了太平天国的洪仁玕和李秀成。在墨海书馆做翻译工作的英国传教士艾约瑟受洪仁玕的邀请，前往太平天国访问，艾约瑟便让王韬一同前往。虽然是初次见面，但洪仁玕和李秀成给王韬留下了良好的印象。因为这一面之缘，王韬很想为太平天国做些事情。1861 年的冬天，王韬的家乡苏州南里镇已被太平军占领，他回乡看望老母亲时，太平军正准备进攻上海，王韬便用一个叫“黄畹”的假名字给太平天国献计，劝李秀成对上海要“徐以图之，缓以困之”，不能硬攻。王韬认为太平天国军队应该集中优势兵力攻打驻守在安庆的曾国藩，然后再攻打上海，这样可以免除后患。但是，这封信却被清兵截获。苏州的地方官员便下令捉拿王韬。所幸，王韬在外国传教士的保护下，侥幸逃脱。

为躲避清兵的通缉，王韬于 1862 年 10 月乘坐英国怡和洋行“鲁纳”号邮轮驶离黄浦江，南下香港。19 世纪 60 年代的香港，在英国人的经营下，工商业已有一定程度的繁荣。王韬在《漫游随录》中对此曾有记载：

香港本一荒岛，山下平地距海只寻丈。西人擘画经营，不遗余力，几于学精卫之填海，效愚公之移山。尺地寸金，价昂无埒。沿海一带多开设行铺，就山曲折之势分为三环：曰上环、中环、下环，后又增为四环，俗亦呼曰“裙带路”，皆取其形似也。粤人本以行贾居奇为尚，锥刀之徒，逐利而至，故贸

[1] 张海林：《王韬评传（附容闳评传）》第 14 页，南京大学出版社 1993 年版。

易殊广……上、中环市廛稠密，阔剖宏深；行道者趾错肩摩，甚嚣尘上。下环则树木阴臀，绿荫缤纷，远近零星数家，有村落间意。“博胡林”一带，多西人避暑屋，景物幽逮，殊有萧寂之致。[1]

不过这是王韬后来游历欧洲之后的倒叙文字。毕竟是朝廷通缉的“罪犯”，初到香港的王韬并没有如此平静的心情来欣赏英人的功绩。他流落到香港，直面的问题是衣食住行都不顺意，每日里供应的饭食，米饭十分硬，难以下咽。烧鱼常常是鱼鳞都没清除干净。这且不说，每日里面对妻女因为水土不服思念家乡而哭哭啼啼，这都让王韬心烦意乱，感到自己仿佛掉进了地狱之门。

王韬是一个生性好动、喜交朋友的人，他到香港之初，陌生的城市、面孔，使他有一种孤独之感。也就在王韬感到孤独无依的时候，他认识了一位名叫理雅各的传教士。理雅各是英国苏格兰人，1815 年出生，出身于一个信奉新教的农民家庭，大学毕业后加入英国伦敦布道会，1839 年被该会派往马六甲担任英华书院院长。1843 年，英华书院迁入香港，理雅各也一并随往。理雅各受过专门的中文训练，有很高的汉语造诣，著有多本关于中国文化的著作，其中《中国人关于神鬼的概念》《孔子的生平和学说》《孟子的生平和学说》《中国的宗教：儒教和道教评述及其同基督教的比较》等在欧洲汉学界有广泛的影响。此时，他正在翻译中国文化著作，很需要学识渊博、精通中西文字的人来担当助译。英国传教士麦华忙多次在理雅各面前提及王韬，所以这番王韬逃到香港，理雅各就立刻前去联系，生活上给予积极帮助，礼遇有加地希望他能够帮助翻译中国传统文化著作。王韬的诗文中多次谈到理雅各在他走投无路之际对他的帮助，他在《南行》一诗写道：

鲁连成蹈海，仓卒登邮舶……
夜深篷背雨，并作眼泪滴……

[1] 王韬：《漫游随录》卷一，第 65 页，岳麓书社 1985 年版。

绝岛峙海中，新是西人辟。

问舍有逢迎，甫集惊魂魄。

主人意良厚，怜我在屈厄。

译馆汇群书，乌焉命仇核。[1]

在理雅各的帮助下，王韬的生活得到了大大的改善。从此，他便投入到译书的工作中。王韬自幼熟读四书五经，有着深厚的国学基础，一般的传教士汉学家水平远远不能与之媲美。况且，他在上海墨海书馆又有十多年的工作经验，对西学、汉学的翻译工作也比一般的翻译人员更为轻车熟路。这些优势，加上王韬对理雅各的感恩之情，使《中国经典》的翻译进度大大加快。经过理雅各与王韬的积极努力，到 1865 年 7 月，《尚书》译述工作宣告完成，理雅各将此书定名为《中国经典》第三卷，刊刻行世。随后，《诗经》译本《中国经典》第四卷于 1871 年、《春秋》和《左传》译本《中国经典》第五卷于 1872 年相继发行。王韬在翻译工作中，因为有英华学院的便利条件，他逐渐地接受了一些西方的思想和文化。他身处当时为英国殖民地的香港，生活方式和观念都使他的思想发生了很大的变化。他已朦胧地看到了中国的君主专制制度与积贫积弱之间的内在关系。同样，在他的内心世界，西方国家的富强与其资产阶级的政治制度，似乎也具有某种内在的关联。不知不觉之中，他开始对中国的传统礼教、伦理道德与封建制度产生了怀疑。他发现，西方不仅在“器”方面是先进的，西方的“道”似乎也比中国高明。

在王韬看来，西方的“道”追求的是民主自由，而中国的儒学却使人墨守成规。另外，对西方列强入侵中国，除了痛恨朝廷的腐败软弱以及列强的残暴，同时他也感到：当时的中国固步自封，因循守旧，急需有一批开明之士走出国门寻求富民强国的良策。

1867 年初，理雅各因事要回英国，临行之前邀请王韬到欧洲游历，并帮

[1] 张海林:《王韬评传(附容闳评传)》第 101 页,南京大学出版社 1993 年版。

助翻译、整理中西著述，说回国安排后即可以成行。当年底，回到英国的理雅各正式来信相邀。此时王韬的母亲已经去世，没有后顾之忧，便接受了理雅各的邀请。王韬安顿好在香港的妻女后，于当年12月15日搭乘“普鲁士”轮船离开香港，前往欧洲各国游历。他这次游历，途经十余个国家，行程达数万里。

这次行程，王韬从香港出发，途经新加坡、槟榔屿、锡兰，入红海亚丁湾。在苏伊士运河，王韬改乘火车至开罗，再从开罗乘火车到亚历山大港，在亚历山大港又坐轮船过地中海、意大利港口墨西拿，到法国马赛港登岸前往法国首都巴黎。然后从巴黎到戛雷海口，再乘轮船经过英吉利海峡到英国首都伦敦。最后从伦敦乘火车前往苏格兰杜拉村，那里是理雅各的家乡。

王韬的海外之行，一路的新奇，心细的他把所观察的一切都做了详细的笔记。游历途中，世界各国的弱肉强食景象，使他产生深刻的触动。祖国被强者蹂躏，新加坡华人对祖国的无限热爱之情，锡兰佛教的神秘，亚丁对英国的重要的战略意义，在他的笔记中都有深刻的评论和描述。

这次游历，王韬在法国停留了十余日之久。法国文明使他大开眼界，他的笔记里充满了对新奇事物的生动描述。他在笔记中写道：

越两日，抵马塞里，法国海口大市集也。至此始知海外阛阓之盛，屋宇之华。格局堂皇，楼台金碧，皆七八层。画槛雕阑，疑在霄汉；齐云落星，无足炫耀。街衢宽广，车流水，马游龙，往来如织。灯火密于星辰，无异焰摩天上……环游市廛一周，觉货物殷阗，人民众庶，商贾骄蕃。……法京巴黎，为欧洲一大都会。其人物之殷阗，宫室之壮丽，居处之繁华，园林之美胜，甲于一时，殆无与，道路坦洁，凡遇石块煤滓稍有不平，石匠随时修补。车声辚辚，彻夜不绝，大商巨铺，格局堂皇。酒楼食肆，亦复栉比。客至呼肴，咄嗟立办。市廛之中，大道广衢，四通八达。每相距若干里，必有隙地间之，围以铁栏，广约百亩，尽栽树木，樾荫扶疏……盖藉以疏通清淑之气，俾居人少疾病焉。余观影戏，时不期而集者千数百人，余座颇近，观最明晰。所有山水人物、楼台屋宇，弹指即现，生新灵动，不可思议。其中有各国京城，园亭绮丽，花木娟妍，以及沿海景象，苍茫毕肖……已之者，真下啻环行欧洲一周矣。[1]

途经法国，细心的王韬特别注意观察了法国的人文风情、社会文化，他先后观看了法国的一些博物馆和学校，这些地方都给王韬留下了深刻的印象。法国的卢浮宫博物馆是一个世界艺术品云集的地方，拿破仑在征服欧洲各国的时候，将其它国家的大量艺术品运回国内，送到卢浮宫珍藏。虽然后来，这些艺术品一部分归还了原属国，但这里仍然收藏着许多珍品。王韬在参观了卢浮宫博物馆后这样写道："法京博物院非止一所，其尤著者曰'鲁哇'，栋宇巍峨，崇饰精丽，他院均未能及。其中无物不备，分门区种，各以类从，汇置一屋，不相肴杂，广搜博采，务求其全，精粗毕贯，巨细靡遗。凡所胪陈，均非凡近耳目所逮，询可谓天下之大观矣……一曰生物……一曰植物……一曰宝玩……一曰名画……一曰制造……其他各物，更仆难悉，往游者无不兴观止之叹。余以海角羁人而得睹其盛，不可谓非幸已。"[2]

在法国十余天的短暂停留后，王韬从巴黎乘坐火车到加莱海口，又辗转来到了英国的多佛尔，然后又换乘来到了伦敦。在英国，曾出过这样一个插曲。伦敦有家照相馆出于商业目的，说如果照相馆能够悬挂他的照片，将十分的荣幸。王韬不明就里，默认了这种赤裸裸的商业炒作。他为此得到了12张照片，而中国人的长辫子就被作为一种新奇来招徕生意。后来，王韬在阿伯丁街上散步，被一群儿童尾随，他们看着王韬的长袍马褂和长辫子，误以为他是一位正在欧洲旅行的中国"巨人"的妻子，因而大声喊他"中国太太"。这使王韬感到尴尬，但他又很绅士地幽上一默说：噫嘻！我本是一个雄奇男子，却被不知道的，当作中国太太了[3]。

虽然经历了这样的尴尬，但王韬还是被英国的市政建设和公共服务设施

[1] 钟叔河编，王韬著：《走向世界丛书：漫游随录》第82—83页，岳麓书社 1985年版。

[2] 张海林：《王韬评传（附容闳评传）》第109页，南京大学出版社1993年版。

[3] ［美］柯文：《王韬与晚清革命》第66页，江苏人民出版社1998年版。

所吸引。根据王韬的记述，英国城市是那么的井然有序，富有活力。街道上车马往来，络绎不绝，更让王韬感到惊奇的是，宽广的街道中间通车，两旁行人，间有木柱标志。每日清晨，有水车洒扫沙尘，纤垢不留，杂污务尽。地中亦设长渠，以消污水。市民的日常生活极为方便。

这次游历中，王韬对乘火车有一种前所未有的感受，感觉“如迅鸟之投林，狂飙之过隙”。通讯设施则有密布全国的公共电信局网络，如此等等。

王韬在居住和旅行英国期间深感英国的典章制度和中国的差别，他的书中字里行间无不流露出对英国社会的向往之情。他自海道进入英国时，英国海关尽可能地给入境者提供便利，不像中国海关那样给人一种冷漠和不便之感。

在英国的游历中，王韬发现了一件令他感到尴尬与不快的事情。一天，他在英国街头，看到爱丁堡一份报纸，违背事实地杜撰有关曾国藩对待西人态度的文章。该报以《曾国藩与某当轴书》为题，说中国官员对待西人如何的不友好。文章中说，“一论轮车铁路之断不能开；二论西人不能擅入内地；三论西商购买丝茶不能自入内地成交；四论西人船舶不能在内河行驶；五论西国驻京公使面圣须俟今上圣龄二十岁以外……西人如有不从，则必出于战”[1]。

王韬深知，作为洋务派主要人物，曾国藩在多种场合主张中西文化交流，主张学习西方先进技术，这些言论显然与曾国藩的主张不合，显然是英国一些别有用心的人杜撰编造，目的是蒙蔽英国社会，煽动民间反对中国的情绪。针对这种情况，王韬在英国期间，积极向英国各界介绍中国情况，消除偏见。对于英国某报纸所言，王韬反驳，这并非曾中堂所致贵国之书，曾中堂主张中西交流，主张东西修睦，怎么会说出那样的话呢？显然是一些人的蛊惑人心之词。

王韬积极向英国民众介绍中国情况，一些没有根据的议论逐渐减少，他还通过著书的形式向中国人民介绍西方世界。他的这些举动可谓中西文化交流史上极富意义的壮举。

在王韬之前，中国虽然有一些商人到过欧洲，但都没有留下什么影响。

[1] 张海林:《王韬评传(附容闳评传)》第 116 页，南京大学出版社 1993 年 版。

即便当时的林则徐、魏源等开明人士与洋人多有交往，但对西方世界的了解也好似雾里看花，一知半解。西方传教士虽然也向西方介绍中国，但也大都是片面的介绍，西方世界对古老中国的认识依然是神秘莫测。因而，不理解和偏见在隔膜中产生。

王韬 1867 年曾经参观的迁建后的水晶宫

王韬赴欧游历期间，清朝虽然也派遣过蒲安臣使团前往欧洲各国游历，但那是一个以西人为主体的使团，对中西文化的交流并没有产生多大的影响。1875 年，清政府委派郭嵩焘出使欧洲，陈兰彬为中国驻美国、西班牙、秘鲁大使，中国政府才真正意义上走向世界。郭嵩焘和陈兰彬出使之前，都曾拜访过王韬，了解海外情况。从这个层面讲，王韬的欧洲游历，是一件极富意义的大事。

王韬经历两年半的时间游历欧洲，他与理雅各一道于 1870 年 1 月 5 日启程离开杜拉，转道伦敦、巴黎返回香港。回国前，他将携带的 11000 卷中国书籍赠给大英博物馆。在巴黎，他拜访了法国汉学家、法兰西学院院士儒连博士，与他就中国文化问题进行了深入的交流。回国后，王韬编著《普法战纪》，创办《循环日报》，极力宣传变法图强，学习国外先进思想、技术，一时名声大振，成为近代中国屈指可数的变革先驱。

三、阿伯丁大学走来的广东自费生何启

继王韬之后，1872 年又有一位广东南海青年何启来到了英国。何启（1859—1914），字迪之，号沃生。出生于香港，祖籍广东南海。早年在香港中央书院

何启

读书，13 岁就读于帕尔玛学校，1875 年进阿伯丁大学学医。

阿伯丁大学位于风景秀丽的苏格兰东海岸，1495 年创立，该校是苏格兰最古老的四所大学之一，是著名的教育和研究中心，特别是在医学方面，享有盛誉。何启考进这所大学，再一次验证了中国人并不是低能儿。况且，在阿伯丁大学 4 年的学习生活，何启一直学习优秀，多次获得学校的奖项。他在一二年级时均获得了荣誉证书，并在二年级时获学院奖，第三年即获医科学士学位，第四年又取得外科硕士学位。1879 年，何启通过了伦敦皇家外科学院的考试，获得院士资格。何启优异的学养、聪明和智慧，吸引了英国同学的羡慕，英国议员霍根的女儿雅丽丝对他更是青睐、爱慕。后来，他们彼此相爱，在当时的英国成为爆炸性的新闻。

1879 年，获得医生执业资格的何启进入林肯法律学院学习，这个决定与他的女友雅丽丝的影响有很大关系。林肯法律学院是英国伦敦最负盛名的四大法学院之一，有着悠久的历史，完善的教学设施，师资力量十分雄厚。何启在林肯法律学院的学习也十分优秀。

何启在林肯法律学院三年，取得了衡平法、地产与个人财产法等高级学者头衔。1881 年，何启又获得高级法律学士学位，取得大律师资格。这些成就，连当时的香港总督轩尼诗爵士也惊讶不已。

在英国这样的法治国家里，大律师的地位是非常高的，要获得这样的资格绝非易事。吴宓先生在《悼辜鸿铭先生》一文中，对于大律师资格的获得过程这样写道：

英国大律师出庭辩论大案件。其在大律师下之律师，则为办案事务律师。大律师出庭，法官甚惮之，大律师由“吧”(Bar)出身，故名望甚尊。英国之“吧”

有四，以“哥伦比亚吧”、“林沁吧”为最著，伍博士与沃生，即由此两“吧”出身者也。由“吧”出身，所以可贵，因习法律得大学学位后入“吧”，“吧”中皆伦敦最高地位，最有学术德望之人，每日在“吧”中会议进餐，不仅授予新人“吧”者以种种学识，且每餐必会谈其有用之经验。“吧”期凡四年，如“吧”期已满，餐数不满四年者，逐日计算，须足四年在“吧”中进餐之数，方能出“吧”称大律师。[1]

吴宓的记述，道出了获得大律师资格的诸多不易，但这一件事也显示了中国人的智慧和能力。何启获得大律师资格后，与雅丽丝喜结连理，他们的结合，在当时也是非常罕见的事情。

1882年春，夫妻双双回国。何启先在香港从事律师职业，曾受任为太平绅士，并长期担任香港立法局华人议员。1884年，爱妻雅丽丝不幸病亡，不久小女儿也离开人世。接连的打击使何启痛不欲生，同时也让他深深地认识到在中国发展医疗事业、保证国民身体健康的重要性和迫切性。1887年为纪念亡妻，他与人集资创办了香港雅丽氏纪念医院，此为香港第一家教会医院。医院开办后，由于设备完善、医生技术水平高，赢得中外人士的认可。后在当地知名人士的资助下，何启又于1904年建成了香港第一间产科医院——雅丽氏产科医院。

何启回到香港以后，一面行医，一面执业律师。虽然身在香港，但他对国内的政局十分关注，心中怀有变革中国的宏图大志。1887年，他在香港《德臣西报》上发表文章，建言朝廷实行改革，把握时机，学习西方，把中国建设成为一个与列强抗衡的现代化文明国家。这篇文章发表后，何启一发不可收拾，经常在报刊上发表文章，讨论中国的政局与国情。

何启撰写文章有一个习惯，他常常先用英文起稿，然后由他好友胡礼垣译成中文，然后在香港的中西文报刊上刊出。

---

[1] 李喜所主编，刘集林等著：《中国留学通史》（晚清卷）第209—210页，广东教育出版社2010年版。

1900 年，东华新院暨保良局开幕，何启（中）、辅政司骆克与其他官绅合照

1900 年，两人把历年合著的论文加以整理编辑成书，名为《新政真诠》，在香港出版。《新政真诠》一书中有《曾论书后》的文章，对驻欧公使曾纪泽的“中国先睡后醒论”大加批判，实际上也是对清廷洋务派官员学西人之技以图自强功利心态的否定。

曾纪泽的“中国先睡后醒论”中有一段“治国者必先使外侮既绝，方可内修国政，犹之治家者必先使壁宇完固方可条理家规”[1] 的话，意思是说，治理一个国家必先杜绝外侮，才能内修国政，就像一个家庭，必须要房屋坚固，才能使家庭变得有条理有家规。

何启认为，曾纪泽的观念，是重外轻内本末倒置之举，是一种短视的功利表现。联系到中法战争的失败，朝廷还不能觉醒，而是讳疾忌医，仍然坚持只要学习了西方国家的“坚船利炮”技术，就可以强国的观念，而不去思考彻底的内政改革。何启在《曾论书后》中说，中国最大的弊病在于政令不修，民风不振。因此，他在文中对曾纪泽说：

[1] 林启彦：《严复与何启 —— 两位留 英学生近代化思想模式的探讨》，《近代史研究》2004 年第 3 期。

读侯之论，盖深知中国之宜修者矣。独惜其以后为先，以本为末，功与效未分其际……一国之所以称盛者，非徒多战舰炮台也。以战舰炮台，国皆能置故也。壮士之所以称强也，非但能擐甲执兵也。以擐甲执兵者，人尽可为故也。侯欲治外，请自治内始；侯欲治内，请自得民始；侯欲得民，请自得民之心始。[1]

鸦片战争以来，中国在军事上连连失利，曾纪泽认为是没有坚船利炮，没有善于作战的军队所致。对此，何启则反驳说，中国向西方学习富国强兵之术已经有一段时间了，可为什么仍然失败，洋人仍然欺侮中国，无视中国的法律呢？何启认为，这是因为中国没有平等的法律条例，没有公平的司法制度。造成这种缺乏公平的政治，是由于“政令不修、风俗颓靡”所致。何启在文中告诫，如果仍然执迷不悟，纵使中国的军事与列强相比强十倍，也不能“遵纪刚于与国，等使权于列邦”[2]。

那么，如何修政令，救风俗呢？在何启看来，必须以信立国，才能取信于民，取信于世界。以信立国，重要的是推行公平的政令。因而，公平的政令是国家的根本。他说：

夫一政一令，在立之者无不自以为公，自以为平，而公否平否，当以民之信否质之，乃得其至公至平。且一政一令，在行之者多亦自谓无不公，自谓无不平，而公否平否，亦当以民之信否证之，乃得其真公真平……然则公平者，还当求之于民而已。民以为公平者，我则行之。民以为不公平者，我则除之而已。公平无常局，吾但以民之信者为归，公平有变法，吾但以民之信者为主。

[1] 郑大华点校：《新政真铨——何启·胡礼垣集》第100页，辽宁人民出版社1994年版。

[2] 林启彦：《严复与何启——两位留英学生近代化思想模式的探讨》，《近代史研究》2004年第3期。

夫如是，则民信矣。[1]

何启还认为，制订公平的政令，要以人民的意志为出发点，以人民的要求和愿望为标准，就能实现真正的公平。如此，人民就会对政府增加信任，增加信心，国家的威信便可以建立起来。这样，国家的政令也可以得到贯彻执行，国家的长治久安，民心的凝聚，从而可以抵御外侮。何启进一步说：

民信，则借款可以兴；借款兴，则商务可以振；商务振，则大利可以图；大利图，则军威可以壮；军威壮，则外敌可以宁。至外敌宁，而复加以保泰持盈之学，使其效至于神武不杀，至德无功，则治天下之道尽于斯矣。[2]

何启希望中国通过政治体制改革，建立公平政令，取信于民，使亿万民众团结一心。这样，中国才能真正强大，无敌于天下。他把政治改革视为中国富强的必由之路。使中国富强，除了政治改革，何启还认为推进中国近代化的建设工程，是中国富强的重要一环，因此，他在创办医院、传播新思想的同时，积极地开办新式学校，培育新式人才。他认为靠科举取士选出来的人才少有真才实学，靠捐纳制度任用的官吏更是不学无术，鸦片战争以来，国势日衰，列强欺侮，索要多端，国内政治动荡，正是因为这些原因造成的。

为推进中国近代化建设进程，何启主张朝廷应颁布政令要求各府县建立新式学校，各省设立专门机构管理新学事务，新式学校除开设中文课，也要引进西文、国际法、西医、地理、化学、机械工程、矿务、军事等学科，如此以往坚持下去，既可以改变陈腐的体制，又可以通过新式人才实现国家的富强。

何启深受西方教育模式的影响，他的思想观念、行为方式都表现出西方的特性。他的一生与传播西学紧密相连，并在传播西学中形成了自己的价值观。

[1] 郑大华点校：《新政真铨 —— 何启·胡礼垣集》第97页，辽宁人民出版社1994年版。

[2] 林启彦：《严复与何启 —— 两位留 英学生近代化思想模式的探讨》，《近代史研究》2004年第3期。

他希望用西方的先进思想、技术和富强模式为中国寻找到变革自强的方案。

四、留英生伍廷芳要中国走英美立法之路

与何启几乎同时，另一位广东青年伍廷芳于 1874 年留学英国，也入林肯法律学院学习法律。伍廷芳留英之前，已经深受西学影响。因而，他的负笈欧洲，抱着学习西方，自强中国的梦想。

伍廷芳祖籍在广东新会，他 1842 年生于新加坡一个华商家庭。4 岁那年跟随父亲从新加坡返回老家广东，最初进入私塾读书，熟读四书五经、儒家经典。但是，随着年龄的增长，伍廷芳对四书五经已经渐渐厌倦。正如《中国留学通史》所描述的那样，他“慨然有澄清宇内之志，不屑为章句帖括之学……太息日，中国人才，尽锢蔽于此矣。”[1]

因为不屑于读“四书五经”，伍廷芳 13 岁那年，他的父亲央求一位传教士把他送到香港圣保罗书院读书。圣保罗书院是香港创立最早的书院，也是世界上第一所华人英语学校。到圣保罗书院读书，除了伍廷芳对“四书五经”的排斥，还有一个原因，伍廷芳的父亲虽然是一个有钱的华商，但在朝廷中却没有可以依靠的高官，他深感没有关系，科举仕途很难成为出路，因而要求家乡芳村的一位传教士将伍廷芳送到了香港圣保罗书院。圣保罗书院当时开设的课程有英文、格致、算学、地理等。经过几年的学习，伍廷芳于 1861 年从圣保罗书院毕业。

伍廷芳在圣保罗书院毕业后，并没有如其他同学那样去做一名传经布道的牧师，他选择了到香港高等法院当翻译，这个选择成为他法律人生的起点。

伍廷芳在香港求学期间，不管是在学校所学到的，还是在社会所听闻的，都与国内大不相同，使他深感中国人智慧的闭塞和见识的狭窄。他还听到西方

---

[1] 李喜所主编，刘集林等著：《中国留学通史》（晚清卷）第 213 页，广东教育出版社 2010 年版。

伍廷芳（右）与唐绍仪合影

人替中国取了许多带有贬损意义的绰号，像“东亚病夫”“睡着的狮子”“动摇的帝国”等等。为此，伍廷芳立志从事唤醒国人灵魂的工作，以及矫正西方人对中国的错误观念。他利用在法院工作的便利，促成了中国有史以来第一张中文报纸——《中外新报》的创刊问世，并利用闲暇时间翻译西报，以提供给《中外新报》丰富的资料。由于对新闻事业的兴趣特别浓厚，伍廷芳除了从事《中外新报》的编译工作外，又协助陈蔼亭创办香港《华字日报》。《华字日报》所撰创刊缘起是：“外观于世界潮流，内察乎国民程度，知非自强不足以自保，非开通民智无以图强……期以世界知识灌输于国人，以国内政俗告于侨胞。使民智日开，而益奋其爱国之念，此办报之唯一宗旨也。……而当时名流，伍廷芳……实为之助。”[1]

伍廷芳在法院工作，短时间内他还感到新鲜，时间久了，开始感到乏味。但在翻译工作中，他对英美的法律制度渐渐地产生了兴趣。他打算放弃这份稳定的工作，自费到国外留学。他把这种想法告诉父亲，父亲初是反对，但伍廷

[1] 张云樵：《伍廷芳与清末政治改革》第40页，（台北）联经出版事业公司1987年版。

芳还是坚持，于是他的父亲答应了他的要求。1874 年，时年 32 岁的伍廷芳在父亲的资助下，告别温馨的家庭和安定的生活，带着学习法律的浓厚兴趣，进入林肯法律学院，开始了其留学生涯。

伍廷芳到英国留学还有一层因素。当时的中国，西方列强几次不请自入。清国的屡屡失败，唤醒了一些有识之士的救国意识，渴望用西方的思想、文化、技术、体制改变中国的伍廷芳，毅然选择了跨海越洋到英国留学。

在英国，伦敦城的美丽，整洁，井然有序的建筑，文明有礼的市民，街道上维持秩序的警察……整个城市显得有条不紊，欣欣向荣，真不愧为世界第一城。在伦敦的观感，使伍廷芳感到，大清国如果仍然抱定“夷夏大防”的千年古训不变，那就只能是自欺欺人，冥顽不化。[1]

伍廷芳就读的林肯法律学院是英国最负盛名的法律学校，这里名师云集，吸引了许多海内外学子到这里读书，香港法律界把林肯学院视为培养法律贵族的摇篮。伍廷芳的内弟何启、儿子伍朝舒都曾在林肯法律学院学习，不过，伍朝舒因为没有完成校方规定的进餐次数，而没有被授予大律师资格。校方规定，学生在学院里必须住校攻读 3 年，且需在法院餐厅里吃完规定次数的晚餐，才准许毕业。来这里出席晚餐的都是伦敦法律界的名流，他们通过就餐对入学者进行学术交流，讨论书本之外的法律实践。这样的场合，对学生们真是不可多得的机会，因而，校方也很重视这种形式。

林肯法学院的校规是严格的，伍廷芳以顽强的毅力支撑着，除完成老师规定的课程外，他每天晚上都到学院的餐厅就餐，认真听法律界名流介绍经验，传播法学知识。通过这样的机会，伍廷芳也认识了一些在伦敦法律界地位很高、德高望重的人士。通过他们，伍廷芳获得到法院去旁听、考察法国宪政的机会。

在英国的日子里，伍廷芳最喜欢的去处是学院的图书馆，那里可谓知识的海洋，这里名家经典、学术论著应有尽有，伍廷芳像一只勤劳的小蜜蜂，每天在知识的花园里采花撷蜜。

[1] 张礼恒：《伍廷芳的外交生涯》第 25 页，团结出版社 2008 年版。

1877年1月，伍廷芳从林肯法学院毕业，获得博士学位，取得大律师资格。这是中国人第一次获此殊荣。经过三年的留学生活，伍廷芳对英美的法律制度有了系统的研究。从合同法、侵权行为法、刑法、宪法和行政法到信托和衡平法、国际法等等，伍廷芳都有自己的见解，英国所学为他后来跻身政界，成为蜚声中外的外交家、法学家奠定了基础。

出国留学，研究英美法律制度，也是伍廷芳寻求富强之路的目标。他希望通过自己的努力，使中国走英美立法之路。三年的学习，伍廷芳终于学有所成，他知道，他将由此步入人生的一个转折点，一个步入更高理想的基点。多年以后，伍廷芳回忆起自己的留学时光，这样感慨万千地说：

> 回忆曩者，不佞（伍廷芳）知公法律例之学，所关极大，因往英国靠求律学，潜心数载，幸得成就。华人之得充西国律师者，不佞实开其先。今观学堂器具毕陈，师徒咸集，肄业诸生与布勒斯敦氏、甘得氏、惠顿氏诸法家之言，精勤研究，朝夕揣摩，不禁怅触于心，觉少年在伦敦读律时光景，历历在目。[1]

1877年3月22日前后，伍廷芳结束了留英生活，返回了阔别三年的香港。

当年，伍廷芳35岁。回国之前，伍廷芳拜见了大清国特使郭嵩焘。郭嵩焘刚刚从中国经过50多天的行程，抵达伦敦。郭嵩焘此行，是受命斡旋处理“马嘉理教案”。1877年1月23日，郭嵩焘正为如何拜见英国女王而纠结，伍廷芳前来，做了一番自我介绍。郭嵩焘见眼前这个年轻人西装革履，脑后拖着一条一尺多长的发辫，说话从容不迫。通过介绍，郭嵩焘得知伍廷芳在英国留学，且已取得博士学位。

郭嵩焘初到英伦，他乡异国遇到这样一个年轻人，顿生好感，便请伍廷芳在客厅坐下，并吩咐身边的下人端茶倒水好生伺候。这次见面，两人进行了长时间的谈话。郭嵩焘询问英国的情况，伍廷芳知无不言，一一作答。伍廷芳说，

[1] 张礼恒：《伍廷芳的外交生涯》第 26 页，团结出版社 2008 年版。

英国名义上是一个君主立宪国家，国王只是象征性权威，实际权力在上下议院手里，国家政策，如果民众要反对，国王也要顺从民意。这个介绍让初到英国的郭嵩焘表现出惊讶的神情。

1897年，伍廷芳在美国旧金山住所与妻儿合影

伍廷芳知道，在英国社会，有一些人对中国存有偏见，英国传教士马嘉理在中国被杀一案，一些政客更是趁机散布不良言论，混淆视听。对此情况，伍廷芳建议郭嵩焘一行，可以借此机会，加强与英国人的互信，抵消不良政客的危言耸听。

伍廷芳建议，希望郭嵩焘回国后，奏明朝廷，多派留学生到海外留学，鼓励中国人学习英语，派精英人才到英国创办报纸，介绍中国情况，消除偏见。伍廷芳还以自身到英国学法律的经历，指出在中国的外交和法律界，由于很多人不懂国际法，在处理外交事务中，闹出很多笑话，因此国家很需要一批既懂外交又懂法律的有用人才。

这次谈话，伍廷芳给郭嵩焘留下了良好印象，对他今后的人生际遇也产生影响。从此，伍廷芳名声大振，朝廷中洋务派官员对他刮目相看，竞相礼聘，为他后来走向政坛埋下了伏笔。伍廷芳向郭嵩焘介绍了英国情况，但在郭嵩焘向英国女王提交国书时，由于不懂国际法，还是闹出了笑话。这更使郭嵩焘感到，伍廷芳是一个不可多得的人才。于是郭嵩焘两次找到伍廷芳，希望他到中国驻英公使馆供职，但都被伍廷芳以驻美公使陈兰彬延聘在先而拒绝了。事实上，伍廷芳既没同意郭嵩焘的聘请，也没有前往美国供职。当时，他的父亲去世，他在回国办理丧事之后，便前往香港担任大律师了。

后来，李鸿章得知伍廷芳人在香港，经过多次努力，将他延揽在自己的门下。1896年11月16日，伍廷芳被朝廷任命为驻美、西班牙、秘鲁公使，从此他在风起云涌的国际舞台，尽情展现自己的外交才干。

五、马建忠放弃“传教”留学法国“锐志精思”

像黄宽、王韬、何启、伍廷芳这样为国家的富强而留学海外的人有很多，他们在海外学习军事、政治、经济、教育、外交等，通过不断努力，在各个领域都取得了不俗的成绩。比如说当时的军事留学生中，1877 年到欧洲学习制造专业的魏瀚、陈兆翰也都表现卓异。他们的技艺可以和法国水师制造监工并驾齐驱。学习驾驶的刘步蟾、林泰曾、严复、蒋超英表现都十分出色。几年的学习，刘步蟾、林泰曾不仅可以轻松驾驶大小兵船，更对如何绘制海图，布置鱼雷，港口防守了如指掌。

1881 年派出的 10 名军事留学生回国后，都很快进入角色，被派往海军各个职能部门服务。1886 年的军事留欧生也表现不俗，陈恩涛、贾凝喜能文能武，十分出色。这批留学生中，刘冠雄、黄鸣球每次考试都名列前茅。

当时的留欧生，他们为国家的富强努力学习，其中一些人甚至为此积劳成疾。留学生梁炳年是学习制造的，他怀着一颗报国之心，在法国学习期间刻苦认真，不分白天黑夜，连星期天也不松懈，最后累困交加而病倒死于法国。

留学生中还有一人叫陈鹤谭，他留学英国，在苏格兰船厂学习轮机制造，他每日里勤学不辍，终于致病，病逝于医院。

这些留学生，带着富强中国的梦想，跨海越洋，走英伦，如饥似渴地学习国外的先进军事、科学技术，他们为学习不惜献身的精神，值得后人怀念。这些留学生中，尤为值得一提的是马建忠。他融合中西文化，逐步形成了自己独特的政治见解。梁启超在 1896 年这样评论说：

君之所学，泰西格致之理，导源于希腊，政律之善，肇矩于罗马。君之于西学也，鉴古以知今，察末以反本，因以识沿革递嬗之理，通变盛强之原，以审中国受弱之所在。若以无厚入有间，其于治天下若烛照而数计也。[1]

梁启超视马建忠为洋务运动时期精通中西文化的重要学者，是十分公允的。马建忠在走进欧洲之前，对西学已经多有接触，他的家乡江苏丹阳曾是西方传教士的云集之地。他的父亲虽然是一个商人，但却很早就加入了天主教，这在马家也形成了一个传统。马建忠的家乡叫马家村，还是在明朝万历年间，意大利人利玛窦到中国传教。他来到丹阳马家村，在这里建立了天主教会，从此丹阳马家村人大都加入了天主教会。到了清康熙年间，康熙皇帝把天主教视为邪教予以取缔，严厉打击。

从此以后，到道光年间，天主教在中国人数锐减。但封建中国的农村大多比较封闭，一些地方仍然秘密传教。鸦片战争后，传教士在中国死灰复燃，丹阳天主教也再度活跃起来。当时加入教会的达到一千余人，马建忠的祖父祖母、父亲母亲都加入了天主教。

天主教的家庭背景，使马建忠从小生活在宗教气氛十分浓厚的环境里，童年时代便耳濡目染，受着《圣经》教义的熏陶。虽然马家信奉天主教，但也有着浓厚的儒学传统。《马氏宗谱》有载：南宋末年的马廷鸾是马建忠的二十一世祖。身为宰相的马廷鸾以文才著称于世，著有《碧梧玩芳集》。到了马建忠二十世祖那一代，也就是马廷鸾的儿子马端临更是博览群书。但元灭宋后，马端临隐居不仕，任凭朝廷怎么说就是不出来做官。他用二十余年的时间编撰《文献通考》380卷，还著有《大学集传》《多识录》等。这样的儒家遗风对马家后人的影响也是十分深远。出身于这样儒学遗风

马建忠

[1] 薛玉琴著：《近代思想前驱者的悲剧角色：马建忠研究》第16页，中国社会科学出版社2006年版。

的家庭，又受到天主教的西风熏染，马建忠的父亲对孩子们的学业十分重视。马建忠还在年少之时，他就被送往徐汇公学读书。

在马建忠进入徐汇公学之前，他的二哥马相伯只身离开家乡，来到上海，天主教家庭的背景使他顺利进入了徐汇公学读书。马相伯在徐汇公学读书的第二年，太平军来到了他的家乡，在这里与清军交战，因避战乱，马家不得不举家搬迁到了上海。此后，马建忠也进入上海徐汇公学读书。当时，马建忠只有8岁，学校校长是晁德莅，这是一位意大利人，对中国文化十分精通。《中国天主教史人物传》记载说，晁德莅“精汉学，并擅自然科学，先生(马建忠)从其游，潜心于希腊、拉丁、法兰西文字及数理等学”。在晁德莅的影响下，马建忠在徐汇公学积淀了良好的知识基础。

对于马家兄弟来说，进入徐汇公学是件幸事。在这里，马家兄弟较早地接受了西方资本主义思想，成为近代中国社会转型进程中最早一批接受西学的知识分子。他们就读的徐汇公学创办于1849年，创办之初，公学分为三院，开设的课程主要有汉语、法文、音乐、图画等。虽然是传教士创办，但学生们大多数时间仍然是学习中文，只有那些出类拔萃的学生才有机会学习拉丁文，马建忠兄弟就是其中的佼佼者。尤其是马相伯，曾多次获得徐汇公学的奖项。关于马建忠在徐汇公学的学习情形，后来他在《拟设翻译书院议》一文中写道：

余生也晚，外患方兴，内讧洊至，东南沦陷，考试无由，于汉文之外，乃肆意于辣丁文字，上及希腊并英、法语言。盖辣丁乃欧洲语言文字之祖，不知辣丁文字，犹汉文之昧于小学而字义未能尽通，故英、法通儒日课辣丁古文词。……少长，又复旁涉万国史事、舆图、政教、历算、度数，与夫水、光、声、电以及昆虫、草木、金石之学。如是者五六年，进读彼所谓性理、格致之书，又一二年，而后于彼国一切书籍，庶几贯穿融洽，怡然理顺，涣然冰释，遂与汉文无异。[1]

[1] 马建忠著，张豈之、刘厚祜点校：《适可斋记言》卷4，第91页，中华书局1960年版。

马建忠的哥哥马相伯（其中的老者）

马建忠在徐汇公学课程虽多，但学习非常刻苦，这也是他后来能够成为通才的一个原因。马建忠用心读书，最初他也像众多的科举士子一样，梦想着有一天，金榜题名，到朝中做官。

但是，马建忠的这个梦想很快就破灭了。他从 1853 年进入徐汇公学到 1870 年离开教会，一直徘徊在科举入仕和传经布道两种理想之间。这和徐汇公学校长晁德莅的影响有关。晁德莅作为一名汉学家，他除了西学的讲授外，还十分注重儒学的教授，在教学中鼓励中国学生“科举取士”进入“正途”。当然，这种主张也有传教士希望通过这种途径扩大徐汇公学影响力的成分。晁德莅也鼓励学生们埋头认真研读教理，有一天献身于传教事业。这种包容的中西文化教育方式在当时的洋学堂里是不多见的。

在这样的环境里，马建忠在 1860 年之前是醉心于科举仕途的，他希望通过科考，将来混得一官半职。但是科举考试并不顺利，进入徐汇公学的第三年，他参加过一次乡试，结果以失败而告终。1860 年，江南科考，马建忠怀着满腔希望准备参加考试，但是太平军与清军决战，科考被迫停试，这让马建忠感到十分不满，遂生放弃之意。

让马建忠放弃科考的还有一个原因，即当年发生的“庚申之变”，1860 年，英法联军占领北京，火烧圆明园，咸丰皇帝仓皇逃往承德避暑山庄。这一事件，迫使清政府与列强签订了屈辱的《北京条约》。“庚申之变”激起了马建忠的民族忧患意识。他感到要拯救中国，只有潜心学习西学。虽然在徐汇公学马建忠并没有放弃对中文的学习，但是他再也没有参加过科举考试。

“庚申之变”也使马建忠对中国文化有了新的认识，他把中西文化进行比较，在学习儒家文化之时，他采用一种辩证的方法去学习，只研究那些经世致用的儒家文化。这种学习方法奠定了马建忠独特的国学思想，也在马建忠后来走向外交场合，介绍中国文化时派上了用场。

放弃科举仕途后，马建忠也设想通过所学走向一条传经布道的道路。但是，1870 年发生在马相伯、马建忠兄弟身上的一件事，最终导致了马氏兄弟双双放弃了传教事业。

当时，要成为传教士也并非易事。要成为一名合格的传教士，必须到耶稣会初学院学习，这是成为一名合格传教士的必由之路。在 1870 年之前，马建忠曾经进入耶稣会初学院学习，后进入大修院学习。按照规定，进入耶稣会初学院学习的修士要在学院里住两年，接受严格的训练。当时，马氏兄弟住在上海徐家汇初学院一间朝南的房子里，他们在这里已经住了很多年了。然而，这一年学院里来了一位法国籍修士，学院里的神父要求马相伯、马建忠兄弟两人让出房间，给这个法国籍修士住进来。按说，对修士宿舍进行调整本是一件很平常的事，但学院神父却把它看作了中国修士与外国修士的尊卑和高低贵贱之分，为了一个法籍修士就要求中国修士让出房间。事实上，这种带有歧视性的事件屡有发生，而外国政府对他们的行为往往不分青红皂白地予以保护。这一点，一位英国在华外交官也公允地说，外国教会在中国许多事情做得太过分，教会一听说教徒受到中国官员或百姓的“虐待”就横加保护，这种做法只能使矛盾激化，教案的发生正是如此。

学院神父的要求，使得年轻气盛的马建忠大为不满，称言这是对中国人的侮辱，要离开教会。当时，马建忠的二哥马相伯已完成了耶稣会最高学问的研修，正准备博士学位的考试，因而，对于让房间一事，他强忍了下来，但这件事也使他萌生退意。

1874 年，马建忠正式离开了耶稣会，投身李鸿章幕府。此后，一个偶然的事件，使马建忠得到了李鸿章的赏识。1875 年，“马嘉理案”发生后，英国政府借此事件索要多端，李鸿章受命与英国驻华公使威妥玛在烟台进行谈判。在谈判过程中，马建忠表现出色，李鸿章感到马建忠是一个可造之才，心生栽培之意。

1877 年初，经李鸿章、沈葆祯以及继任船政大臣丁日昌等朝廷大员反复商讨议定的《选派船政生徒出洋肄业章程》上奏清廷，并很快得到了“依议”的朱批。在这个奏折中，李鸿章特地保举马建忠以郎中身份随船政学堂学生前往欧洲留学深造。当时派出学习制造的学生 14 名，学习艺徒的 4 名，共 19 名。这是晚清海军留学生第一次远赴欧洲。

马建忠与这些留学生到了法国之后，按照李鸿章的安排，他在担任中国驻法公使馆翻译的同时，到巴黎政治学院学习公法。这所学院是当时法国专门培养外交官和政治人才的最高学府，创立于1872年。马建忠在这里学习了两年，然后考入巴黎法科大学，学制仍是两年。

马建忠在巴黎政治学院学习期间，对西方的政治、经济、外交有了系统的了解。他学习刻苦，成绩优异。1878 年夏，马建忠参加巴黎政治学院举行的政治学考试，考试内容有对策八条。“第一问为万国公法，都凡一千八百页，历来各国交涉，兴兵，疑案存焉。第二问为各类条约，论各国通商、译信、电报、铁路、权量、钱币、佃鱼、监犯及领事、交涉各事。第三问为各国商例，论商会汇票之所以持信……第四问为各国外史，专论公使、外部密札要函……第五问为英美法三国政术治化之异同、上下相维之道，利弊何如……第六问为普、比、瑞、奥四国政术治化……第七问为各国吏治异同……第八问为赋税之科则、国债之多少……”[1]

[1] 郑大华点校：《采西学议：冯桂芬、马建忠集》第 155 — 156 页，辽宁人民出版社 1994 年版。

这八条内容主要涉及政治、经济、外交等诸多方面，对俄、美以及西欧等主要国家的法律、政治问题，马建忠都能轻松应答，深得主考老师的称赞。这次考试为期三天，“其书策不下二十本，策问之条目盖百许计。忠逐一详对，俱得学师优奖”[1]。对此，巴黎政治学院院报还发表专文报道此事，称赞马建忠对问题的见解能直奔主题，抓住要害，不是那些钻故纸堆的人能相提并论的。留学仅一年的马建忠取得如此成绩，不能不让西方人对他另眼相看。

马建忠刚到法国时，并没有打算取得洋学位，只是想学一些实用的东西，为我所用。然而，在与法国的一些知名学者的交往中，他改变了原来的看法。后来，他通过努力，取得了文学、理学、政治学、外交学等毕业证书，并获得了法学学位。他关于罗马法与商法的毕业论文，以其独到的观点和思想，使其学术水平处于法国学术界的前沿。

马建忠在法国积极参加各种活动，以加深对西方政治、经济和文化、社会的深切理解。他参观各种展览，考察工厂、郊区、采购图书，此外他还到印刷厂、电报局、纺织厂、轮船、军营、法国人家庭等地方参观访问。

1878 年 5 月 1 日至 11 日在巴黎举行的万国博览会，给马建忠留下了深刻的印象。他在写给李鸿章的《上李伯相言出洋功课书》中，指出法国人举办这次盛会是展现自身实力和大国形象地位。马建忠说：“然此不过夸陈设之精，供游观之乐，以奢靡相矜而已，岂开会之本意哉！盖法人之设此会，意不在炫奇而在铺张。盖法战败赔款后几难复振，近则极力讲富强，特设此会以夸富于外人。”[2]

马建忠的观点很有道理，当时的法国经历了普法战争，损失近 200 亿法郎（包括赔款）以及富有铁矿之阿尔萨斯和洛林地区，使得法国元气大伤，几难复振。战后的第八年，法国举办此次万国博览会，其目的是显示法国经过这场战争又重新振作起来的雄厚实力，力图恢复与保持在国际上的大国地位。

---

[1] 薛玉琴著：《近代思想前驱者的悲剧角色：马建忠研究》第 34 页，中国社会科学出版社 2006 年版。

[2] 郑大华点校：《采西学议：冯桂芬、马建忠集》第 158 页，辽宁人民出版社 1994 年版。

法国的游学经历也使马建忠的思想发生深刻变化。他在国内时认为只要学习先进技术，就可以实现国家富强的目的。在法国，他亲身感受到中法之间的巨大差距，并积极寻找原因。在巴黎政治学院的学习，使他的理论水平有很大提高，在思想上逐渐脱离了洋务派的范畴，成为早期改良主义思想的代表人物之一。

在19世纪70年代，像马建忠这样通晓欧洲文化的人并不多。当时的驻英公使郭嵩焘自叹不如。郭嵩焘虽在英国多年，对欧洲社会、思想文化知之较多，但他不懂外语，这就比马建忠略逊一筹。

马建忠的聪慧，郭嵩焘非但不嫉妒，反而十分赞赏，并极力培养。为培养马建忠的外交能力，郭嵩焘多次让马建忠代理及出席一些重要的会议。1878年9月12日，俄国外部官马尔登邀请郭嵩焘参加“保护制造会”的活动。保护制造会即专利会，主要对新技术、著作的出版权进行保护。当时西方的一些国家已经出台了知识产权的保护法规，但各个国家在保护年限、范围等问题上存在很大差别。保护制造会主要讨论的就是这些问题。对知识产权进行国际保护正是当时国际法发展中的新动向。对于这样一个重大的会议，郭嵩焘极力推荐马建忠参加。

郭嵩焘在出任欧洲公使期间，还带领马建忠参观法国总统的阅兵式，并游历欧洲诸多名城，从而开阔了马建忠的视野，培养了他的外交能力。

当时的外交官中，曾纪泽对马建忠也十分欣赏。他认为马建忠不仅精通西方语言文字、风土文化，对中国传统儒学也十分精通，是不可多得的人才。

六、强教育，蔡元培在德国“学语不易”

在晚清的留学史上，留学德国也逐渐成为一道景观。德国自19世纪70年代经历了经济危机之后，开始迅速发展。英国的工业革命用了将近100年的时间，而德国仅用了几十年。到19世纪末，德国已经发展成为欧洲任何一个国家使出浑身解数也难以对付的国家。德国的迅速崛起与国内统一的政治体制有很大关系。

1871年1月18日普鲁士国王威廉一世即位，德意志帝国宣布成立。这个帝国的建立标志着德国统一的最后完成。德国统一，实行君主制度，消除了政治上的分裂。当时，普法战争刚刚结束，作为战败国的法国被迫将盛产煤、铁等矿藏的阿尔萨斯和洛林地区交给德国人管理。德国还从法国攫取了50亿法郎战争赔款。德国将吞并的阿尔萨斯、洛林和鲁尔矿区联结在一起，形成了德国大区域的工业基地。此举促进了德国资本主义工业的迅速崛起。到20世纪初，德国的工业产值已经超过英国，仅次于美国，跃居第二。

德国统一后，十分重视科学技术，重视发展教育。威廉二世时代德国的教育经费仅次于军事经费。要扩张，就要大力扩军，建造坚船利炮，这些举措很快使得德国成为世界海洋上的重要力量。随着越来越多的德国舰船出现在公海上，德国在外交舞台上的立场也更加强硬。1897年，德国强占中国的胶州湾和青岛作为其亚洲大陆最大的军港和进入中国的桥头堡。第二年，德国人从西班牙人手里夺取加罗林群岛、马利安纳群岛和帕劳群岛，并吞并俾斯麦群岛和新几内亚东北部。1899年和英美签订条约并获得萨摩亚群岛的一部分。此外，德国还参与瓜分了纳米比亚，喀麦隆、多哥和西南非洲的军事行动。1900年八国联军再次入侵中国，德国远东分舰队的作战效率和反应能力让英国海军望尘莫及。

德国的迅速壮大，与大清帝国所经历的中日甲午之痛形成鲜明的对比，加之1900年八国联军的铁蹄血溅京津，使清廷看到了学习德国十分必要。

1905年末，清廷谕令载泽、戴鸿慈、端方等五大臣出使西洋考察宪政，次年考察归来，戴鸿慈在呈给朝廷的奏章中说：

查德国以威定霸，不及百年，而陆军强名，几震欧海。揆其立国之意，专注重于练兵，故国民皆有尚武之精神，即无不以服从为主义……盖其长处，在朝无妨民之政，而国体自尊，人有独立之心，而进步甚猛。是以日本维新以来，事事取资于德，行之三十载，遂致勃兴。中国近多歆羡日本之强，而不知追溯开始穷原，正当以德为借镜。[1]

在戴鸿慈、端方等五大臣考察归来，提出“借镜德国”的主张之前，湖南籍留美学生陈洪涛曾经致函端方，大谈留学德国的必要性、重要性。陈洪涛与端方是否相识，历史没有记载，作为一个湖南籍的留美生给时任湖南巡抚的端方写信，也许是希望家乡的父母官重视留学教育，陈洪涛信中把西方列强做了一个对比，认为这些国家虽然都以文明国家自称，但自普鲁士一世统一德国以来，学术进步最快，著述最多，教育也十分发达，工商、农业、科学技术、军事等等，世界上能与之抗衡的也寥寥无几。德国的进步，引得日本和欧美各国都竞相派员前往学习。

也许正是因为陈洪涛的这些建议，考察宪政归来的端方，在给朝廷的奏章中提出了“借镜德国”的教育主张。

在晚清时代，还有一个人主张以德国教育为范本，派员到德国学习，这个人就是贵州学政朱福诜。朱福诜在为官之前，一直以教书为生。入仕后又成为一方主管教育的官员。因而，他对于教育有着独特的情怀。也正是这种情感，使即将卸任的朱福诜在给朝廷的奏章中写道：

各省学界风潮多为留学日本学生倡言平等自由之说所激起，查外洋学派，以德意志之国家学派为最纯正，应多派留学生赴德肄业，嗣后留学外洋者应注重于德，即以德国之学派为中国学堂之模范，而各省学堂趋向，应以忠君尊孔为第一宗旨，如是学生心志庶不致有平等自由之弊。[2]

朱福诜的奏章，深得当时学部主要官员荣庆、严修等人的赞赏。但是，德国学术精良，对进入的门槛也要求十分严格，德国的各大学，入学相对较严，

[1] 故宫博物院明清档案部：《清末筹备立宪档案史料》第9页，中华书局1979年版。

[2] 李喜所主编，刘集林等著：《中国留学通史》（晚清卷）第282页，广东教育出版社2010年版。

李大钊（右一）与蔡元培（右三）

各国留学生留德毕业者，为数并不多，据1910年的相关调查，是年留德的亚洲学生总数才175名。这一时期留学德国的人数虽然不多，但他们和留欧其他国家的学子一样，学习十分刻苦。蔡元培就是十分典型的一位。蔡元培的一生曾经三次前往德国。第一次是在1907年，他入读莱比锡大学学习。第二次是辛亥革命后，他因不愿意同袁世凯合作，于1912年11月再次进入莱比锡大学学习。但半年后，被孙中山召回国内。第三次赴德是1924年，当时身为北京大学校长的蔡元培又远赴德国汉堡大学，计划从事民族学研究。但因政事、学务缠身，他经过短暂的停留不得不又回国。这三次赴德经历，第一次时间最长，经历了四年多，而且也对蔡元培的学术思想、观念产生重大影响。

第一次留学是在1907年夏天，关于这段留学经历，在蔡元培的记忆里印象最为深刻。因为这次德国的留学生活，对他这位年过不惑的清朝翰林来说，既寄托着他的梦想，也包含着他通过所学报效祖国的愿望。早在翰林院供职期间，蔡元培就开始涉猎西学，并萌发到海外留学的想法。为了出国留学，蔡元培大量阅读关于西方政治学、哲学、社会学及自然科学等方面的译文译著。他还努力学习日语，他认为，学习日语是了解西方世界的重要途径。

为学习日语，蔡元培还亲自聘请日本人中川外雄为教习，这些都是为留学做准备。1902年夏天，蔡元培曾与好友高梦旦一起前往日本游历，这是蔡元培第一次跨洋越海走出国门，这一次日本之行，使他的留学之志像大海的惊涛骇浪在他的心中激荡。

蔡元培的留学心愿虽然在心中激荡，但是，他留学心愿的实现却经历了很长时间的期待。已过而立之年的蔡元培要留学，客观上说，家庭、生活、工作都有很多的牵绊。自从投身教育事业，蔡元培每天都在为中国的教育事业奔走，苦心操劳。他看到晚清中国腐朽的现状，以其开创精神，推动近代中国的教育革命。当此之时，革命需要他，事业需要他，况且他还有自己的家庭，因而，出国留学只能在心中潜藏着，无法走出国门。但是，他仍然在不断地学习外语、研讨西方文化，他感觉终有一天出国留学会成为可能。

动荡的晚清中国，光复会和同盟会的相继成立，标志着近代中国革命进入一个新的历程，跃入一个新的阶段。1906年，已经投身革命的蔡元培应革命家秋瑾的邀请，携带妻小回到绍兴襄助教育事业，出任绍兴新设学务公所总理。在绍兴学务公所举行开办式时，蔡元培曾经发表演讲，表达了他对当时中国的忧虑，投身教育和革命的历史使命和责任感。他的演讲词说：

个人之寿有限，而社会之寿可以无穷。然社会之寿亦有短于个人者，原因亦复不同。约而言之，不外二端：一外伤，一内伤。个人之内伤，或先天不足，或七情过度；社会之内伤亦然，或基础不巩固，或内部自部自起冲突是也。个人之外伤，或受自然界之影响，或受传染病之妨害，或受仇敌之杀害；社会之外伤亦然。随世界之进化而忽成废物，如因科举而设之社会，至今日而全废，此犹个人受自然影响之例也；外界之社会无一不腐败，则此一社会不能不受传染之腐败而同归于尽，此犹个人受传染之病也；受反对之攻击而解散，此犹个人受仇敌之杀害也！[1]

[1] 张乐天：《蔡元培传》第51—52页，团结出版社1998年版。

蔡元培的这个演讲，切中时弊，也道出了他投身教育，投身革命，就是希望能够为腐败之中国寻求康复的力量，毕竟大中华是全体中国人的中华。但是，他在襄助教育事业中发现，自己的这种想法并不顺利。首先在教育工作中，蔡元培希望通过培养优秀教师来改革绍兴的教育事业。他的愿望是先办一所师范学校。但是，他的这个想法遭到了绍兴一些守旧势力的反对，这使蔡元培感到寸步难行。

困难之际，他为时事深深地嗟叹。也正在这时候，他收到了北京友人的来信，告知他朝廷准备派翰林编检各员出国留学，要他火速回京登记。不久，当时的各大报纸上也刊登了这个消息，这对于蔡元培来说无疑是一个睁眼看世界的绝好机会。多年来，蔡元培投身革命，襄助教育，虽然也有着强烈的政治救国热情，但是，在他的内心，始终未能放弃教育救国的理想和追求。

有此机会，希望教育强国的蔡元培再也不愿错失。他很快便辞去绍兴学务的工作，但他并没有立即进京，已经投身革命的他听说革命党人章太炎出狱并东渡日本，便前往送行。此后他才踏上返京的路程。

蔡元培回京的第一件事是到翰林院销假，在走近翰林院那一刻，蔡元培的心情颇有些踌躇，有些感慨。多年前，他选择离开这里，回乡襄助教育事业，是感到朝廷的腐朽，国家教育的落后。如今，他还得回到这里，只有办理必要的手续，才能实现自己的留学愿望。他也知道，命运并不是常常有这样的机会的，要留学强国，为国家为民族，现实的机会不能错过，想到这里，他毅然走进了翰林院的大门。

蔡元培向政府提出了前往欧洲德国留学的申请，因为在这之前，蔡元培对西方文化的了解，使他认识到："游学非西洋不可，且非德国不可"[1]。当时，留学日本已经成为潮流。翰林院的编、检各员认为西洋太远，所以愿意去西洋的人很少。再说，政府当时经费紧缺，也主张到日本留学。但是，蔡元培抱定去德国留学的志向，因而，他提出申请后只能等待结果。

[1] 蔡元培:《蔡元培选集》第1卷, 323页, 中华书局1959年版。

蔡元培与胡适等人合影（居中为蔡元培，右二为胡适）

蔡元培执意要到德国留学，因而他放弃了公费到日本留学的机会。自费留学，对于蔡元培这样有家庭、家庭收入也并不高的人来说，困难可想而知。当时，去往德国的交通不像今天这么发达，仅乘坐轮船就要花费一笔不小的费用。在海外居住生活，更不像在国内那样惬意自由，他想全身心地投入到学习当中，他希望到校外租房子，给自己一个独立的学习空间，但是在国外不像在国内，租房子是非常昂贵的。没有办法，他只有与同来的几位比他年轻的学生共挤一室。蔡元培已过而立之年，在年龄、身份上都可以称得上这些年轻学子的长者与先生，但大家都是奔着一个共同的求学目的，蔡元培也不计较什么，和他们和谐相处。

生活上的苦难是容易克服的，学习上的障碍则不然。一个关键问题就是语言上的障碍。从国内辗转踏上德国的土地，他便感到语言的吃力，和德国人交流面临着诸多的困难。虽然出国之前他也断断续续地学习了一段时间德语，但他感到要尽快融入学习生活，还必须下大力气攻克德语难关。为此，通过同学帮忙，他专门聘请了德语老师，定时授课。除此之外，他还把精力放在德语的自学上。毕竟在记忆力和快速的领悟能力上都不比年轻人，他只有笨鸟先飞，以勤补拙。在求学的道路上，蔡元培俨然一位虔诚的佛信徒，他知道自己求学的目的，是为国家计，为民族计，因而，他抛却年龄上的障碍，努力学习，积极克服语言难关。

经济上本就捉襟见肘的蔡元培，要聘请外语教师，就必然要支付教师一定的报酬，然而远在祖国的妻小也等着他来抚养。因而蔡元培学习之余，不得不出去打工，以期得到一笔微薄的收入，来贴补家用和自己在德国学习的开支。后来，他经大清朝驻德国公使孙宝琦的介绍，担任也在德国柏林学习的唐绍仪子侄四人的家庭教师，为他们讲授国文，每月的收入为100马克，经济困难有所缓解。

这样，蔡元培在德国一边学德语，一边做家庭中文教师，还要为上海商务印书馆编书、译书，自称"半工半读"或"半佣半丐"。蔡元培的这种留学经历，也使得他后来十分主张有困难的学生在国外勤工俭学完成学业。蔡元培留学德国，很希望进入柏林大学学习，但是柏林大学有着严格的入学手续，且费用高昂。正在蔡元培为此纠结的时候，曾在京师大学任教的孔好古建议蔡元培到莱比锡大学读书。蔡元培在国内时就与孔好古认识，孔好古是德国人，生于德国小城威斯巴登，他的父亲是个传教士，他曾经跟随父亲在中国生活，因而对中国文化情有独钟。1891年孔好古回德国任教，1903年又来到北京访学。经孔好古的帮助，蔡元培遂决定到莱比锡大学读书。对于这段经历，蔡元培后来在自传中回忆：

我在柏林一年，每日若干时习德语，若干时教国学，若干时为商务编书，若干时应酬同学，实苦应接不暇。德语进步甚缓，若长此因循，一无所得而归国，岂不可惜！适同学齐君宗颐持使馆介绍函向柏林大学报名，该大学非送验中学毕业证不可，遂改往莱比锡进大学。那时候，中国学生留学莱比锡的，还只有张君仲苏（谨）一人，且与齐君同籍直隶，同在译学馆肄业，与齐君甚相得。我接齐君报告后，遂向孙使声明，而于1908年暑假中往莱比锡。[1]

[1] 崔志海编，蔡元培著：《蔡元培自述》第58页，河南人民出版社2004年版。

蔡元培没有进入德国最有名的柏林大学当然遗憾，但莱比锡大学也属当时的尖子大学，建于1409年，是德国最古老的大学之一，拥有哲学家和实验心理学创始人冯特和历史学家兰普莱西等一批一流的学者。当蔡元培来到莱比锡大学时，正是大学500年校庆的前夕，也是莱比锡大学最为辉煌的时期，学生人数达到12000名之众。

莱比锡大学作为当时的教皇倡议并创建的大学，不仅师资力量雄厚，还有着浓厚的人文基础。奥古斯都广场是学校的核心地带，学校主楼奥古斯都楼曾经有过蔚为壮观的历史。可惜后来，政府为了建设现代化大学，整个大学的核心建筑已荡然无存。在莱比锡大学，蔡元培学习生活丰富而充实，他感到这是一个精彩纷呈、琳琅满目的学习领地，东西方文化在这里争奇斗艳。蔡元培虽然有没能进入柏林大学的遗憾，但想到国家的富强，国内还有很多人等待着接受近代的新式教育，而他将在学成之后，向更多的人传播先进的思想、文化。在莱比锡大学学习的日子，他常有一种居高望远的念头，他知道必将有一天，他学成归国，像腾飞的大鸟，翱翔在祖国的长空。

莱比锡大学的学习氛围是宁静、纯粹的，蔡元培需要这样一个环境。在这里，他没有特别选择某一个专业作为自己的学习目标，他广泛地选修课程，哲学、文学、文明史、人类学、教育学、美学等等，只要对祖国的教育事业有用的，他都认真去学。

在莱比锡大学诸多的大师中，蔡元培对哲学家、实验心理学创始人冯德和历史学家兰普莱西最为敬佩。蔡元培称赞“冯德是一位最博学的学者”，他敬佩冯德是因为他的著作“没有一本不是原原本本，分析到最简单的分子，尔后循进化的轨道，叙述到最复杂的境界，真所谓博而且精，开后人无数法门的了”[1]。兰普莱西是位历史学研究者，他对世界史和文明史有着很深的研究，还在校内创设了文明史和世界史研究所。这两位大师的课程，蔡元培每学期都

[1] 崔志海编，蔡元培著：《蔡元培自述》第60页，河南人民出版社2004年版。

要选修。兰普莱西原来只招收三四年级的学生，但他得知蔡元培对中国传统有很深的研究，且是“清朝翰林”后，便破格招收他为自己的学生。这样一来，在莱比锡大学4年的学习时光，蔡元培除听课外，还从事哲学、文明史和世界史的研究。为什么要选择这么多的课程呢？后来，蔡元培在《自写年谱》中这样解释说：

> 我向来是研究哲学的，后来到德国留学，觉得哲学范围太广，想把研究范围缩小一点，乃专攻实验心理学。我看那些德国人所著的美学书，也非常喜欢。因此，我就研究美学。但美学理论，人各一说，尚无定论，欲于美学得一彻底了解，还须从美学史研究下手，要研究美术史，须从未开化民族的美术考察起……[1]

这种因求知欲所产生的“滚雪球效应”，使蔡元培在德国的求学变得十分广博。蔡元培有一门选修课是美学，这是他很感兴趣的课程，他也因此对周围有关美育的事物非常注意，经常到博物馆、美术馆去看各种展览，陶醉在立体的美学观感之中。

在德国的留学中，蔡元培了解到德国迅速崛起的原因以及文化精神对国民的影响，感到有必要把德国的文化精神与道德思想向国内介绍。比如伦理学，在莱比锡大学，他曾经详细地看过一本书，是德国哲学家包尔生所著的《伦理学体系》。读这本书的时候，蔡元培想到，在中国人的思想里，伦理学一直是一个讳莫如深的话题，传统的伦理道德只是维系封建体制的工具。他对包尔生的观点表示赞赏，蔡元陪感到应该让国人更多地认识伦理与道德。

“悉本我国古圣贤道德之原理，旁及东西伦理学大家之说，斟酌取舍，以求适合于今日之社会。”[2] 怀着这样的思想，蔡元培根据日本蟹江义丸的日文节译本，参照德文原著，将这本书翻译成中文版本。该书出版后，即受到

[1] 张乐天：《蔡元培传》第59页，团结出版社1998年版。

[2] 蔡振编：《中学修身教科书》第一分册，第4页，商务印书馆1910年版。

国内学界的欢迎。

鉴于中国教育落后的现状，蔡元培更注重研究德国教育制度，翻译了许多德国教育家的著作。他读过著名哲学家、柏林大学博士包尔生名著《德国大学与大学学习》，该书的绪论部分比较了德国与英国、法国大学的特点，介绍了德国大学教学与研究“融合为一”、注重纯学术、教授治校等原则。蔡元培认为很有借鉴价值，便将绪论部分译成中文，以《德意志大学之特色》为题发表于1910年第11期《教育杂志》上。

蔡元培潜心向学之余，更关心祖国的命运，他留学的时期，是晚清最动荡的历史时刻。进入德国留学期间，他一直与国内的好友保持着联系，通过好友寄来的《中外日报》和《神州日报》来了解国内的风云变化。

1911年10月，辛亥革命爆发，身在莱比锡大学的蔡元培得到这个消息后，欣喜若狂，“为之喜而不寐”。10月18日后，他在莱比锡大学或首都柏林“每日总往同学会，与诸同学购报传观，或筹资发电”，声援支持革命。在与同学们的互动中，有同学问：“这一次的革命是否可以成功？”蔡元培坚定地说：“必可以成功，因为革命党预备已很久了。”[1]蔡元培不但声援革命，更积极地投入到革命的洪流之中。他为自己身居异邦“不能荷戈行间，稍尽义务”而深感不安。因而，在1911年11月中旬，当蔡元培接到革命党邀其回国的电报后，他立即中断了德国的学业，踏上回归祖国的轮船，开始了其教育救国、学术救国的体制改革与实践。

七、端方“抗谕旨”要促动留欧实业教育

晚清学子自发地留学英、美、法、德、俄等欧洲国家，很大程度上推动了官派留学的发展，这些取向各异的留学生使留学欧洲渐成风景。当时，爱国

[1] 崔志海编，蔡元培著：《蔡元培自述》第75页，河南人民出版社2004年版。

学子走出国门，寻求救国之道，重要的原因在于欧洲各国和平安定的发展环境吸引了他们。晚清学子留学欧洲成为潮流，还有一个原因在于朝廷中一些开明人士的积极推动。

在朝廷正式饬令各省选派学生赴欧洲留学之后，出国学习实业，学习欧洲自然科学、文化、先进技术也成为朝野开明之士的愿望和呼声。

1895 年冬，总理衙门奏请朝廷派遣学生“分驻俄、英、法、德四国肄业，国各四名，共十六名”。[1] 此后，朝廷又多次派人到欧洲学习实业，如朱敬彝习制造铁路，王汝淮习矿物等。1896 年 2 月，正式派遣唐宝锷等 13 人留日之前，两江总督张之洞奏请仿照曾国藩派幼童留美肄业及福州船政学堂屡派学生赴英、法国肄业成案，派江南陆军学堂、铁路学堂、储才学堂中已通西文学生，出洋肄业，于史册、地志、富国、交涉、农事、商务、武备中，选习数门，预定中学、大学各 3 年，6 年为期，先派 40 名，请出使法国大臣庆常就便监督，由候补知县沈翊清带领出洋。不过，这一颇具规模的留欧计划并未能实行。

1899 年，派往欧洲的留学生主要学习军事技术、语言文字，而对各种实用的实业技术都很少涉猎，而欧洲农业、工商业、矿务都比较发达的现状，朝廷认为派留学生到欧洲学习实业是必然的选择，于是谕令总理衙门制定相关的章程。

很快总理衙门便制定了一个章程，章程共六条，主要内容是“请饬出使大臣就现派出出洋学生督令各肄业专门之学也”、“请饬疆吏宽筹常年经费续派高等学生出洋肄业也”、“出使参赞随员，如有精通洋文者，亦可令肄习各学也”等。[2]

这个章程的拟定，反映了清廷对全面学习西方科技、实业有了较为清醒的认识，渴望通过学习实业达到强国的目的。这个章程的实施，将使留欧教育出现一个崭新的面貌。但是，因为太平天国运动的爆发，这个派遣留学生到欧洲学习实业的计划并没有得到实施。

[1] 舒新城编：《中国近代教育史资料》上册，第 175 页，人民教育出版社 1961 年版。

[2] 李喜所主编，刘集林等著：《中国留学通史》（晚清卷）第 277 页，广东教育出版社 2010 年版。

端方与戴鸿慈在美国考察宪政时的照片（右三为端方）

1900 年八国联军侵略天津、北京，慈禧太后携光绪皇帝仓皇出逃。反对变法维新的慈禧太后一面在打击帝党的同时，也感到变法必不可免，因而开始按照自己的意愿推行新政。要推行新政就需要各类新式人才，此时朝中的一些被慈禧太后所倚重的大臣，如袁世凯、端方、张之洞也积极推动，使留欧事业教育真正进入了一个新局面。

在清廷的官员中，端方当属留学欧洲教育的一个切实的推动者。端方，字午桥，号匋斋，满洲正白旗人，1861 年出生于一个满洲贵族家庭。他在政坛崭露头角始于 1898 年的百日维新，当时他被任命为作为新政内容之一而设立的农工商总局督办。维新失败，农工商总局被撤销，端方本人也险遭不测。不过，端方这个人很善于察言观色，说白了就是知道为官之道。维新变法失败，慈禧太后要拿维新党问罪，端方一看大事不妙，立即写了一首《劝善歌》，对慈禧太后大唱赞歌。是人都喜欢听好听的，慈禧太后也不能免俗。看了《劝善歌》，慈禧太后哈哈大笑，十分高兴。朝中的保守派看慈禧高兴，就命天下张贴。端方也因祸得福，赦免了罪行。京中称之为“升官保命歌”。端方能够获免，还有一个重要原因。他不像康有为那般激进，也比较注意维护慈禧的权威。认识到晚清中国必须变革，但又力主走渐进的道路，这是端方政治上的一个显著特色。

端方这个人在历史上也有着一定的争议性，他既是一个洋务派人物，对镇压革命力量又不遗余力。他能够进入慈禧太后的视线，成为晚清政治的一个要角，除了进呈《劝善歌》外，应该说1900年庚子之难是一个很大的机会。

当年，当八国联军的铁蹄踏进天津、北京，慌乱的慈禧太后急忙携光绪皇帝逃到了西安。此时，端方正好代理陕西巡抚之职。关于端方得到慈禧的赏识，逐渐得到重用，川人胡延在《长安宫词》中这样写道："金殿留身日正中，安危重论徙薪功。退朝高敞蓬莱馆，旌节花开一品红。"原注中写道："陕西护抚臣端方当拳焰方张之际，禀遵谕旨，保护教堂最力。偶有乱民蠢动，立置重典，羽书下州县，责令谨守条约，保教安民，幕府草檄，手腕欲脱。虽指摘交乘，卒赖镇定之力，全境乂安，圣驾得以安然临幸者，端方之力也。两圣莅止，深契其能，擢任湖北巡抚，旋加头品顶戴尚书衔。"[1]

因为在灭洋教的洪流中，端方"保护教堂最力"，从而保证了陕西全境的安宁，也使得西安成为了慈禧太后的避难所，所以他逐渐从陕西巡抚的位置，成为权倾一方的封疆大吏。

1902年，端方代理湖广总督，自此成为地方实力派。他在湖广总督任上，积极推动留学事业，鼓励学子出洋留学。

1903年，湖广总督端方奏请派遣学生赴欧学习实业。他在《选派学生游学折》中说：

查近日泰西各国，讲求实用教育，以为富强之基。其实业学校如工业、商业、农林、路矿，无不精研实验，各有专门。……中国地大物博，实甲环球，惟于工艺素少讲求，器械未能自制。开矿修路等事，均须雇用洋匠，以致事权旁假，大利难兴……[2]

[1] 黄波：《一颗头颅与一场革命——清末乱局中的端方之死》，《书屋》2009年第9期。
[2] 端方：《端忠敏公奏稿》卷三，第284页，(台北)文海出版社1967年版。

奏章在提出派遣留欧学生学习实业的同时，还主张到费用相对较低的比利时学习。在此之前，端方就多次上奏朝廷说明到欧洲留学的重要性。为此，他曾经发生过抗令不遵的事情。1903年2月，端方连续接到清廷上谕和户部咨文，严词要求他立即将光绪二十八、二十九两年湖北应协东北边防之饷8万两白银“依限解交部库”，但端方都予以拒绝。

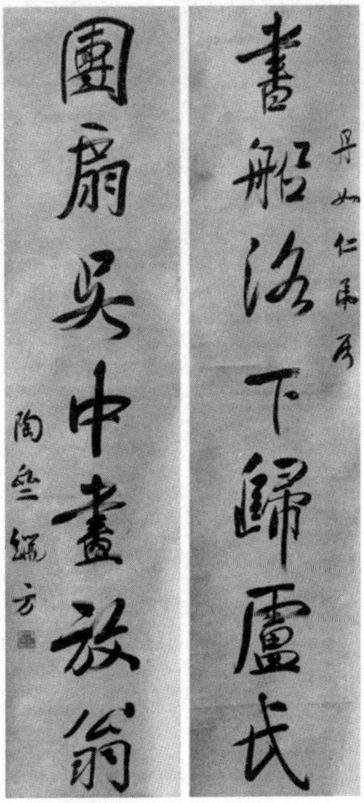

端方的书法

一身兼任湖广总督与湖北巡抚两职的端方之所以敢回绝朝廷的解款命令，也许有仗着在陕西护驾有功，深得慈禧太后宠信。但端方作为一名官场老手，也不会傻到直通通地回绝的地步。他的理由很充分，湖北近来财政告竭，诸如兴修水利，拿盐税抵还洋债，江汉关茶税减征，使得财政用款十分紧张。总而言之，请朝廷理解湖北的难处，湖北已经无款可拨了。

让朝廷哭笑不得的是，也就在端方回绝朝廷的解款命令的当月，他却上了一份《选派学生游学折》的奏章，奏请朝廷批准湖北派遣学生出洋，而这项留学的经费，每年也在8万两上下。

端方回绝朝廷的解款令，却上折恳请朝廷选派学子赴欧游学，轻重取舍之间，反映了端方对留学事业的重视。

在端方之前，身为湖北督抚的张之洞就十分重视留学教育，端方到湖北后，更希望把湖北的留学事业提高到一个新的高度。当时，中国学生的留学方向转到了日本。数以万计的中国学生在19世纪末20世纪初到日本留学，形成了一股留学热潮，也给日本教育界增加了压力，教学质量不断下降。这种弊端，端方在给朝廷的《选派学生游学折》也有体现。

端方在奏章中对日本和西方教育环境及体制做了分析比较，说日本的学制也是从西方搬过来的。且留学生到日本后，受革命党的影响，并不能专心向学。据此，端方认为西方的教育环境和教学质量远比日本要好，主张加大力度，派送学生前往欧美留学。仗着慈禧对他的喜欢，他大胆直言：如果朝廷目光短浅，顾惜资费，势必会造成“习于近便，继往无人”的状况。[1]

端方认为，应该改变群起到日本留学而丢弃西学的现状，重视到欧美各国留学。1904 年 3 月，端方做出了一个旨在扭转中国学子留学偏重日本倾向的举动。他一次选派 45 名学生分赴美国、德国、法国、比利时等欧美各国留学，端方说虽然派员到欧美留学路途远费用高，湖北的财政也十分困难，但关系到培养人才的大事，不得不勉为其难。况且要得到具有实学真才的人才，晚派不如早派。

1904 年 10 月，端方提出“中国行省文武实业各项学堂均已次第兴办，而规模初具，但研究未精”，非“多派学生出洋不能网罗英俊宏济艰难。早有一日之经营，即早收一分之效验，断不可置为缓图”。[2]面对日益凸显的人才真空，端方的举措无疑是开明之举。

端方认为既然派出就要真正达到学有所成、学有所用的目的。1904 年，四川省急于求成派遣的一批留学生，竟然有一些目不识丁的人，端方对这种盲目的做法很是反感，他说这样的留学毫无实效。

端方的积极行动，对朝廷留学政策制定有一定的影响。1905 年 9 月 1 日，慈禧太后以光绪帝的名义发布了多派学生分赴欧美留学的谕旨。谕旨写道：

前经降旨谕令各省选派学生出洋游学，该督抚已陆续遵照办理。惟所有派出之学生，皆应讲求实学专科，以期致用，毋得避难就易，徒托空言。著各视其性之所近，责令分门肄习，殚心研究，务底专精。毕业回华，考试合格，优予出身，用备器使。现在留学东洋者，已不乏人，著再多派学生，分赴欧美，俾宏造就。[3]

[1] 端方:《端忠敏公奏稿》卷三, 第 284 页,（台北）文海出版社 1967 年版。

[2] 端方:《端忠敏公奏稿》卷三, 第 477 页,（台北）文海出版社 1967 年版。

[3] 朱寿朋:《光绪朝东华录》第 5 册, 第 5389 — 5390 页, 中华书局 1984 年版。

朝廷发布谕告的第二天，延续了几千年的科举制度被废除，促动了晚清留学事业进入一个新的起点。

朝廷的这些谕旨颁布后，端方更积极推动学子赴海外留学。1907 年 6 月，端方利用他先前与耶鲁、哈佛等大学校长的关系，争取到近 20 个留学名额。在端方的督促下，经过宁、苏、皖、赣各省推荐和复旦校董严复主持的会考，三省择优选出胡敦复、王季香等人前往留学，这些学生中，有男有女，从而也开启了官派女子留学的先河。

在当时的中国，推动学子海外留学，经费的确是很困难的事情。因而，端方也不得不考虑向费用少的国家派出留学生。他把目光投向了比利时，因为比利时的留学费用比欧洲其他国家相对较低。

端方之所以把留学欧美的目光也聚焦在比利时这块不大的国土上，还因为比利时也是迅速崛起的新兴国家。比利时原属荷兰的一部分，1830 年受法国民主革命的影响宣布独立，并与欧洲列强达成协定，比利时为永久中立国。这个协定决定了军队和外交都不是比利时的急务，和平的内外部环境使得其“立国之要，则在奖励工商农三业以为致富之原，其铁路、矿务、制造诸工，早为欧洲各国所推许”[1]。比利时重视发展工业，而工业需要大量的人才。因而，其十分重视教育。

比利时的教育、工业、技术、制造、矿业都有专门的专业学校。商业有高等商业专门学校，农业有高等农会等等。比利时教育发达，特别是铁路和矿务的专业教育程度是欧洲其他国家望尘莫及的。

况且，比利时作为一个协定中立国，没有国家和种族的歧视区分，朝野上下对中国留学生也持欢迎态度，政府并为此制定了一些优惠政策。

1903 年，庆亲王奕劻的长子，皇族“宗社党”的腐败典型载振游历比利时期间，还算干出了一件有意义的事。他到比利时游历后，也认为比利时是中

[1] 李喜所主编，刘集林等著：《中国留学通史》(晚清卷) 第 282 页，广东教育出版社 2010 年版。

1905年时的杨兆鋆

国留学生留学的可选之地，归来对其父说，“比利时王谓之曰：中国近于各国，均派游学，比虽偏小，然建筑铁路，开采矿砂二事，各国均不能及，中国如肯派生来学比国国家，原津贴学费，每年每人，止收回学金五百佛郎克之数”[1]。

留学比利时学习实业成为热潮，在当时，驻比利时公使杨兆鋆也在积极地奔走呼吁。

杨兆鋆是浙江乌程人，他生于1854年。1866年曾国藩、李鸿章在上海兴建江南制造总局，后来在容闳的建议下设立江南制造总局附设学校，杨兆鋆就被送到这里读书。后来，曾国藩发现他十分聪明，勤奋好学，就把他送到上海广方言馆、京师同文馆学习。1879年，杨兆鋆从同文馆毕业，任苏松大道公署翻译，1884年，随许景澄出使德国。1893年回国投身教育，督理学堂事务，成效显著。1902年5月19日，他被朝廷任命为驻比利时公使。他到比利时后，对比利时这个小国的教育情况进行了深入的了解。他和端方的教育主张趋向一致，很快形成了合力。

杨兆鋆1902年奉朝廷谕令以四品衔出使比利时后，这个新兴的中立国家给他的第一感觉是，这是一个包容性很强的国家，不像欧美其他国家和日本那样，对中国人多有侮辱和歧视。身在比利时，比方的官员对他很是热情，这使杨兆鋆没有身在异乡的孤独感。他亲眼目睹了那里的城市文明，实业和教育的快速发展，这使他感到中国要发展要自强，比利时是一个值得学习的国家，因此，他多次上奏朝廷，希望派出留学生。

1904年9月14日，杨兆鋆上《详陈比国学费较廉可遣游学疏》，陈述了留比学习实业的优势：“以比利时论，其路矿、制造诸学见重列邦，自设使臣以来，华生就学者日众，旅学二费亦较他国为廉……每生需比银岁一千六百佛

[1]《中国纪事·派学比国》,《大陆》第4号，1903年2月。

郎，以视近年江鄂诸省派一学生岁需银一千六七百两者，廉至三分之一。”[1]

杨兆鋆在呈给朝廷的奏章中，附送了《各省派生游学比国章程》12条。他主张派出留学生的年龄在15岁左右，资质聪明，身体好，有很好的文理基础。他把留学生的年龄、品行、身体健康状况、中文和所在国语言的通晓程度视为派出留学生的重要标准，显示了他留学教育主张的理性和成熟。

在端方、杨兆鋆等人的努力下，中国学子留学欧洲，留比学习实业掀起了一个不小的高潮。

八、从东洋走向西洋的丁文江

端方、杨兆鋆等清朝开明官员的积极推动，使晚清的留学生留学欧洲出现了一个热潮。留学欧洲热潮的掀起，也吸引了一些希望通过努力学习实现富民强国愿望的学子从日本转赴欧洲留学。

当时的学子为什么喜欢到欧洲学习呢？这是因为，与同一时期的留日生相比，留欧生少了一份虚嚣之气，而多了一份沉稳之态。

欧洲各国中，英国为一个君主立宪国，德国、俄国都是君主专制帝国，比利时为一中立国，只有法国当时有无政府主义思想。欧洲国家安定的社会氛围，使得人们对激进的思想文化并不赞赏。

当时的留学生吴弱男有着这样的经历。她是安徽庐江人，是中国早期的女子留学生之一。1901年，吴弱男和妹妹吴亚男同时到日本留学。到日本后，留学生间形成的革命氛围，使吴弱男积极投身革命，她加入同盟会，积极创办报刊，参加反清反帝的革命斗争。总之，她在日本时，思想是激进的。

1908年，吴弱男从东京青山女子学院毕业回到国内，第二年她到英国与自费留英生章士钊完婚，之后，她进入英国爱丁堡大学读书。初到英国之时，

[1] 杨兆鋆：《须圃出使奏议》（铅印本），1911年，见潘学、张兰英：《杨兆鋆与清末实业留学教育的发展》，《兰台世界》2010年第5期。

吴弱男思想仍然激进，积极参与各种政治活动。她甚至为妇女解放问题与人发生争吵。但是在爱丁堡三年的学习生活，使吴弱男的性格发生很大转变。她变得温文尔雅。吴弱男的变化，章士钊认为，这是环境使然，因为吴弱男在爱丁堡读书，接触的大都是教授、牧师、青年才俊等等，这些人大都温情款款，不像在日本时所见革命党的激进张扬。这样的环境和氛围使得吴弱男的性情和观念都发生了很大变化。

在这些留学生中，希望科学强国的丁文江具有代表性。丁文江出身于江苏泰兴一个绅士家庭，据《丁氏宗谱》记载："先祖世居泰兴之丁庄，历有年，所在宋为显宦，迄乎明初，家声益大。……前万历间，余高祖慕春公乃自丁庄卜筑永丰镇(今黄桥镇)……阅今盖九世焉。"由此可知，丁文江的先祖在南宋时迁入泰兴，但第一站不是黄桥，而是黄桥东南8公里的丁庄，明万历年间才由丁庄迁入黄桥。这就是说，丁文江的祖先迁入黄桥已有400年。至于丁氏由何地迁入丁庄，谱上没有记载，据丁氏后人讲，丁家是由苏州阊门迁来的。

《丁氏宗谱·序》有一段记载，见证了丁氏家族曾经有过的辉煌。记载说：丁氏自籍延令，也就是现在的泰兴，"积久而发，至近世，子弟多肄诗书，修名节，登仕版……"这说明丁家很早以前就是书香世家，十分重视读书，取得功名和为官者不少。到了丁文江这一代，他的父亲仍然希望他们好好读书，将来有个好的功名。

丁文江的父亲名叫丁桢祺，字吉庵，人称"吉庵老爹"。他有七个儿子，丁文江在家排行老二。丁桢祺对这七个儿子要求都非常严厉，希望儿子们像他们的曾祖、高祖那样走"科举入仕"的道路。这七个儿子中，丁桢祺对丁文江寄予的希望最大。他常在人前夸赞他这个儿子聪明。但是，丁桢祺没读过几年书，并不具备教育孩子的能力。起初，丁桢祺还能教丁文江一些字，但是，随着丁文江渐渐长大，也就是丁文江六七岁的时候，丁桢祺感到自己喝的那点墨水实在不够。于是，他请了当地的一名贡生来做孩子们的私塾先生。

这个私塾先生虽然是个贡生，也有一定的才学，但是，他的教育方法和当时众多的私塾先生别无二致，都是教孩子们死记硬背。他教丁文江从《百家

丁文江

姓》《三字经》《千字文》《四言杂字》开始学起。丁文江接受能力很强，在他9岁那年，已学完了四书五经等一大堆课业，大体上弄懂了文义，这对于普通的孩子来说，十四五岁也不见得能领会贯通。

儿子这么聪明，丁桢祺便想让他参加科考，博取功名。当时的科举考试要考两种文体，其中一种是八股文。所谓的八股文就是明清科举考试的一种文体，也称制义、制艺、时文、八比文。文体上要求有固定的格式，由破题、承题、起讲、入手、起股、中股、后股、束股等组成。既然文体上是固定的，这类题目的考试常常要考四书五经中的原文，内容必须用古人的语气，绝对不允许自由发挥，而句子的长短、字的繁简、声调高低等也都要相对成文，字数也有限制。还有一种文体就是试帖诗，因律诗中第二、三联必须对偶，所以写诗之前先得对对子，为写律诗打基础。这些对于丁文江来说，都不在话下。私塾先生曾经试着让他作对。塾师的上联是："愿闻子志"，丁文江立即对出下联："还读我书"。有一次，私塾先生听到窗外的斑鸠鸟叫声，他立即出了个上联："鸠鸣天欲雨"，要丁文江答对，丁文江略加思索，说："虎啸地生风"。丁文江的反应敏捷，不能不让私塾先生暗暗称奇，称赞他："真是天才啊！"[1]

丁文江十三四岁的时候，学塾的功课已经不能满足他的求知愿望，他在学习之余，阅读了大量的课外书籍，他后来受恩师龙璋的影响，开始一步步地走向了新学的道路。

龙璋出生于1854年，字砚仙，号特甫，晚号潜叟，湖南攸县人。他出身于书香之家，到泰兴做知县后，听说黄桥有位神童且胸怀大志，便想亲自见识见识。当时，丁文江手上有疾，未能立即前去。龙璋又让人催了几次，丁桢祺

[1] 欧阳哲生编:《丁文江先生学行录》第54页，中华书局2008年版。

才带着儿子前往县衙。

丁文江在父亲的带领下来到县衙，龙璋观察了他一会儿，出了个上联："隔水问樵夫"，要丁文江答对。丁文江回答："落日照渔家"。龙璋又以"汉武帝通西南夷论"为题让其作文。这是一道策论题，没有深厚的阅读积淀和对四书五经的见解，是很难写出来的。但是，丁文江略加思索后，洋洋洒洒，一气呵成。龙璋看后十分欣赏，认为丁文江将来必能成为不可多得的人才，当即与丁桢祺商议，要将他这个儿子收为弟子。丁桢祺也是受宠若惊，当下答应。从此，丁文江在龙璋的指导下更加认真读书。龙璋虽然也是诗书传家，但接受了很多的进步思想，因而，他也积极向丁文江灌输新学思想。

新思想、新文化使丁文江大开眼界，也使他的价值观发生了很大变化。龙璋不主张丁文江通过"科举进士"博取功名，而是劝导他到西洋留学，学习先进的科学知识，将来报效国家。龙璋与张之洞相熟，知道取消科举制度是早晚的事情。1901 年初，湖广总督张之洞与两江总督刘坤一联合向慈禧太后上条陈《江楚会奏三折》中，就主张改革科举制度，增加新学内容。当年 7 月，朝廷下发谕令，此后乡会试等均试策论，不准用八股文程式，并停止武科考试。

1902 年，张之洞首先提出废除科举考试制度的建议，之后又联合袁世凯再提这一建议，都使龙璋感到科举制度的废除不会太远了，因而他建议丁文江出洋留学。

丁文江的留学生活，是从日本开始的，他到日本留学也是想节省一些费用。但是，当时的留日学生有的只是去镀镀金，整日沉湎于玩乐；还有的到了日本受到革命党的影响，投身革命。丁文江原本是一个有爱国情怀的人，很快就加入到了"谈革命，写文章"的生活之中。他后来感到这种学习生活有点"不务正业"，毅然从东瀛走向大洋西岸的英国。

促动丁文江离开日本来到英国留学还有一个原因，就是吴稚晖的影响。1904 年 2 月，日俄战争爆发。日本东乡大将袭击旅顺口，在日本的留学生颇受日本人的耻笑，许多学生因受了刺激无法读书。正巧，丁文江的好友庄文亚接到吴稚晖由英国爱丁堡写来的信，这封信成了他们离日赴英的一个重要原因。

吴在信中批评说："日本留学生终日开会，吃中国饭，谈政治而不读书。"并告诉庄，留英读书的费用并不太贵，一年只要五六百元钱就够用了，而且教学质量也比日本高，鼓动中国留日学生离开日本到英国去。丁文江受其影响，便动了去英国留学的念头。关于这件事丁文江有比较详细的记述：

我是1905年到英国去的，当时听见吴稚晖先生说英国留学有六百元一年就够了，所以学了几个月的英文就大胆地自费出去，到了苏格兰才知道六百元一年仅仅够住房子吃饭，衣服都没有着落，不用说念书了。[1]

丁文江的好友李祖鸿后来也回忆说：

我那时是和一个同乡同学庄文亚君同住，在君也在这个时候起意要到英国去。他和在君一旦遇见，彼此一谈，志同道合，他们出洋的酝酿，即就此开始。在君搬到我们那里来住了。他们时常商谈出洋事，自然也冲动了我去英国的念头，但是我的家况和他们的不同，我父亲是一文没有，家用都是我先长兄祖年所供给。我长兄那时是山东现任知县，虽还有钱，但是我兄弟很多，我不敢望他特别待遇我。我到日本是和亡弟祖植同去的，由我母亲特别跟我长兄商量，才得成功。若我这时忽然又想出西洋，不但我长兄不见得肯，便是母亲也要觉得不好意思开口了。后来是在君出主意，由他先资助我路费，且同我去，到船上以后，再报告家中，商量以后的学费。家兄祖虞和亡弟祖植都是同在东京，当然也瞒不过的，均由在君代我向他们疏通。现在回想到这件事，我是一方面十分感激在君肯为朋友仗义任劳，同时我也不肯抹杀我兄和我弟的慷慨，竟允许我和丁、庄二君同去。[2]

丁文江到英国留学，虽然有些鲁莽，但从他们的回忆中看来，如果没有

[1] 胡适：《丁文江的传记》第16页，安徽教育出版社1999年版。
[2] 李祖鸿：《丁文江这个人》第133页，（台北）传记文学出版社1979年版。

吴稚晖的劝诱，也许就不会有丁文江的英国之行，当然也不会有后来的中国地质学家、古生物学家丁文江了。从这个层面讲，吴稚晖的劝诱实在功不可没。

1904 年春夏，丁文江从上海启程前往英国，开始了他渴望实现科学救国的留学生活。丁文江在英国呆了 7 年。最初，因为英文基础还不能适应大学课程的进度，所以，他先读了两年中学课程，然后才开始大学生活。

丁文江到英国后，才发现一切不像想象的那么简单。他在英国的生活是艰苦而困窘的。关于这段困苦的留英生活，丁文江在《苏俄旅行记》这样写道：

出了学校向右手转，不几步就到了维兰得河边的小桥。当年我住在河的右岸。每天要经过此桥四次。从寓所到学校不过十分钟，但是遇见雨雪也就很狼狈。记得第一年冬天鞋子穿破了，没有钱买新的。一遇下雪，走到这座桥，袜子一定湿透了。从学校回家，当然可以换袜子的，可是到家的时候袜子只有两双：一双穿在脚上，一双在洗衣服坊里。没法子只好把湿袜子脱下来在火上烘。吃中饭的时候，往往湿袜子没有烘干，就得穿上跑回学校上课去。[1]

丁文江在英国留学，虽然很苦，但却也是愉快的，也取得了很大的收获。丁文江有过在日本留学的经历，且理解能力又十分强，因而到英国两年就考上了剑桥大学。这样的事情发生在入学前没有多少英文基础，对西方文化并不了解的丁文江身上，颇让那些英国同学不理解，也引起了学校校长的重视。据李祖鸿回忆，丁文江的学习成绩优秀，虽然遽然间同时必须学那么多门功课，但第一学期结束时还是都得了奖。学校里有一位叫胡灵格的老师，对丁文江尤其器重，后来丁文江在学业上突飞猛进，很得他的教导之功。教化学的贝尔老师对丁文江也有很大帮助。丁文江化学考试总是得第一名，是贝尔的得意门生。贝尔常对自己的女儿和儿子说："你们还不用功，看一个外国孩子，不上一年就考在任何人前面。"丁文江学习成绩优秀，他的一位好友叫司金诺，人缘挺

[1] 胡适：《丁文江的传记》第 20 页，安徽教育出版社 1999 年版。

好，在丁文江没升级之前，都是名列第一。等到丁文江跟他同级，考在他前面时，他很不服气，到老师的办公桌上偷看丁文江的卷子。看了以后，知道丁文江都是真成绩，反而跟丁文江特别要好起来。[1]

丁文江，从一个英文底子很差的学生很快考入剑桥大学，为中国人争得了荣誉。丁文江在剑桥大学学的是文科，受业于名师，接受新思想、新事物使他的思想观念也在发生着变化，不断地有作品在杂志上发表。但是剑桥大学学费昂贵，交不起学费的丁文江不得不辍学，改入别的学校。在辍学半年多的时间里，丁文江到欧洲大陆游历，考察各国的政治。1907年夏，丁文江来到苏格兰的格拉斯哥，在一所工科学校选修有关课程，准备报考伦敦大学医科，但是因一门功课不及格而未被录取。于是，丁文江于1908年秋改入格拉斯哥大学，专修动物学，兼修地质学。

在格拉斯哥大学，丁文江接触了达尔文的进化论，从而对古生物学及人类学产生浓厚的兴趣，在学习过程中，他对地质学也产生了浓厚的兴趣。1910年，他把地质学由副科改为正科，把地理学作为副科，为他后来成为地质学大师奠定了基础。

学习地质学，丁文江也是选对了国家。英国是地质学的发祥地，而格拉斯哥大学更是地质学的顶级学府。格拉斯哥大学大名鼎鼎的格里哥里教授，更是丁文江钦佩的对象。丁文江选择学习地质学还有一个重要的原因，他知道，中国有着丰富的矿藏资源，而近代化的落后却无力开采，他学习地质学，可以为中国的采矿业贡献自己的力量。况且，中国采矿业的发展也是实现中国近代工业化、实现科学强国的重要途径。

格拉斯哥大学两年多的学习实践，使丁文江的精神风貌、思想内涵、专业学养、思维方式都发生了很大变化。理性的科学氛围，使得丁文江的人格也科学化。与丁文江朝夕相处的好友李祖鸿目睹了丁文江的这个变化，他在后来回忆说：

---

[1] 李兆忠：《喧闹的骡子》第19页，人民文学出版社2010年版。

1919 年梁启超（前排中）、蒋百里（前排左二）、丁文江（后排左二）等参加巴黎和会时留影

我记得他有一次不知在哪一个实验室里工作觉得很难，颇感棘手，他归家时对我一方面表示对他师长的佩服，一方面自励说：“我必须养成这种好习惯，方始有真正求学和做事的才能。”[1]

丁文江后来在中国地质学工作中做出许多杰出的贡献，与他在格拉斯哥大学受到的严格训练和勤奋学习是分不开的。1911 年初，24 岁的丁文江获得了格拉斯哥大学的动物学和地质学双学士学位。就这样，丁文江 7 年的留英生涯，历尽艰辛学有所成。

7 年的留英生活，丁文江的思想、行为和价值观都发生了很大变化。一个明显的特征是他剪了长辫，脱了长袍马褂，穿上了西服。虽然是新旧交替时代，但他的行为仍然为大多数人所排斥。1911 年 4 月，丁文江离开英国回到中国，要到中国的云南等地考察民风民俗，但是没有辫子、又穿着西装的他是不能随

[1] 李兆忠：《喧闹的骡子》第 22 页，人民文学出版社 2010 年版。

便出行的。丁文江在云南高等学堂监督叶浩吾先生帮助下，弄了一套长袍马褂，找了根假辫子和瓜皮小帽戴在头上，带了几名随从和护卫，开始了他归国后的第一次考察。丁文江一行从昆明出发，游历了贵州、湖南等地，对当时社会的风土人情、社会生活状况都进行了了解，最后从汉口途经上海回到泰兴老家。他在贵州黄果树时，看到许多穿着奇装异服的女人和男人在一起“赶场子”，引起了他对人种学的兴趣，使得他开始研究人种学。

九、俞同奎“万国化学应用会”倡言科学救国

留学生走出国门，促进中国社会文明进步。在当时的留学生中，部分留欧生还主动向西方介绍中国文化，成为20世纪初欧洲国家了解中国的一个重要途径。留学德国的蔡元培在莱比锡大学文明史与世界史研究所以及中国文史研究所进行研究时，与德国同学勒杜尔、慕思德柏格、安采尔等一同从事鉴别中国文物、介绍中国文化等工作；还帮助德国同学选译中国古文；赠《历代名画集》予德国一中学。

当时，有一个姓卢的留英生，毕业于沙非尔大学。他别出心裁，用影灯演示传播中国文化。当时的英国报纸报道说，他搜集中国风景和人物图画，在英国阿尔森小学用影灯播放，并一一讲解，说明中国的文明和风土人情，让英国人了解了中国的情况。

这些留学生留学海外，除了接受先进的思想、文化，他们置身海外，通过自身的努力，也使这样一个群体成为外国人了解中国的重要途径，让外国人了解中国，介绍中国的风土人情、文化。他们常常组织起来，通过结社的办法来吸引外界的注意力。

在美国，留学生成立社团是为了联络感情，交流思想，传播文化。身在欧洲的中国留学生目睹欧洲学生团体的发达情形，身在国外的游离感，也使他们感到应该成立自己的团体，联络各地在欧学子，交流感情，砥砺意志，凝聚

民族精神。加上留欧生日渐增多，他们的这种思想更加强烈，于是，纷纷发起组织各种学生团体。

欧洲的学生团体中，“留英学生会”是较具代表性的一个。“留英学生会”设在英国伦敦，学会的宗旨就是联络感情，交流思想。但是建立团体，必然需要经费，于是“留英学生会”规定：

凡入会者，每年捐会费两镑，而非会员不得来学会享受利益，仅可偶尔参加活动。学会初曾举办文学辩论会，每周开会一次。

学会章程虽“明订与政治问题无涉”，实际常因政治见解不同而引起冲突。学会因经费问题一度倒闭，后又复起，1909 年冬还发行了《留英学会报》，但仅出版了一期，便因为资金短缺而停刊。1911 年留欧学生还举行过一次留英中国学生会代表会议，参加会议的有 20 多人，没有留下什么印象。

此间，在苏格兰爱丁堡大学和格拉斯哥大学学习的中国留学生也成立了自己的学生团体。1908 年，在苏格兰爱丁堡大学读书的中国学生有 11 人，他们生活在大不列颠北部的苏格兰，虽然人数不多，但一种乡谊和交流思想的情感驱使他们联合成立了“留苏中国学生会”，这个学生团体的成立，规定了八条宗旨：

一、竭力援助从祖国来苏格兰者；二、为之来苏者访寻妥当寓所；三、详细介绍有关学校情形；四、为之介绍中国学生及其他英国友人；五、作为中国留学生的团体之一；六、有要事开会沟通，发表意见；七、每年年终举行大集会，宴饮留影；八、学生会寄活动报告或摄影照片给各地团体，以结交友谊。学生会活动经费由会员自愿捐助。[1]

[1] 李喜所主编，刘集林等著：《中国留学通史》（晚清卷）第 294 页，广东教育出版社 2010 年版。

中国学子在法国组织的留学生团体也具有代表性。在1907年以前，中国留学生在法国曾经成立“留法中华会馆”等组织，1907年因国内学务逐渐兴盛，各省都设立了学会，特意将“留法中华会馆”改名为“留法学会”，“以砥砺学业联络感情，互换世界之智识，增进人类之道德为宗旨”。[1]

留学生身在海外，通过组织团体，交流思想，联络感情。他们中的大部分人的留学目的是学习发达的西方文明、新技术等等来实现报效国家，富强中国的目的。当时的留学生俞同奎、吴匡时等人在法国成立的“中国化学会欧洲支会”，为中国参与世界学术交流，推动中国科学技术进步功不可没。

俞同奎祖籍浙江德清，1876年出生于福建闽侯。他少年时就开始接受西学教育，入读美国教会办的英华学校，打下了良好的英文基础。

1902年，经历了庚子之变的清廷谕令京师大学堂复课，并任命张百熙为管学大臣，负责招生工作。京师大学堂这所创办于维新变法时期的近代新型高等院校，在1900年八国联军攻克北京后，曾经被德、俄军队当作兵营，学校被迫停办。京师大学堂的复课，于清廷来说也有渴望振作、培养人才的愿望，因而也吸引了众多渴望通过所学报效祖国的学子前来报名。当时在苏州的俞同奎听说京师大学堂复课的消息后也前来报名，他顺利通过考试，成为复课后的第一届学生。

京师大学堂复课后的1903年，在学生中发生了抗俄的集会运动。1900年以来，沙皇俄国变本加厉地入侵中国东北三省。依靠其强大的军事实力，夺去了松花江等中国内河的控制权，并非法在东北三省开矿，掠夺资源，沙俄还极力扩充中东铁路地界，在界内驻扎军队，广设警察，设立法院。中东铁路总站在哈尔滨，为达到控制中东铁路的目的，1903年，沙俄竟然宣称，哈尔滨不在中国的约束范围之内。沙俄的强取豪夺引起了中国人民的愤慨，爆发了声势浩大的抗俄运动。当年春夏，京师大学堂学生也发布通电，举行集会，掀起了抗俄运动。京师大学堂学生的举动，使得清政府非常震惊，因为，他们的举动

[1]《教育》,《东方杂志》第181页，1907年第7期。

京师大学堂创办时学堂主要官员合影

打破了明清两朝生员不准干政的禁令。如何处理学生们的这些爱国举动，当时的慈禧太后也举棋不定。动荡的社会环境中，有学生提出提前出国深造。在慈禧太后这一方面，让这群学生出国正好落个耳根清净，省得他们整天在国内集会闹运动。作为管学大臣的张百熙出于对学生的安危担忧，也不想受朝廷责骂，因而，也希望京师大学堂的学生出国深造。学生们的请求，张百熙极力促成，慈禧太后很快便答应了此事。1904 年，京师大学堂便选出 47 人经过考试，分送出国。这些人中，俞同奎等 16 名学生被派往欧洲，张耀曾等 31 名学生被派往日本。

慈禧太后快速恩准将这批“捣乱分子”送出国门，本来是想落个耳根清净，但这些学生走出国门之后，很快便形成两种趋向。留学日本的学生在革命党的影响下，渐渐地倾向革命，学生运动越演越烈，竟成为推动中国革命的一招高棋。而留学欧洲的学生，大多潜心向学，希望通过所学使中国自强。

俞同奎走出国门后，先是到利物浦大学攻读化学。俞同奎认为中国被动挨打，是因为科学不发达，工业落后所致。于是他萌发了“以科学之宏力，谋中华之富强”的信念。理想的促动，使他选择了攻读化学专业，几年的努力，他获得了化学硕士学位，成为中国在这一领域第一位获得硕士学位的人。

从利物浦大学毕业后，俞同奎又到德国、法国、意大利和瑞士继续留学深造。在欧洲，当时攻读化学专业的有俞同奎、吴匡时、李景镐、陈传瑚等人。他们在国外，深切地感受到留学生学术团体对促进文化交流所起到的积极作用。于是，他们倡议，决定成立一个留学生化学团体，以此促进中国化学事业的进步。在他们发起这个倡议之前，欧洲许多国家的学术界或留学生中，已经有成立自然科学学术交流团体的先例，英国的"英国皇家学会"是历史比较悠久的一个科学学术团体。在德国、法国、美国都有自己的化学学术团体，这些团体都曾经为推动自然科学的发展做出了积极的贡献。欧洲留学所见所闻，自强中国的使命感，促动了他们要成立中国留学生自己的化学学术团体。

1907 年 12 月 24 日，"中国化学会欧洲支会"在法国巴黎成立。成立的第二天，留法学生在法国巴黎召开了历时三天的会议，制定了会章，选举出学会领导人，确定了学会的工作重点。

学会选举俞同奎为临时书记，并选举出了会长、评议员、副会长、秘书长等领导成员。"中国化学会欧洲支会"成立后，积极开展学术交流活动。

1908 年 6 月，"中国化学会欧洲支会"在英国伦敦举行年会，开展了无机化学、有机化学名词的命名工作和化学工业的调查工作等。这个学术团体曾于 1908 年编印过名为《中国化学会欧洲支会戊申年报告》的手册，由时任书记俞同奎草拟，刊载了学会起源、工作报告、化学物质命名等内容及两帧照片。

留学生致力于推动学术思想文化交流，参加国际性的学术活动也是一种方式。这既引起了外人的关注，更增长了见识，激励了学子们的学习动力。

1909 年的阴历四月，世界性的化学界盛会"万国实用化学应用会"在伦敦召开，这个盛会自 1894 年首次在比利时成功举办后，以后每三年举办一次。

1909 年在伦敦召开的是第七次会议。会议之前，大会董事会特意邀请中国参加。英国驻华大使朱尔典专门为此致函大清国外务部。朱尔典的信函中说，本年四月初九至二十五日，将在伦敦召开第七届万国实用化学应用会，该会董事会拟邀请中国参加。

当时的中国，虽然洋务派官员主张学习西方先进技术，但很少参加国际性学术会议。这样专业的学术会议，清廷上下更是知之甚少，重要的原因是缺少这方面的人才。外务部接到邀请后，就把这个重任推到了李经方手里。

外务部致电李经方希望由他安排此事。李经方是李鸿章的养子。因为有个强势的父亲，晚清时代的李经方都生活在父亲的影子里。他虽然聪明，又很好学，但他既没赶上父辈创立淮军的机遇，也没在洋务运动中捞个肥缺发财。李经方自幼学习西学，因而，李鸿章很想让儿子成为他外交上的帮手，李经方先是当了 3 年的驻美公使参赞，又做了 3 年的驻日公使，最后又成为驻英公使。作为大清的糊裱匠，李鸿章本不想让儿子如自己一样落得个一世骂名。但他终于没有躲过上天的这种作弄，中日甲午战争之后，李经方沾父亲的光，也分到一顶“卖国贼”的帽子，人称“割台大臣”，遭受世人诟病。

应该说，李经方也想摆脱父亲的阴影，在宦海生涯中有所主张。中日甲午战争之后，《马关条约》谈判，李经方几次想据理力争，都被李鸿章制止了。他希望自己的思想能够影响到李鸿章，但《马关条约》中，李鸿章并未听取李经方的意见。

《马关条约》规定，中国割让台湾岛及所有附属各岛屿、澎湖列岛和辽东半岛给日本，交接之事本来是李鸿章的事情。但他在日本遇刺受伤无法成行，任务落到李经方头上，李鸿章不想让李家承担卖国贼的骂名，就推说李经方身体欠佳。但光绪皇帝正在气头上，他不管这一套，李鸿章无奈，便让李经方去了。

在清廷与列强的几次交战中，李经方感到清王朝气数已尽。他多次对他的学生鲁望岩说：“大清朝一定要亡了，光复之日可待矣。”还劝他：“不要做官，要教育救国，实业救国。”[1]

李经方虽然不主张自己的学生做官，但李鸿章死后余威还在，朝廷还是让他出使海外做了公使。1907 年，李经方受命出使英国。本无意为官的李经方热衷于教育，因而对留学欧洲的学生多有支持。史料记载，留学英国的丁文

[1] 宋路霞：《李鸿章家族》第 197 页，重庆出版社 2005 年版。

1896 年，李鸿章、李经方、李经述与汉纳根等在德国

江就曾经得到李经方的帮助。

李经方主张教育救国，因而与留学生建立了很好的关系。这次外务部的推脱，也是歪打正着。李经方接电后，即开始着手安排此事。

当年的 3 月 29 日，他在给外务部的回电中说，已经安排留欧生俞同奎、吴匡时两人参会。李经方在给外务部的回电中，介绍了俞同奎、吴匡时两人的情况，说二人系专门学习化学，颇有研究，所以派两人前往。

李经方派俞同奎、吴匡时两人参加万国化学国际盛会，引起会议各方的重视。这毕竟是积贫积弱的大清国第一次派出代表参加化学科学盛会。当时参加会议的有 3000 多人，在会议的开幕式上，应邀致开幕词的英国皇太子特别提到，中国和秘鲁也有代表参加这次盛会，这实在是值得庆贺之事。英国皇太子说，近代工业革命已不再是欧洲的事情了。相对于较为落后的国家，也知道了化学对工业发展的作用。

会议进行到4月14日，俞同奎代表中国做了发言。他发言的论文题目是《中国化学工业之现象及后来之发达》，内容大意是：中国古代发明化学上事业之多，史乘昭著，可证中国人于科学一事，实非绝无根底；目前整顿化学工业一事，则分三部；详述政府学会学生三种人，通力合作之事实，及后来莫大之希望；最后则指出中国之发达于世界有利无弊之故。论文宣读后，引起了各国代表的重视。英国一些报纸报道了俞同奎、吴匡时的演讲内容。参加这样的会议，也使两人很振奋，认为“富国之道，舍化学莫属……窃愿鼓舞雄心，集合群力，养成化学人才，遍设化学研究会，此外则于各省府县，设试验室、调查所，研究天产，开辟工场，而卫生、农业、练矿数事，尤须三致意焉，夫然后可振起神州，杜绝外侮，而我祖宗遗留之聪明才智，亦得著令闻于天下矣”[1]。

4月11日的英国皇家游园活动中，俞同奎、吴匡时还受到了英国女王的接见。但这毕竟是中国第一次参加这样的国际性科学会议，因而也有许多不足，存在许多缺憾。在水晶宫举行的招待宴会上，英国女王以各国国旗作为装饰。当时的清廷虽然已经有了三角旗，但是，清廷的青龙黄旗与各国的矩形旗帜放在一起显得很不协调，况且，在当时很少有人知道中国国旗，但主办国英国还是把清朝的旗帜放到了水晶宫内。

宴会中，要演奏各国的国歌，但是到演奏中国的国歌时，演奏者却茫然不知该如何演奏，因为没有大清朝国歌的乐谱。俞同奎、吴匡时感受到，这些虽是会议细节，但国旗、国歌关系到国家的形象，所以两人后来建议国旗、国歌都要与国际接轨。通过参加这次会议，俞同奎、吴匡时也向朝廷建议，为保持中国作为东方大国在世界上应有的尊严，必须在化学领域有所建树，对世界有所贡献。为此，我国朝野上下必须急起直追。在地大物博的中国，要想在化学工业上取得成绩，必须多多培养化学方面的人才。俞同奎、吴匡时认识到，中国要实现自强，“舍化学莫属”。他们认为这是关系到民族兴衰的大事。

俞同奎、吴匡时后来在给李经方做汇报的时候，恳请李经方奏明朝廷，

[1] 李喜所主编，刘集林等著：《中国留学通史》（晚清卷）第299页，广东教育出版社2010年版。

大力宣扬化学对中国社会发展的重要性，提出将“化学与中国关系重要之处极力表扬，则中国幸甚。”[1]

十、官派留学生严复的“强国之策”

留学生以团体的形式，交流感情，传播先进的思想文化，而在当时，系统地把西方学术思想介绍到中国，希望以此促动中国自强，严复当称为第一人。

严复1854年出生在福建侯官阳崎乡的一个村子里，他的父祖在当地是受人尊敬的士绅，以中医为业。严复的家乡依山环水，有丛林密布的深谷，淙淙流淌的河流，河谷上峻岭成峰。在山与谷之间聚落着许多小村庄，这样风景秀丽的地方，在当时并没有受到“西方的冲击”。

严复的童年应该说也深受科举取士之路的影响。严复的父祖两代为中医，也可谓书香世家。在传统社会，中医本身就构成传统文化的一个重要组成部分。传统医学距今已经有几千年的历史，大多医籍没有深厚的国学功底是难以阅读并领会的；而中医理论中的“精”“气”说、阴阳说、五行说等等深奥的中医理论没有深厚的国学理论根底，也不容易理解其中的奥妙。严复出身于“儒医”家庭，悬壶济世的医德家风以及传统文化的熏染，使他从小就积淀了深厚的国学文化根底。

关于严复的童年，史料记载得较少。但有一件事情，为史家所津津乐道。他5岁的时候，看到“邻有凿井，架高丈余，先生窃登之。俯视井底，大呼圆哉！圆哉！陈太夫人闻而出视，大惊，恐其惧而下坠也，不敢斥言。遂佯为惊状而言曰：‘儿能真过人，如凭梯下则更能矣。’及下，始笞责之”[2]。

这个故事说明，严复从小就有很强的猎奇心。儒医世家的儒学传承，使

[1] 中国第一历史档案馆藏《外务部档》，宣统元年四月十八日，出使英国大臣李经方为呈递吴匡时等赴伦敦会议报告并请发还费用事致外务部咨呈。

[2] 王蘧常：《严几道年谱》，牛仰山、孙鸿霓编：《严复研究资料》，海峡文艺出版社1990年版。

得他的父亲严振先很希望儿子走科举入仕的道路。1859年，严复将近7岁，他的父亲便将他送到私塾读书。1862年，他又被送回乡下阳崎，到他的五叔严厚甫的私塾读书。严厚甫对严复寄予厚望，希望他走科举入仕的道路，因而在他身上颇下了一番功夫。《大学》《中庸》之类的国学课程是天天要死记硬背的。由于教学不得法，严复对这些课程并不感兴趣，因而对严厚甫也产生逆反心理。

1905年严复于英国伦敦留影

1866年的炎炎盛夏，福州之地突然爆发了一场霍乱，严复的父亲严振先因为救治病人也不幸染上了瘟疫，被夺去生命。此后，他们的家庭便家道中落。这样一来，严复不可能像富家的孩子那样走科举入仕的道路。不愿中断学业的他便报考了洋务派创办的福州马尾船厂附设船政学堂。这是一所新式学堂，最初的名字叫“求是堂艺局”，分为前后两堂，前堂学习造船技术，用法语授课，所以在当时也有人把前堂称为“法国学堂”；后堂学习驾驶技术，用英语授课，因而也称为“英国学堂”。

船政学堂开设的课程有外语、代数、几何、化学、割锥以及天文地理、航海等学科。虽然是新式学堂，但在训练科目中“凡《圣谕广训》、《孝经》必须诵读，兼习策论，以明义理而正趋向”。严复入学之时，父亲去世的悲痛之情还在。入学考试的作文命题为《大孝终身慕父母论》，严复的答卷洋洋数百言。主考官恰为身任福建巡抚的沈葆帧，他极为赏识这位小老乡的文才。严复遂以第一名被录取，从而跨进了洋务运动早期人才的行列。严复这一不得已的选择，却不期迎合了时代的潮流，与新兴变革事业联系在一起，这无疑是他的幸运。后来，严复在给沈葆桢之子沈瑜庆的诗中还无限深情地提及这次考试：“尚忆垂髫十五时，一篇大孝论能奇”[1]。

[1] 王栻主编:《严复集》第二册，第364页，中华书局1986年版。

1867年，严复正式入读船政学堂。关于他在船政学堂的读书生活，他在《海军大事记·弁言》中略有记述：

不佞十有五，则应募为海军生。当是时，马江船司空草创未就，借城南定光寺为学舍。同学仅百人，学旁行书算。其中晨夜伊毗之声与梵吹相答。距今五十许年，当时同学略尽，屈指殆无一二存者。回首前尘，塔影山光，时犹呈现于吾梦寐间也。已而移居马江之后学堂。[1]

严复在船政学堂学习了五年，1871年毕业，成绩列最优等。随后被派到军舰上实习，先随“建威”号南至新加坡、槟榔屿，北至渤海湾、辽东湾；后乘“扬威”舰“巡历黄海及日本各地”。这时，一海之隔的日本正在积极筹建海军，听闻中国军舰的到来，长崎、横滨各地百姓纷纷前来观看。

当时的日本，明治维新运动的炉火正旺，国力日盛，正急于向外界拓疆扩土。日本一方面不断地蚕食琉球，又一面觊觎着台湾。1874年5月，日本与美国军队勾结，由陆军中将西乡从道率兵3000名在台湾琅乔登陆，悍然侵犯中国领土。事情发生后，朝廷急命提督唐定奎率武毅铭字军十三营6500人分批自徐州出发，租轮到台湾。同时，朝廷谕令船政大臣沈葆桢赴台查办军备事务。严复随沈葆桢到台湾后，“测量台东各海口，并调查当时军事情形，计月余日而竣事”。此时，严复已在军舰上实习和工作了5年。在跟随沈葆桢在台湾查办军事事务期间，更积累了丰富的海上观测经验。因为他的这个优势，使他有幸被沈葆桢举荐选拔作为留欧军事生前往英国留学。

严复赴英国留学，还有一个重要的历史机遇。在当时的朝廷中，出现了一批向往西方先进科学技术的官员，他们看到朝廷连年以来处于被动挨打的局面，打出“自强”的旗帜，积极开展洋务运动。这些人中有曾国藩、李鸿章、张之洞等人，他们主张到西方去学习军事和新技术。同治年间，留美幼童的派

[1] 高惠群、乌传衮：《翻译家严复传论》第2页，上海外语教育出版社1992年版。

出，就是这种呼声的结果。留美幼童最初计划学制15年，后来感到时间过长，便改为以福建船政学堂的学生为主要选拔对象，并把学制定为6年。李鸿章、沈葆桢在《闽厂学生出洋学习折》里奏道：

察看前后堂学生内秀杰之士，于西人造驶诸法，多能悉心研究，亟应遣令出洋学习，以期精益求精。……后堂学生本习英国语言文字，应即令赴英国水师大学堂及铁甲兵船学习驾驶，务分精通该国水师兵法，能自驾铁船于大洋操战，方为成效。[1]

李、沈的奏折是在1873年提呈给朝廷的。但因经费没有着落，迟迟未派。拖到1877年3月（光绪三年二月），朝廷才答复同意派出。

当月，严复等30余人，乘坐"济安"号轮船从福建出发经过香港，分别前往英国和法国留学。

这些人中，严复与刘步蟾、萨镇冰、方伯谦等12人被派往英国，其他人被派往法国。在英国的12名留学生中，有3人被安排到英国军舰实习，其余9人参加了皇家海军学院主持的考试。但是，严复却始终未进行登舰的实习训练，他先往朴茨茅斯学校肄业，然后又被送入英国皇家海军学院学习；在英国完成预订理论课程后，又被派往法国作修学旅行，再回格林尼茨皇家海军学院学习。

严复再回海军学院，是因驻欧公使郭嵩焘的推荐。因为他学习成绩优异，经郭嵩焘与英国方面商议，严复回到格林尼茨皇家海军学院学习，又延续了半年时间，于1879年6月完成学业回国。严复等中国留学生能进入格林尼茨皇家海军学院学习实属不易，因为英国军方担心军事泄密，所以很少接受外国留学生到那里学习。起初，郭嵩焘奉命前来商谈此事，院方同意接收中国学生时，学院院长和老师们说，学院向来没有外国人到此就学，中国人能够到此学习，

[1] 高惠群、乌传衮：《翻译家严复传论》第3页，上海外语教育出版社1992年版。

实在是破格为之的特例。为此，1877 年 10 月 3 日，郭嵩焘致函英国外交部，对皇家海军学院接收中国学生表示感谢。

严复在皇家海军学院学习前后有一年半的时间，也正是这一年半的时间，对他一生的学术思想产生了积极的影响。在这里，严复除了刻苦学习讲授的课程外，对英国的政治、经济、社会、文化也进行了深入的了解。这也使他切身地感受到中国与西洋的差距，世界观、人生观、价值观都在发生变化。

应该说，严复到英国留学，是带着强烈的为中国寻路的思想动因的。英国为什么能强盛发达？这成为严复一直深深思考的大问题。当时的大多数洋务派官员都在思考着这个问题，严复是其中的一分子。也正是带着这样的疑问，走向大洋彼岸的严复开始了与为数众多的中国人不同的人生道路。

严复的思考，引起了当时驻英国公使郭嵩焘的赏识。这位开明的长者一向自命为最了解世界大势的洋务派先驱人物，他对严复的才华见识很是折服，引为忘年交。严复的名字最初出现在郭嵩焘的日记里是在 1878 年 2 月 2 日。在当日的日记里，郭嵩焘这样写道："格林尼茨肄业生六人来见，严又陵（宗光）谈最畅。"以后每逢假日和课余之暇，严复常去使馆，或与郭嵩焘讨论西洋学术，或为郭抄录格林尼茨学馆"考问课目"。两人讨论中西学术文化、政治体制的异同，常常争论不休。郭嵩焘为此曾写信给朋友说："有出使兹邦，惟严君能胜其任。如某者，不识西文，不知世界大事，何足以当此！"[1]

严复与郭嵩焘讨论西方学术，得出这样的结论，西洋的科学研究精神，乃西方诸国强盛的根源。

严复的观点，郭嵩焘深有同感，因而嘱咐严复把日常所学所闻记下交给他看，严复因此写了《沤舸纪经》，并送到郭嵩焘处，郭氏把《沤舸纪经》录在其日记中，列为诸生笔记的第一位。

在英国留学，严复对那里的民风市井积极观察，希望从中找到英国作为一个君主立宪国家实现富强的奥秘。严复十分关注英国的法律制度，他曾经多

[1] [美]本杰明·史华兹:《寻求富强:严复与西方》第 26 页，江苏人民出版社 1996 年版。

次到英国法院旁听，陪同郭嵩焘考察英国的市政建设。他把中国的法律制度与英国的法律制度做了比较，英国这个宪政国家的法律文化所呈现出来的优势，使他有一种怅然若失之感，他感到欧洲国家的富强与公平的法律制度有很大关系。

在英国格林尼茨皇家海军学院学习期间，有一件事对他产生很大触动。有一次，学院上实践课，老师带同学们到野外的一片开阔地，让他们分成若干个小组挖土壕。老师要求一个小时之内将所挖土壕筑成掩体，屈身自蔽。中国学生完成的任务远远落后于西洋教官和学生。严复等几个中国学生完成的工作量很少，而且精疲力竭。这次实践课，使严复看到中国人与欧洲人在体能上的巨大差距。欧洲教官和学生能够快速完成任务，与他们从小加强体能训练有很大关系。这使严复感到中国教育应该德、智、体全面发展，因而，后来严复提出“鼓民力、开民智、兴民德”的著名理论。

严复在英国亲眼目睹了这个作为当时领先于世界的军事、经济、科技强国的发展状况。除此之外，严复认为英国之所以强大，很大程度根源于其社会政治制度和文化与学术思想方面的优越。

严复回到国内，仕途并不顺利。因为不是李鸿章的心腹，所以得不到重用，他先是到福州船政学堂教书，后来又调任新设的北洋水师学堂总教习一职，1890年，他又被李鸿章任命为北洋水师学堂总办。从地位上看，严复屡有升迁。但实际上，他始终是一个“局外人”，不能参与决策，这不免使他感到心灰意冷。

因此，他虽在该学堂任职长达20年，只不过是徒具虚名，根本没有实权。诚如陈宝琛后来所言：李鸿章主导的北洋海军“以君总办学堂，不预机要，奉职而已”。严复对此不免产生苦恼，他在《送陈彤卣归闽》诗中长叹：“四十不官拥皋比，男儿怀抱谁人知？药草聊同伯休卖，款段欲陪少游骑。君来渤海从去春，黄尘埃壒愁杀人。……当年误习旁行书，举世相视如髦蛮。问君秋水剪双眸，何独异我稠人稠。”诗中感慨自己的刻苦努力，所得到的只是愁绪，似乎一切努力完全是多余的，于仕途无补。不然，自己为什么会被人视如“髦蛮”，在官场上被人轻视，在现实中屡受挫折呢？！[1]

因为不是李鸿章的嫡系，严复和李鸿章之间横下了一道天然鸿沟。李鸿章作为洋务派官员，他的国家自强理念是有着很强的功利色彩的。李鸿章认为，学习西方的军事、采购军备就可以实现国家的自强，但严复却不这样认为。严复在英国留学，英国的强盛，使他认为李鸿章的“自强”“求富”的“洋务”观并不能改变国家的命运，他不相信“移花不移木”式的洋务运动可以拯救中国，可以使中国复兴。

事实也的确如此，就李鸿章的军事思想而言，他重视陆军而轻视海军，即便后来他认识到了海防的重要，但他参与创办海军，却只是采用“技艺”之长，建船厂，造军舰，却不对海军的军事管理、用人制度等方面进行改革，结果造成了北洋水师在与列强的实战中一败涂地。对海军的这种情形，曾经在华担任海关总税务司的英国人赫德这样说：“海军之于人国，譬犹树之有花，必其根干支条，坚实繁茂，而与风日水土有相得之宜，而后花见焉；由花而实，树之年寿亦以弥长。今之贵国海军，其不满于君子之意者众矣。然必当于根本求之，徒苛于海军，未见其益也。”[2]赫德的话道出了中国海军存在的问题。这些话更使严复感到北洋海军存在的问题，来自内部，来自体制。后来，中法海战爆发，北洋海军的失败，更使他深悉北洋海军内部的腐败情形，也使他感到深深的失望。

更让严复感到失望的是，作为洋务派领袖的李鸿章，推动洋务事业，希望借此使中国走向自强，但是对军中、官场中的腐败充耳不闻。而对于一海之隔的日本明治维新的日新月异，对中国领土的虎视眈眈，严复只能感慨朝廷建设海军如同玩游戏，这样下去“不三十年，藩属且尽，缳我如悖牛耳！”[3]他的这种愤激言论，自然不为保持谨慎与温和姿态的洋务大僚李鸿章所接受。

[1] 王栻主编:《严复集》第二册, 第 361 页, 中华书局 1986 年版。

[2] 王栻主编:《严复集》第二册, 第 352 页, 中华书局 1986 年版。

[3] 欧阳哲生:《严复评传》, 百花洲文艺出版社 1994 年版。

李鸿章“患其激烈，不之近也”[1]。

怀才不遇的惆怅感，使严复染上了鸦片瘾。这多少反映了他对国家的苦难和自己遭际的无奈和消极。的确，当黑暗吞噬整个社会时，自然也可能吞噬它最优秀的精英。对于一个已经有幸接受西方先进科学知识，接受近代启蒙思想的洗礼，打开了面向世界的眼睛，又有志于改造社会的先进分子，这是一个极大的不幸。

鸦片的麻木，终究改变不了自己的命运，也改变不了中国的命运。此后的日子里，严复也试图改变与李鸿章的关系，但都以失败而告终。既然进入不了李鸿章的权力圈，严复也曾经试图通过其他的方式，改变自己的命运。他一度设想通过发展实业来实现救国的愿望，改变自己的命运。他曾经来到河南修武县与商人王绶云一起投资数万资本开办煤矿，希望通过财富的富足来跻身到上层权力圈。但是，煤矿的经营，并没有给他带来好处，他仍要思考进入政治的手段和途径。

1885 年，严复参加了三年一次的乡试，希望以此进入千年体制的科班，但是考试的结果，他名落孙山，而且在以后的三次考试中，都以失败告终。科举不第并不能反映严复才能不足，这毕竟是传统体制划定的一个旧框框，但一连的失败，却使严复感受到人生的羞辱。在仕途不顺、科举失败的那些暗淡日子里，严复的思想和学术却有幸获得潜滋暗长。他把人生的诸多不顺，化作战斗的笔锋，对旧思想，对腐朽的体制进行猛烈的抨击。仕途虽然不顺，但北洋水师学堂给他思想的转变提供了一个良好的氛围。北洋水师学堂环境幽雅，设施齐备，正是可以静心学术的所在。严复在处理教务之余，有的是时间静心阅读中西书籍，从事著译活动。他继续追踪西方人文社会科学理论研究的前沿动态，阅读那些能反映时代水平的西方名著。

1895 年甲午战败，对严复的内心世界造成空前巨大的冲击，使他终于明白清廷 30 年的所谓师夷之长技的做法是彻底的失败，洋务派并未真正把握到

[1] 王蘧常：《严几道年谱》，牛仰山、孙鸿霓编：《严复研究资料》第 26 页，海峡文艺出版社 1990 年版。

西方国家富强的钥匙。甲午战争的失败，使中国处于存亡绝续的严峻关头，当这个噩耗哀讯传来的时候，严复再也无法平静地呆坐在自己的书斋里。这位青年学子心中澎湃的爱国激情，迅速化成了急迫的救亡使命感。

严复连续发表了《论世变之亟》《原强》《辟韩》《救亡决论》等4篇轰动一时的论文，全面检讨中国在学术政教方面的严重积弊，并提出他的救亡与富强之策。

这些时论的发表，使严复成为知识界的代言人。为着中国的富强，他发出愤怒的呐喊。他在《论世变之亟》中抨击了朝廷中的顽固分子以及那些假洋务派，指责他们"好古忽今"，只希望中国与大洋彼岸的西方老死不相往来。严复在《论世变之亟》中开宗明义指出，中国的危难处境不是一时出现的社会政治危机，而是千古未有的文化危机："今日之世变，盖自秦以来，未有若斯之亟也。""我四千年文物声明，已涣然有不终日之虑。""我国人不虚心以求西方真相，徒塞一己聪明以自欺。"[1]

在这种危机面前，只有认清时势，把握历史的进化规律，才能使国家摆脱存亡绝续的危机，否则，是难以摆脱局面的。他呼吁，朝廷中的保守派再也不能固步自封，自我封闭地闭关锁国了。

严复指出，朝廷的保守派之所以不希望与外界交流，神州百姓最好与西方各国老死不相往来，是因为这样没有外界的影响，贫穷的人就会安于贫困，富者就能长期坐享其成。但是这样的结果使中国文化失去了与西方文化交流、沟通的机会，中国社会的生机窒息殆尽。"夫士生今日，不睹西洋富强之效者，无目者也；谓不讲富强，而中国可以安，谓不用西洋之术，而富强自可致，谓用西洋之术，无俟于通达时务之真人才，皆非狂易丧心之人不为此。然则印累？绥若之徒，其必矫尾历，而与天地之机为难者，其用心盖可见矣。"[2]严复深知，抱着祖宗成法不变的人，只会把中国引向一条死胡同。

在《原强》一文中，严复提出了他那著名的启蒙主义救国纲领。他呼吁

[1] 参见欧阳哲生：《严复评传》，百花洲文艺出版社1994年版。

[2] 高惠群、乌传衮：《翻译家严复传论》第8页，上海外语教育出版社1992年版。

朝廷“鼓民力、开民智、兴民德”。鼓民力就是提倡自由平等，设立议院，实行君主立宪。甲午战争失败，并不可怕。可怕的是民力、民心、民德尽失。今日之中国，只有上下同心同德，革除积弊，鼓舞民心，才能使国家富强，从而避免像印度那样的亡国命运。

严复又进一步在《辟韩》中分析中西政教的异同。在他看来，近代西方民主政治的运作模式是以先进的理论体系、自由民主的思想为基础的，单纯地依靠制度是不能获得成功的。在西方国家，民主政治的执行者视国家为人民的公产，因此一切法令都以人民的利益为依归，也正是因为这样，执政者才赢得了人民的拥戴，国家才文明昌盛。而在当时的大清国，统治者视国家为皇帝老爷子的私人财产，他们为了世世代代享受这种王朝统治，统治人们的思想，防范人民的反抗，制定了违背民意违背社会发展规律的政令，推行限制民主自由的刑政，结果导致国力衰败，而国家只能在治乱中反复循环。不过，严复并不认为当时的中国应该马上引进西方的民主政治，理由是中国时未至、俗未成，而其民不足以自治。如果贸然勉强而行，这就好比是让一个普通的人代替高明的木匠去砍木头。那代替高明的木匠去砍木头的人，很少有不砍伤自己手指的。严复认为中国应保留当前的政治体制，从学术和教育方面加大改革的力度，建立一套崇尚理性与自由的学术文化，改进人民的素质，顺着进化的轨迹，循序渐进地还政于民，使政治的改革得到最终的成功。

严复的《救亡决论》一文则就废除八股取士的科举制作了更为透彻的发挥和阐释。他在文章开篇中说，当今世界趋势已经表明如果中国不变法，必将落后于西方，甚至导致国家的衰亡。那么，变法当以什么为先？在严复看来，要变法当先废除八股，他指出，延续了数千年的科举制度存在三个方面的弊端：一是“锢智慧”，二是“坏心术”，三是“滋游手”。他认为：“然而救亡之道当如何？曰，痛除八股，而大讲西学……东海可以回流，吾言必不可易也。”[1]在对科举制度加以抨击后，严复又将锋芒转向传统旧学。他在批判中国“旧学”

[1] 参见欧阳哲生：《严复评传》，百花洲文艺出版社 1994 年版。

时将其分为三大门类——宋学义理、汉学考据和辞章。对于宋学义理，严复如是评价：

侈陈礼条，广说性理。周、程、张、朱，关、闽、濂、洛。学案几部，语汇百篇。《学部通辨》、《晚年定论》。关学刻苦，永嘉经制。深宁、东发，继者顾、黄，《明夷待访》、《日知》著录。褒衣大袖，尧行舜趋。訑訑声颜，距人千里。灶上驱虏，折棰笞羌。经营八表，牢笼天地。夫如是，吾又得一言以蔽之，曰：无实。[1]

严复的《救亡决论》发表于《马关条约》签订之后，文中大声疾呼"今日中国不变法则必亡是已"，但是，严复的变法主张却没有形成系统的思想，他只是提出了废除八股，倡导西学，并没有形成系统的变革纲领。

虽然如此，严复的救亡之策仍然是刺向封建卫道士的一把利剑。对《辟韩》一文，湖广总督张之洞亲自撰文反驳，并欲加害严复。

严复主张政治变革来改变落后腐朽的中国，为此，他还积极参加维新活动。1898年初，严复转向维新变法，并初步提出了比较系统的维新主张。当年的春节刚过，严复就在《国闻报》上连载其《拟上皇帝书》，陈述变法的必要性和紧迫性。与《原强》等文不同的是，《拟上皇帝书》言词相对谨慎。严复指出中国面临着将要亡国的危急形势，他分析了中国积弱的原因，认为中国的积弱，至今已达到极点，究其原因，"内忧"占十分之七，"外患"占十分之三。内忧的症结是，既然知道了法度不能适应需要却不思改变。内忧不修，积重难返，是病本所在。在外敌入侵的新形势下，继续用祖宗成法治国是不行的，必须起用与古初不同的人才，来策外交而辅内理。严复强调求财非难，而理财为难；求才非难，而知才实难。

严复主张变法，但是，他看到了变法的难度极大，各方面交相关联，牵

[1] 王栻主编：《严复集》第一册，第43页，中华书局1986年版。

扯不清。他认为变法不仅增新，而且要除旧，补泻兼施，除旧布新。但维新变法的失败，无情的历史再次将他的希望打得粉碎。

严复翻译的《天演论》

事实上，严复虽然支持维新变法，但他对康有为的变法主张也持一定的保留态度。严复的维新思想主要是倾向于“教育救国”，他认为，国家的变革要从体制和思想文化等方面下手，也就是他提出的“鼓民力、开民智、兴民德”。这三个方面中，他又认为开启民智是国家富强的重要一途。他认为英国社会学家斯宾塞的一句话很能说明开发民智的道理：“民之可化，至于无穷，惟不可期之以骤。”再者就是“鼓民力”了，他在《辟韩》一文中虽然宣传了卢梭的“民约论”，但他并不接受卢梭关于革命的论点。因为卢梭的“鼓民约”主张推翻封建君主政治，实现民主共和。他认为卢梭无形中鼓动了一些人通过暴力来实现革命。严复说：“然则及今而弃吾君臣，可乎？曰：是大不可。何则？其时未至，其俗未成，其民不足以自治也。”[1]他认为中国彻底变革的条件尚不具备。

与严复的这些思想主张相比，维新派代表人物康有为、梁启超则急于求成，有着旧式文人的功利色彩。康有为的维新变法主张政治、经济、教育、卫生、军事各方面都立即学习西方，使“庶政尽举”，来个一夜之间“千树万树梨花开”。他认为非全变、骤变不为功。康有为也反对洋务派的变法主张，认为洋务派仅“就一二事上变之，而不就根本之法变之，故枝枝节节迄无寸效”。按照他的变法思想，“三年而宏规成，五年而条理备，八年而成效举，十年而霸图定矣。”[2]

康有为为维新变法产生的效果列出时间表，严复更是不以为然。严复认为，中国要实现富强，至少需要60年的时间。

[1] 卢云昆编选：《严复文选》第70—86页，上海远东出版社1996年版。

[2] 汤志钧编：《康有为政论集》上册，第294页，中华书局1981年版。

虽然严复和康有为在维新变法的思想主张上存在差异，但维新变法失败后，康、梁惶惶然逃亡海外，严复也受到影响，不过，严复的维新思想相对较为温和，所以慈禧太后发动政变后，只是命直隶总督裕禄随时查看，并没有受到严厉打击。

严复主张用西方体制改造中国，他把西方的学术思想介绍到中国来，希望以此影响中国人的思想观念。他于1896年译成《天演论》。《天演论》出版后，立刻轰动一时，在社会上产生巨大的反响。一年内即出现了湖北沔阳木刻刊行的版本和天津侯官嗜奇精舍的石印版本。1905年商务印书馆出版后，到1921年就印行了20版。这本书对社会影响之广，渴求新思想的人士对此书倾慕之热情，由此可见一斑。

《天演论》为什么会成为深受中国读者喜欢的畅销书，并在社会产生广泛的影响，引起人们严肃认真的思考？这与当时的社会背景有很大关系。自鸦片战争以来，中国的被动挨打，列强的索要多端，一种民族危亡之感，使人们对国家的命运深感担忧。特别是爱国志士，他们常常发出这样的诘问：难道中国真的要亡国了吗？国家的前途在哪里？如何使中国奋发图强、重新振兴呢？在这种共同的呼声中，《天演论》问世了。严复通过译述告诉人们：面对民族危机，中国需要求变。根据《天演论》中"优胜劣败""物竞天择"的演变规律，严复试图告诉人们，中国只要"任天而治"，发愤自强，求变图强，还是有出路的。《天演论》被读者所追捧，正反映了当时大多数民众渴望为中国寻求富强之路的共同心声。

第四章　求变

甲午之败后的东渡

一、甲午之败后的学日自强呼声

在留学美国、欧洲渐趋成为热潮的历史进程中，晚清留学生留学日本更是高潮迭起。1896 年，大清国驻日公使裕庚招选唐宝锷、朱忠光、胡宗瀛、戢翼翚、吕烈辉等 13 名学子留学日本，开启了中国学子留学日本的大幕。这 13 名学子都是经过总理衙门的选拔考试而获得留学日本机会的。继这批留学生后，中国学子留学日本逐年增多，1899 年达到 200 名，1902 年增加到 500 余人，到了 1906 年，留学日本的人数增加到了一二万人之多。[1]

中国学子留学日本的热潮掀起，是有着多种原因的。远因是日本明治维新变法图强，使中国人看到了日本国力的不断增强，而中国仍在实行闭关锁国的国策，这只能是妄自尊大，停滞不前；近因则是中日甲午战争的失败。

近因也罢，远因也好，一个历史事实是，鸦片战争之后，中国和日本都

[1] [日]实藤惠秀:《中国人留学日本史(修订译本)》第 1 页, 北京大学出版社 2012 年版。

面临着历史大转折的关口。当时，长期实行闭关锁国政策的中国和日本先后被西方的坚船利炮叩开紧闭的国门，被迫签订不平等条约，沦为列强的半殖民地。60 年代，两国政府分别探索自强求富，摆脱国内外危机的道路。中国开始了洋务运动，日本开始了明治维新。

大清国经过洋务运动，军事实力有所增强，在经济、政治、文化教育等方面皆有不同程度的进展，中国的近代化得以起步。

1872 年，在容闳的积极奔走，曾国藩、李鸿章等洋务大吏的推动下，朝廷同意派遣幼童赴美留学，从此，开启了近代中国官费留学的先河。从 1872 年到 1875 年，清廷共派出留美幼童 120 名，然而这些幼童到美国后，观念、行为的西化，到 1881 年最终被召回，留美教育落了个浅尝辄止、半途而废的结局。此间清廷虽然也派出军事留学生到欧洲留学，但派员有限，收效甚微。大清朝留学教育举步维艰，而此时与中国一海之隔的日本则是另外一种局面。日本明治维新之后，放开手脚全面学习欧美，不断派出留学生学习西方的军事、经济、贸易、实业等，此间，日本到欧美的自费留学生也逐年增多。1868 年，日本政府发布《五条誓文》，把“求知识与世界，大振皇国之基础”作为日本发展的基本国策。随着不断地学习西方，博采西方先进科学技术、军事、政治制度之长，日本迅速脱颖而出，成为最早走向资本主义道路的亚洲国家。明治维新使得日本迅速崛起，资源稀缺的蕞尔岛国开始把扩张的目光瞄向周边国家。1874 年，日本出兵侵略中国台湾，第二年又武装入侵朝鲜，1879 年吞并琉球，改为冲绳县。

1894 年中日甲午战争爆发，这是对中日两国近代化成果的一次大检阅。结果日本在海上和陆上都取得了决定性的胜利，清军不堪一击，李鸿章数年苦心经营的北洋海军全军覆灭。清政府被迫与日本签订《马关条约》，割地赔款、开埠通商，准许日本在华设厂，丧失了许多的领土和主权。其他列强也趁机捞取好处，进一步扩大其侵略权益。甲午之败，给妄自尊大的清王朝以巨大的震动和打击。

甲午战争的失败，整个中华民族都感到这是一种奇耻大辱。这一战，也

甲午战争时，被日军占领的清军杨峰岭炮台和被日军缴获的清军重炮

唤醒了民族的自强意识。除了朝廷中那些贪图享乐的保守派外，包括康有为、梁启超在内的一批有识之士激烈批评洋务派，斥其“徒袭西人之皮毛”，纷纷主张效法西方的政治制度，进行维新变法。

在这些人中，康有为是呼吁变法图强的典型代表。1858 年 3 月 19 日，即清咸丰八年二月初五，康有为诞生于广东南海县丹灶苏村的一个旧式知识分子家庭。

康有为童年的时候师从简凤仪学习传统儒学。继从朱次琦学，朱主“济人经世，不为无用之空谈高论”，力除汉、宋门户之见，而归宗于孔子。康有为受其影响，始觉“以日埋古纸堆中，汩其灵明，渐厌之”，“闭户谢友朋，静坐养心”的书呆子举动，实在与国家的危亡无补，这也使他对传统儒学产生了怀疑。

1879 年，康有为接触到西方资本主义思想和当时的改良思潮，后游香港，以为“西人治国有法度”。1882 年，过上海，购读各种西书译本和报刊，开始向西方寻找真理。1885 年，撰《康子内外篇》和《实理公法全书》，向往“平等公同”。1886 年撰《教学通议》，主张“言教通治”、“言古切今”、尊周公、崇《周礼》，企图融合古今中西之学，改良政治。

康有为主张改良政治。他根据1884年发生的中法海战所造成的“国势日蹙”，列强的步步紧逼，法国政府于1886年到1888年间逼迫清政府签订了《中法越南边界通商章程》《中法界务条约》《中法续议商务条约》等一系列不平等条约，康有为慨然上书光绪皇帝，提出变成法、通下情、慎左右的变法主张，并建议仿照汉朝议郎，设立训政之官。康有为第一次上书光绪皇帝，他通过国子监祭酒盛昱（伯羲）替他转呈光绪帝的老师翁同龢，通过翁同龢转呈到光绪帝手里。但是，康有为当时有些提法很不合时宜，所以，翁同龢不愿递也不敢递；况且，康有为性格狂悖傲慢，在京同乡对他不满，从中作梗，翁氏也不愿意因此得罪同事。再者，康有为只是个布衣或荫监生（靠祖辈功名得到的监生资格），按照清政府的规定，是没有资格直接上书皇上的。这样，他的上书没能送达光绪皇帝手里。

虽然如此，康有为并没有因此泯灭胸中逐渐燃烧起来的爱国之心。1894年，中日甲午战争爆发。1895年《马关条约》签订，人们听到朝廷与日本议和，割让奉天沿边及台湾一省的消息，无不震惊愤慨。此时的康有为正在北京参加会试。消息传来，众多学子群情激奋，康有为和他的弟子梁启超对这种卖国的行为更是深恶痛绝。他们联合当时参加会试的举子发动了一场声势浩大的上书请愿运动，即“公车上书”。康有为在梁启超、麦孟华的帮助下，用一天两夜的时间，写成了一万八千言的《上清帝第二书》，亦称万言书。

《上清帝第二书》激情慷慨，引经据典，畅言救国救时的道理。康有为的这封上书，对《马关条约》割让台湾给日本表示坚决的反对。他认为，割让台湾给日本人是“弃台民”“散天下”之举，会造成民心离散，这样只会加速民族的危亡。《上清帝第二书》反对议和，并提出了“拒和、迁都、练兵、变法”以及“富民、养民、教民”的自强立国主张。

康有为力陈以西方为样板，效法日本国的明治维新，大力发展近代工业、农业、商业、采矿业、铁路、教育、金融、邮政等事业，发展近代工业，实现国家的富强。

要把国家推向富强，康有为认为发展教育是重要条件。在《上清帝第二书》

中，他说："夫才智之民多则国强，才智之士少则国弱。土耳其天下陆师第一而见削，印度崇道无为而见亡，此其明效也。故今日之教，宜先开其智。"[1]他强调，重视发展教育，使国家走向富强，使中国立于强国之林，才能大雪国耻，扬我国威。

《上清帝第二书》是康有为在甲午战争失败后，联合广大举子的集体行动，其内容重视教育，主张体制变革，为腐朽虚弱的中国走向近代化制定了较为完整的规划。因此，这次公车上书，成为新兴资产阶级和希望国家自立自强的人的集体呼声。但是，康有为发起的这次运动，再一次遭受保守派的压制。

《上清帝第二书》失败后，有些沮丧的康有为却得到一个好消息。朝廷发榜，他会试及第被朝廷授予工部主事一职。这虽然对他多少是一个慰藉，但他并不甘心。《马关条约》生效后，康有为看到朝野上下，麻木不仁，得过且过地粉饰太平，更加剧了他对国家前途危亡的担忧。于是，他又把《上清帝第二书》作了修改，再次上书光绪皇帝。这就是《上清帝第三书》。

康有为于5月29日请都察院代呈《上清帝第三书》，这一次终于送达光绪帝手里。这时，康有为已是朝廷命官，都察院对他的上书不能再像以前一样扣压。因此，6月3日都察院将上书代递军机处。当天，军机大臣翁同龢就呈给了光绪皇帝。

《马关条约》后光绪皇帝渴望振作的思想日甚一日，但迫于顽固守旧派大臣的压力，不能有所作为。当他读到康有为的上书时，心中感到极为痛快。他从上书中找到了问题的答案，即通过维新变法，不仅可以使中国自强，而且还可以改善自己在清朝统治集团中的地位。于是，便以发愤自强为己任，命令迅速将康有为的这个奏折写成三份，一份抄送军机处、各省将军督抚议复，一份存于乾清宫自览，另一份存勤政殿备览，而将原件送慈禧太后。

此后，康有为又向光绪帝上了《上清帝第四书》，但是这一次，仍然没有送达光绪帝的手里。上书的失败，使康有为感到变法本原，非自京师始，非

[1] 光绪二十一年文升阁木刻《公车上书记》，又参见光绪乙未上海石印书局代印本。

自王公大臣始不可。他清楚，朝廷中的保守派就像一堵隔在传统与革新之间的墙，如果不打破这堵墙，就打不通通向光绪帝之路。于是，第四次上书失败后，他努力在朝臣中“开风气”培养感情，争取朝中大臣的支持。当年8月，康有为与梁启超在京师创办了面向朝野士大夫的《万国公报》，后改为《中外纪闻》，让他们接触并了解新思想新事物。接着，康有为又创办了“强学会”，为维新变法积聚力量。

在《上清帝第三书》中，康有为的观点已给光绪皇帝的老师翁同龢留下了深刻印象。康有为积极“开风气”，在朝野士大夫间培养感情，使他得以结识翁同龢。

翁同龢与康有为结识后，他为光绪皇帝召见康有为作了重要牵线。翁同龢在朝中任军机大臣有二十年，在甲午战争，朝野上下人心惶惶的惊涛骇浪中，他和光绪皇帝始终站在一起，成为光绪皇帝十分倚重的重臣。战败国的耻辱，也使翁同龢深受莫大的刺激，尤其是台湾的被割让，更使他感到一种深深的民族危亡的危机感，从而翁同龢的内心深处也产生了“更弊政，图富强”的念头，因而，他对康有为的变法主张也开始积极地支持。

由于翁同龢与光绪的关系密切，他又在朝野之中联系广泛，所以这以后，他们在争取光绪帝推动维新变法的道路上起到了重大的媒介作用。

在维新派积极呼吁变革图强的呼声中，光绪皇帝渴望振作的心情也非常强烈。斯时的光绪皇帝虽然已经亲政，但并不掌握实权。但他毕竟是名义上的一国之君，被迫签订《马关条约》的苦衷，像一枚苦果，常常使他有一种说不出的苦痛。中日双方在烟台完成《马关条约》的签字后，光绪皇帝在当时颁布的朱谕中沉重地吐露其无限的“苦衷”和希望“天下臣民皆应苦谅”的心情，又殷切地希望朝野上下，艰苦一心，革除积弊，奋发图强。

在光绪皇帝万分焦虑的苦痛心情里，他更渴望变法图强，实现振作。甲午战争之后，面对列强“合以谋我”乘人之危的严峻局面，他的忧虑之心加剧。他意识到如不奋起励精图治、更张求强，将使江山社稷难以保守。因此，光绪皇帝把国家的兴衰和清王朝的存亡，紧密地联系在一起。

光绪皇帝接见外国使节时的情景

光绪皇帝渴望振作，维新派的主张使他感到这是国家图强的良策，从而也使他与康有为走在了一起。

在 1895 年 7 月 19 日，甲午之败的沉痛使年仅 24 岁的光绪皇帝在发布的《上谕》中说："自来求治之道，必当因时制宜，况当国事艰难，尤应上下一心，图自强而弭祸患。"这可以视为光绪皇帝面向全国臣民吹响维新变法的号角。他要求朝廷各部、各省官员一个月内向朝廷奏陈图强门径变革图强。光绪皇帝的图强方略围绕"修铁路，铸钞币，造机器，开各矿，折南漕，减兵额，创邮政，练陆军，整海军，立学堂，大约以筹饷、练兵为急务，以恤商、惠工为本源，此应及时举办。至整顿厘金、严核关税、稽查荒田、汰除冗员各节"[1]等方面展开。

在光绪帝和维新派人士积极推动维新变法的声浪中，发展教育是不容忽视的一环。也就在光绪皇帝发布这个上谕后不久，出现了几个新动向。1895 年秋，光绪皇帝谕准北洋大学堂（天津大学的前身）在天津成立；1896 年春，中国第一所铁路学堂——北洋铁路官学堂（唐山铁道学院的前身）在山海关创

[1] 汤志钧:《戊戌变法史》第 123 页，人民出版社 1984 年版。

建；同年10月，盛宣怀奏明光绪皇帝在上海创建南洋公学，这是我国最早兼有师范、小学、中学和大学这一完整教育体系的学堂。它的创建得到光绪皇帝大力支持。这些动向可以视为光绪皇帝重视教育的鲜明例证。

发展教育，派留学生到海外学习国外先进的科学技术、文化、军事等，自然成为变法图强的一个路径。而日本一海之隔，明治维新后的迅速崛起，呼吁到日本学习成为朝野上下的呼声。

1895年，清政府驻日使馆参赞黄遵宪花费近10年心血完成的《日本国志》得以出版，甲午战争的失败，使得国人不得不用惊奇的目光审视日本，而此书的出版为重伤之后的中国人了解日本，提供了系统化的知识。黄遵宪在书中主张中国效法日本，进行变法维新，发展资本主义。《日本国志》一书的出版对维新派变法思想的形成产生了积极的影响。

继《日本国志》之后，晚清学者姚锡光著《东瀛学校举概》一书，分门别类介绍日本的各类学校及其特点，为中国人走进日本学校提供了指南。1895年，黄遵宪的《日本国志》虽为国人学习日本提供了信息，但此时的中国还没有针对中国学生到日本留学的相关政策。而1896年驻日公使裕庚招选13名学子走进日本，却使中国留学生留日教育走在了政策的前面，而这13名留日生走进日本，最初也只是为当时的外交服务的。

裕庚招选13名学子到日本留学，是当时开展外交工作的迫切需要。关于这个缘起要从中国驻日公使馆内的东文学堂说起。东文学堂创办于1882年，创办的目的是学习日本文字，为外交活动提供便利。当时驻日使馆缺乏精通日语的人才。首任驻日公使何如璋就奏明朝廷说，东文翻译最难其选，因日本文字颠倒，意义与中文差别很大，熟悉其语言者不多。

针对这种情况，何如璋希望朝廷批准在驻日公使馆内开设日文学堂，招收学生学习日语。1882年驻日使馆正式开设东文学堂，招收学生学习。但是，中日甲午战争爆发后，东文学堂一度中止。裕庚被任命为驻日公使后，即着手恢复东文学堂，他到日本后与日本文部大臣商量此事。

文部大臣西园寺公望对裕庚说，与其在使馆内闭门授课，不如将学生送到日本的学校读书。西园寺公望认为，中国学生在使馆内学习日文，每天授课之余，与外界隔绝，交流仍说华语，难以取得成效。到日本学校学习就不同了，可以与日本学生交流，能够使学生学有所成。

西园寺公望的建议，裕庚认为很有道理，就致函总理衙门说明此事，总理衙门认为这种办法可行。于是便派驻横滨领事吕贤笙回国招募学生。吕贤笙在江南一带共招收了13名学生，于1896年带往日本。

关于这13名留学生的姓名，实藤惠秀在其《中国人留学日本史》的开头就提道："1896年旧历三月底，清朝首次遣派学生十三人抵达日本，他们是：唐宝锷、朱忠光、胡宗瀛、戢翼翚、吕烈辉、吕烈煌、冯訚谟、金维新、刘麟、韩筹南、李清澄、王某、赵某。"以后这一说法几成定论，并一直为学界所沿用。

13名留学生来到日本后，裕庚让文部大臣西园寺公望帮助这些学生的学习事宜。西园寺公望便将他们安排到专门高等师范学校学习。学校的校长是嘉纳治五郎，他并负责这些学生的教学工作。后来，嘉纳治五郎又在学校附近的神田三崎町租借了一些民房和教室，让这些学生到这里学习。

关于这13名学子是否第一批留日生，学界争议很大。舒新城在《近代中国留学史》一书中认为，"政府派遣学生去日本留学始于光绪二十二年"，根据这个记述，这13人当属第一批留日官费留学生。日本人实藤惠秀在《中国人留学日本史》一书中，也持相同的观点。但是，台北中研院近代史研究所研究员黄福庆在《清末留日学生》一书中则认为：这"13名留日学生并非清政府计划下所派遣者，当时清廷尚无固定的留学政策，裕庚此举，只是基于驻日使馆业务上需要之半官方式'使馆学生'。惟他们已正式进入日本学校就读，故应视为中国最早之留日学生"[1]。

在这之前，清廷驻日使馆虽然曾经延聘过日本人教授日语，每次在使馆随员中挑选两三人学习，但学习的目的仅在于传输语言，还不能称之为留学生。而这13名学子在裕庚的带领下走进日本，中国学子留学日本的历史纪元才真

[1] 李喜所主编，刘集林等著：《中国留学通史》（晚清卷）第231页，广东教育出版社2010年版。

正开始。

由于中国是战败国，日本国民中对中国存在着敌对情绪，13名学子入学后，虽然穿起了日本的和服和制帽，但他们拖着“清国人”特有的长辫行走在大街上时，时常听到顽童们无礼地喊叫他们为“清国奴”，有时还夹杂着飞来的小石子，而大人们并不去制止他们的孩子，这使得13名学子十分气恼。日本人的饮食习惯，也常使他们吃不惯。这样不到两三个星期，就有4名学生无法忍受地域的差异和日本人歧视的眼神而选择离开日本。到1899年，13名学子中，留在日本并取得毕业文凭的只有7人。但这毕竟是一个开端。在这之后，主张忍辱负重、效法日本的不乏其人。1897年，湖北留日学生监督钱恂倡导留学日本：“彼游欧美之学生岂必乏材？徒以程度相去太远，莫由将欧美文明迳输我国，而必借道于日本者，阶级不同也。”[1]

钱恂（1853 — 1927），字念劬，浙江归安县(今属湖州)人。他是钱玄同的兄长，但名气却远不如钱玄同那么响亮。作为一个书香世家的子弟，他自幼熟读四书五经。封建时代，对于学习特优异者，可以经过选拔考试进入国子监读书，称为贡生。钱恂就是被选拔为贡生的，做了贡生就等于进入了仕途。他先是进入直隶试用，然后被安排到薛福成门下，做了天一阁的一名编撰官。

钱玄同之兄钱恂画像

1889年，薛福成受命出使欧洲，薛福成看他聪明、博学，就让他做了一名随员。后来，他又跟随许景澄出使俄、德两国。出洋经历使他对洋务、新学很有研究。他的留洋经历也被张之洞所看重。1895年，两江总督任上的张之洞奏请朝廷将钱恂电调回国，让他协助署理湖北的洋务和教育。此后，在这些事

[1] 钱单士厘：《癸卯旅行记·归潜记》第176页，天津人民出版社1992年版。

务上，钱恂实际上扮演着张之洞代言人的角色。钱恂的外交经历，加上自幼积淀的真才实学，使其素养、学识观念远远高于晚清时代的一般官绅。他到湖北后，他的很多政见也对张之洞产生深刻影响。因此，张之洞欣赏他“能言能行，切于实用”，赞许他为“今日讲求洋务最为出色有用人才”，先后两次向朝廷保举。

他到湖北后，即投入到湖北地方的洋务和教育工作。多年的外交经历，以及中国经历中日甲午战争的惨败，钱恂感到“知道德教育、精神教育、科学教育均无如日本之切实可法者”，因而身体力行倡导留学日本。

钱恂协助张之洞署理湖北地方的洋务、教育，他对湖北地方自强运动多有规划，一个重要的事情就是促成了学生留日计划。

对此，钱恂的妻子单士厘说：“盖留学日本之举，为外子所创议，而以幼楞（钱滮，钱振伦子，即钱恂堂弟——作者注）为先导。外子每自负，谓日本文明、世界文明得输入中国，而突过三四十年曾文正国藩之创游美学生议，沈文肃葆祯之创游英法学生议，而开中国二千年未开之风气，为有功于四万万社会，诚非虚语。”[1]

在钱恂发出留学日本倡议的第二年4月，张之洞在《劝学篇》中直言：“出洋一年，胜于读西书五年，此赵营平百闻不如一见之说也。外国学堂一年，胜于中国学堂三年，此孟子置之庄岳之说也。游学之益，幼童不如通人，庶僚不如亲贵。”在他看来，日本是向西方学习的成功典范，日本富强的重要原因之一便是向国外广派留学生：“日本，小国耳，何兴之暴也！伊藤、山县、榎本、陆奥诸人，皆二十年前出洋之学生也，愤其国为西洋所胁，率其徒百余人，分诣德、法、英诸国，或学政治工商，或学水陆兵法，学成而归，用为将相，政事一变，雄视东方。”张之洞认为，直接向近邻日本学习，是中国自强求富的最佳捷径。[2]

在钱恂、张之洞发出留学日本的倡议之时，杨深秀、康有为也发出了留学日本的倡议。1898年6月11日，在维新派的积极推动下，光绪帝正式下诏《明

[1] 胡钧编:《张文襄公之洞年谱》第159页，(台北)商务印书馆1978年版。

[2] 李喜所主编，刘集林等著:《中国留学通史》(晚清卷)第226页，广东教育出版社2010年版。

定国是》，颁布谕令，在经济、军事、文教等方面进行改革。光绪帝于8月2日、18日两次谕令军机大臣和各省督抚，派遣学生赴日留学。但是，维新变法触及到慈禧太后与保守派的利益。这年9月，慈禧太后发动政变，废除“百日维新”期间光绪帝颁布的各项措施，变法以失败而告终。变法虽然失败，国内关于学习日本明治维新的成功经验的呼声却此起彼伏。此后，湖广等地积极地派出留日学生，为留学日本成为热潮起着积极的推动作用。

二、矢野文雄留学生提案要“感化中国”

中国学子留学日本渐趋成为热潮，还与日本推行文化侵略有很大关系。甲午战争以后，弹丸小国日本对外扩张的野心更加膨胀。在历史上，一个国家的对外扩张往往伴随着多种形式，有军事上的、经济上的、政治上和文化上的。明治维新之后，日本一反遵守中国儒家之道、视中国为“老师之国”的传统，开始学习西方，随着自身的军事、政治、经济、文化的强大，开始向周边国家扩张渗透。

从1880年开始，日本在国内和中国不断地成立各种学术团体。名为学术团体，实际上是研究中国及亚洲国家的政治、社会、文化，骨子里还是为对外扩张做理论准备。1880年成立的兴亚会、1897年成立的东亚会莫不如此。

1897年，日本成立了东亚会，这是一个研究中国问题的半官方机构。这个机构成立之初，冠冕堂皇地提出了“保全清国”的主张。这个机构对外宣称要保全清朝，协助中国及朝鲜进行改革，研究中国及朝鲜问题，唤起日本国内舆论。

兴亚会与东亚会相同的价值取向使它们在1898年9月达成协议，在“保全清国”的基础上合并为东亚同文会。

合并后的东亚同文会提出，在中国和日本分别建立学校，招收中国学生，“开发中国人风气”；建议日本政府在日本学生中，培养他们到中国工作的能力。合并后的东亚同文会还有一个重要作用，就是帮助政府研究中国及亚洲其他国家的政情、社会状况，为日本政府制定针对周边国家的政策提供依据。明治维新之后，与中国挥刀相向的日本为什么在甲午战争之后会抛出“保全清国”的主张？国家间的关系，永恒的话题就是利益博弈。中日甲午战争的爆发，日本在中国攫取了巨大利益。战争赔款和资源掠夺为这个一隅小国经济发展提供了条件。而取得台湾、澎湖列岛也为日本进一步扩张势力提供了“跳板”。

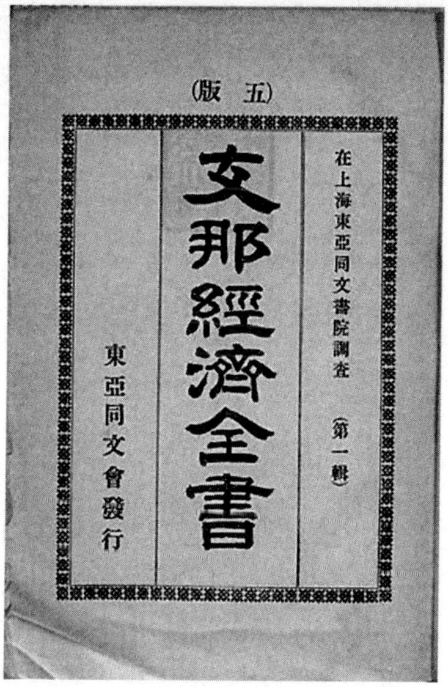

东亚同文会发行的《支那经济全书》

而对中国这个曾有“师生之谊”的老大帝国，日本国内掀起一股研究中国的热潮。日本方面提出“保全清国”的主张，实际上还有一层用意。西方列强纷纷在中国伸展势力，觊觎吞并中国的日本，不想让他国染指中国利益，因而积极地“保全清国”。

在当时的日本政坛有一种观点，主张在清政府中配置亲日势力，以伸展在华权利。持这种观点的日本驻华公使矢野文雄是典型的代表。

1896 年 9 月，日本松方正义内阁组成，大隈重信出任外务大臣，史称松隈内阁。1897 年 3 月，毫无外交经验的矢野文雄被松隈内阁任命为日本驻清国特命全权公使。他原本是一个法官。他在当法官的时候，就与大隈重信是很好的朋友。因而，大隈重信邀请他出任驻外公使。当时，他有两个选择，即出使朝鲜或者清国。但伊藤博文给他建议说，驻清国公使之职更佳。于是，矢野文雄向大隈重信提出希望被派到大清。矢野文雄被派到中国之时，西方列强正在为向中国伸展权益而与清政府闹得不可开交。1898 年 2 月 11 日，英国得到清政府关于不向其他国家割让扬子江沿岸一带的承诺；3 月 6 日，德国逼迫清政府与其签订《胶澳租借条约》，取得了胶州湾 99 年租借权和胶济铁路铺设权

日本外相大隈重信

及采矿权；4 月 9 日，法国政府也向清政府提出租借广州和铺设云南铁路的要求。此间，沙俄利用德国占领胶州湾的机会，也强取了旅顺、大连 25 年租借权和南满铁路铺设权。西方列强在中国进一步扩张利益的动向，使得在中国拥有巨大利益的日本也蠢蠢欲动。

1898 年 4 月 10 日，清政府向法国驻华公使发出照会，表示不会向他国割让两广和云南。这个动向使日本政府认为，这是向中国政府提出要求的最好时机。4 月 15 日，日本方面向大清国总理衙门提出，不要将福建割让与他国。

提出不要将福建省割让与他国这一要求的正是矢野文雄。在此之前，他于 1898 年 3 月 26 日向日本外相西德二郎发出了《关于列国对清要求之意见》的密电。他在密电中说：

愚以为，该国情势已至于斯，为防其他强国逼迫我疆土且为他日固我于东亚大陆之地位，使该国承诺勿将近我疆土之清国地区割让或租借与他国，亦乃当然之手段。[1]

在此之前的 1897 年 11 月，大隈重信辞去了外相一职，由西德二郎接任。此番，矢野文雄给西德二郎的密电中除了认为日本政府向中国提出要求是最佳时机外，他还认为，在其他列强向中国索取利益之时，如果清政府将福建等邻近日本之地割让他国，则日本也会面临危险，因此，要求清政府不要将福建割让与他国。

矢野文雄发出这封密电后，迟迟没有得到回信，他又于 4 月 7 日再发密

[1] 日本外务省编：《日本外交文书》第 31 卷第 1 册，第 486 页，日本国际联合协会 1954 年版。

电以示催促。这一次的密电中说：

望许可小生先以个人身份试探清廷二三重要人物之意志……小生与翁、李、张三人颇亲近，若能说服上述三人并得起承诺，再正式提出，则事必可成。若时机错过则再无意义……[1]

矢野文雄发出此封密电的第二天，即收到了西德二郎发来的电报。西德二郎在电报中表示支持矢野文雄提出的不割让福建的提案，并要求他对清政府提出该项要求。同时，关注列强在福建的动静，一旦有要求割让或租借福建之事，即向清国总理衙门表示反对。此后，日本驻华公使矢野文雄奉日本政府之命，先礼后兵非正式会晤了李鸿章和张荫桓，晓以利害，要求中国方面答应日本的要求。

1898 年 4 月 22 日，矢野文雄正式向中国政府发出照会，要求不割让或租借福建与他国。面对日本政府的逼迫，清政府发出照会称，福建省内及沿海一带均属中国要地，无论何国，中国断不让与或租给。

这个承诺，实际上是口头上已经承认日本在福建的势力范围，但是日本政府并不放心。有道是口袋有粮，心中不慌，这个比喻虽然不甚恰当，但是日本政府要伸展自己的在华权利，必然要像西方列强那样，有所实质上的主张。

1898 年 4 月 27 日，西德二郎外相致电矢野文雄，询问在不影响清政府甲午战争赔偿款的情况下，能否争取获得福建境内铁路的铺设权。对此，矢野文雄在回函中说，提出铺设福建省内铁路权的要求不会影响战争赔款。

说到这里，仍要说说当时的政治环境。甲午战后，维新派人士康有为是较早主张学习日本经验使中国自强的人。他在《上清帝第四书》中说，土耳其曾经很强大，但是它不变革旧体制而逐渐变得弱小了；日本为一弹丸小国，通过明治维新迅速强大起来。这是非常值得借鉴的经验。

[1] [日]大里浩秋、孙安石编:《近现代中日留学生史研究新动态》第 39 页，上海人民出版社 2014 年版。

康有为主张联合英国、日本来推动中国的变法自强。他为此还鼓动御史杨深秀上奏光绪皇帝，联结英、日，实现自强。这种主张，当时的维新派和朝廷大员中，大有人在。张之洞、刘坤一都曾经提出过类似主张。只不过他们的政治立场不同，联日、学日的内容也大不相同。

维新派和朝中大员出现的这些主张，使得日本政府看到了在中国进一步伸展势力的希望。当时，东亚同文会提出"保全清国"的主张，实际上也是想依靠中国的维新力量，通过政治体制改革，使中国成为日本的屏藩。这样，甲午之后的日本假意做出与中国修睦关系的姿态。在西德二郎询问矢野文雄在不影响清政府甲午战争赔偿款的情况下，能否争取获得福建境内铁路的铺设权的时候，矢野文雄同时提出，为了不伤害清国维新力量对日本的感情，政府应做出尊重清国繁荣与独立的姿态。如果清政府想向日本派遣留学生，日本可以接受相当数量的留学生，为他们学习军事或其他实用的知识提供帮助。

矢野文雄向日本政府外务省提出这一建议的前一天，矢野文雄曾在日本驻清国公使馆会晤了康有为，商谈中日"两国合邦事宜"。关于这一事件，《康南海自编年谱》记载：

时与日本矢野文雄约两国合邦大会议，定稿极详，请矢野君行知总署，答允，然后可大会于各省，而俄人知之，矢野君未敢……顷闻日人患俄人铁路之逼，重念唇齿辅车之依；颇悔割台相煎之急，大开东方协助之会；愿智吾人士，助吾自立，招我游学，供我经费，以著亲好之实，以弭夙昔之嫌，经其驻使矢野文雄函告译署。我与日人隔一衣带水，若吾能自强复仇，无施不可，今我既弱未能立，亟宜因其悔心，受其情意。[1]

合邦大事，矢野文雄没有做出表态。在西方列强都觊觎中国领土的环境下，日本政府也不敢贸然表态。但对西德二郎提出的要求获取在福建省铺设铁路利

[1] 康有为著，楼宇烈整理：《康南海自编年谱（外二种）》第40页，中华书局1992年版。

权的主张，矢野文雄又给西德二郎发了一封密电。电文中说：

本公使不认为该要求（指日本政府要求获取在福建省铺设铁路利权一事——作者注）会妨碍支付赔款，因此随时皆可执行。但为了不使新要求损害清国对日感情，为显示日本尊重清国繁荣与独立的这种真实的情谊，本公使特将向清国提出建议，如果清国有意派遣，日本将准备接受相当数量的留学生对其进行军事或实用目的的教育。此事虽会给日本造成一定的损失，但毫无疑问会在将来带来良好效果。万望认可将此提案与追加要求同时提出。为了此前的不割让要求能在不损害清国对日感情的前提下适当实施，有必要保持我方与清国之间的良好关系。……[1]

这个密电发出后的第二天，西德二郎在回电中表示同意在适当的时候，口头提出该提案。5月7日，矢野文雄在出席大清国总理衙门关于福建省内铁路权的协商会上，就关于福建省内铁路铺设权问题与清国的大臣们协商，遭到了总理衙门大臣们的反对，但仍获得了“清国政府他日于福建省内铺设铁路时，如果需要外国资本、技术，必先与日本政府商议”的保证，这算是解决了福建的问题。在得到这个承诺后，矢野文雄发表了演说。他说，如果清政府打算向日本派遣学生，日本政府不仅接受，还向他们发放费用。矢野文雄口头上表示可接受200名留学生，每名留学生一年发放200—300日元，总计日本方面负担6万日元。根据清朝方面的要求，矢野将上述演说写成汉文呈送给清政府。

这个提案，总理衙门的大臣们都感到满意。但是这个提案背后隐藏着一个不可告人的动机，体现在他于该年5月14日致外相西德二郎的秘密函件之中。信中说：

受我感化之人才播布于其古老帝国之中，实为将来在东亚大陆树立我之

[1] 日本外务省编：《日本外交文书》第31卷第1册，第502页，日本国际联合协会1954年版。

势力之良策。……如斯，则彼之从于武事者，不仅限于仿效日本之兵制，军用器材等亦必仰赖于我；聘用军官等人员也将求于日本。毋庸置疑，清军事之大部行将日本化。理科学生亦必求其器械、工人等于日本。清之商工业自身，则将与日本发生密切关系，而我商工业向清扩展打开门路。另，法律、文学等科学生，为谋清之进展，必将遵袭日本之制度。若能至此，我势力将及于大陆，正未可量也。斯时清之官民对我信赖之情，亦必胜于今日十倍。由于此辈学生与日本之关系，将来清政府必陆续不断自派学生来我国，如是则我国之势将悄然好驳于东亚大陆。故而无论从何方考虑，望我政府适应时机，接受清之留学生。[1]

这是矢野文雄第一次提到留学生问题。矢野认为，接受清朝派遣的留学生既有助于日本政府获得福建省铁路的铺设权，还可培养亲日势力，符合日本向中国大陆扩张的长远利益。他也清楚地知道，大清国派留学生到日本留学，将来学成必然模仿日本的兵制，这样军队建设就会日本化；在理科和实用科学方面也是如此。矢野文雄接受留学生的主张可以说完全是为了扩大日本的在华势力。

矢野文雄的这个提案得到了清政府的感谢。李鸿章、荣禄、翁同龢、张荫桓等大臣对此事都表示支持态度。多次拜访矢野文雄的康有为联合山东道监察御史杨深秀共同起草了《请议游学日本章程片》，由杨深秀向光绪皇帝呈递。当时，康有为还没有上奏资格，这个奏章中，康、杨对矢野的提案深为认同。应该说，这个提案点燃了清政府准备派遣留日学生的热情。但此事发展到后来却让西德二郎对矢野十分反感。

原来，西德二郎仅要求矢野以口头方式向清国表达接受留学生。但在李鸿章等人的要求下，矢野却将此事落实到了具体的文字。西德二郎以清朝方面对留学事情反应不积极为由，要求矢野慎重处理此事。因为他认为，接受留学

[1]［日］矢野文雄：《清国留学生招聘策》，《近代史资料》总七十四号，第95页，中国社会科学出版社1989年版。

生未必有好结果，而且日本方面还需负担6万日元的巨额费用，这将给日本方面带来很大麻烦，但是现在矢野却以文字的方式予以承诺，这使西德二郎大感不快。

当年6月末，宪政党大隈重信内阁组成，矢野文雄归国，临时代理驻清公使之职的林权助继续与清政府交涉。林权助根据事情的实际进展情况，对留学生应该提供什么程度的费用，日本政府应该持何种态度，于8月20日向大隈重信发了密电，请求听取指示。林权助的密电中说：

本月九日（1898年8月——作者注），本官就向日本派遣新任清国公使之事与李鸿章会面之际，其表示想就清国留学生之事进行商议。李鸿章称，已于矢野公使约定与其出发前在日本调查各种必要之事，故原本考虑待其归任再做决定。然清国皇帝陛下急于知悉就此事与日本政府能达成何种协议而有所下问，是以望能速定此事之详细，故不待矢野公使归任而请本官了解日本政府之意向、就派遣学生进行安排云云。[1]

在林权助给大隈重信发密电之前，林权助曾经拜会李鸿章。会晤中，李鸿章问及向日本派遣留学生一事。林权助不得不表达日本方面存在的分歧。对于留学生之事，矢野曾经对李鸿章等人表示可以为200名学生提供费用，完成教育。但由于前外相西德二郎对此事后来的冷淡态度，矢野文雄在这个问题上也变得暧昧不清，不敢做出最后的答复。这种情况，使得李鸿章不能不对日本方面所说的中日友谊表示怀疑。对于李鸿章的疑虑，林权助表述了个人意见。林权助说：

当初我国政府提案之精神乃为清国政府觉知养成人才之必要，同时亦尽我帝国对清国之友谊。矢野公使之所谓一切费用则由日本支办……此区区费用

[1] [日]大里浩秋，孙安石编:《近现代中日留学生史研究新动态》第39页，上海人民出版社2014年版。

日本政府负担亦属易事，然则于双方皆有不利影响。故本官于矢野公使出发前向日本政府申告意见，日政府若为清国学生负担衣食费用，虽少亦对两国有害无益。[1]

林权助说，日本政府的资助，使清国学生感到受到日本的私恩，容易招致清国学生对清政府的不满。另外，现在清国的一些地方也正有派出留学生的倾向，中央政府和地方的派出，待遇上存在差异，也会引起学生的怨怼。最后，林权助表示，日本政府承诺为留学生进入政府管辖的学校提供方便，不征收学费，为留学生教育提供教师，但概不负责伙食费等杂费。林权助的意见，李鸿章表示同意。此后，林权助请示了大限重信。大限重信对这个意见表示认可，并指示他见机行事，向清朝皇帝通报日本政府的意见。林权助得到指令后，即向李鸿章发出了正式照会。

这样，林权助等于完成了矢野文雄拖而未决的留学生派出问题。但是，1898 年 9 月 7 日，负责同日方谈判的李鸿章被罢免。当月，慈禧太后又发动了宫廷政变。清政府派遣留日学生的计划也不得不停顿。

矢野文雄提出的接受留学生的提案，虽然并没有真正付诸实施，日本朝野在处理对华关系上也存在不同的意见，但甲午之后，日本为笼络中国的民族情感，一些“有识之士”在与中国联结的问题上表现得十分积极。民族利益的趋势，无论是政府还是民间组织都在通过努力开展对话工作。鼓励和支持中国留学生到日本留学，通过教育对中国产生影响，完全符合日本的利益。日本各界在这个问题上也基本趋向一致。

1898 年 2 月初，日本访华代表团到湖北考察，得到张之洞的接见。日本代表团极力建议湖北派遣学子到日本留学。为使张之洞等人相信留学日本的诸多益处，双方商定，派遣中国教育考察团赴日考察。也正是这次会晤，张之洞做出了派遣湖北青年才俊到日本留学的决定。

[1] [日]大里浩秋，孙安石编:《近现代中日留学生史研究新动态》第 39 页，上海人民出版社 2014 年版。

当时，日本教育界也积极呼吁中国政府应派遣学生到日本接受教育。文部省专门事务局长兼东京帝国大学教授上田万年专门在报纸上发表文章，阐述清政府派遣留学生到日本学习的重要意义，并对有关留学生教育、教学、食宿、参观、旅行等问题发表了较为系统的改进意见。日本教育界知名人士嘉纳治五郎、下田歌子等都亲自来华考察中国教育状况，希望中国政府广派留学生到日本学习。

1899年，前驻华公使大鸟圭介在学士馆演讲《对华今昔感情之变迁》时说，培养中国留学生，是为了"酬彼昔师导之恩义"。当年，日本在枥山县举行陆军大演习，陆军省当时邀请了四川省派遣文官沈翊清、武官丁鸿臣前往参观。其间，日本陆军参谋总长大山岩说，自唐以来日本人就向中国学习，获益颇多，现在愿意帮助中国"以报往日之赐"。日本方面积极发出信号，与清政府的心理需求相一致。因而，也使得留学日本渐成热潮。

三、吴汝纶要留学生"教育速成"

带着以弥时艰的愿望，甲午战争后的清廷，积极鼓励留学生留学日本。1900年，被八国联军赶到西安的慈禧太后，回銮后也不得不支起推行新政的幌子，但是推行新政需要人才，派遣留学生留学日本遂成为热潮。当时，日本国内的一些政客从培植亲日代理人的立场出发，也以"善意"的姿态吸纳留学生。这两个方面，奠定了留学日本成为热潮的政治基础。

留学日本成为热潮，日本人为了自身的利益，也推出了双轨制教育。即为成年学生开设速成科，学制半年至一年，课堂上配翻译，课程集中在最热门的军事、警务、师范等；为较年轻学生开设普通科，学制三年，提供日本学校的标准课程。

速成科就是日本推出的速成教育。当时，推动速成教育还有一个重要原因。甲午战争的失败，中国人对国内近代化的迟缓感到焦虑，进而谋求革新，开始舍弃向西洋直接学习，转而向取得西学要领的日本学习，所以希望日本提供速成教育。当时有一个叫邢赞廷的留学生不满东京同文书院算学、日语和英语课程的学习进度，要求另行补习，以求速成。邢赞廷在写给东京同文书院院方负责人的信中说：

> 算学、日本语，此学堂中进步皆缓。算学，暑假时，别从一师习之一月中抵学堂五月之一倍也，学堂五月仅习得半册，暑假学一月，已尽一册又半，其相悬如此。英语现也不在学堂中学习，晚间别在正则英语学校学习之，学堂五阅月，仅习英语书二册，正则学校三月为一学期，期内能尽五册，也迟速相悬甚远。[1]

也许是人微言轻，邢赞廷的这番话并没有引起日本东京同文书院的重视。日本教育界对中国留学生开展速成教育，应该说，与大清国京师大学堂总教习吴汝纶到日本考察教育有很大渊源。

吴汝纶是安徽桐城人，出身于一个农民家庭，他虽然没有一个显赫的家世，但脸朝黄土背朝天的父亲却知道读书做官的道理。吴汝纶从小倒也争气，家境虽然贫寒，但是学习十分刻苦。他对学习的刻苦，有这样一个故事：一次上学途中，吴汝纶在草丛中捡到一枚鸡蛋，对于农家孩子来说，那时候捡到一枚鸡蛋，那可真是好东西。但吴汝纶舍不得吃，他拿到集市上换来松脂以供自己夜读时照明，凭着自己的刻苦努力，1865年，吴汝纶考中进士，成为曾国藩的一名幕僚，在曾国藩的手下做事，他深得曾国藩的喜欢，曾国藩说他文章奇特，可与汉代的大文豪祢衡相比。

曾国藩去世的前一年，吴汝纶被任命为深州知州，做了一个正局级的五品官员。在深州任上不到两年，父母先后去世，他回乡守孝后，又到冀州担任知州。

[1] [日]实藤惠秀：《中国人留学日本史（修订译本）》第48页，北京大学出版社2012年版。

吴汝纶

吴汝纶在曾国藩幕府做幕僚期间，使他对曾国藩处理政事、行为、生活多有了解，因而也大受影响。他努力学习曾国藩的勤于政事，处理事情巨细无遗，深得百姓称赞。

吴汝纶当地方官时，就积极发展教育。在深州时，他发现这样一种现象，深州地方的一些豪强大户，非法侵占政府的学田。他正为办教育缺少经费发愁，于是，他命令衙役对侵占学田的豪强大户登记造册，逐户前去索要，收回被侵占的学田，划入书院，作为书院的教育经费。发展教育，吴汝纶还亲自为学生授课，他把深州三个县的优秀学生都集中到书院，常常亲自登堂授课，时间久了，人们倒忘了他是管理一方的父母官，而把他尊称为大师。后来，因为父亲去世，他回家奔丧，地方豪强趁机勾结御史以破坏村学弹劾他，朝廷虽然没有治罪，但还是让新任知州把学田退给了豪强大户。

1876年，吴汝纶被调往直隶，任李鸿章幕僚。两人在同治年间吴汝纶参加乡试那年即已认识。当时，李鸿章为考场监督，也就是监考官。那次考试，吴汝纶以第九名的成绩考中举人，从此他与李鸿章师生相称。既是师生关系，李鸿章对吴汝纶也多有眷顾，他进入李鸿章幕府后，李鸿章多次举荐他到地方任地方官，但他都以各种理由回绝了。吴汝纶的理想在教育。光绪皇帝年幼时，慈禧太后为他寻找老师，李鸿章很想让吴汝纶担此重任，并让自己的儿子李经迈亲自前去询问。但吴汝纶再次谢绝了李鸿章的举荐。按说，给皇帝当老师，这对许多人来说，是削尖了脑袋也想挤进来担当此事。吴汝纶却说，给皇帝当老师，虽然是很荣耀的事，但也有一定的风险，当今局势变幻莫测，非一个帝师所能左右，即便是李相（对李鸿章的尊称）这样的才干，都感到力不从心，更何况是在下呢？吴汝纶的话也道出了对时局变化的一种无奈。

吴汝纶不喜为官，热衷于教育，李鸿章便让他到保定莲池书院任教。吴汝纶讲学，注重传扬中国文化，他说，“汉语国文，是天地间最精粹的语言文字，是我们国家所独有的优秀文化。说到实用，崇尚欧、美新学。博物、格致、机械的运用，一定要向他们那里学习，得到他们的长处才能和他们竞争。旧法完好，我还要革新它，何况它们陈旧破敝得不能再用了。”[1]

吴汝纶虽然重视中国文化，但他有一个特点是能够辩证地看待中西文化，因此，他常开导后辈学子，学习中西文化，要辩证地看待，学以致用。

这样的观点，也使得朝廷以及国外听说他大名的人都很仰慕他。日本仰慕他的人，也曾经渡海来向他求学。

维新变法期间，光绪皇帝下诏在京城开办京师大学堂，管学大臣张百熙知道吴汝纶是不可多得的人才，因而上奏朝廷，推荐吴汝纶加五品卿衔担任总教务，吴汝纶坚辞不就，但朝廷谕令已下，吴汝纶没办法，实际上也是一种折中的办法，于是奏请朝廷提出了赴日本考察教育的想法。

吴汝纶决定考察日本教育，是希望通过了解日本的教育实践，对中国的传统教育制度、内容和选拔人才的方式进行重大调整，推动中国教育改革，帮助国家尽快强大。

吴汝纶作为一个大学者，李鸿章几次推荐他步入政坛，但他都坚辞不就，这种淡泊名利的举动深得国内外学界的尊敬。他到保定莲池书院任教时，日本的一些汉学家也慕名前来拜访。1892 年，日本汉学家中岛裁之，听说他的大名曾经前来拜访，他与吴汝纶的接触中，深感吴是一位博学而谦逊的人，因而拜吴汝纶为师，此后两人结下深厚的友谊。吴汝纶也从中岛裁之那里了解到日本教育的一些情况，也使他产生了到日本考察教育的想法。

1902 年 5 月 15 日，吴汝纶从日本长崎登岸，进行了为期四个多月的日本教育考察。这次日本之行，吴汝纶像一个真诚的小学生，处处表现出求知的愿望。当时，他已经 63 岁，但他仍然不辞辛劳，每日早出晚归，到长崎高等中

[1] 赵尔巽等撰:《清史稿》第 44 册，第 13443 页，中华书局 1977 年版。

学易学堂参观了那里的教室、图书馆、实验室、病理室等地方。在日本考察，他有时候一天要跑两三所学校，对各个学校的章程、教学情况、图书资料、仪器设备、师资力量，他都一一询问，详细了解。

这次考察，日本的神户、长崎、东京、大阪、京都等地的大多教育机构都留下了吴汝纶的足迹。从幼儿园、小学、中学到高等学校、示范学院、职业学校、女子学院、华族学校、军事学院以及东京和京都大学，他都一一参观。

考察期间，吴汝纶还多次到日本文部省，听取教育官员介绍日本教育的发展、沿革、制度以及管理情况，并收集各种资料，计划回国后为我所用。

到日本考察，听到的和看到的日本教育状况，使吴汝纶深感振兴中国教育迫在眉睫，他感到自己肩上承担着通过教育改革自强中国的重大使命。因而，他积极地与日本各界人士交谈，向他们请教，聆听他们对中国教育改革的见解。

吴汝纶先后拜访了文部省大臣菊池大麓、高等师范学校校长下田鸽子等知名人士。在与他们的交谈中，有人认为，大清国推行新教育比日本晚了近三十年，因此，中国的教育改革，应以明治初年的教育改革为范本。日本教育界一些人士还认为，日本的成功是在短时间内通过速成教育为国家的振兴提供了大量的人才。还有一些人士认为，中国在推行速成教育的同时，还应发展正式的教育。

在和这些人士的交谈中，吴汝纶联系中国的状况，加以比较分析。5月末，他参观了神户幼稚园，看到教师教幼儿唱歌跳舞，做游戏手工，感到此情此景令人羡慕，应在中国仿行，可惜缺乏幼儿教师。参观东京富士见小学时，见到"房屋甚狭隘"，却又听说许多著名人士都毕业于该校，他认为应归功于"教法善也"。访问京都聋哑盲人学校，见到聋哑学生作画、盲人学生作诗相赠时，他更是赞叹不已："此等教育可弥补天地之所憾矣！"在京都帝国大学，吴汝纶参观了校舍后，特地请求校长木下广次博士把京都大学的校舍做一个木制模型寄给他以作借鉴。[1]在东京帝国大学，他听取了山川健次郎校长的介绍，参观了法科、

[1] 王晓秋：《中日文化交流史话》第20页，山东教育出版社1991年版。

工科和理科，还出席了学生的毕业典礼。听取了山川健次郎校长对东京大学情况的介绍，吴汝纶还与他就中日教育情况进行了交谈。谈到对中国学生的教育，山川健次郎说：

大学校宜先设速成科，请他国教师开讲，别设译人译之。或有谓译人不能通各种学问者，此语诚然。然除文学以外，各种学科，大都不外谈理。谈理之事，无有不可明者。且此本为一时之急，非久计也。……速成科外，以特设正科。[1]

吴汝纶是以京师大学堂总教习的身份考察日本教育的，况且他又在学界享有很高的声誉，因而，很受日本教育界的欢迎。

6月30日，日本教育家古城贞吉在东京精养轩饭店宴请吴汝纶。当时，陪同在座的有8位日本学者，都是日本教育界颇有名望的人物。席间，吴汝纶反客为主，要求在座的每一位日本友人对中国教育“以一言相赠”，实际上，也是想听取最中肯的意见。吴汝纶的真诚，这些日本朋友也都坦诚相见，有人说中国教育应打破传统的流弊，扫除旧的观念，汲取国外所长；也有人认为，中国教育不应摈弃经史百家儒学经典，说这些都是中国传统文化瑰宝，认为中国应坚持以国学为中坚；席间，还有人提出，中国教育的方针应该注重国民教育的普及。

日本帝国教育会会长辻新次认为，对中国学生开办速成教育是一个趋势，他在与吴汝纶的谈话中说：

招募贵国年少有为之士，既通贵国学问者，授以浅近普通学互换智识，两途并进，务期速成，限以一年，往复无已，递传递广，或足济贵国教育一时之急乎。[2]

[1] [日]实藤惠秀：《中国人留学日本史（修订译本）》第48页，北京大学出版社2012年版。
[2] 同上。

持有相同观点的还有日本文部大臣菊池大麓，他也说：

今贵国欲兴教育，养成教员，决不可缓……普通教育固属必要，然专门教育尤重……兴专门教育不在精求学理，在实际应用，大学校造成专门全材，非一朝一夕之事，此可俟他日徐图之……今欲造就应用人才，当思速成法……宜用速成之法造就应用人材，一面宜用循序渐进之法，以造专门全材……速成之法，据贵国今日行政区划言之，京师宜立大学校，其下设预备门。[1]

菊池这段话表明了两点：一是办速成师范解决教员问题；二是于大学堂下设预备门即预科。

在吴汝纶考察日本教育期间，敏感的日本媒体似乎从一些政客、教育家的谈话中嗅到了一种动向，很多报纸、杂志也跟着鼓吹速成教育。斯时，有一个巧合是张百熙、张之洞等人正在制定《钦定学堂章程》。吴汝纶虽然没有直接参与，但他访日期间，接连给张百熙写了六封信，信中阐述了他在日本的所观所感，以及他对教育改革的主张。张百熙在制定《奏定学堂章程》中，采纳了吴汝纶提出的要办好师范学校、实业学校，重视普及教育等意见。《奏定学堂章程》指出："此时惟有急设各师范学堂、初级师范以教初等小学及高等小学之学生，优级师范以教中学堂之学生及初级师范学堂之师范生。……查开通国民知识，普施教育，以小学堂为最要，则是初级师范学堂造就教小学之师范生，尤为办学堂者第一义。""农工商各项实业学堂，以学成后各得治生之计为主，最有益于邦本。其程度亦有高等、中等、初等之分，宜饬各就地方情况，审择所宜，函谋广设。……此项实业分作两班，一班习中等，以期速成，一班学高等，以期完备。"[2]吴汝纶考察日本教育，日本教育界提出中国应推行速成教育的主张，受此影响，《奏定学堂章程》对此也多有提及。朝廷中一些

[1] 吴汝纶：《函札笔谈》，见吴汝纶：《东游丛录》第 40 页。

[2] 舒新城编：《中国近代教育史资料》上册，第 202 页，人民教育出版社 1961 年版。

1903 年，袁世凯参观京师大学堂译学馆时，与大学堂主要官员合影（前中为袁世凯）

洋务派官员也积极呼应。张之洞为此上奏朝廷，提出速成教育可以在短期内为朝廷培养实用人才，为刚起步的新政改革提供急需的人才。为推行速成教育，朝廷除了派遣官费生外，还鼓励自费生留学日本。

日本教育界的建议，清政府积极推动。教育速成给留日学生这样一种想象，认为到日本学习一年半载就可获得文凭满载而归，回国为朝廷所用，从此高官可做，骏马可骑。

推行速成教育，于日本教育界而言，大批涌来的留学生可以为日本带来巨大的经济利益，何乐而不为。在这样的情况下，专门为中国留学生设立的各种速成班如雨后春笋般纷纷出现。成城学校、东京同文学院、弘文学院、早稻田大学都开设了速成班。

日本的一些学校为吸引中国留学生甚至出现了恶性竞争的局面。甲校提出一年就可以完成学业，乙校就宣扬八个月拿到毕业文凭，丙校则信誓旦旦地宣称半年足矣，更为荒唐的是，有的学校说一两个月就可以完成学业，拿到毕业文凭。

速成教育虽然使一些人获得了毕业证书，但到日本后他们都学到了什么，他们自己都不知道。这样的教育方式，显然有着急功近利的功利色彩。面对这种问题多多的速成教育，驻日大使杨枢在给清政府的《密陈在东情形折》中说："挟利禄功名之见而来，务为苟且，取一知半解之学而去，无补文明。"[1]

有日本学者指责所谓速成教育之弊。日本早稻田大学管理清国留学生的负责人青柳笃恒曾是速成教育的积极推动者，而在1905年7月17日，他在《东京朝日新闻》发表题为《中国留学生问题》一文，表明了他对速成教育存在问题的认识。说："彼等清国留学生多以速成为主，在外积萤雪之功仅一年半载，其所得无何。甫尝学问之味，则学业已成，手持毕业证书，洋洋而就归国之途，然犹不能独当亲自教育子弟之责，依然以外国教师之力是赖。如此，则学问之独立何存，清国之国民教育将何日求之？"[2]

留学生速成教育欲速则不达，清政府逐渐也认识到了问题的严重性。1906年，端方和戴鸿慈在联名写的《条陈学务折》中，向朝廷说明，留学生教育速成，一些留学生到日本后，并不是真心向学，只是贪图留学虚名，整日里吃喝玩乐。他们这样在日本呆上几个月却可以获得文凭。这样的学生没有学到应该学习的知识，对国家的振兴自然不会带来什么帮助。

端方和戴鸿慈的联名奏陈，并非空穴来风。当时，在日本留学的中国留学生已经达到一万余人。但这些学生中，大多是在速成班学习，有60%左右，而在普通科学习的不过30%，还有一部分到日本后因为各种原因中途退学，真正进入日本高等院校的不过4%左右。端方的奏章中还说，这些学生到日本后，学习一年半载，往往语言都没有学会，专业技能更是一知半解。甚至有的学生到日本后根本就没有接受教育，只不过花钱买一张文凭骗取朝廷而已。

鉴于速成教育问题多多，清廷不得不于1906年出台了新的留学章程。要求到日本留学的学生需具有中等以上的学历，一定的日语能力，通过各地的审查到日本留学。此外，朝廷要求各地停止向日本派遣速成留学生。

1907年留日学生已见减少，1909年约有5000人，其后更锐减；随着

[1] 陈学恂、田正平编：《中国近代教育史资料汇编：留学教育》第367页，上海教育出版社1991年版。
[2] [日]实藤惠秀：《中国人留学日本史（修订译本）》第50页，北京大学出版社2012年版。

1911年辛亥革命爆发，留学生几乎全部返国。这一时期的留学生虽然在数量上下降了，但是留学生受教育的质量却在不断上升。留学生已经从为“普通学”而留日转变为“专门学”而留日。由于大家非议速成教育，主张先学好日语才去留学,以便接受专门的教育,于是,为留学做准备的日语教育在中国兴盛起来。

四、鲁迅留学日本的“医病”与“医国”

大批的留学生走进日本，缩短了西方文化与中国学子的精神距离。因而，张之洞认为这种趋势是“我取径于东洋，力省效速”[1]。甲午战争的惨败，列强的索要多端，也使众多的爱国学子认识到，要救亡图存，出国学习国外先进的军事、科学技术以及文化，是挽救民族危亡的重要途径。

当时的留学生这样呼吁：“他日立中国强固之根基，建中国伟大之事业，以光辉于20世纪之历史者，必我留学生也。”鲁迅、陈独秀、陈天华、杨度等一大批爱国知识分子就是在这种精神的促动下，带着救亡图存的思想走出了国门。

鲁迅是1902年走出国门，负笈东瀛的。鲁迅到日本留学，本来是应该学习矿务学，但是，由于父亲的过早病亡，使他选择了学习医学，希望将来回国后为病人医治病痛。可是他在日本的学习生活，使他发现，真正贫病的是国人的灵魂，因而，他又经历了弃医从文的巨大转变。

鲁迅，原名周树人。1881年9月25日，他出生在浙江绍兴城的东昌坊口。他的祖辈都是读书人，祖父在北京做到了翰林学士，父亲也是相当有地位的读书人，鲁迅早年也曾经循规蹈矩地渴望通过科举考试来博取功名进入仕途，如果不是时代的巨变和家庭的衰落，他会成为像他的祖父那样的士大夫。

在鲁迅尚未成年的时候，他的祖父由于“科场案”而被捕入狱，祸不单

[1] 王奇生:《中国留学生的历史轨迹: 1872—1949》第96页, 湖北教育出版社1992年版。

行的是，他的父亲又因病而亡。家族的两个顶梁柱一个锒铛入狱，一个病殁，朝气蓬勃的家庭陡然间陷入了极度的困顿。时势的变迁也随之将他们的家庭抛出了传统士大夫的生活轨道，但鲁迅又是一个不甘沉沦、不安于现状的人。当时的西学已经逐渐形成潮流。于是，1898年闰三月，年仅18岁的鲁迅投考了当时由洋务派官僚主持开办的江南水师学堂。1899年正月，改入江南陆师学堂附设矿务铁路学堂。虽然学堂奉行的指导思想不外乎中体西用，但鲁迅在学堂里还是接受了一些西方思想。对他影响最大的是严复翻译的赫胥黎的《天演论》，朴素的进化论观点由此深刻地影响他很长一段时间。

少年时代的经历，鲁迅在自叙传中回忆：

> 我幼小的时候，家里还有四五十亩水田，并不很愁生计。但到我十三岁时，我家忽而遭了一场很大的变故，几乎什么也没有了；我寄住在一个亲戚家，有时还被称为乞食者，我于是决心回家。而我的父亲又生了重病，约有一年多，死去了。[1]

鲁迅在矿务铁路学堂读了两年书，毕业的时候，先前那个老问题又拦住了他：以后怎么办？出路在哪里？

鲁迅知道出洋留学已经成为一种风气。当时，国家的腐朽、传统的科考制度使许多青年学子感到人生前路的迷茫，于是，他们中的大多数人都希望走出国门，接受新式教育，希望以此改变自己和国家的命运。鲁迅也希望像其他学子一样走出洋留学这条路。但是，家庭的变故，使他不可能像其他的自费生那样得到父母、家人的资助，阔阔绰绰地到国外留学，鲁迅只能争取官费，到离中国最近的日本留学。

1902年3月24日，鲁迅从南京登上了日本轮船“大贞”号经由上海到日本去。鲁迅是由当时的矿务铁路学堂总办俞明震带往日本的。俞明震也是个新

---

[1] 曹聚仁:《鲁迅评传》第12页，复旦大学出版社2006年版。

派人物，鲁迅说，矿务铁路学堂的“总办是一个新党，他坐在马车上的时候大抵看着《时务报》，考汉文也自己出题目，和教员出的很不同。有一次是《华盛顿论》，汉文教员反而惴惴地来问我们道：‘华盛顿是什么东西呀？’”[1]由此，鲁迅说俞明震是新派人物，所言不虚。当时，俞明震率领出国的留学生中，有江南陆师学堂应届毕业生22名和矿务铁路学堂毕业生6名。这6个人分别是鲁迅、张邦华、顾琅、伍崇学、徐广铸和刘乃弼。此外还有陈衡恪，他家同俞总办是近亲，也自费一同前往。他们一行于4月4日到达横滨，随即转赴东京。

留学这事，后来鲁迅在《因太炎先生而想起的二三事》一文中回忆说：

> 清光绪中，曾有康有为者变过法，不成，作为反动，是义和团起事，而八国联军遂入京，这年代很容易记，是恰在一千九百年，十九世纪的结末。于是满清官民，又要维新了，维新有老谱，照例是派官出洋去考察，和派学生出洋去留学。我便是那时被两江总督派赴日本的人们之中的一个。[2]

《在现代中国的孔夫子》一文中，鲁迅也作了类似的回忆。但是义和团运动完全失败，政府就又以为外国的政治法律和学问技术颇有可取之处。鲁迅渴望到日本留学，也就在那时候。

鲁迅在日本最初就读的是弘文学院，亦称“宏文学院”，是清末日本专为中国留学生兴办的一所速成学校，创建于1902年。当时，在弘文学院读书的还有陈天华、杨度、黄兴、杨毓麐、胡汉民、胡元倓、杨昌济、朱德裳、石陶钧等人。

弘文学院的校长是嘉纳治五郎，他在日本教育界享有很高的声望，除了有一段时间担任日本贵族院的院长外，其余时间都在教育界供职。他担任过第

[1] 鲁迅:《鲁迅全集》第二卷，第296页，人民出版社1981年版，又见朱正:《鲁迅传略》第21页，人民文学出版社1982年版。

[2] 鲁迅:《鲁迅全集》第六卷，第557—558页，人民文学出版社1981年版。

五和第一高等中学的校长，也担任过教育部普通学务局长。在东京高等师范学校校长任上，他一干就是26年。

鲁迅在弘文学院时的毕业照

嘉纳治五郎主张对中国留学生速成教育，他创办的弘文学院也积极地开设速成班。弘文学院开设的速成班主要有师范、警务、理化、音乐、日文等科目。速成班的学习期限根据个人需要而长短不一，有六个月、八个月、一年、一年半。除了速成班外，弘文学院还开设了普通科，主要学习日文和自然科学知识，为学生考入高等专门学校打下基础。

鲁迅在弘文学院读书，被分配到江南班。因为对中国学生的分班，是按省籍进行的，鲁迅是浙江人，所以被分配到江南班。在第一届56名学生中，鲁迅是22名寄宿学生之一。弘文学院对中国学生有一些规定，主要是要求学生遵守孔子礼仪，尊重日本国体和学院的制度。鲁迅没有想到到日本后，还要有遵守孔子礼仪的约束。他回忆，有一天，“学监大久保先生集合起大家来，说：因为你们都是孔子之徒，今天到御茶之水的孔庙里去行礼吧！我大吃了一惊。现在还记得那时心里想，正因为绝望于孔夫子和他的之徒，所以到日本来的，然而又是拜么？一时觉得很奇怪。而且发生这样感觉的，我想决不止我一个人。”[1]

这次集合之后，鲁迅和他的中国同学才知道弘文学院有个校规，凡逢孔子诞辰，晚餐必须敬酒。校长嘉纳治五郎曾经对他们训话说：

中国言德育，所取者孔子经训而已。但孔子之经训，活用之则为文明之要素，死守之则为糟粕之陈言。趋入二十世纪文明之世界，而但取口舌间之伦

[1] 朱正：《鲁迅传略》第27页，人民文学出版社1980年版。

理与模范上之观念，以装点门面，并不足以应无方之世……振兴中国教育以进入二十世纪之文明，因不必待求之孔子之道以外，而别取所谓道德者以谓教育。然其活用之方法，则必探明中国旧学而又能掺合泰西伦理道德学说者，乃能分别其条理而审之规律。[1]

在国内，频繁的孔子礼仪，已经使鲁迅对这种礼仪深深地厌倦了。而在日本，弘文学院不敢越过孔孟雷池一步的保守方针和在这种方针指导下的保守课程内容，使鲁迅和他的中国同学不免有一些失望。同学们虽然讨厌嘉纳治五郎的保守，但对他还是仰慕的。他给人的第一印象是个子矮小，身体虚弱。但对他了解的人，都知道他会些武术功夫，他曾经跟名师练习过传统柔道，并深入研究了如何利用对手的体重和力量，做到“以柔克刚”。鲁迅听说，嘉纳治五郎曾经将一个大汉背起来抛出去，弘文学院创立之时，嘉纳治五郎还同时开设场馆及现代柔道术。

鲁迅和其他留学生听说嘉纳治五郎的这些本领，便纷纷到他设立的讲道馆报名学习柔道。在弘文学院“牛込分场”的入门名簿登记表上记有他们的姓名。他们是“牛込分场”接纳的第一批门生。[2]

鲁迅在弘文学院读书，还有两件事使他感到失望：一件是针对日本《二六新闻》报纸的抗议风波。1902 年 6 月 22 日到 24 日，日本《二六新闻》连续三天刊登了题为《妖魔出没的清国留学生会馆》的报道。报道披露了中国广东籍留日学生汤某将日本妓女带回留学生会馆淫乐一事。新闻第一次见报后，会馆干事和当事人汤某就找到该报编辑，要求登报道歉消除不良影响。但是，《二六新闻》报馆方面举具体事实来做反驳，坚决拒绝取消登报和道歉。不仅如此，该报又继续深入报道，且语言上明显表现出对中国留学生的不友好，有一种恶意的侮辱和敌意。全体留学生不得不于 6 月 28 日召开临时大会，讨论解决问题的办法。毕竟，将妓女带回留学生会馆不是一件光彩的事情，况且留学生会

[1] 朱贞：《晚清学堂读经与日本》，《学术研究》2015 年第 5 期 。

[2] [日]细野浩二：《鲁迅的境界——追溯鲁迅留学日本的经历》，（日本）《亚洲评论》1976 年第 4 期。

馆规定不允许留学生在食堂举行宴会以外的场合喝酒。留学生在外应该处处维护自身的形象和尊严，为了保护会馆的名誉，大会决定将汤某除名，剥夺学籍，要其离开日本。

平日里，中国留学生就常常受到日本一些民众的侮辱和歧视，现在还要面对日本媒体的傲慢，这使鲁迅对留学日本感到失望。

1903 年春夏之际，鲁迅又目睹了一次风波。这次风波的原因是弘文学院的教育设施不能满足学生的需要。学生要求学院改革普通科课程，增加学习内容。面对学生的要求，院方毫无反应。非但如此，弘文学院还增加了学生的学习和医药卫生费用，并发布相关规定十二条。学生们坚决反对增加收费，但院方态度强硬，要求学生们必须执行。并声称，拒不执行的可以退学。这样，愤愤不平的学生们只好宣布罢课。从 3 月 29 日开始，鲁迅、张邦华、顾琅、伍崇学、许寿裳等中国留学生在留学生会馆集会，抗议学院的不合理规定，要求学院改革课程、开办走读、撤去这次出面提出新条例的教务干事三矢重松等项要求。为此不断有学生停课离校声援，当离校学生达到 50 多人的时候，嘉纳治五郎只好答应学生们的要求。这样，学生们才重返课堂上课。

数年后，鲁迅执教绍兴府中学的学生们也发生了罢课风波，鲁迅在写给好友许寿裳的信中说到这事，感同身受，说“此次风波，别有由绪，学生之哄，不无可原。我辈之挤加纳于清风，责三矢于牛入，亦复如此”。他是回想起他们自己在弘文学院闹风潮的往事。信中说的“清风”指清风亭，东京地名；“牛入”指弘文学院的所在地牛込西五轩町。

在弘文学院，鲁迅经过近两年时间的学习，于 1904 年从弘文学院普通速成科毕业。他的毕业证书上赫然写着：“大清国浙江省周树人，从明治三十五年四月至本年四月，在本学院学习日本语及普通速成科毕业，以此作证，明治三十七年四月三十日，大日本弘文学院院长嘉纳治五郎（章）。”

弘文学院的学习生活，鲁迅虽然间或有一些不顺心，甚至失望，但获得毕业证书那一刻，他又感到一种坦然，毕竟在弘文学院他还是学到了一些基础知识，开阔了视野。因为是官费生，按照事先的安排，从弘文学院毕业的鲁迅应该到东京帝国大学工科学习采矿冶金专业。但是，鲁迅却早已另有打算，他决定改学医学，对于这个决定，他后来回忆：

待到在东京的预备学校毕业，我已经决意要学医了，原因之一是因为我确知道了新的医学对于日本的维新有很大的助力。……我的梦很美满，预备卒业回来，救治像我父亲似的被误的病人的疾苦，战争时候便去当军医，一面又促进了国人对于维新的信仰。[1]

回想在国内，百姓因为病痛而无医可治，中医又是那么的不尽如人意，都使他感到应该学习医学，为国人医治病疼。这种思想动机的促动，他不但自己学医，还鼓动江南班的其他同学也学习医学。他对厉绥之说："做医生不是为了赚钱，而是为劳动同胞治病出力，清政府以民脂民膏给我们出国留学，我们应报答劳苦大众。"[2]东京本不乏医学校，但是鲁迅不喜欢留在东京。他的《藤野先生》一文，劈头第一句就是"东京也无非是这样"，并不是对东京这座城市不满，而是看不惯一些留学生的放纵。

初入弘文学院之时，中国留学生汤某在留学生会馆招妓事件，使鲁迅内心感到失望。在弘文学院读书，他也的确感受到了一些留学生的功利心态，有的留学生来到日本，只为获取一纸证书，然后就可以回国升官发财，他们从不认真读书，整天吃喝玩乐，甚至在会馆里跳舞。这些举动，鲁迅很是反感，想远远地避开他们。他选择到仙台学医，就有这种憎恶的成分。

鲁迅在日本留学时，对学习成绩差的同学也有几分冷漠。他在仙台医专学医时，有一个叫施霖的中国同学，两人曾经同住一室，但后来关系非常冷淡。施霖是浙江仁和人，1902 年官费留日，先入弘文学院，1903 年进入正则学校学习，1904 年转学到仙台第二高等学校二部工科二年级学习，研学工兵火药。他是进入仙台第二高等学校的第一个中国留学生。仙台第二高等学校和仙台医

[1] 朱正：《鲁迅传略》第 38 页，人民文学出版社 1980 年版。

[2] 厉绥之：《五十年前的学友——鲁迅先生》，《文汇报》1961 年 9 月 15 日。

专就在一个院子里，大门左右分别挂着两校的牌子。因此，鲁迅与施霖相识并同租公寓。

应该说施霖是早于鲁迅来到仙台学习的，这一点在日本一些报纸上得到佐证。1904年7月，仙台的报纸先后对他们的到来予以了报道。7月11日仙台的《东北新闻》报道了第二高等学校准许清国留学生施霖的入学许可。第二天，这家媒体又对施霖的情况作了较为详细的说明：（施霖）浙江省仁和县出生，字雨若，东京正则学校毕业，志愿学习理工科，希望研究“军工火药制造”。

4天后的7月15日，仙台《河北新报》则报道了鲁迅入读仙台医专的消息。当时的报道在介绍鲁迅履历的时候，出现了两个错误，说：“仙台医学专门学校于九月十一日许可清国留学生周树人入学，周是南京人，曾在南京陆师学堂学习，后毕业于东京弘文学院普通科。”鲁迅是浙江绍兴人，而不是南京人；另外，鲁迅在弘文学院，读的不是“普通科”，而是“普通速成科”。

当年9月间，仙台《东北新闻》对鲁迅和施霖到仙台读书的情况又进行了报道。9月10日的报道题目是《医专新入学的中国留学生》，报道说，鲁迅已到仙台医专学习，“周树人操着流畅的日语，是一位愉快的人物”。三天后，该报第七版又发表了《清国学生》一则，报道了清国留学生施霖在正则学校学习的消息，说他们暂时住在片平丁五十四番地的田中宅旅店。报道把周树人的名字误写为“周土付人”。

鲁迅和施霖共同租住过公寓，关系应该是密切的。但鲁迅从没有提起过施霖。鲁迅为什么不愿提及施霖呢？一个根本的原因可能是施霖不够优秀。关于这个猜测，从一些史料中也可以发现蛛丝马迹。根据考证，施霖在正则学校读书期间，第一学期除了体育考试得了满分，其他成绩如英语、几何、代数、日文全不及格。到了第二学期，因为学习成绩太差，他被学校做了留级处理。又过了一年，他的成绩仍然没有达到升级的标准。鲁迅在日本学习，希望通过自身的努力改变在日本一些人眼中，中国人是低能儿的偏见。而施霖的个人成绩不但不能为中国学生增光，反而会成为“中国人是低能儿”的证明，或者因为这样，鲁迅便对施霖略而不提了。

鲁迅在仙台医专时与同学合影（中排左起第三人是鲁迅）

鲁迅在仙台医专读书时，他的学习成绩虽然不是很好，但属于中等，比起施霖的成绩要好得多。藤野先生对鲁迅有好感，因而很希望他在医学上有所造诣。但是，在那个贫病交加的中国，他发现，学医并不能医治国人麻木的灵魂，所以他又抛弃了医学，转而学起了文学。对于这一转折，鲁迅曾经回忆：

我在这一个讲堂中，便须常常随着我那同学们的拍手和喝彩。有一回，我竟在画片中忽然会见我久违的许多中国人了，一个绑在中间，许多站在左右，一样是强壮的体格，而显出麻木的精神。据解说，那绑着的，是替俄国做了军事上的侦探，正要被日军砍下头颅来示众，而围着的便是来赏鉴这示众的盛举的人们。这一学年没有完毕，我已经到了东京，因为从那一回以后，我便觉得医学并非一件紧要的事，凡是愚弱的国民，即使体格如何健全，如何茁壮，也只能做毫无意义的示众的材料和看客，病死多少是不必以为不幸的。所以我们的第一要著，是在改变他们的精神，而善于改变精神的是，我那时以为当然要推文艺，于是想提倡文艺运动了。[1]

[1] 曹聚仁：《鲁迅评传》第25页，复旦大学出版社2006年版。

使鲁迅弃医从文的幻灯片历史照

鲁迅当时是站在爱国的民族主义立场上学习医学，后来也是因为同样的原因变为提倡文艺运动了。

周作人说：“鲁迅那时的思想，我想差不多可以民族主义包括之，如所介绍的文学，亦以被压迫的民族为主，或则取其反抗压制也。”这话是不错的。这以后的日子里，鲁迅脑海里常常翻滚着一些画面：大清朝野许多官员势利的眼神，面对列强的奴颜婢膝，列强在中国领土的专横跋扈，城市、乡村沉重的暗夜，留学日本的中国留学生被无端地讥笑为“猪尾奴”，中国人的麻木，日本同学看完幻灯画片的喝彩，都像是一把把无形的利剑在刺戳着他的内心。于是，他那通过学医为家乡父老诊病的信念，被这无形的利刃割断了。一种新的理想开始占据上风，医治国人的疾病，莫若医治国人的灵魂，这样中国才有希望。只有医治好国人的灵魂，唤醒人们的精神，才能使沉睡的祖国惊醒起来。鲁迅选择了用文学艺术作为自己的思想武器。在鲁迅看来，只有文学艺术才是医治国人灵魂的良方。

鲁迅拿定主意后，便去向对他学医寄予厚望的藤野先生告别，他向藤野先生说了自己的想法，藤野先生听了鲁迅的话之后，似乎想说什么，但什么也没有说。他只是把自己的一张照片送给了鲁迅，藤野在照片上题着“惜别”二字，作为纪念。就这样，鲁迅带着强烈的民族情感，带着为国人医治灵魂、鼓舞民族精神的理想离开仙台医专，前往东京，以一种新的姿态，开始了他的文学救国旅程。

五、成城学校入学事件的发生

中国学子到日本留学，弱国的屈辱感和被排斥的遭遇，留学生们也起来反抗，因而，各种冲突事件时有发生。

1902年发生在成城学校的入学事件具有反封建的性质。当年7月，留日自费生钮瑗、李显等9名学生希望进入成城学校学习军事。这是一所陆军士官学校，校方规定，进入该校学习需要大清国公使馆做出担保，如果没有担保，则不准入学。为此，学生们找到清国驻日公使蔡钧，希望他予以担保。但是，蔡钧拒绝在9名留日学生的入学证件上盖章。他的理由很简单，这些留学生有革命倾向。

蔡钧持这一观点是因为当年4月，革命党人章太炎到日本，在东京召开集会，宣扬革命。当时参加集会的留日学生有数百人之多。这一事件，蔡钧已央求日本外务省和警方出面干预。蔡钧担心革命事态扩大，于是将此事秘密奏报朝廷，说留学生图谋革命，要求停止派遣留日学生。

对于蔡钧的举动，留日学生认为，这是清政府计划阻挠自费留学生学习军事。因而，学生集体闯进公使馆，要求蔡钧盖章，对入读成城学校予以担保。留学生还表示，如果公使不答应他们的请愿，就不离开公使馆。双方相持到深夜，蔡钧喊来日本警察拘捕留日学生，从而使事件变得更加复杂。

在蔡钧奏明朝廷留日学生图谋革命，而要求停止派遣留学生的背后，一个深层次原因是留学生日益增多，而且大多倾向革命。清廷担心形成乱源，危及朝廷政体。

1900年以前，中国学生到日本留学的不过160余人，到了庚子以后，留日学生大幅度增加。至1902年成城学校入学事件发生之时，留日学生已经达到600余人。在这些留日的学生中，既有官费生，也有自费生。当时，朝廷规定，到日本留学的留学生必须由驻日公使咨送，留学事务也由驻日使臣兼管。

1901年，继李盛铎之后，蔡钧被清廷任命为驻日公使。根据蔡钧向朝廷的汇报，当时留学生自费的情况已经非常突出。

曾经就读日本成城学校的戢翼翘将军，他是13名留日生之一戢翼翚的弟弟

留学强国理想的推动，促进了留日运动成为热潮。但1900年以后，蓬勃发展的革命浪潮使得清廷担心革命力量危及到其政体朝纲，而把革命党视为“乱源”，开始对留学生予以限制。1900年又恰逢维新派人物唐才常发动自立军起义，声势震动朝野。张之洞为此特别撰文致留学生，要求留学在外的学子“察其明晓大义，专心向学，不为康梁邪说所惑者奖而护持之，其误被引诱随声附和而非甘心从乱者则严切告诫而开导之，倘有执迷悖谬无从冀其悔悟者则商明各校长设法汰除之”[1]。

1902年初，驻日公使蔡钧也秘密向朝廷奏报说，留学生到日本后，受到康梁和革命党的蛊惑，遂入歧途，学业未成，而根本已失。在蔡钧奏明朝廷的当口，恰逢章太炎、马君武、冯自由等人在日本发起成立了支那亡国242年纪念会。这个组织的成立，日本军部出面干预，并电告清政府说，现在有贵国不良之徒在东京设会，将以亡国纪念会名义，诱惑留学生，日本当局已经严行查办。成城学校有一名可疑分子，现在已被勒令退学。

日本军部的信函加重了清政府对留学生的疑忌，朝廷上下把留学生视为乱党的大有人在。因此，朝廷也减少了留日生的派遣名额。同时，朝廷当局和日本舆论都认为，官派留学生比较安分，自费留学生多是乱源。日本政府也对习武备者实行更为严格的限制，进入成城学校学习的人必须持有本国督抚的咨

[1] 张之洞：《咨出使日本国大臣送劝诫国会文及示稿》，张之洞：《张文襄公全集》卷104，（台北）文海出版社1970年版。

文，并严格限制自费留学生进入成城学校学习。这样矛盾就不可避免地发生了。

根据当时在日本考察学务的李宗棠对成城学校事件的记载，1902 年 7 月 13 日，吴稚晖奉两广总督之命，带领 10 余名学生到日本留学，其中有 9 名学生想进入成城学校学习陆军。但是按照规定，这些自费生进入成城学校学习军事必须由清政府驻日公使保送才能入校学习。当时，京师大学堂总教习吴汝纶正在日本视察学务，吴稚晖便托请吴汝纶向清廷驻日公使蔡钧求情。

7 月 18 日，吴汝纶致函吴稚晖说，关于托请 9 人进入成城学校之事，蔡公使已经答应选其中的 5 人入学，要求报上名单和保证书。吴稚晖得到吴汝纶的回信后，即将消息告诉了希望到成城学校学习军事的人，于是，章宗祥等 20余名学生准备了8封保证书，还从伊泽修二女婿吴振麟处得到了他的保证书。第二天，章宗祥等人将这些保证书交给吴汝纶，请他代为帮助。

此后的数天里，吴稚晖多次询问保证书的办理情况。吴汝纶虽然是一介大儒，此番又是以京师大学堂总教习身份考察日本教育。他虽然在学界享有很高的声望，但毕竟不是政界实官，因而，蔡钧并不买账。他以留日学生意图革命、事态危险为由，拒绝在保证书上盖章。蔡钧此举，吴汝纶也是无可奈何。

7 月 28 日上午，吴稚晖与自费留学生共同拜见了吴汝纶，吴汝纶表示，参谋本部不答应，蔡公使也不答应亲自担保，自己也是无能为力。这样，吴稚晖等人随即前往清国驻日使馆要讨个说法。

吴稚晖等人前往公使馆之时，日本警察得到消息，早已严阵以待。学生们要求公使蔡钧出来接见，但蔡钧拒不接见。当天，天气炎热，学生们饥渴难忍，再加上他们已经知道蔡钧密奏朝廷说留学生中有人倾向革命的消息，这些因素都使学生们的愤怒达到了极点。因而，学生们横下一条心，一定要见到蔡钧，否则决不离开。双方坚持到晚上七点，蔡钧才一副傲慢之态出来接见。

此时，吴稚晖等人为促成保证书一事，强压怒火，忍气吞声地跪拜在蔡钧面前，向蔡钧陈述请求拜见的原因。吴稚晖陈述到最后，追问，此乃公使大人举手之劳，为何断然不肯，这一问，学生们纷纷追问。如此一来，蔡钧脸上挂不住了，作为公使，他感到自己地位高高在上，是这帮草根可以随便质问的吗？当时的礼制使他认为这些学生是在犯上作乱。他大怒，严斥学生们纯属无理取闹，目无纲纪。

蔡钧的严斥，使学生们强压的怒火终于爆发起来，双方为此发生了激烈的争吵。最后蔡钧词穷理屈，拂衣而去。蔡钧离开后，公使馆工作人员要求日本警方驱散这些学生。于是，手执红白灯笼的日本警察三四十人，蜂拥而上，将吴稚晖、孙揆抓住，带往警察署关了一夜。

吴稚晖、孙揆两人被带走后，日本警方处理起来非常谨慎，原本打算将两人送回寓所，但是，吴稚晖和孙揆把这件事视为奇耻大辱，不肯就这样不明不白地回到寓所，后经警方的劝说，到了 29 日两人才勉强同意回到寓所。

30 日，吴稚晖又联合 20 多名留学生，到公使馆希望面见蔡钧，但没有得到答复，蔡钧也避而不见。但是这件事后，日本警方却在 8 月 5 日早晨通知吴稚晖与孙揆，说他们妨害社会治安，勒令其离开日本。日本警方的这个通知，吴稚晖表示强烈不满。8 月 6 日，吴稚晖和孙揆携带事先写好的绝命书，“在日警押送下经过皇宫护城河时，愤而投水，被日本警方救起，送到神户，硬行押上一艘法国邮船，并派人陪送回国”[1]。两人投水是希望以死上谏，唤起留学生的“民权自由”思想，推动留学生学习军事的正当要求，反抗日本政府的干预。吴稚晖、孙揆的绝命书中直言“就死于大日本帝国”，是出于奉劝日本政府不可阻碍留学生留学之意，自费生希望学习军事与国家的命运息息相关。

吴稚晖、孙揆二人被日本警方救起后，决定推延到当日下午遣送回国。两人即将被遣送回国的消息在留学生中飞速传开，秦毓鎏、许嘉澍等数百名留日学生聚集起来为他们送行。斯时，因维新变法而流亡日本的梁启超也从横滨到码头为吴稚晖、孙揆送行。吴稚晖、孙揆两人的被捕并被遣送回国之前，梁启超在日本主编的《新民丛刊》上说：“吴君之被捕也，以为士可杀不可辱，欲以一死唤醒群梦，引起国民权利思想……”呼吁留日学生：“诸公努力，仆终不死”。[2]当时，日本十四家报纸纷纷报道此事，除两家保持中立外，其

[1] 夏东元：《二十世纪中国大博览》第 29 页，吉林人民出版社 1994 年版。

[2] [日]实藤惠秀：《中国人留学日本史（修订译本）》第 311 页，北京大学出版社 2012 年版。

他都支持学生，一时影响极大。

后来成为国民党大佬的吴稚晖

得知吴稚晖、孙揆两人的求死举动，正在日本游历的蔡元培担心他们仍想不开，再出意外，因而特地改变了自己的行程，陪同他们一同返回中国。

这一事件的发生，结果如何？吴稚晖、孙揆两人被遣送回国后，留学生秦毓鎏、张肇桐、钮瑗、沈宏豫等人在8月9日再次上书请求拜见蔡钧。吴稚晖、孙揆是为留学生入读成城学校，而这次秦毓鎏的请求拜见，则是为争回国权。

秦毓鎏认为，吴稚晖、孙揆被押送回国，这实在是有伤国体，要求公使与日本政府据理抗争。同时，仍然要求蔡钧能做出担保，报送钮瑗等9名学生进入成城学校学习军事。留学生还集会讨论解决问题的办法。集会决议，为了使事情得到合理解决，学生暂时罢课。如果事情仍然不能得到解决，就将群体退学。这个决议，弘文学院的学生响应最为激烈。当时，弘文学院的中国留学生已达100多名，他们组织、串联其他学校的中国学生共200多名表示响应决议，如果事情不能得到圆满解决，均有退学离日之意。

留日学生的抗议行动，当时已到日本留学的鲁迅在日记里说，吴稚晖、孙揆离日后"留学生会馆为此事召开大会，决定各校一律停止上课以待交涉。弘文学院的自费生为此事也不断申请退学，院方决定停课一周以俟缓和"[1]。

当时，胡汉民才刚刚到日本留学一个多月。但他毅然率领同学到公使馆门口提出抗议，抗议蔡钧不为学生着想，要求日本教育当局满足中国学生到成城学校学习的愿望，如不能使事情圆满解决，将集体罢课回国。

胡汉民是广东同学的领袖，他发起抗议之时，响应者有百十人。但是日

[1] 胡汉民：《胡汉民自传》第9页，（台北）传记文学出版社1982年版。

本政府采取分化、诱胁的办法，使得一些学生因担心害怕而给学校上悔觉书表示悔过。这样的局面，让胡汉民更加气愤，“遂单独提出退学书，径归国”[1]。跟随胡汉民一起回国的有十多人。

对于吴稚晖、孙揆的被遣送回国，当时正在日本考察教育的吴汝纶也是愤愤不平。他在吴稚晖、孙揆被日本警察羁押的第二天即前往公使馆找到蔡钧，希望这件事能够得到缓和，圆满解决。吴汝纶后来又听说吴稚晖、孙揆投河的消息，更感到解决这一问题刻不容缓。当时，他即给蔡钧写了一封信，请求蔡钧想办法救护吴稚晖、孙揆两人，吴稚晖的信中劝慰蔡钧以国体为重，他说，“此事当视学生为一体，阋墙御辱、星使以争回保护学生之权为重，万乞断决行之。”[2]

吴汝纶的信函，蔡钧仍然没有理会。与此同时，吴汝纶又找到日本文部省参事官田所美治转求文部省挽留吴稚晖，但是，此时吴稚晖已经在被押解回上海的途中。因此，对于这一件事，吴汝纶既遗憾也感慨。后来，吴汝纶多次在自己的日记中提及吴稚晖被遣送回国之事，认为是国家的耻辱。

吴稚晖被遣送回国后，吴汝纶与蔡钧断绝了来往。他在日记中表示，蔡钧对于吴稚晖被遣之事，本是力所能及之事，可他却不复与闻，实在是国家的耻辱。虽然如此，吴汝纶知道，留学生入读成城学校一事终究是要解决的。此后，由于吴汝纶与日本外务省总务长管珍田舍己等日本官方人士的积极交涉，又因为日本友好人士长冈护美子爵的积极斡旋，中日之间终于达成一个协定。协定提出：

凡拟入日本文部省直辖学校者，须由东京同文书院、宏文学院、清华学校三校中之一校保送外务省，再由外务省咨送，方得入学。[3]

---

[1] 施培毅、徐寿凯校点：《吴汝纶全集》第3册，黄山书社2002年版。

[2] 刘姗姗：《清末成城学校入学风潮述论》，《徐州师范大学报》2009年3月。

[3] [日]实藤惠秀：《中国人留学日本史（修订译本）》第317页，北京大学出版社2012年版。

该协定规定的三校之一保送制度，解决了留日生在得不到清国公使担保的情况下，也能够有机会获得到日本文部省直辖学校学习的机会。

成城学校入学事件，经过积极的努力得以解决，应该说，学生一方是胜利者。这一事件也显示出社会各界对留学运动的支持。迫于当时的时代趋势，受命来查办这一事件的专使大臣载振在报告书中称：“游学一事，实为当务之急，断难因噎废食，自遏生机。”[1]

载振回国后不久，蔡钧即被召回，由杨枢继任。留日生曹汝霖回忆，杨枢到日本之后，他改变了前任的作风，对留学生较为温和，“多与学生相处和洽”。从这以后，留学生规模不断扩大，1903 年增至 1300 余人，1906 年竟然达到 12000 人之多，形成了近代史上蔚为壮观的留日风潮。

六、“学生军”与“军国民教育会”要尚武救国

1902 年，成城学校入学事件的发生，显现出晚清中国留学生们在追求新思想新观念的潮流中，与腐朽政治所产生的矛盾与冲突，这是时代变革所不可避免之事，这一事件发生于清末留学日本形成热潮的当口，是中国近代第一次较有影响的留日学生运动。事件的当事人、亲历者吴稚晖、胡汉民、蔡元培、蔡锷等留日学生，后来都成为名重一时的历史人物，他们的积极抗争，对此后留日学生的思想和行动都产生积极的影响。

成城学校入学事件的发生，还可视为反清反封建统治，爱国留学生集体抗日运动的发端。这一事件后，爱国留学生 1903 年组织的“拒俄义勇队”就是一个鲜明的见证。

“拒俄义勇队”的成立是中国人民反抗沙俄侵略的一个缩影。1900 年，义和团运动席卷东北三省，沙皇俄国以保护中东铁路为由出兵占领东北。沙俄

[1] 郑匡民：《一桩隐藏在“取缔规则”背后的政治交易》，郑大华、邹小站主编：《中国近代史上的民族主义》第 381 页，社会科学文献出版社 2007 年版。

18万军队进驻东北后，沙俄政府使出先占领后谈判的办法，妄图永远地占领东北。1902年4月，中俄签订《交收东三省条约》，明确了撤兵的时间表。但是到1903年春，沙俄拒绝从东北撤军，并向清政府提出了多项无理要求。要求有七点：

一、由沙俄撤出的地区，不应通过割让、租借或任何其他方式转让给其他任何国家。

二、中国政府未经各国同意，将不在满洲设立任何新的通商口岸。

三、中国如任命外国人主持任何行政机构，那么在俄国利益占优势的那一部分中国北部地区的事物要从上述机构中除外，而把他们交给一个有俄国人主持的特别机构负责管理。这些条款被认为是基本的，其意图在于恢复义和团暴动以前的状况，还有一个保留条件，就是在赫德辞职的时候，要有俄国人负责满洲蒙古和新疆的关税管理。

四、在撤军以后，对俄国人在占领满洲期间所取得的一切权力，要予以承认。此外，给予俄国在铁路沿线采取卫生措施的权利。

五、只要北京——营口电报线路存在，俄国就要保留旅顺——营口——沈阳的电报线路，以供军用。

六、营口的海关关员和医生应由俄国国民担任，由领事们组成的行政和卫生委员会，应以保留。

七、俄国军队撤退以后，华俄道胜银行营口分行将继续作为关税代理机构行使职权。[1]

这些要求激起了中国人民的反对，留日生钮永键也在关注着中国与沙俄的交涉。钮永键是上海人，他是1899年被张之洞选派赴日的官费留学生。到日本后，他很快便倾向革命。沙俄不履行《交收东三省条约》，清朝留学生学

[1] [美]安德鲁·马洛泽莫夫：《俄国的远东政策（1881—1904）》第226页，商务印书馆1977年版。

生会馆主要成员的钮永键对此倍加关注。爱国情感使然，有一天，钮永键突发奇想，觉得应该成立一个“拒俄义勇队”来抵抗俄国人的侵略。他将这个想法告诉留学生会馆干事章宗祥、曹雨霖，请他们出面组织。章宗祥、曹雨霖等人认为学生们手无寸铁，绝对不会成功，而且容易引起政府的猜疑顾忌，就拒绝了他的请求。青年会的叶澜听闻以后，便对同乡秦毓鎏等人说：“青年会彰显的民族主义，留学界中只有极少数人赞成，想要扩大我们的影响力，极不容易，我等何不赞成钮永键组织‘拒俄义勇队’的主张，借此题目结成一个大团体，来灌输民族主义。”青年会成员都认为这个方法很好。此时钮永键游说章、曹等人失败，正无比愤懑。[1]

一天，钮永键拜访秦毓鎏。谈话中，谈到俄国对清廷的蛮横，对中国索要多端，钮永键再次提出了自己的主张。秦毓鎏、叶澜等人当即表示赞成，他们经过商议，决定联名作为发起人。

经过一段时间的串联、活动，1903 年 4 月 23 日，钮永键、秦毓鎏、叶澜等留日学生在东京神田锦辉馆召开各省留学生联合大会。各省学生到会者 500 余人。会议决定组织“拒俄义勇队”，计划回国奔赴东北，抗俄杀敌。会议上，蒯寿枢、钮永键、叶澜、林长民、王芳等人纷纷激昂慷慨，热血沸腾地演说，听众鼓掌如雷。会议当天，就有 130 余名留学生报名参加了义勇队，愿意在本部办事者达 50 余人。

在演讲中，留日女生 15 岁的胡彬夏也跃然登台，呼吁女界同胞团结起来，“以螳臂之微，为国尽力”。她在演讲中呼吁，国家与民族的危亡时刻，每个人都应该担起责任。她说：“中国之兴亡即我辈之生死也。”[2]

在她的呼吁下在场的 12 名女学生全都报名参加了义勇队。这些女学生中，林宗素、华士桂、钱丰保、曹汝锦、王莲都含泪发表了演说，表示要誓死报效祖国。此前，这些女学生已经加入了日本红十字会，学习救护工作，这为她们投入战斗做好了充分的准备。

[1] 孙石月：《中国近代女子留学史》第 114 — 115 页，中国和平出版社 1995 年版。
[2] 冯自由：《革命逸史》（初集）第 104 页，中华书局 1981 年版。

钮永键

这次会议后，这些留日女生还电告上海各女子学堂，呼吁她们也加入红十字会，同义勇队一起北征作战。

5月2日，这些爱国留学生又组织了一次会议，讨论通过了义勇队规程。规程指出，义勇队定名为学生军，目的是拒俄。会议还讨论推举陆军士官学生蓝天蔚为队长，日日操练，准备奔赴疆场。

学生们商议，学生军的体制在政府统治之下，但性质上代表国民公愤，要求政府抗俄。为此，他们商议先致电北洋大臣袁世凯，寻求他的援助，请求他拒绝俄国人的要求，并将学生军置于他的麾下，否则就与袁世凯决裂。

此后，学生军未得到国内各界的支持，又通电中国各省，说明组织学生军的目的和意义。学生们并推举钮永键、汤尔和为特派员回国，设法劝说袁世凯率领北洋新军赴东北驱敌。但是，一个叫王芳的湖北学生，开会时表面积极响应，会后却跑到清国驻日使馆向驻日公使蔡钧告密。他说，学生军打着反抗沙俄的旗号，实际上是图谋革命。蔡钧根据王芳的密告，立即致电湖广总督端方："东京留学生集结义勇队，共计有二百余人，名义上是抗击俄国，实则革命，现在已奔赴内地，务必命令各州县严密查拿。"

尽管学生军在成立之初，将其活动定位为政府允许的范围之内，但在清廷对"革命"的担忧声中，广大进步留学生的爱国举动难以得到清廷的支持便成为必然。学生军成立不到一周，清廷驻日留学生监督汪大燮就责令他们停止活动。随后，驻日公使蔡钧还请日本政府出面干预，勒令留学生解散学生军，制止留学生练习兵操。这样，学生军成立仅仅短短的数天，便被迫解散了。拒俄义勇队解散后，在日本的爱国留学生并不甘心。他们感到"报国无路，莫不义愤填膺，痛哭流涕。至是青年会同志乃向各省同乡会大倡革命排满之说"[1]。

[1] 史全生主编：《中国近代军事教育史》第136页，东南大学出版社1996年版。

在学生军被解散后，留学生们仍然坚持斗争。也就在学生军被解散的第二天，学生军队员在留学生会馆召开大会，由骨干叶澜、秦毓鎏等人，将学生中意志坚定者召集起来，将学生军改组为“军国民教育会”。

5月11日，军国民教育会正式成立。成立大会在留学生会馆召开。会议推举谢晓石为临时议长，议定了《军国民教育会规则》，提出“军国民教育会”的宗旨是培养尚武精神，实行爱国主义。要求全体会员在国家危难之时，遵照宗旨，担任事务之责。会章中还特别规定，军国民教育会会员必须在“各校功课之外，多习体操射击战术诸科，以待效死而已”。[1]

军国民教育会鼓吹尚武精神，为提升会员将来参与作战的能力，他们在注重提升军事技能的同时，又成立了射击部、体操部、讲习部三部，隶属于军国民教育会，学习的科目主要有射击、击剑、战术、装备等等。射击部、体操部、讲习部成立后，当月便开始开展训练工作，会员们在学习之余也很刻苦训练，希望养成军国民资格，将来有所作为。

军国民教育会成立一个多月后，会员中的激进分子叶澜、秦毓鎏等人感到仅仅培养留学生的尚武精神，进行军事训练是不行的。1903年7月4日，叶澜、秦毓鎏召集会员，再次召开大会。在会议上，他们批评军国民教育会宗旨“措施含糊”，并提出了《军国民教育会意见书》，决议将原宗旨改为“养成尚武精神，实行民族主义”，并决定方法为“一曰鼓吹，二曰起义，三曰暗杀”。[2]新的宗旨，新的思想，逐渐吸纳了许多倾向革命者，会员也逐渐增加到200余人，多为华南及华中沿海地区的留日学生。此后，军国民教育会即分派会员回国开展革命活动，策动反清起义。

军国民教育会的成立，有力地推动了当时革命形势的发展，使更多的爱国学生走上了反清的道路。他们提倡的尚武精神，也大大地调动了留学生学习军事的积极性，使他们认识到，在虚弱的中国，发展军事，走民族自强道路的重要性。

[1]《留学生纪事：记军国民教育会》，《浙江潮》1903年第五期。

[2] 冯自由：《革命逸史》（初集）第104页，中华书局1981年版。

当时的军国民教育会徽章

他们在接受军事训练的同时，或自学，或进入日本军事学校深造。在军事学习中，受教育会的影响，他们中越来越多的人开始投身革命，为后来的武装革命奠定了良好的基础。

七、发生在日本“学店”的“取缔规则”

1902 年的成城入学事件，1903 年的“拒俄义勇队”与军国民教育会的成立，为爱国学子进行封建统治，反对帝国主义的斗争打下了基础，积累了经验。而 1905 年，在留学日本的爱国学子中发生的反对“取缔规则”运动，则是爱国学子反对帝国主义的一个开端。这一事件的发生，引发了留日学生的集体归国怒潮。以此为起点，每次政治外交风波的发生，留日学生界都会发生抗议甚至集体性归国的怒潮。

1905 年发生的“取缔规则”事件，是有深刻的历史原因的。究其原因，主要是甲午战后，中国学子留学日本成为潮流，1905 年科举制度的废除，留学日本更是盛况空前。当数以千计的中国留学生潮水般地涌向日本后，弹丸小国的日本学校立即人满为患，一些教育机构和商人似乎看到了“商机”，他们打着教育的旗号，把教育视为“学店”，他们滥收中国学生，目的只为赚钱，因而误人子弟，并不能使学生真正地学到知识，这种情况严重损害了日本教育界的声誉。当时的许多史料记载，“取缔规则”的发生，都与留日学生的革命倾向有关，清廷派出留学生到日本学习，本来是希望通过教育速成，培养一批人才，为朝廷所用，以弥时艰，但是一些留学生到日本后，受革命党的影响，却走向了反清的道路。当时任湖广总督的张之洞于1903年9月向慈禧太后写了这样一份奏章：

……伏查，游学日本学生，年少无识惑于邪说，言动嚣张者固属不少，其循理守法潜心向学者亦颇不乏人，自应明定章程，分别惩劝，庶足以杜流弊而励真才，当即酌拟约束游学学生、鼓励毕业生章程各一通……拟定约束章程十依，已往者当知，续往者有范，上示朝廷瘅痨之公，下以昭学术邪正……[1]

张之洞的奏章向朝廷反映了留学生在日本的两种情况，一种是年少无训，受革命党的影响，思想言行较为激进；另一种是，到日本留学本来就是冲着将来做官来的，因而，他们也倾心向学，希望学成归来，为朝廷效命。针对这两种情况，张之洞建议，朝廷应出台一个章程，对留日学生加以引导。

根据张之洞的建议，慈禧太后让总理衙门制定了《约束游学生章程》和《奖励游学生章程》，两个章程一个约束，一个奖励，可谓费尽心机。《约束游学生章程》提出，对妄发议论、参加政治活动的学生，令其立即停止，如有不从的，即终止学业，令其退学，并遣送回国；《奖励游学生章程》提出，对遵纪守法的学生，朝廷将授予举人、进士功名，作为奖赏，回国后将优先候补使用。

这两个章程颁布后，清政府还要求日本方面帮助“管一管”在日本的中国留学生。清政府的要求，日本方面倒也乐意帮忙。当时，日俄战争刚刚结束，日本觊觎中国东北的图谋更加明显。为方便在东北三省获得更多的殖民利益，日本政府在这些小问题上也不愿意得罪清政府。

“取缔规则”的发生，还有一个直接的原因：当时针对中国留学生开办

[1]《鄂督张奏约束鼓励赴日游学章程折》，转引自[日]永井算巳：《所谓清国留学生取缔规则事件之性格》，日本《信州大学期刊》1952年第7期。

1902年张之洞创立湖北师范学堂，图为学堂学生合影

的“野鸡学校”已经泛滥成灾，而一些留学生到日本后也不是真心向学，他们整日里在酒楼、妓院里鬼混，吃喝玩乐，耽于酒色，有些学生毕业后甚至连日语都没有学好，而以收费为目的的学店并不去过问学生的学习情况，这样的学风严重影响着日本国内的教育秩序，对其整顿，也成为一种呼声。

1902年，成城入学事件的发生，载振作为清朝的专使大臣前往东京处理此事。载振感到，留学一事，实乃当务之急，断难因噎废食，自遏生机。但是，留学生人数的增加，特别是自费生到日本后，难以约束，留学生的问题必须要认真对待了。

于是，载振借调查成城学校入学事件的机会，专门拜访了日本外务大臣小村寿太郎，与他商讨留学生的问题。谈话中，小村寿太郎说，中国政府何不对学生奖优罚劣，加以利诱，使其学有所成？他还说，现在在日本的留学生，由驻日公使代为监管。公使的事情较多，不能随时接见留学生，处理留学生出现的问题，也使得留学生与政府产生隔阂。

小村寿太郎建议，大清国应该选派博学爱才之人，委任为留学生总监督，驻日管理学生事务，于政府、学生来说，岂不是两全其美之事。

小村寿太郎的建议，载振认为很有道理，他回到国内，即向朝廷奏明此事。载振在奏章中希望朝廷令“管学大臣，遴派总监督，与日本政府商定章程，妥为调护”[1]。

小村寿太郎的建议，事实上代表了当时日本官方和教育界一部分人的声音。当时，日本驻清国使臣内田康哉与日本高等学校校长嘉纳治五郎在和清朝官员谈及留学生的情况时，都表示希望“中国派员监督，妥定章程，俾各学生免误方向，学业有成，以备将来任用”[2]。

日本方面的建议，加上这一次载振日本之行后向朝廷反映的情况，使得清政府对派留学生监督一事非常重视，接到载振的奏章后，即着令外务部派汪大燮为留学生监督，这是清政府第一次向日本派出留学生监督，专门管理留学生事务。

第二年4月，慈禧太后感到留学生中出现的流弊必须要得到解决，因而，她发谕令让张之洞找一个解决问题的办法。张之洞认为，留学生身在国外，中国法律难以约束，必须与日本方面协商，让其协助，才能达到管理的目的。

张之洞的这个建议，得到慈禧太后的支持，于是，他开始运作此事。但是在章程的制定过程中，中日双方各自怀有自己的目的，所以对内容的起草和原则立场也就颇不一致。在清政府那里，制定章程的目的主要是针对留学生的流弊，立足点主要是防范、约束。自费生，尤其是其中学习政治、法律等科的学生，学成后多起来反抗政府，这是清政府所忌讳的，章程中将这类学生列为重点取缔对象。

日本政府则希望留学生毕业回国后，为朝廷所用，以扩大其影响，培养亲日势力。但是，大量的中国留学生到日本后，刺激了日本的教育，造成了一些学校为了盈利，而忽视教育的目的，一时间“学店”林立。对此，日本方面也希望制定一个章程，以达到其整顿学校的目的。于是，日本和清政府怀着各自的目的，在两种不同的意识形态的推动下，开始了这场政治交易。

1905年，日本文部省拟订了一个监管清国留学生的新规定，即《关于准

[1]《专使日本大臣载奏查覆日本游学生聚众滋事情形折》(光绪二十八年)《新纂约章大全》卷40《日本国部·游学门》第8页。

[2]《外务部请派员外郎汪大燮为赴日本游学生监督折》(光绪二十八年十月初一)第38页。

许清国人入学之公私立学校之规定》（中国留学生称之为“取缔规则”）。这个规则于1905年11月2日公布。“取缔规则”共15条，条文如下：

第一条 公立或私立学校，在许可清国学生入学之时，于其入学申请书中，必须附加清国驻本邦公使馆之介绍书。

第二条 公立或私立学校，依从清国学生本人志愿，于该校所定学科中，阙修一科或数科。

第三条 清国学生入学之公立或私立学校，须备有关教职员名簿、清国学生学籍簿、考勤簿，并将来往公文信件等予以登记汇存。学籍簿内，须记载学生的姓名、原籍、年龄、住址、入学前经历、介绍入学的官署名称、官派或自费、赏罚、入学、转学、退学及学年、毕业日期，转学和退学的缘由等。

第四条 公立或私立学校，如欲许可清国学生转学或退学时，其申请书内必须附加清国驻本邦公使馆之承认书。

第五条 清国学生入学之公立或私立学校，须于每年一月及七月份两次，将其前六个月间准许清国学生入学的人数，呈报文部大臣。清国学生之转学、退学以及毕业人数，亦依上述规定呈报。

第六条 公立或私立学校，遇有清国学生毕业或饬令退学时，须于一个月内，将其姓名及饬令退学的缘由，报告介绍其入学之清国公使馆。

第七条 准许清国人入学之公立或私立学校，经文部大臣认为适当者，将特为选定，并照会清国政府。

第八条 公立或私立学校，欲要得到前条所述的选定，其管理者或设立者须具备下列事项，向文部大臣提出申请。但依特别规定，既已申请或经许可的事项，可以省略。

一 关于清国学生教育的沿革。

二 校规中涉及清国学生教育的相关学则。

三 校长或学校代表者的履历。

四 教员姓名、资格、学业经历及所担任的学科科目。

五 清国学生定额及各学年学级的现在人数。

六 对清国学生的校外监督方法。

七 清国学生毕业人数及毕业后情形。

八 供清国学生使用之校地、校舍及寄宿舍等图样。

九 经费及维持方法。

十 教科书、教授所用器具、仪器及标本等目录。以上第二项和第八项如须变更，须经文部大臣许可。

第九条 受选定之公立或私立学校，令清国学生宿泊的寄宿舍或由学校监管的旅馆、下宿等处，均须施行校外管理。

第十条 受选定之公立或私立学校，不得招收为他校因性行不良而被饬令退学的学生。

第十一条 受选定的公立或私立学校举行考试时，文部大臣如认为必要，可派官员监视，或查阅考试内容及学生的答稿。该员如认为考试题目或方法不恰当，则可命其变更。试题、答案及成绩表最少须保存五年。

第十二条 受选定之公立或私立学校，于每学年结束后一个月内，须将有关清国学生教育的概况，呈报文部大臣。

第十三条 受选定之公立或私立学校，如有违背此规则或其成绩不良者，文部大臣将取消其受选定的资格。

第十四条 照本令所规定，凡拟递文部大臣的文件，须由地方衙署转呈。

第十五条 本令的各项规定，不适用于小学堂及与之同类的各种学堂。

附则：本令自明治三十九年（1906）一月一日起施行。[1]

实事求是地说，条文中虽然也有间接涉及中国留学生生活和学业的地方，但其目的是在维护良好的教育秩序。按理，中国留学生应该乐于接受。但是，

[1]《关于准许清国学生入学之公私立学校之规程》当时的《新民丛报》天津《大公报》《东方杂志》《时报》及留日学界、驻日公使杨枢等均进行了翻译，内容不尽相同，在个别条款差别较大。本书所引有关“取缔规则”的中译文主要参照[日]实藤惠秀:《中国人留学日本史(修订译本)》第318—320页，北京大学出版社2012年版。

事情的进展则完全相反。规则一公布，留日学界即掀起轩然大波。继蔡钧之后出任大清国驻日公使的杨枢在得知日本政府打算出台这样一个规则之后，找到日本外务部要来草稿，认为没有什么不妥之处，因而也就同意日本政府公布这个规则。后来，杨枢在给朝廷的奏章中，汇报了这件事情，他说：

日本文部省亦以中国学生来者日众，良莠不齐，而日本人之不肖者，复遍设不完全之学校相引诱，实于教育名誉有碍，因拟订一规程以整肃之，其用意虽极美善，而其内蕴非可揣测。奴才即亲告文部省：整顿学校，固所愿闻，但于我国学生必有关系，请于未公布前抄稿示商，嗣准文部省所拟章程十五条抄稿送来，寻读全文，有为整顿学校者，亦有间接管理学生者，实无苛待之意，旋即公布……[1]

但是，留学生却对“取缔规则”表现出诸多的不满，比如规则中第九条的规定，留学生认为，于经济有损害，于学问无补益，于卫生有妨害，于兼学不便利。对于第十条，学生们则认为打击面太广，担心学校依此主观好恶来处罚学生。“取缔规则”出台之后，在日本的一家中文报纸《新民丛报》还专门发表了一篇旅日华人撰写的社论，对《关于准许清国学生入学之公私立学校之规程》作了七点评论：认为“取缔规则”是在蔑视中国国权，侵害中国留学生入学自由，规则中有控制中国教育权，干预中国行政用人之权；规则第七条剥夺了中国公民的居住自由权；第十条中“性行不良”一说，打击面太宽，意在“绝我入学之略，其设计之狠毒不可思议”。[2]

杨枢最初对学生们的不满和激动情绪很是不解，也感到不安。他担心留学生把事态扩大。作为大清国的驻日公使，他更担心由此而引发可能的外交纠纷。他知道，对于风雨飘摇的清帝国，任何一个涉外事件处理起来都要小心翼

[1]《驻日大臣杨枢为学生罢学办理情形事奏折》，黄福庆：《清末留日学生》第279页，（台北）中央研究院近代史研究所1975年版。

[2]《记东京学界公愤事并述余之意见》，《新民丛报》第三年第二十二号，转引自[日]永井算巳：《所谓清国留学生取缔规则事件之性格》，日本《信州大学期刊》1952年第7期。

翼。况且，当时革命党在日本已经十分活跃。这些因素都会使“取缔规则”被外界因素推向一个极端。事实的进展也正如杨枢所担心的，很快便上升为一场轰轰烈烈的学生运动。

11月26日，日本政府又在留日学生就读的各学校张贴了一些告示，要求中国留学生于当月29日前向警方报告原籍、住址、年龄、学历等，若逾期不报，则对该生不利。按说，这个告示从管理的角度有其合理之处，但是日本政府此举实际上是借管理之名，禁止留日学生的革命活动，剥夺其言论自由，禁止其集会结社。这激起了一些倾向革命的留学生不满，他们决定联合起来，共同反抗这个规则。

12月4日，中国留学生比较集中的弘文学院、经纬学堂、成城学校、东斌学堂等8所学校的中国学生开始集体罢课。他们希望以此迫使日本当局取消“取缔规则”。

12月5日，留日学生300余人群聚留学生会馆，召开会议，决定集体罢课。会议通过了《东京留学生对文部省取缔规则的驳议》，决定实行留日学生总同盟大罢课，以此促使日本政府取消规程。会议当天，法政大学、警察学校、女子师范学校等学校的中国留学生也纷纷加入到声援的行列。

12月6日，留日学生发起成立各校联合会并组织其纠察队，以言论煽动、武力胁迫的双重方式，促成了17所学校8000余名中国留学生参加的大规模罢课风潮。

其间湖南学生陈天华忧愤跳海，把反抗“取缔规则”运动推向高潮，并演变成留学生的集体归国行动。

陈天华，1895年生于湖南，1903年就读于日本政法大学，他是同盟会的重要成员。由于他善作文，且有很强的鼓动性，许多留学生都是看了他的文章而投身革命的。“取缔规则”颁布后，宋教仁请他写文章陈述反对意见，遭到拒绝。陈天华不赞成罢课这样的群体政治活动，担心留学生不能统一行动，贻

陈天华

人口实，不愿意“徒以空言驱人发难”[1]。然而此后，日本《朝日新闻》的一个报道，却将他送上了不归路。

《朝日新闻》的报道说了些什么呢？该报说：“东京市内各校之清国留学生八千六百余人集体停课。”该报还认为“此盖由于清国留学生对文部省命令之解释过于褊狭而生不满，以及清国人特有之放纵卑劣性情所促成，惟其团结之力则颇为薄弱”。[2]

《朝日新闻》对中国人的轻蔑言辞极大地刺激了陈天华的神经，但这又并非空穴来风。悲观愤懑的陈天华于当天写下了著名的《绝命辞》，希望以死劝诫国人，“鄙人心痛此言，欲我同胞时时勿忘此语，力除此四字，而做此四字之反面：‘坚忍奉公、力学爱国。’恐同胞之不见听而或忘之，故以身投东海为诸君之纪念。”[3]

陈天华的死却成为一个导火索，使愈演愈烈的罢课风潮上演为归国的怒潮。宋教仁、胡汉民、秋瑾等人认为，陈天华的跳海自杀是在“勉励同人，非进到取消取缔规则目的，决勿留东”，因此他们认为，在日本的中国留学生只有“坚握束装归国，还我自由，为反对不达之最后办法”。[4]

由此，以秋瑾为代表的部分清国留学生召开集会，要求中国留学生集体罢课装点行李回国。湖北、湖南籍的一些学生甚至组织了“纠察队”，带上刀斧棍棒，满东京跑，看到是自己国家的学生就上前问：“你回不回国？”[5]如果说“不回国”的，通常会遭到一通殴打。关于这个过程，革命党人秋瑾在

[1] 杨源濬述，张湟溪记：《陈天华殉国记》，《湖南历史资料》1959年第1期。

[2] [日] 实藤惠秀：《中国人留学日本史（修订译本）》第333页，北京大学出版社2012年版。

[3] 冯祖贻：《邹荣、陈天华评传》第135页，河南教育出版社1986年版。

[4] 张篁溪：《1905年留日学生罢课运动始末》，中国人民政治协商会议北京市委员会文史资料研究委员会编：《文史资料选编》第33辑，北京出版社1988年版。

[5] 《致秋誉章书》，秋瑾：《秋瑾集》第46页，上海古籍出版社1991年版。

归国前夕，给自己的兄长秋誉章的一封家书中这样说：近日留学界全体同盟停课，力争规则之辱，不取消则贵国交涉，因公使不为助力，难达第一之目的，故决议全体归国，故纷纷内渡已及二千余人。[1]

罢课风潮演变为归国行动，因参加的人成分复杂和个人诉求不一，思想倾向不一，参与的人也是五花八门。有的人是为“取缔规则”，有的人则是受革命党鼓动，还有的人是借此泄愤，参与动机不同，但是希望把这一事件闹大的心情却是一致的。因而，对于这次集体归国行动，日本《朝日新闻》发表了这样的社论：

……要回去的，随便他们回去，别让他们在这里无理取闹，这种学生，就算我们有心培养他们，也是白费心机……[2]

评论归评论，留日学生的大举回国，造成了日本的一些学院关门歇业，就连盛极一时的弘文学院也不得不关停一些分校，这是日本政府所不愿意看到的。

事实上，也有留学生认为，集体的归国行动是一种激进的行为。事件发生后，一个对归国浪潮持反对态度的留日学生团体产生了。也就在第一批留学生踏上归国轮船的同时，便有人在东京成立了“留学界同志会”，并于当年12月24日公布了“维持留学界同志会章程”。章程共8条，章程指出：“本会以维持学界秩序为宗旨”，各校的留学生即应返校复课。

这个团体的成立，宣告了留日学生中产生了两个对立的团体。两派在留学生的问题上持不同的态度，因而，一开始就进行着激烈的斗争。

斗争归斗争，归国的留学生回到国内又该是一种什么样的情形呢？他们初步商定了行动计划和联系方法，并制定了回国后继续求学的办法。回到上海

[1]［日］实藤惠秀：《中国人留学日本史（修订译本）》第333页，北京大学出版社2012年版。

[2]《朝日新闻》明治三十八年12月14日，转引自黄福庆：《清末留日学生》第298页，（台北）中央研究院近代史研究所1975年版。

的留学生由于生活、学习没有着落，在复课派的支持下又回到了日本，也有一些留学生选择留在了国内。他们在国内建立中国人自己的新式学校，培养新式人才。

留学生姚洪业在两江总督端方的支持下，创办中国公学就是一例。姚洪业创办“中国公学”，取意于“中国人公有之学校”，既带有强烈的对外自立色彩，又寄寓着鲜明的家国情怀：“中国公学不啻为中国民族能力之试金石也者，如能成立发达，即为全国之人能力优胜之代表也；如不能成立发达，亦即我全国人能力劣败之代表也。”[1]

1906年4月，中国公学在上海正式开学，共招收学生318人，分大学班、中学班、师范速成班、理化专修班。中国公学的成立表明了留日生自强自立的爱国精神，不愿再受日本的轻视和侮辱，希望通过他们自己的双手建立属于自己国家的学校。具有讽刺意味的是，辛亥革命爆发，正在南洋筹款的王敬芳为了中国公学的发展，孤注一掷押宝革命党，将筹得的巨款捐献给孙中山，进而得到了孙中山革命成功之后的政治允诺。但是，后来袁世凯成为大总统之后，因孙中山与中国公学的关系，中国公学并没有得到丝毫好处，却因为二次革命的爆发，中国公学成为革命党的总部，最终被迫停办。

“取缔规则”后，中国留学生回国创建的中国公学。图为温州士绅叶云帆（左一）与画家马公愚（左三）、马孟容等在上海中国公学

[1] 严海建：《中国台学与清季革命》，《历史档案》2014年第3期。

八、黄尊三留日的“学习报国”与“革命救国”

留学生留学日本，最初清政府是寄希望造就一批人才，以补时艰。因而最初在政府的倡导和地方督抚的支持下，学子相互约集，一声“向右转”，辞别国内学堂、家乡父老买舟东去，涌向岛海之国的日本。

中国留学生踏上日本的土地后，日本的繁荣，使他们感到一切都是那么新奇，反观苦难深重的祖国，因为腐朽的王朝政治，列强的蹂躏，使得中国的大多城市、乡村，给人一种萧条、缺少生机的颓废之感。留学生中有一个叫周家纯的湖南学子，他在《致湖南青年劝游学外洋书》中写道：“自入长崎以来，流连异土，百感交并，及达东京，益怦怦不能自持者，非有他也，吾侪种族若朝鲜、若交趾、若缅甸、若阿富汗、若俾路直等，大抵颓然不振，或已澌灭无疑，或犹仅保残喘，其铮铮佼佼尚挈黄种之旗，以招展于世界而不堕黄人之绪者，在西则为匈牙利，在东则惟日本而已。”[1]

湖南籍学生黄尊三留学日本，经历了希望通过努力学习报效祖国到通过革命救国的巨大转变。这种转变在他的《三十年日记》中多有记载。

1905年4月，时任湖南巡抚的端方选派湖南高等师范学堂生60余人赴日本留学，黄尊三也在选派之列。从武昌出发前，端方命学生拜见湖广总督张之洞。拜见之时，张之洞见这些学生直挺挺地站着，竟然不以孔子礼仪行跪拜之礼，这让他非常不高兴。他指责这些学生竟然不知上下尊卑之礼。当然作为湖广总督，他也不能直通通地说，你们这些学生，怎么见了本督不下跪啊！

张之洞当然不会明说，他推三阻四借故拖延对留学生的“放行”。没有总督大人的“放行”，使得学子们迟迟难以成行。学生们见张之洞竟然不行跪拜之礼，作为湖南父母官的端方也是非常不满，他认为，这些学生太没礼貌，缺少“家教”，因而要求学生们给张之洞行跪拜之礼。但学生们并不买账，仍

[1] 李喜所主编，刘集林等著：《中国留学通史》（晚清卷）第244页，广东教育出版社2010年版。

黄尊三翻译的《近世社会主义论》

是坚决拒绝，表示宁肯不去留学，也不能牺牲人格尊严。于是，双方就这么僵持着。

黄尊三后来在日记里表达了对张之洞的不满，也对浪费的时间感到惋惜。出国留学，对黄尊三来说是幸运之事。他希望通过努力所学，有一天回国报效朝廷。因而，他对时间格外珍惜。他在日记里写道：自4月10日从湖南到武昌已有10天，为此无谓之事（指张之洞要求学生们行跪拜之礼——作者注）阻滞中途，不能前行，时间就这样白白地浪费掉，实在可惜，中国大官，只顾一己虚荣，不知尊重他人人格，实属可鄙。

在学生们的指责和愤懑声中，张之洞最终也感到众怒难犯，几经交涉，张之洞勉强答应，可以以鞠躬代替跪拜之礼。后面的场景，黄尊三在日记中作了精彩的展现。张之洞接见之时，学生们或许是没有准备好，或许是因为慌乱，他们有鞠躬的，有作揖的，也有立正的，还有三两人跪下行跪拜之礼的。

这个混乱的场面，令张之洞似乎感到总算挽回了一点面子。在拜见礼仪之后，张之洞以西餐宴请学生，希望以此博得他们的好感，学生们并不领情，但他们最终还是获准启程前往日本留学。在武昌停留的10余天里，黄尊三感到时光虚掷，实在可惜。因而，在启程赴日的轮船上，他就开始了苦读生活。一路上，他除了不时地学习日语之外，也时常翻看《水浒传》《红楼梦》《随园诗话》等中国经典名作。留学生到日本后，一般需要先从基础知识学起，鲁迅、许寿裳、黄尊三等人皆是如此。

黄尊三到日本后，先进入弘文学院，然后进入早稻山大学普通预科，两年后考入明治大学学习法律。黄尊三在赴日之前，虽然有张之洞要求行跪拜之礼产生的不快，但初到日本之时，他对清朝仍然抱有希望，仍然坚持通过自己的努力，将来回国为朝廷效力的观念。

1905 年，“取缔规则”发生之时，黄尊三接到同乡会的一封邀请函，邀请他一起商量对策。当时，留学生中提出罢课以敦促日本政府取消“取缔规则”已经成为一种呼声。黄尊三接到邀请函后，参加了湖南同乡会关于“取缔规则”问题的讨论，会上，许多同学主张“以停课要求，若日本政府不许，则全体退学回国”[1]。

对于这样的观点，黄尊三表示反对。他认为，湖南同乡会应该认真调查日本政府取缔留学生的原因、规则的具体内容以及其他省同乡会的意见态度，正所谓没有调查就没有发言权。黄尊三的观点较为理性，但其他同学坚持认为不必调查，就是要停课，最后通过举手表决的方式，多数举手通过停课，然后学生们一哄而散。12 月初，在留学生停课的风潮中，黄尊三的内心十分矛盾、彷徨，他不知道自己该何去何从。在其他省同乡会纷纷响应停课回国的行动中，湖南同乡会也作出“全省留日学生，一律退学回国”这个决定，让黄尊三的内心更加矛盾，他虽然也在志愿归国书上签字表示愿意罢课回国，但他感到学业因此而荒废，内心不免忧心忡忡。他在日记中写道：

自取缔规则起，无一日舒展，日既废学，夜不成眠。晚，辗转床褥，呼天长叹，念古人学书学剑，能以一艺自成其志，余求学无地，救国无才，茫茫天壤归将安为？思至此泪潸然下。[2]

停课的日子，他痛感光阴的流逝，也为自己的前途深深地担忧。“取缔规则”事件平息后，黄尊三于 1906 年 3 月返回日本，他决心把失去的时间找回来，他抛弃一切杂念，专心读书，希望学成以后报效祖国。此时，他对于革命党在日本的活动并不赞赏，认为革命固然是在救国，但救国并非空言革命就能成功，贵在实行。他认为认真求学，才能救国。以至于同盟会骨干宋教仁前去劝说他加入同盟会，也遭到黄尊三的婉拒。黄尊三说，革命与求学，实难两立，“余

[1] 范铁友：《黄尊三留日史事述论》，《徐州师范大学学报》2012 年 7 月。
[2] 黄尊三：《三十年日记》第 36 页，湖南印书馆 1933 年版。

学业正在半途，今何可遽弃。”[1]

对于革命党人的革命救亡活动，黄尊三当时也有自己的见解。他说，“职分”二字，最要认清，现在同学们大多抛弃学问，整日奔走于青年会、同乡会，整日宣扬救亡，以学生之力最终没能实现救亡，而学业却已荒废。这是没有认清自己的职责所造成的啊。

但是，自1909年初，他的观念开始发生重大转变。促使黄尊三观念发生转变的契机，是1909年4月孙中山到日本东京神田锦辉馆的一次演说。

自1908年到1911年，革命党领袖孙中山为革命活动频繁地行走在从亚洲到欧美的旅途之中。1908年11月中，光绪皇帝和慈禧太后相隔一天先后亡故。光绪皇帝没有子嗣，在他去世之前，慈禧太后决定由光绪的亲侄儿溥仪继承大统，年号宣统。溥仪年仅三岁，他的父亲醇亲王载沣以摄政王的身份辅佐朝政。载沣是一个没有能力却又刚愎自用的人，他辅佐朝政后冷落汉人，推行皇室集权政策，使得朝野上下矛盾更加突出，激起了各省督抚的不满，甚至朝廷中的一些满族官员对他也是心生怨怼，这使得清王朝的矛盾更加突出。

此时，频繁策动革命起义的孙中山感到“虏家子母相继死亡，人心必大动，时局可为”，可惜财政比较困难，便于1908年11月20日从新加坡赴暹罗（泰国的古称）筹款。不料，暹罗当局勒令他离境，孙中山又只得返回新加坡。

虽然清王朝为了维系自己的江山稳固，处处设法打击革命力量，但不管清廷怎样挣扎，它的灭亡是必然的。在革命的烽火中，各地同志纷纷策划起义，在国外的留学生也希望聆听孙中山的教诲。当时，国内一些省份的革命党力量派出代表到新加坡听取孙中山的指示。孙中山吸取了以往的教训，叮嘱各地同志“养足实力以待之”。

1909年初，他一方面制订今后的革命方略，一方面将国内一切计划委托黄兴、胡汉民施行。他感到，革命要成功，自己必须亲赴欧美，解决财政、外交两大问题，得到国外各界的支持。

[1] 范铁友：《黄尊三留日史事述论》，《徐州师范大学学报》2012年7月。

在赴欧美之前的 1909 年 4 月，孙中山来到东京，留日学生非常高兴，在神田锦辉馆集会举行了隆重的欢迎大会。当时，参加集会的有 600 多人，黄尊三也参加了这次欢迎大会。

会上，孙中山发表了激情洋溢的演说。这次欢迎大会上，孙中山先讲述自己的革命经历，又说现在的形势非革命不足以救国。孙中山侃侃而谈，会场上，学生们秩序井然，毫不凌乱。

在会上，黄尊三虽然久久站立，但是也不觉其苦。他被孙中山豪迈的革命热情所感染。听了孙中山的演讲之后，黄尊三的思想开始渐渐地倾向革命，他感到，单纯地靠刻苦攻读并不能改变祖国的命运。

促使黄尊三对清廷感到失望的，还有这样一件事。清政府自 1908 年 9 月颁布《钦定宪法大纲》，宣布预备立宪以九年为限。光绪皇帝和慈禧太后去世后，清政府迫于压力，于 1909 年 10 月成立了资政院。资政院成立后，社会上和一些进步官僚要求速开国会的呼声十分高涨。为此，立宪派张謇等人还发起了三次声势浩大的请愿活动，呼吁清政府缩短立宪期限，早开国会，组织责任内阁。请愿的规模一次比一次大，参与人数也一次比一次多，请愿书的内容也越来越能体现民意。在第三次请愿中，立宪派提出了不开国会不纳税，在开国会前，各省咨议局不承认新租税、资政院民选议院不承认新租税等内容。当时，湖南籍议员罗杰说："现在国民之断指、割臂、剜股者相继，皆表示国民以死请愿之决心。"并说："不速开国会、互选资政院议员不能承诺新租税。"他呼吁：资政院全部议员应赞成通过速开国会案；总裁应从速上奏；摄政王应即允速开。罗杰的鼓动，使参加会议的议员纷纷鼓掌表示响应，甚至有议员在会议上跳起来高呼："大清帝国万岁！大清帝国皇帝陛下万岁！大清帝国立宪政体万岁！"当时，议员许鼎霖表示："今日因为速开国会一事全体赞成，无一反对者，真可为中国前途贺。"[1]

1910 年 10 月 26 日，全体议员通过了要求朝廷速开国会的决议。这个决

[1]《资政院第一次常年会第九号议场速记录》，宣统二年九月二十日 1910 年，北京。

清政府颁布立宪，信以为真的民众弹冠相庆

议给清政府造成了一定的压力，迫使其于1910年11月颁布缩改开设议院期限的上谕，决定将九年预备立宪提前三年，定于1913年召开国会。

黄尊三从报纸上看到这个消息，既感到一丝希望，又感到担忧。他在日记中写道，如果清朝果能将各种政务公之人民，未必不可挽回衰败的政治和国力，但是令人感到担心的是，朝廷的这个上谕未必能真的实行，不过是通过一道上谕来缓和人心，装饰门面罢了。

事实正如黄尊三所担忧的，立宪派的请愿活动不久，朝廷就下令遣散请愿代表。11月初，清廷宣布于宣统五年（1913）召开国会，但是也发布谕令不准再请愿，否则按法惩办，并令民政部和各省督抚晓谕请愿代表即日解散。清廷虽然同意提前召开国会，但东三省和直隶地区一直是日俄利益扩张的前哨，这些地区人民的民族危亡感十分迫切，仍然继续请愿，要求进一步缩短召开国会的期限。当时，被全国学界同志会推举为会长的温世霖和咨议局议长阎凤阁等带领各校学生三千八百余人，打着各色旗帜，高举着“立宪救国”“速开国会”等标语，呼喊着“誓死请愿”等口号在天津请愿，引起了清政府的恐慌，因而，

宣统时的总理内阁合影（前排中立者为内阁总理大臣庆亲王奕劻）

朝廷指示奉、直两省总督侦查请愿领导人，“稍有可疑，即行密拿请惩”。[1]1911年1月7日晚，直隶总督陈夔龙下令将温世霖逮捕，并给朝廷发密电，诬告温世霖擅自结会、煽动百姓、图谋不轨，朝廷根据这个密电，将温世霖治罪，发配新疆。

黄尊三听说这个消息，对清廷大失所望。他在日记中抨击朝廷的这种荒唐举动，说朝廷不顾民意一意孤行，实在可悲。温世霖被捕后，君主立宪进程不进反退。通过这一件事，黄尊三感慨中国“虽名为统一之国，而国事已浸浸至于零点”[2]。

清廷的假立宪丑行使黄尊三感到通过所学报效祖国的愿望，在腐败的政治环境中很难实现。1911年初俄国进兵蒙古、伊犁，英国进兵云南，而只会镇压国内进步力量的清廷，对列强的这些举动却束手无策。这使黄尊三毅然决定退学，投身革命。

1911年俄国的侵略行为和英国以保护商业为名进兵云南，在早稻田读书

[1] 参见《大公报》1911年1月12日。

[2] 范铁友:《黄尊三留日史事述论》,《徐州师范大学学报》2012年7月。

的黄尊三从日本的报纸上看到这些消息，对清廷真是不堪痛恨，他当即将报纸扔在地上。针对列强的侵略行为，留日学生在早稻田召开了时事讨论会。在会上，留日学生吴少仙说，中国平日毫无预备，在列强的侵略面前只会屈服，“吾人今日报国，唯有两途：一、就时事之重要者，专心研究，著为论说，以忠告政府，而警醒国人；二、运动谘议院，或谘议局，或海陆当局，遂行改革之目的，此外别无法焉”[1]。

在这次讨论会上，黄尊三也作了激情洋溢的发言，他的发言显示了他的观念所发生的重大改变，即靠专心读书不可能改变中华民族的民运。他认为，只有革命才是出路，文字鼓吹、学习救国，在这个时代是行不通的。

当时，沙俄侵略蒙古、伊犁后，并没有就此罢休，为了进一步攫取在华权利，控制中国，沙俄政府又提出了六项要求，主要是重申在新疆享有的免税贸易特权；俄商在蒙古、新疆具有购房置地和自由居住权；在利布多、乌里雅苏台、哈密、奇台等地设立领事及享有领事裁判权等等。清政府照单接收。听此消息，黄尊三更为愤慨。他说，“其耻辱真有不堪言者，愤极恨极。回思人不受刺激，则无进步，此次所处外交上之刺激，自觉孑然一身，他无希冀，只要能雪耻报国家，虽完牺牲有所不惜，而学问二字，又其未焉者也。余于是有退学返国之志。”[2]

从此，黄尊三放弃了通过努力学习报效朝廷的愿望，彻底投身到革命的洪流之中。黄尊三思想的转变，是时代和社会环境的造就使然，也是当时大多数留日学生的思想历程。就连留学日本的女学生，也对革命充满热情。

当时，大多数留日女生都是伴读性质，1903 年之时，也不过 10 多人而已。1903 年 4 月，这些留日女生聚在一起讨论，她们对中国女学的落后感到愤怒。她们商议，在日本组织成立共爱会，呼吁女性同胞到日本留学。她们指出，日本与中国为近邻，便于来往，二来可以节省学费，便于苦学。在她们的呼吁下，官派留学生中开始派出女性。1905年，湖南选派20余名女子留学生到日本留学，

[1] 黄尊三:《三十年日记》第 314 页，湖南印书馆 1933 年版。

[2] 范铁友:《黄尊三留日史事述论》,《徐州师范大学学报》2012 年 7 月。

这是官派女子留学的开端，此后，留学女生逐年增加。到1907年，进东京的女子留学生有100多人。她们到日本后，学习刻苦、生活简朴，常受到日本人的称赞，但是，当她们了解到国外女性的自由解放时，不自觉地也投身到为女性解放而革命的洪流之中，为了维护中国留日女生的权利，中国留日女生还成立了“中国留日女学生会”，积极为女性解放奔走呼吁。

第五章　探索

改良与变革中的留日学生

一、改良中国，留日学生杨度要推行宪政

晚清学子留学海外或者留学归来，成为推动体制变革、改良社会的先行者。在同治、光绪时代，迫使清政府考虑实施宪政的行动，都有留学生们的积极参与和推动。1905 年 12 月，清政府正式派载泽、戴鸿慈、端方等五大臣赴东西洋考察宪政。宪政考察团兵分两路，戴鸿慈、端方一路，载泽、李盛铎、尚其亨一路，均经日本、美国、欧洲沿途考察。考察由随员担任调查事务，“各就所长，悉心采访，或查学务，或查财政，或查裁判，分途并出，俾以短期而收速效”。显然，只有精通外文又熟知外国政情者深入调查、采访、考察，才能真正取得实质性效果，在当时，留学生便成为参随人员的首选。

清朝考虑推行宪政，也是时势的不得已。

维新变法失败后，正欲按照自己的意愿整顿朝纲的大清朝接连发生了极其不幸的事件，先是义和团运动爆发，一帮顽固派昧于大势，极力怂恿慈禧利

1905 年 12 月，五大臣考察宪政，戴鸿慈、端方一路在罗马合影

用义和团“排外”，酿成庚子国难。慈禧携光绪仓皇西狩，一路困顿风尘，颜面丢尽。痛定思痛，慈禧一面惩治坏事的顽固派官僚，一面急切地表达自己进行改革的决心。

1901 年 1 月 29 日，逃往西安的慈禧太后表现出振作的姿态发布上谕，要求王公大臣、封疆大员“各就现在情形，参酌中西政要，举凡朝章国故、吏治民生、学校科举、军政财政，当因当革，当省当并，或取诸人，或求诸己……各举所知，各抒己见，通限两个月，详悉条议以闻”[1]。

慈禧太后的谕令发布后，朝臣和地方大员反应颇为强烈。在众多呈上来的条陈中，两江总督刘坤一、湖广总督张之洞的联合会奏引起了慈禧太后的注意。刘坤一、张之洞给慈禧太后上了三道折子，即《变通政治人才为先遵旨筹议折》、《遵旨筹议变法拟整顿中法十二条折》、《遵旨筹议变法拟采用西法十二条折》，史家称为“江楚会奏三折”。它们的中心思想是，只有变法学习西方，才能积聚大量的经国人才，军事才能强大，教案才不会发生，与各国签订的条约才能公平，矿务才能开辟，洋人也不敢在中国横行，乱党也才会平息。

慈禧阅罢，认为里边有很多建议是可以实行的。因此她要求根据轻重缓

[1] 中国第一历史档案馆编:《光绪宣统两朝上谕档》第 26 册，第 460 页，广西师范大学出版社 1999 年版。

急“随时设法，择要举办”。

当年4月，慈禧太后就谕令设立了督办政务处，由奕劻、李鸿章等重臣负责督理。自此，慈禧太后主导的“新政”开始上演。虽然慈禧太后在人们的眼中是一个专横、阴险、敛权的女人，但是实事求是地说，庚子之后的新政并非全无可取之处。慈禧太后推行的“新政”与康党的维新变法相较有很大的区别。它既能使朝廷中的保守派和洋务派都能接受，也更适合当时中国的国情实际，更具有实践意义。

庚子之后的新政，在政治上借鉴了维新派裁汰冗员的思路，设立外务部、商务部、学部、巡警部、邮船部等新的政府部门，意在变革传统的六部体制；经济上，在维新派提出的奖励工商、发展事业的基础上，制定了《商人通例》《公司律》《破产律》《商会简明章程》等多种经济法律，为工商业的发展提供了保障；军事上，在维新派整顿团练、改革八旗兵的基础上，提出编练新军，建设现代化军队的新主张；文化教育上，在袁世凯、张之洞的积极推动下，废除了延续几千年的科举制度，使新式教育和国外留学成为潮流。

慈禧太后推行新政，是一种时势的不得已。在她发动维新政变后，国内外环境的巨大变化，使她不得不回到改革的轨道上来。庚子之后，慈禧太后痛定思痛，作为朝政大局的直接操纵者，她对新政寄予厚望，渴望通过变革给国人一个交代。但是列强的索要多端以及国内政治、社会的动荡，没有给她一个稳健改革的条件。

1904年，日俄战争爆发，弹丸小国日本战胜了专制帝国沙俄。这个新动向使得国内外的舆论认为，这是君主立宪国（指日本）战胜专制帝国的铁证。由此，朝野上下很多人士开始认为中国的出路在于君主立宪。在强大的社会呼声中，慈禧太后不得不把新政归于宪政改革一途。

事实上，在慈禧太后西狩，要求王公大臣参酌政要条陈强国之策的时候，流亡在外的梁启超已经认识到，立宪才是当时中国的出路。1900年8月，梁启超为指导唐才常的自立军起义，匆匆回国。但是，他回到上海后，自立军起义已经宣告失败。梁启超启程前往南洋拜见康有为后，又作澳洲之旅，到

1901 年才又踏上日本的土地。将近一年的海外之行，梁启超亲身体验到宪政国宪政制度下的社会生活，认识到了中国的出路在于立宪。

1901 年 6 月，梁启超在《清议报》上发表《立宪法议》一文。所谓宪政，在他看来，就是统治者行使有限权力的政治。在中国要限制统治者的权力，必须推行宪政。宪政还权于民，民有权才能保证宪法贯彻执行。

梁启超在文中还详细阐述了中国实行宪政的步骤和办法。主要是敦促朝廷颁布谕令，宣布实行君主立宪，安定民心；派出朝中重臣考察宪政国政体经验，设立立法局，拟定宪法；公布宪法草案，令全国士民讨论，形成宪法定本，颁行天下。

当时，慈禧太后虽然是情非得已地推行新政，但并没有放松对康、梁的通缉。这样的情况下，梁启超的主张就不可能对慈禧太后产生影响。而将立宪思想引入朝廷的是朝廷体制内的一些开明官员，特别是那些驻外使节，他们身居国外，亲身体验国外政体生活，其中一些人向朝廷提出了立宪主张。

在梁启超发表《立宪法议》的当月，出使日本的李盛铎在条陈中就向慈禧太后提议实行君主立宪。李盛铎在条陈中说："查各国变法，无不首重要宪纲，以为立国基础。惟国体、政体有所谓君子、民主之分，但其变迁沿改，百折千回，必归依于立宪而后底定。"[1]

李盛铎的这个条陈，在当时是否引起慈禧太后的注意不得而知。但是，1905 年清廷派出五大臣出国考察宪政，李盛铎就是其中一员。

慈禧太后

让立宪声音进入朝廷，并最终影响

[1] 侯宜杰：《二十世纪初中国政治改革风潮》第 28 页，人民出版社 1993 年版。

朝廷的有一个人物，就是状元出身的著名商绅张謇。张謇和吴汝纶一样，都不喜为官，热衷于办教育和创办实业。他1894年高中状元，但并没有应朝廷的要求入朝为官，而是返回南通老家创办教育，开办实业，在这些方面，他倒真的有所建树。

1903年，日本举办博览会，一位日本友人邀请张謇前往参加，他接受了邀请，在日本居留了两个多月，考察了日本的政治、社会、教育等各个方面。这次日本之行，使他的人生坐标也发生了很大变化，在致力于实业和教育的同时，他也积极呼吁朝廷实行宪政，并成为江南立宪派的首领。

1904年3月24日，出使法国大臣孙宝琦也奏请朝廷立宪："欲求所以除壅蔽，则各国之立宪政体洵可效法。""应仿英、德、日之制，定为立宪政体之国。"[1]

当时，孙宝琦还给载泽、端方、张之洞去函，请求他们说服朝廷立宪。张之洞本来就是立宪的积极支持者，他为此找到了对日本宪政有所了解的张謇，请他代为起草立宪奏章，当时参与起草的有赵起昌、汤寿潜等人，都是张之洞的好友。

奏章经过六七次修改，方才定稿。张之洞想拉上袁世凯一同向朝廷条陈此事，便让张謇找袁世凯商量。袁世凯曾经是张謇的学生，后来因为政治立场不和，张謇痛骂过袁世凯，两人已经多年不相往来。此番有求于他，张謇也只好拉下面子给袁世凯写信，希望他效法日本的伊藤博文、坂垣主持立宪。但此时的袁世凯并不热心，善于投机的他仍在观望，只回复说"尚须缓以竢时"。[2]袁世凯没有答应，张謇又找到时为军机大臣的瞿鸿禨。瞿鸿禨对立宪十分感兴趣，态度也甚为积极。当年9月，张謇又找到兵部侍郎铁良，将自己刻印的《日本宪法义解》和《议会史》送给他，希望他对朝廷产生影响。1904年的后半年里，张謇积极活动，拜访各路大臣，畅言立宪。在社会各界的积极推动下，朝廷中形成了一股声势浩大的立宪力量，载泽、张之洞、端方、瞿鸿禨都是宪

[1] 侯宜杰：《二十世纪初中国政治改革风潮》第49页，人民出版社1993年版。
[2] 张謇研究中心、南通市图书馆编：《张謇全集》第6卷，第865页，江苏古籍出版社1994年版。

政的积极支持者。

1905 年 5 月，日本海军在对马海峡全歼沙俄太平洋舰队，日本指挥官是东乡平八郎，这个自诩为“一生伏首拜阳明”的海军统帅，书写了立宪国战败专制国的历史。这一战，使得清朝朝野上下出现了越来越多的立宪呼声。

1905 年 7 月，慈禧太后召集群臣临朝议事。她听了袁世凯、张之洞、周馥的联合会奏说：“立宪一事，可使我满洲朝基永久确固，而在外革命党亦可因此泯灭，候调查结果后，若果无妨碍，则必决意实行。”[1]

五大臣出洋考察，就是在这样的背景下实施的。这次出洋，留学归来的学子们再一次显示出与众不同的能力,朝廷派出了许多有留学背景的人员随行。五大臣兵分两路，对东西各国进行宪政考察。

经过半年多的考察，戴鸿慈与载泽率领的两路宪政考察团于 1906 年 7 月先后回国，向朝廷递交了宪政考察报告。报告是由杨度和梁启超帮助完成的。1906 年 1 月，戴鸿慈一路抵达东京时，随员熊希龄邀请正在日本留学，同为湖南人的杨度帮助撰写关于东西洋宪政国的情况报告，作为将来考察宪政报告的范本，杨度答应了熊希龄的请求，并找来梁启超帮忙。当年夏天杨度即为五大臣代撰了《中国宪政大纲应吸收东西各国之所长》与《实施宪政程序》两文，梁启超撰《世界各国宪政之比较》。五大臣的考察报告，即由杨、梁两人报告略加修改而成。[2]

杨度其人，原名承瓒，字皙子，后改名度，别号虎公，湖南省湘潭县人。他 1892 年考取秀才。1888 年，杨度 13 岁，一代名儒王闿运听说这孩子很聪明，爱才之意促使他亲自到杨家招收杨度为学生；杨度也很讨王闿运喜欢。说是师生，两人却经常开一些不荤不素的玩笑。这样，两人建立了情同父子的师生之谊。

维新变法那一年，谭嗣同、熊希龄、唐才常、梁启超到长沙办时务学堂。杨度到学堂听课，从此，杨度的思想开始倾向西学。

[1] 故宫博物院明清档案部编:《清末筹备立宪档案史料》第 1 页, 中华书局 1979 年版。
[2] 李喜所主编, 刘集林等著:《中国留学通史》(晚清卷), 第 418 页, 广东教育出版社 2010 年版。

1902 年，杨度不顾其恩师王闿运的劝阻，自费到日本留学，他到日本后进入东京弘文学院师范速成班。在日本，他受进步思想的影响，与留日同乡黄兴、陈天华等人创办《游学译编》。但是创办《游学译编》需要经费。于是，他回国筹措经费。在王闿运的引荐下，他结识了张之洞，两人交谈，张之洞对他十分喜欢。1903 年 6 月，清廷复开经济特科，杨度在四川总督锡良的推荐下参加考试。但是，考取第一名的杨度被人污为维新乱党，又是“湖南师范生”，且在日期间有攻击朝廷的言论，疑为唐才常同党和革命党而被除名，并受到通缉。

杨度无奈又回到了东京，在弘文学院继续学习。1904 年，他考入日本法政大学速成科，学习研究各国宪政。此后，他热心宪政。当时，他身边的留日学生有的倾向革命，有的倾向保皇，他虽关心国事，但从不介入两派的论争。1905 年，孙中山从欧洲来到日本，并与杨度相遇。孙中山得知杨度在留学生中的影响力，便力邀他加入革命党，但遭到拒绝。当时，杨度对推行宪政很热心，他表示要各行其是。他不赞成孙中山的革命思想，但他将黄兴介绍给孙中山，促成孙黄合作。

杨度为出洋五大臣撰写宪政报告后，由此博得大名。朝廷根据宪政考察报告，下诏预备立宪，消息传出，全国上下一片欢腾。上海、天津一些城市甚至张灯结彩以示欢庆。但是，人们很快便发现了这不过是朝廷愚弄百姓的骗局。1906 年 11 月，新官制案公布，人们发现，涉及皇室权力的部门变得更加巩固，责任内阁全无踪影。相反，满族官员的比重加大，袁世凯的北洋六镇也被铁良拿走了四镇。这样的立宪，让立宪派们大感失望。杨度看到朝廷轻轻松松地宣布预备立宪，而官制改革却无任何成效的现实，提出“政府宁肯与人民以一尺之空文，不肯与人民一寸之实事；人民与之争者，宜与争实事，而不与争空文”。所谓“空文”、“事实”，即宪法与国会的代名词。他认为，立宪的范围很广，若事事注意，结果必致一事不办，必须于诸事中“择其至重且大者，以专注之力而主张之”[1]。杨度乐观地认为，开了国会立宪很快就会实现。

1906年9月，朝廷颁布“仿行宪政”谕令，许多立宪派人物都仿佛看到希望，跃跃欲试地希望发挥自己的作用。代五大臣起草宪政报告的杨度和梁启超更是感到，宪政改革，舍我其谁？杨度决定和梁启超、熊希龄等人一起创办一份报纸，为宣传立宪服务，并成立了“宪政会”。“宪政会”的成立，杨度本来想当一把手，但是，康有为、梁启超都有控制“宪政会”的欲望。这样，杨度决定另起炉灶。

1906年11月2日，朝廷公布的新官制方案更使杨度感到，要使宪政不致落于空文，必须呼唤国民，正确地加以引导。与梁启超分道扬镳后，杨度先是在东京创办了《中国新报》开展立宪宣传，促进立宪进程。然后又联系方表、陆鸿逵、杨德邻等在日留学生，组织发起了“政俗调查会”，杨度自任会长。他对外宣称，不会依附于康、梁，准备独立组党。1907年7月，梁启超与蒋智由、徐佛苏合作组织成立了“政闻社”，杨度将“政俗调查会”改名为“宪政讲习所”，宣布其“宗旨在于预备宪政进行之方法，以期宪政之实行”，并提出以“设立民选议院”为立宪运动的中心目标。[2]

但是这年9月，杨度的伯父杨瑞生因病过世。得到消息的他立即带上妻小回国奔丧。从此，他的活动也转回了国内。回国料理完伯父丧事之后，杨度以更大的热情投入到推动宪政的工作之中。这年12月初，他联络湘潭士绅谭延恺、罗杰等人，组织成立了宪政讲习所湖南支部，积极宣扬宪政知识。他以湖南全省士民的名义，发起赴京陈情设立议院的倡议。

杨度在自己起草的《湖南全体人民民选议院请愿书》中说，施行宪政，“必须上有完备之法度、下知应尽之义务，方可宣布立宪，定期施行”[3]。他在请愿书中呼吁：法律是全民遵守的，因此，立法应当由人民参与制定。

[1] 闾小波：《从议会主义到宪法主义——从魏源到孙中山民主诉求之检讨》，《近代中国》，上海社会科学院出版社2001年版。

[2] 叶介甫：《传奇杨度》，《世纪风采》第39页，2012年第1期。

[3] 故宫博物院明清档案部编：《清末筹备立宪档案史料》第44页，中华书局1979年版。

1910年第三次请求速开国会的代表合影

杨度知道，要使请愿书发挥作用，必须动用民意的力量。国家是由人民聚合而成的，人民作为国家的一员，理所当然应当参与法律的制定，参与国家事务。设立议院，开国会，人民参与也关系到国家的生存。他为此联络了一大批湖南的名流士绅联名上奏，请求速开国会，在社会上引起很大的反响，也开创了先河。

1908年1月，杨度又将“宪政讲习所”更名为“宪政公会”。6月，经朝廷批准，“宪政公会”成为合法组织，这对杨度是极大的鼓励。他在推行宪政的道路上更加不遗余力。他召开会议，重新修订了公会章程，自任常务委员，此后，各地支会纷纷成立，声势一时非常浩大。

袁世凯对立宪的态度，则以维护自己的权力为立足点。新官制方案削弱了他的力量，使他意识到，必须借重于立宪派的力量。他权衡利弊，知道慈禧太后已是风烛残年，不定哪一天就会驾鹤西去，到时候光绪帝重新掌权，将对自己大大不利，而立宪正好削弱皇帝的势力，所以他此时积极支持。

这样，主张立宪的杨度变成了袁世凯的拉拢对象。袁世凯与杨度两人可谓“投缘”。当杨度在日本留学时，日本高等师范学校校长嘉纳治五郎就在中国学生中极力推崇袁世凯，说他是李鸿章之后唯一治世之人。杨度对嘉纳之语，深记于心。而袁世凯对杨度的君主立宪论也有好感，特别是袁世凯欲顺潮流推动立宪，而维新派康、梁又是他的政敌，杨度既非康有为之徒，而又精通宪政，袁世凯的智囊中极需这方面人才，所以袁世凯即要其长子袁克定赴日拉拢杨度入其幕。当时，张之洞也在拉拢杨度。杨度仔细盘算了一下双方势力，见张之洞已至暮年，雄心已失，而袁世凯正如日中天，便决心投靠袁世凯。袁世凯见杨度投靠自己，十分高兴，便在天津设立宪法研究所，聘杨度为顾问，杨度于此深感袁世凯为知己。

袁世凯既然要拉拢杨度，为己所用，便积极地向朝廷举荐。1908 年春，袁世凯与张之洞联合保奏，说杨度“精通宪法，才堪大用”。根据袁、张的保举，清廷上谕命候选郎中杨度为四品京堂候补，在宪政编查馆行走。这个宪政编查馆本是清廷于 1905 年五大臣出洋考察之际设立的，是延揽人才研究各国政治的机关。

杨度在宪政编查馆任职期间，利用自己宪政编查馆行走的身份四处演说，联络官员，宣传立宪，并“议请开国会”。他说，世界各国“无不以确定宪法、伸张民权为立国之要素，今吾国万万同胞阉然蜷伏于专制政体之下，生命财产仅假手于政府一二权要，以为献媚外人之具”，“恢复国民正当之权利，破除古来专制之积弊，避流血暴动之惨祸，谋和平改革之要全，此吾党同志毕生之责任也”[1]。杨度此言，显示了他在宪政道路上的努力进取。

杨度积极推动立宪进程，通过各种方式鼓动速开国会，竭尽全力陈说召开国会的意义。当时的一些报纸说他“运动甚力，迩来耸动项城尤急”，意思是说，杨度在京鼓吹开国会立君宪，把袁世凯也说得心动了。

但是，君主立宪牵涉到皇室利益，一些王亲贵族、保守势力十分忧虑。他们中一些人认为，推行宪政居心叵测，更有人茫然不知何为宪政。针对这些情况，1908 年 6 月，军机大臣袁世凯在颐和园里举办宪政讲座，召集亲贵前来听讲，主讲的人正是杨度。

演讲中杨度呼吁：希望我全国热心志士上书要求开国会，一次无效继以

[1] 张晶萍：《书生襟抱本无垠：近代风云人物杨度》，广西师范大学出版社 2011 年版。

二次，二次无效继以三次、四次，乃至数百千次，不达目的不罢休。国会一开，政府成为国家发布命令之机关，有议会为代表人民舆论之机关，立宪制度也就初步建成了。[1]

经过这样的演讲，使得杨度的声名大振，俨然成为清末宪政的代言人。当时的留学生中，像杨度这样积极推动宪政的有很多人。

二、留日学生成为革命的火种

在留学生中，推动体制变革，把革命作为一种形式，希望通过革命，推翻腐朽王朝，改变贫病中国的有很大一个群体。

风起云涌的革命运动后来取得成功，依靠的主要力量就是以留日为主体的爱国留学生。在当时的革命势力中，以孙中山的支持者为最。

1906年，法国政府希望通过培植革命党中的亲法力量来为自己服务。于是，派出布加卑考察团考察革命党的实际情况，经过考察，得出结论："孙中山的支持者是无数的，十分之九的中国留学生支持孙中山，运动已深入到中国社会的各阶层，包括政府官员和各省驻军司令"[2]。

孙中山本人也曾说："本党从前在日本组织同盟会，所得的会员不过一万多学生，他们回国之后，到各省去宣传，便收辛亥武昌起义后，登高一呼，全国响应，不到半年，全国就统一的大效果。[3]"

孙中山投身革命并注重发展留学生中的革命力量，是有其历史背景的。经历了两次鸦片战争的被动挨打，以及其后西方列强的索要多端，清廷不得不开展洋务运动，学习西方。在孙中山青少年的时代，清廷以"自强""求富"作为指导思想，开始向欧美国家派出留学生学习西方的先进军事技术，学习强

[1] 张晶萍：《书生襟袍本无垠：近代风云人物杨度》，广西师范大学出版社2011年版。

[2] 李喜所主编，刘集林等著：《中国留学通史》（晚清卷）第437页，广东教育出版社2010年版。

[3] 孙中山：《 孙中山选集》第529页，人民出版社1981年版。

国之术。但是，当时的洋务运动是以“以夷制夷”，以“中学为体，西学为用”为基本原则的模仿抄袭，是对一种所谓的“强国战略”的缝缝补补，只求“治标”，不求“治本”。

这样，中国就不可能在根本上实现变革图强。孙中山看到了这一点，1894年6月孙中山在《上李鸿章书》中说“尤留心于其富国强兵之道，化民成俗之规”，他建议在中国“人能尽其才，地能尽其利，物能尽其用，货能畅其流”，便可以实现国家的富强。但是孙中山的主张，李鸿章并不接受。1896年，孙中山到欧洲游历后，目睹了西方富强昌盛的景象，反思中国虚弱、被动挨打的局面，他感到，中国要实现富强，只有奋起直追、实行从上到下的变革。但是，他的这些改革思想触及到了当权者利益，李鸿章不接受，朝廷中的保守派自然更是反对。出于强烈的救国救民的责任感，他不得不挺身而出，寻找新生的力量。在他看来，实现国家的民主富强，爱国留学生是不可多得的力量。孙中山自1894年成立兴中会之时，就注重发展留学生力量。但是，当时孙中山并没有得到学生们的支持。维新变法之前，中国学子多在欧洲留学，他们对孙中山发动革命行动持支持态度的可谓寥寥无几。1896年，孙中山在伦敦蒙难的时候，没有遇到一个支持者。当时，他正因广州起义失败而流亡欧洲。虽然被清政府通缉，但是他仍然满怀救国的雄心壮志，考察欧美各国的社会、经济、政治体制，希望将来有一天为中国所用。1896年10月，孙中山到伦敦的时候，他被诱捕到大清国公使馆，清政府准备将他秘密押解回国处死，后经英国友人康德黎的营救，他才获得自由。当时，清政府给孙中山的罪名是“叛逆之罪”。在革命声势还没有影响到欧洲的中国留学生的情况下，孙中山自然得不到支持。

1897年夏天，孙中山从欧洲来到日本，他仍然把目光瞄向了留学生。但是，在1900年以前，留日生人数还不满100人，并无任何革命团体与组织。留日学生革命意识的萌发始于20世纪初。1900年留日生超过100人，留学生戢翼翚、沈云翔等发起组织“励志会”，是为留日学界的第一个团体。“励志会”以联络感情、策励志节为目的，内中亦有激烈分子。1900年唐才常在汉口发动的保皇立宪的自立军起义，就有部分“励志会”成员回国参加，但这时的留日生

1905 年，黄兴与华兴会成员合影（前排左一为黄兴）

尚无明确的革命意识。这一年，国内接连发生义和团事件、自立军起义以及孙中山发动的反清惠州起义后，清政府在国人心中的权威与合法性地位一落千丈，激进分子纷纷流亡日本群集东京，国内外风潮逐日高涨，留日学界的勤王与革命的界限，渐次分明。“尤其是一部分留日学生之间，高唱排满共和者日渐抬头”[1]。自立军起义失败后，脱险归来的留学生纷纷转向革命，靠拢孙中山。

在留学日本的爱国学子中，黄兴是孙中山的坚定支持者。黄兴 1902 年被张之洞选派为官费留学生，前往日本留学，入读弘文学院师范科。黄兴走向革命有着一定的曲折性，他原本和众多科举士子一样希望通过科举获得功名。他到日本后，受进步思想的影响，与杨度、陈天华等人创办了《游学译编》。

《游学译编》创办之初“专以输入文明，增益民智为本”，主要宣传国民教育和军国民教育，认为这是“救中国之第一义谛”。1903 年，沙俄毁约，拒不从中国撤军，引发留日学生掀起拒俄运动。留日学生在日本组织了拒俄义勇队，正在弘文学院读书的黄兴也积极参加。5 月，他从日本回到上海，途经武昌时，返回母校两湖书院发表演讲，内容涉及“满汉”“改革国体、政体”等敏感话题，并“与顽固派辩论终日”。张之洞听说后，十分震怒，让武昌知

[1] 李喜所主编，刘集林等著:《中国留学通史》(晚清卷)第 437 页，广东教育出版社 2010 年 9 月版。

1913 年 4 月孙中山、黄兴、戴季陶等人与日本企业家在上海正金银行的合影

府梁鼎芬将黄兴赶出湖北，不许造谣惑众。黄兴离开武昌时，将随身携带的《革命军》和《猛回头》等革命书籍分发给军学各界，然后登轮返湘。黄兴回到自己的家乡，继续进行革命宣传。1903 年 11 月 4 日，是他 30 岁生日，他以此为由，请章士钊、宋教仁、周震鳞等 20 多人到长沙岳麓区保甲局巷彭渊恂宅集会。这次集会，他们商议成立以“驱逐鞑虏，复兴中华”为基本宗旨，以“实行革命”为基本活动方式的华兴会。黄兴被大家推选为会长，华兴会成立后，对外称“华兴公司”，以“兴办矿业”为名，以“同心扑满、当面算清”为联络口号，秘密开展革命反清工作。

华兴会成立后，积极扩大规模，发展成员，积极联络其他同性质的组织，图谋共同革命。1904 年夏，华兴会商议，于农历十月十日慈禧太后七十寿辰时在长沙起事。要起事，需要一大笔经费，购买枪支弹药。他为此说服继母易自易将东乡凉塘的祖产粮食 300 石和故居 30 多亩的大庄园全部卖掉，筹得军费后买枪支组织新军，准备起义。但是，由于有人告密，长沙官府派兵查封了华兴会。黄兴侥幸逃脱，起义宣告失败。

华兴会起义虽然失败，但黄兴的革命行动，却引起了孙中山的注意。在孙中山结识黄兴之前，留学欧洲的一些学生已经听说了孙中山的爱国行为，纷纷联系，希望结识。

华兴会起义夭折之时，记录孙中山革命事迹的《伦敦蒙难记》《孙逸仙》等传记在欧洲先后出版。当时的孙中山是朝廷通缉的要犯。而在欧洲，他却成为追求民主革命的象征。传记的出版，对于当时正在苦苦思索寻求国家出路的爱国留学生来说，无疑是一种强大吸引。孙中山也因此名声大振，一些留学生看完孙中山的传记后，“几欲破浪走海外，以从之，不能得；则如醉如痴，甚至发狂”[1]，甚至有留学生打听孙中山的行踪，希望拜见。人心所向，孙中山在留学生中已经形成了强大吸引力。

斯时，身在欧洲的一些留学生纷纷给孙中山写信，寻求革命的道理。孙中山也产生到欧洲去，给这些留学生讲述革命道理的想法，但苦于没有经费。旧金山《大同日报》主笔刘成禺写信将这一情况告诉了欧洲留学生，对方立即凑足旅费，电汇孙中山，希望他到欧洲，给同学们讲革命的道理。

于是，孙中山先是到了美国，然后又前往英国。在孙中山离开美国之时，保皇党领袖康有为也来到了美国，他也希望吸收留学生中的力量，来为保皇会服务。他在美国还得到了西奥多·罗斯福的接见。在纽约，康有为检阅了他组建的“维新军”，这是一支由保皇派组成的队伍。维新军手持黄龙大旗和美国星条旗做他的随从队伍，可谓赚足了面子。康有为到美国后到处宣传“革命恐怖论”，这使孙中山感到，必须在留学生中培养革命力量。1905年，孙中山继美英之行后来到比利时，在那里，他谈到中国革命的方略以及可以依靠的力量。朱和中等留学生认为“更换新军脑筋，开通士子知识”来共图革命，孙中山则不以为然。孙中山认为“秀才不能造反，军队不能革命”，应借会党的力量来发动革命。

据留学生朱和中后来的记述，讨论至第三日，先生拟有所决定，为言今后将发展势力于留学界。在孙中山离开比利时之前，留学生盛情款宴，以示欢

[1] 张难先：《湖北革命知行录》第103页，商务印书馆1946年版。

送。酒过三巡之后，大家根据孙中山的建议，畅言建立新中国的要义。席间，大家各抒己见，气氛非常热烈。最后大家根据孙中山的提议，成立革命团体，留学生纷纷响应。于是，孙中山亲自拟写了一份誓词：

具愿书人某某某当天发誓：驱除鞑虏，恢复中华，创立民国，平均地权。矢信矢忠，有始有卒。倘有食言，任众处罚。

天运年月日

主盟人：孙文[1]

号召留比学生成立革命团体后，孙中山又前往德国、法国争取革命力量，所到之处得到留学生的热情欢迎。他开展工作，在留欧学生中形成了一支有组织的革命力量，"革命党人之声势为之一振"。

当年6月，他借助留欧生筹措的路费，踏上了返回东京的轮船。7月间，他抵达横滨市，留日生纷纷前来迎接。黄兴、宋教仁也在迎接的人群之中。

在横滨，孙中山与黄兴一见如故。这次见面，他们进行了两个多小时的谈话。谈话中，两人提出将兴中会与华兴会合并，共同致力于中国革命。7月28日，孙中山与华兴会主要骨干宋教仁、陈天华等人会晤，孙中山强调了革命联合的意义，他说：

中国现在不必忧各国之瓜分，但忧自己之内讧。此一省欲起事，彼一省亦欲起事，不相联络，各自号召，终必成秦末二十余国之争，元末朱（元璋）、陈（友谅）、张（士诚）、明（玉珍）之乱。此时各国乘而干涉之，则中国必亡无疑矣！故现今之主义，总以互相联络为要！方今两广之间，民气强悍，会党充斥，与清政府为难者，已十余年，而清军不能平之，此其破坏之能力已有余矣！人遇到其间人才太少，无一稍可有为之人主持之……若现在有数十百人者，

[1] 孙中山:《中国同盟会书及联系暗号》广东省社会科学院历史研究室等合编:《孙中山全集》第一卷，第376页，中华书局1981年版。

出而联络之，主张之……一旦发难，立文明之政府，天下事从此定矣！[1]

兴中会与华兴会的联合，开启了革命的大同盟。湖北、四川、广东以及其他各省的留学生，也都纷纷拜会孙中山，表示拥护这种统一的革命同盟。犹如百川归海，当时比较有影响力的革命团体日知会、光复会等也纷纷要求加入孙中山与黄兴组建的新的革命团体。

1905 年 7 月 30 日下午，由孙中山、黄兴邀约留日学生和在日本的爱国华侨，在内田良平住所集会，共同讨论创建新的革命团体的事。兴中会、华兴会、光复会、科学补习所以及其他团体，都有代表参加。

这次集会，由黄兴主持，在专门的一间小密室里进行各个团体的入盟证明书，由黄兴亲自保管。对于这个革命大团体的名称，有人提议“对满同盟会”，但孙中山解释说，“革命党宗旨，不专在排满，当与废除专制创造共和并行不悖”，这一想法得到了与会同志的赞同。

孙中山提议命名“中国革命同盟会”，黄兴有异议，他出于对革命党员安全的考虑，建议将“革命”两字删去；会议通过了黄兴的建议，这样，“中国同盟会”的名称才确定下来。

会议中，孙中山进行了一个多小时的演讲。最后他被同盟会选举为会议主席。同盟会成立后，一件重要的大事就是与保皇派展开论战。汪精卫、陈天华、朱执信等留日生都成为论战的急先锋。胡汉民所写的《〈民报〉与〈新民丛报〉辩驳之纲领》，罗列两报观点分歧的 12 个问题。汪精卫的长篇政论《希望满族立宪者盍听诸》，对康、梁的观点形成了逐一反驳的态势，批驳了康、梁借立宪之名，实为封建王朝摇旗的行径。

留日生留学日本，积极参加革命组织，为中国革命奔走疾呼，在革命的行动中，他们也不惜生命代价，身先士卒。黄花岗起义时，林觉民、方声洞等留日学生毅然归国，演绎了一场壮烈的“自杀式”起义，起义虽然失败，但却

[1] 孙中山:《与陈天华等的谈话》，广东省社会科学院历史研究室等合编:《孙中山全集》第一卷，第 276 页，中华书局 1981 年版。

成为辛亥革命的导火线，为推翻专制王朝奠定了基础。

三、张继发起“社会主义讲习所”为“革命”寻路

培养适应时代需要的新式人才，以富国强兵维护专制王朝，为清政府留学教育的根本目标。但当大批留学生留学欧美、留学日本，接触了新的思想、新的观念，潜移默化之中，他们的价值观念已焕然一新。专业学习之余或归国后，积极介绍、宣传近代西方的启蒙思潮也成为他们自觉、不自觉的群体活动。

当时，对社会主义思想的介绍与传播在留学生中也成为一种潮流。诸多留学生刊物积极刊载关于社会主义的译述，有关社会主义的著作也纷纷翻译出版。在留学生中，还涌现了一些传播社会主义思想的代表人物。

日本是一个君主立宪制国家，社会主义思潮焉会得以盛行，这里需要说一说日本明治维新后的社会背景。日本明治维新，使其迅速走上了资本主义道路。日本资本主义的发展与之相伴随的是工人阶级队伍的迅速壮大。

1888 年，日本全国的工人约 13.6 万人，1899 年增加到 142.6 万人，到 1909 年更增加到 244 万人。当时，日本军国主义已经开始奉行对外扩张政策。战争需要经费，钱从哪里来？日本政府不得不依靠增加税收来解决，这样，就造成了工商业成本加大，工人受到工厂的无情盘剥，工资低，劳动时间长，环境恶劣，生命和健康没有保障，从而引起工人阶级的反抗。

1897 年日本再次发生经济危机，劳资冲突与纠纷一时成为焦点，从而导致日本近代工人运动的蓬勃兴起。工人运动的发展，使工人的群体意识、组织观念日渐增强，工会出现了。这些现象都决定了社会主义思潮登上日本的社会舞台成为必然的趋势。

19、20 世纪交替之际，日本的自由民权人士看到社会矛盾不断加大的社会现实，开始积极传播社会主义思想。当时具有代表性的人物是幸德秋水、安部矶雄和村井知至。幸德秋水在《我是如何成为社会主义者》一文中说：

成为社会主义者的原因在于境遇和读书。境遇方面是指自幼生长在高知县醉心于自由平等说，因目睹维新后亲戚一家变得家道衰落而倍感同情，也因自身凑不齐学费深感命运不公。在读书方面，孟子、欧洲革命史、三醉人经纶问答、亨利·乔治的《社会问题》及《进步与贫穷》让我成为热心的民主主义者，并促使我对社会问题持有浓厚的兴趣。然而明确的断定我是社会主义者，是在六七年前阅读夏福理的《社会主义神髓》之时。[1]

社会主义思想在日本开始传播时，恰处于20世纪初中国学生留日热潮时期。渴望获得新思想新知识的留学生们自然对这股时代思潮产生了浓厚的兴趣。对中国而言，当时也是革命与保皇两方势力博弈的关键期，谁能获得更多的支持者，谁就有可能走到最后，取得胜利，故而政治宣传显得尤为重要。

具有革命倾向的《江苏》《浙江潮》《游学译编》《夏声》《二十世纪之支那》等刊物均介绍与宣传过社会主义。《二十世纪之支那》后来改刊成为同盟会的机关报《民报》后，更是积极介绍社会主义思想。《民报》介绍的社会主义内容，主要是围绕孙中山提出的“民生社会主义”思想来展开传播。

但是，由于留日生对社会主义的理解尚处于懵懂一知半解的阶段，因而对社会主义的理解，众说不一。在当时的留学生中，至少介绍、传播了五种社会主义思想，即民生主义的社会主义、国家社会主义、均贫富的社会主义、基督教的社会主义和马克思的社会主义。

各种社会主义学说大行其道的局面中，也出现了一些人利用社会主义宣扬无政府主义的现象。这种倾向也与当时日本社会主义思潮的发展有密切关系。1906年，日本社会党成立时，马克思主义、改良主义和无政府工团主义相杂拌，矛盾重重。次年6月，日本社会党分裂为软硬两派。软派以片山潜为首，主张以争取选举权和议会主义来实现革命；硬派以幸德秋水、堺利彦、山川均、大

[1] [日]藤原正人编:《幸德秋水全集》第5卷，第68页，(东京)诚进社1982年版。

杉荣为首，宣扬无政府主义。

幸德秋水翻译的《共产党宣言》

幸德秋水宣扬无政府主义是有渊源的，1906年4月，美国加利福尼亚州的旧金山发生了大地震。整个城市一时间处于无政府状态。幸德秋水在《无政府共产制的实现》中说，旧金山自4月18日地震以来便处于无政府共产制的状态。商业停滞，附近的邮政、铁路、轮船免费，帮助委员会每日发放食物，食物搬运、伤员看护、现场处理、避难所搭建都是义务劳动，金钱几乎不发生作用。

这样的无政府状态，虽然只是因为灾害的一时现象，但却给幸德秋水产生很大影响。一直抨击金钱万能的幸德秋水开始对这种现象格外向往。这以后，幸德秋水积极主张实现土地资本的人民共有，消除贫困，实现无政府共产制。

1906年6月，幸德秋水回国后即在神田锦辉馆为他召开的欢迎大会上发表了题为《世界革命运动的潮流》的演讲。他在演讲中说：

诸位，此前一年余的入狱和旅行生活，并没有使我的主义和理想发生何种变化，吾依然是吴下之旧阿蒙，依然是社会主义者，吾主义和理想虽无变化，然实现吾主义的手段与策略却不可不说是随着社会形势发展而发生了变化。

据吾所闻，当今欧美同志们运动之方针，正际于一大转机，我们日本社会党的同志们应该清楚地认清这股新的潮流，社会党即是革命党，其运动即是革命运动。一千八百四十八年，马克思、恩格斯二人起草的《共产党宣言》说，共产党援助世界各国反抗政治及社会现状的革命运动。又说：让权力阶级在共产革命面前发抖吧！革命者为了实现自己的目标，从来不惜使用暴力和武力。[1]

[1] 郑匡民：《社会主义讲习会与日本社会主义者》，郑大华、邹小站主编：《中国近代史上的民族主义》第486页，社会科学文献出版社2008年版。

幸德秋水的演讲，不仅在日本社会产生积极的影响，也对留日学生产生影响。张继和章太炎等革命派人士，就是在这个时期经人介绍而认识幸德秋水，并开始筹建社会主义讲习会的，景定成等革命派人士也因看幸德秋水关于社会主义的一些论述，听幸德秋水的演讲而受了很大的影响，开始“对立宪政体，不免怀疑起来”，开始积极宣扬无政府主义。在当时留日学生中，张继接受无政府主义思想表现得最为突出。

张继生于1882年，1947年去世，原名溥，字溥泉，他的一生曾经用过很多名字，有自然生、燕客、黄帝之子孙之多数人等等。

1899年4月，在华学习中国文化的日本人中岛裁之受一位叫“以南公”的中国朋友委托，把张继（当时叫张溥泉）带到日本留学。

八国联军侵略中国的1900年，一时冲动的张继跑回国内，他想爱国但又无事可做，在中岛裁之的劝说下，再赴日本留学。在赴往日本的路上，张继看到日本人抢劫中国铜佛32尊载于船上，十分感慨。他对同行的留日学生王达说，这是我们国家的耻辱啊，作为一个中国人，应当一雪这种耻辱。在轮船上，他和王达和诗一首：“拳匪庚子起山东，国势沦亡伤我衷。携手扶桑须努力，少年造化胜天工。”[1]

张继抵日本后，在友人的帮助下，进入早稻田大学读书，攻读政治经济学专业。留日期间，他除了在早稻田学习政治经济学等课程，还如痴如醉地钻研西方政治学说。他“专在图书馆翻阅该国维新志士中江笃介等所译之《法兰西大革命》《民约论》等书，革命思想沛然日滋，日本的维新变法不在眼下了”[2]。

那时候张继的革命思想还比较模糊，但好走极端的性格，很快也使他倾向于无政府主义，成为鼓吹无政府主义的狂热分子。他在日本有好几次曾经与人大打出手。第一次，是他和《革命军》的作者邹容揪打留学生监督姚文甫。当时，姚文甫指责留学生剪辫。张继、邹容决定报复，便趁夜间，闯进姚文甫

[1] 靳明全:《攻玉论: 关于20世纪初期中国政界留日生的研究》第109页，重庆出版社1999年版。
[2] 王学斌:《“三将军”张继的辛亥岁月》，见《文史天地》2012年第2期。

的住处，由张继抱着姚文甫的腰，邹容抱着姚文甫的脑袋，咔嚓一下用剪子剪掉了姚文甫的发辫。这下可闯了大祸，张继和邹容被日本当局驱逐回国。

第二次是扑打梁启超。梁启超自维新变法失败后，逃往日本，宣扬其维新立宪主张。1907年，身为保皇派中坚的梁启超在东京锦辉馆演讲，听者甚众。当时已是无政府主义狂热分子的张继先是扮成听众，听到梁宣讲光绪时便大呼“马鹿”（日语骂人的话），径直跳上台去，抓住这位大才子挥拳就打。梁任公虽然笔下之文字磅礴有力，胜过千军万马，但手上之气力却不及一般男子，几无缚鸡之力。遇到“武林高手”张继，他只剩下挨打的份儿，被打得鼻青脸肿，仓皇而逃。

第三次是张继与革命党人刘揆一大打出手。当时张继也是革命党的一名成员，不过后来与孙中山的观念发生了分歧。1907年3月，当日本政府下令驱逐孙中山时，同情革命的日本股票商人铃木久五郎赠送他1万元，孙中山拨了2000元交给章太炎作为《民报》经费，但章太炎嫌太少。这时，章太炎等人又听说了日本政府赠款以“换取”孙中山永远离境的传闻，张继、刘师培也加入到责难孙中山的队伍中，声讨孙中山“受贿”、“被收买”。

章太炎与孙中山不睦，这是党内众人皆知的秘密，对孙中山的领导地位，他从内心里不认可。这一次，他更是把挂在民报社的孙中山相片撕下来，批上“卖《民报》之孙文应即撤去”几个字，寄到同盟会香港分会，以示对孙中山的不满。

当时，同盟会内，因为黄冈起义、七女湖起义失败的消息传来，大家的情绪很是低落。此番，章太炎说孙中山“受贿”，无疑是在矛盾的伤口上又加了一把火，使得大家把矛头指向了孙中山，从而掀起了一场倒孙风潮。

对章太炎的举动，急性子的张继立即响应，他们邀约一些同盟会会员，联合提出罢免孙中山总理职务的提案。张继还要求当时代理庶务之职的刘揆一召开特别会议，在会上正式决议开除孙中山，另选黄兴为总理。但是，刘揆一从大局出发，断然拒绝召开特别会议，这下惹恼了张继。他们竟然在《民报》社内大打出手，张继生得魁梧，刘揆一只有挨打的份儿。后来，张继感到此事

穿日本和服的章太炎

欠妥，又找到刘揆一道歉，刘揆一原谅了他。

也正因为张继性子直，无城府，所以很容易受他人蒙蔽，走极端和闹误会。因为黄冈起义与七女湖起义的失败，张继的情绪已很低落。此时，他又听章太炎说，孙中山“受贿”，对革命感到失望的张继，开始在无政府主义中寻找出路。

3月26日，张继和章太炎致信幸德秋水：“明日午后一时，往贵宅敬聆雅教，乞先生勿弃”[1]。

张继与幸德秋水此前已经认识，这次章太炎与张继的请求拜见，幸德秋水热情接见。此时，刘师培、何震夫妇也已经到达东京。张继、刘师培在幸德秋水的帮助下，成立了“社会主义讲习所”，他们在《天义报》和《新世纪》上都发布了关于讲习所成立的广告。他们发布的广告中说：

近岁以来，社会主义盛行于西欧，蔓延于日本，而中国学者则鲜闻其说，虽有志之士知倡民族主义，然仅辨种族之异同，不复计民生之休戚，即便光复之说果见实行，亦恐以暴易暴，不知其非。同人有鉴于此，拟研究社会问题，搜集东西前哲学术，参互考核，发挥光大，以晌我国民。[2]

从内容上看，这个广告显然是针对孙中山的政治主张的。广告的起草者也说，社会主义讲习所所宣扬的主张不同于孙中山的光复之说，他们认为孙中山的主张即使成功也是“以暴易暴，不知其非”。

[1] [日]石母田正：《中国革命与幸德秋水》，《国外中国近代研究》第2辑，第333页，中国社会科学出版社1981年版。

[2] 郑匡民：《社会主义讲习会与日本社会主义者》，郑大华、邹小站主编：《中国近代史上的自由主义》第494页，社会科学文献出版社2008年版。

幸德秋水十分赞同张继等人的主张。广告发布后，幸德秋水在《大阪新闻》上发表文章。文章说，中国妇女何震等近日发刊《天义》，其主张男女同权，且鼓吹政治革命及社会革命之处，与单纯地从事排斥满清的革命党选择颇不相同，中国妇女之前途绝不可轻视也。

幸德秋水的文章无疑是社会主义讲习所的有力声援。因为这表明，幸德秋水支持的是社会主义讲习所，而不是孙中山领导的革命同盟会派。1907 年 8 月 31 日，社会主义讲习所召开第一次会议。会议的地点定在牛込赤城田町的清风亭。

对于这次会议，幸德秋水非常重视。平时，幸德秋水参加活动一般是穿着和服，但是这次他特地穿上越后产的上等麻布白底兰花纹上衣，系淡蓝色结纱兵儿扎带，外罩黑罗和式礼服外套，下穿竖条纹罗褐裤，脚蹬韬桐术低齿木屐，藏蓝色袜，头顶麦轩编的礼帽，打着一把旱伞，给人一种十分庄重严谨的感觉。

在社会主义讲习所的成立大会上，刘师培谈到社会主义讲习所的宗旨。他说，“吾辈之宗旨，不仅以实行社会主义为止，乃以无政府为目的者也”。在宣扬社会主义的同时，为什么还要传播无政府主义？刘师培说，无政府主义在三个方面优于孙中山的政治纲领。其一，孙中山驱除鞑虏，难免“贵己族而贱他族，易流为民族帝国主义”。而无政府主义主张的反清，虽然主张反对满族特权，但不伸张汉人的特权。第二，如果“仅言民族革命，则革命之后，仍有欲得特权之希望，则革命亦出于私。若言无政府，则革命以后无丝毫权利之可图，于此而犹思革命，则革命出于真诚”[1]。第三，现在的革命反清，主要参与者是学生和会党。革命成功是因为这少数人，则享受革命胜利成果的也是这少数人，而无政府主义的革命是全国的农工阶级，革命出于多数人民，革命胜利后则是多数人享受胜利成果。

刘师培还说，当今世界“无一非崇拜强权，无论排满立宪，无论排满以

[1] 郑匡民:《社会主义讲习会与日本思想的关系》,《社会科学研究》2008 年 3 期。

后另立新政府，势必举欧美、日本之伪文明推行于全国”，“而中国人民愈无自由，愈无幸福，较之今日，尤为苦困”，“故吾悲之意。惟欲于满洲政府颠覆后即行无政府，决不欲于排满以后另立新政府也”[1]。

刘师培关于讲习所的宗旨的演讲，应该说有很大成分是针对孙中山建立民国的政治纲领的。当时，刘师培讲完话后，幸德秋水也做了激情洋溢的演讲。他表示了对社会主义讲习所的支持态度，对无政府主义与社会主义做了阐释，又对社会政党做了剖析，认为无政府党的人格，高于其他政党。他说：“无政府主义，欲为劳动者谋幸福，必先尽去资本家，并颠覆一切政府。”社会主义的日的，虽然也是为民众谋福利，但是“借政府之力，化土地财产为公有”。如果行之不善，政府“势必举土地、财产均归政府”，[2]这样，就像资本主义模式下的土地财产都归属于少数资本家，政府就像是一个庞大的资本家。

幸德秋水又说，“无政府党之目的，在于不迷信政府为必要，政府之为物，由历史上证之，有功于人民者甚少，不过以暴力加于人民而已”[3]。最后，幸德秋水表示，中日两国地域相近，讲习会诸人如信奉无政府主义，则此后两国国民均可互相扶助，均可彼此相运动，及联合既固，以促无政府主义之实行。除此之外，为表示对张继、刘师培社会主义讲习所的支持，日本社会主义中央机关报《社会新闻周刊》还刊载了题为《中国人社会主义讲习所》的广告。幸德秋水还在该报上发表《东京的社会主义运动》一文对社会主义讲习所予以积极的赞扬。他的文章中说：

东京的支那学生中也有人开始研究社会主义，他们所组织的社会主义讲习所于上月 31 日在牛込清风亭举行了发起会，参加者有九十人。在下也应邀出席，就自由社会主义问题作了二小时的讲演。彼等已不满足于以往的民权论

[1] 杨天石编：《“社会主义讲习会”资料》，《中国哲学》第 1 辑第 378 页，生活·读书·新 知三联书店 1979 版。

[2] 郑匡民：《社会主义讲习会与日本社会主义者》，郑大华、邹小站主编：《中国近代史上的自由主义》第 495 页，社会科学文献出版社 2008 年版。

[3] 郑匡民：《社会主义讲习会与日本思想的关系》，《社会科学研究》2008 年 3 期。

和排满论，想进一步从在下那里得到新的知识，但限于时间，第二次会议时将由堺兄补充。[1]

幸德秋水的文章和演讲，表明了其对社会主义讲习所的支持，也透露了讲习所的成员已经不能满足于孙中山的革命排满论，而渴望得到新的知识，即无政府主义。

社会主义讲习所成立后，幸德秋水与张继等人进行了多次交往。关于他们的交往，日本外务省保留着这样一份档案，记载了他们的交往情况：

清国革命派系统的张继及刘光汉，为了给清国提供实行革命的理论武器，自去年以来，开始努力钻研社会主义，随后竟发展到与堺利彦、幸德秋水等人交往，并出席彼等之讲习所，而将其所得，登载于其机关志《民报》上，以图在留学生及本国同志间鼓吹社会主义。然张继及刘师培与本邦社会主义者之间在语言上尚不能充分沟通，因此不能进行细微的研究与解释，为此，深叹不能更前进一步。张继、刘光汉声称，今后为留学生学习社会主义，将时时聘请堺、幸德等参加彼等召开之讲习会。[2]

这个报告的记载时间是1907年9月16日，当时，张继与刘师培发起的社会主义讲习所已经成立，幸德秋水应邀参加了多次演讲。报告中还说，日本警方正在密切关注着双方的交往情况。

社会主义讲习所成立后，共召开8次讲习大会。日本警方记录在案的有5次，这5次，幸德秋水都被邀参加演讲。

这期间，他们主要演讲的主要课题有《中国民生问题》《宪政之病民》《自由结合之益》《中国产制度之变迁》《国家学说之荒谬并立宪之病民》《无政

[1] 郑匡民：《社会主义讲习会与日本社会主义者》，郑大华、邹小站主编：《中国近代史上的自由主义》第495页，社会科学文献出版社2008年版。

[2] 郑匡民：《社会主义讲习会与日本社会主义者》，郑大华、邹小站主编：《中国近代史上的自由主义》第494页，社会科学文献出版社2008年版。

府之利益》《日本警方无权干涉我等革命活动》《幸德秋水演说词》等等。

幸德秋水积极宣扬无政府主义，因而也遭到日本政府的反对，关于他的动向也一直被日本警方所关注。特别是1908年初开始，日本明治政府加强了对日本无政府主义运动的镇压。

此时，社会主义讲习所也暗藏着危机。在1907年末的最后几天，社会主义讲习所刚刚开完最后一次大会，同盟会的机关报《民报》上却突然刊登了这样一则消息，大意是说，《民报》总编辑章炳麟突然脑病发作，不能适应工作，先辞去本职。

章太炎真的忽然脑病发作了吗？事情并非如此。此时的章太炎正通过刘师培夫妇与清廷高官端方、张之洞进行秘密的联系。堂堂的革命家怎么会与清朝的封疆大吏暗中勾结呢？

这仍要从章太炎与孙中山的矛盾说起。1907年春，章太炎因革命战略问题和《民报》的编辑经费问题与孙中山等人闹矛盾，一度十分紧张，虽经人调解，没闹出大的恶果，但这件事后，他感到国家危难而革命党人却无远略，对此非常失望，就萌生了到印度出家当和尚的念头。但苦于没有路费，情急之下竟然想向张之洞借款。

章太炎委托张之洞的女婿卞某捎信给张之洞，但卞回国后，不敢把这件事告诉张之洞，就把这件事悄悄地告诉了两江总督端方。端方得到这个消息，认为是笼络章太炎的大好时机，便答应借款。此后，章太炎得到答复，派刘师培夫妇回国与端方接洽。

1907年冬，刘师培妻子何震先期回国，紧接着刘师培也回到国内，并和端方取得了联系。

刘师培回国后，章太炎似乎是想向端方表明自己的诚意，他承诺："若助以巨金，则彼于政治问题。"由于他将脱离革命，因而辞谢《民报》总编辑一职。于是便有了章太炎在《民报》第18号发表"本社总编辑人章君炳麟因脑病忽作，不能用心，顷已辞职"的启事，算是履行自己的诺言。

但是，想不到的是，刘师培回到国内后，在端方的功名利诱下，很快便投靠了清廷。刘师培向端方透露了章太炎与孙中山关系不睦的情况。

刘师培既然投靠了端方，自然不能很好地完成章太炎的重托。他将章太炎与张之洞、端方私下交往之事公之于众。刘师培此举的动机无外乎减轻自己的罪责并离间革命派。而刘师培与端方商量的借款条件也不能为章太炎所接受。章太炎不同意由领事按月支付的办法，要求先付全部款项的三分之二或者一半。其次，章太炎也不能接受端方提出的在国内出家的要求。既然要求无法得到满足，刘师培又将他与孙中山不睦的消息公之于众，章太炎感到没有必要再与端方、张之洞等人联系，便终止了来往。刘师培投靠端方后，不断帮助清政府诱捕革命党人。他先是帮助清政府诱捕浙江革命党领袖陶成章。当时，陶成章正从南洋返回中国，得知消息的刘师培便向端方汇报陶的行踪，但陶成章得知刘师培告密的消息，便改变了行踪。1909 年，刘师培又告发同盟会主要干将陈其美与浙江党人王金发、张恭等人密谋起义。

这一次，陈其美也得以逃脱，清兵只抓到了张恭。对于刘师培的变节，章太炎心中不免有些懊悔，认为是由自己引起。他曾经给刘师培写信，希望他能够回心转意，摆脱清廷。章太炎的信中说："申叔足下：与君学术素同，盖乃千载一遇，中以小衅，翦为仇雠，……铤而走险，非独君之过也"，并解释以往"勤攻君过"并非出于"雍蔽之志"。[1]

刘师培变节后，社会主义讲习所发生了更大的变故。1908 年 1 月 17 日，幸德秋水等人发起的金曜会正在日本本乡区平民书房进行第二十次演讲会，警察突然冲了进来，逮捕了金曜会的成员。当时，张继也参加了这次演讲会，因而也被捉住，所幸在去往警察局的路上被日本金曜会的同志夺了回来。随后，考虑到他的安全，便将其秘密送往去向法国的轮船。

张继逃离后，日本警察署并不知情，认为他还在日本国内，便发出了通缉令。后来经过调查，才知道他已经逃离日本。

此时，刘师培投靠端方，并将章太炎与端方、张之洞的联系公之于众，

[1] 章炳麟：《章太炎全集》第 4 册，第 157 页，上海人民出版社 1985 年版。

章太炎受此大辱，不能不对无政府主义产生反感。也就是从这以后，他不断地撰文，攻击无政府主义。他在《民报》中曾说：

人有恒言曰："玉卮无当，虽宝非用。"凡哲学之深密者类之矣。无政府主义者，与中国情状不相应，是亦无当者也。其持论浅不周率，复不可比于哲学，盖非玉卮，又适为牛角杯也。言无政府主义不如言民族主义也。[1]

刘师培投靠端方，张继逃往法国，以及章太炎等同盟会人物对无政府主义的攻击，使得社会主义讲习所活动逐渐减少。直到民国时代，方才出现一段时期的热潮，其代表人物包括景定成、周作人、南桂馨等人，他们都对无政府主义在当时中国的传播起到一定的影响。

四、将"民生社会主义"传入中国的革命党人

对张继、刘师培等人宣扬的无政府主义，孙中山是持反对态度的。他也反对暴力革命。孙中山认为无政府主义的理想有些乌托邦色彩。在孙中山看来，无政府主义是小生产者极易产生的思想倾向，只有小生产者在极端痛苦之下才可能产生不切实际的幻觉。

孙中山认为，在中国应该推行"民生社会主义"。他的这一主张是在广州起义失败后开始萌芽的。1896年，孙中山先是流亡日本，然后前往英国，在英国停留了9个月。这期间，他对资本主义社会有了切身的体验，大部分时间都是在大英博物馆的阅览室里度过的。

当时，清廷驻英使馆雇用司赖特侦探社密切跟踪孙中山。他们的侦探报告说："截至我们现在写信时为止，他的行动很有规律，几乎每天到大英博物

[1] 郑匡民：《社会主义讲习会与日本社会主义者》，郑大华、邹小站主编：《中国近代史上的自由主义》第503页，社会科学文献出版社2008年版。

馆图书馆、覃文省街四十六号、霍尔庞邮局。……在大英博物馆图书馆，他不时地进阅览室，并停留几小时，偶然地要吃些点心，就离开到布莱街金谷面包公司，之后，有时仍回大英博物馆图书馆。”[1]

也就是从这时候起，孙中山开始接触社会主义思想，关注欧美新兴的社会主义运动、学说，特别是对美国的亨利·乔治的“单税社会主义”学说产生浓厚的兴趣。单税社会主义主张征收地价税，土地涨价所得归代表全体国民的国家所有，以防贫富之别扩大。这对孙中山提出民生社会主义产生重要影响。孙中山到达英国之前，第二国际第四次代表大会在伦敦召开。大会通过了《关于土地问题的决议》，这成为孙中山“平均地权”主张的重要思想来源。孙中山敏锐地感到欧美的社会主义思潮将成为时代的发展方向。回国后，他便积极宣传社会主义思想。

1903 年 10 月，孙中山从日本来到檀香山。在这里，孙中山与保皇派都在发展自己的力量。为此，革命派与保皇派相互攻击。12 月 17 日，他在《复某友人函》中写道：“所询社会主义者，乃弟所极思不能须臾忘者。弟所主张在于平均地权。”而“近来欧美已有试行之者，然彼国势已为积重难返，其地主之权直与国家相埒，未易一蹴改革。若吾国，既未以机器施于地，作生财之力尚恃人功，而不尽操于业主之手，故贫富之悬隔，不似欧美之富者富可敌国，贫者贫无立锥，则我之措施当较彼为易也”。孙中山的信中还说：“今日吾国言改革，何故不为贫富不均计，而留此一重罪孽，以待他日更衍惨景乎？此故仁者所不忍出也。故弟欲于革命时一齐做起，吾誓词中已列此为四大事之一。”[2]从这时候起，孙中山在多个场合提到“民生社会主义”的主张。

1905 年，孙中山应留欧生的邀请，到欧洲争取留学生中的革命力量。期间，他到访了设在比利时布鲁塞尔的第二国际书记处。他自称是一个奉行社会主义者，并提出在中国应该建立什么样的社会主义。在与第二国际主席王德威尔与书记处书记胡斯曼的交谈中，孙中山说：“中国社会主义者要采用欧洲的生产

[1] 张笃勤：《孙中山读书生涯》第 70 — 71 页，长江文艺出版社 1997 年版。
[2] 李喜所主编，刘集林等著：《中国留学通史》（晚清卷）第 541 页，广东教育出版社 2010 年版。

方式，使用机器，但要避免种种弊端”，“防止一个阶级剥夺另一个阶级”。“我们要在将来建立一个没有任何过渡的新社会……中世纪的生产方式将直接过渡到社会主义的生产阶段，而工人不必经受被资本家剥削的痛苦”[1]。

当年7月，孙中山从欧洲又重返日本。此时，他认识了日本社会主义代表人物幸德秋水。二人曾就社会主义思想交流了看法。这次在日本，他与黄兴以及其他会党共同组建了同盟会。在同盟会的机关报《民报》上，孙中山和同盟会的主要成员不断地宣传社会主义思想。他在《民报》的“发刊词”中，分析了欧美各国三民主义的利弊，分析了中国实行三民主义的可行性。孙中山说“民生主义即社会主义”。“二十世纪不得不为民生主义之擅场时代也”，在欧美“社会革命其将不远”，中国若追随欧美之后，将不免有第二次革命，所以“民生主义，欧美所虑积重难返者，中国独受病未深，而去之易”，“吾国之民生主义者，发达最先，睹其祸害于未萌，诚可举政治革命、社会革命毕其功于一役”[2]。

孙中山通过对欧美各国社会制度的认识，对社会主义思想的了解，结合当时形势，把社会主义（民生主义）列为“三大主义”之一。他对社会主义充满期望。他说，在中国实行民族主义和民权主义的同时，就应该实行民生主义即社会主义，而民生主义的核心内容就是“平均地权”、“土地国有”。“当改良社会经济组织，核定天下地价。其现有之地价，仍属原主所有；其革命后社会改良进步之增价，则归于国家，为国民所共享。”[3]

孙中山对“民生社会主义”的传播、探索，也影响着一些投身革命的留日学生。宋教仁、廖仲恺、朱执信、冯自由等积极投入到对社会主义的宣传和探索的阵营。

孙中山提出的“民生主义”，其实就是“社会主义”，这是革命党人朱

[1] 《附：访问国际社会党执行局的谈话报道》，见广东省社会科学院历史研究室等合编：《孙中山全集》第一卷，第273页，中华书局1988年版。

[2] 李喜所主编，刘集林等著：《中国留学通史》（晚清卷）第542页，广东教育出版社2010年版。

[3] 《〈中国同盟会革命方略〉之〈军政府宣言〉》，见广东省社会科学院历史研究室等合编：《孙中山全集》第一卷，第297页，中华书局1988年版。

执信对孙中山的思想主张给出的论断。1906年5月，朱执信在《民报》上撰文解释说，“社会主义”这个词是日本翻译的，若按中国的说法，“社会主义本译民生主义”。孙中山自己后来也说：“民生主义即时下的社会主义。诸君想想，兄弟提倡民生主义是在什么时候？今日国人才出来讲社会主义，已嫌迟了。但是社会主义的学说输入中国未久，兄弟将‘社会主义’原文译为‘民生主义’较为允当。”[1]

朱执信

朱执信是孙中山三民主义的坚定追随者，他在1904年留学日本。1905年，加入同盟会。受孙中山的影响，他密切关注日本国内蓬勃的社会主义思潮及其运动。从1906到1908年，朱执信先后发表了《德意志社会革命家列传》《论社会革命与政治革命并行》等文章。1906年1月、4月，朱执信以笔名“蛰伸”在《民报》第2、3号上连载了《德意志革命家小传》《德意志革命家列传》，较早地介绍了马克思、恩格斯等人的生平，《共产党宣言》的主要内容，《资本论》关于剩余价值的学说以及拉萨尔、倍倍尔的活动。这成为马克思主义中国化最早的历史文献。对此，毛泽东曾经评价说：“朱执信是国民党员，这样看来，讲马克思主义倒还是国民党在先。”[2]

朱执信在《德意志革命家小传》（第3号上改为《德意志革命家列传》）中，阐述了译介此传的初衷。他说，德国“社会主义学者于德独昌，于政治上有大势力，而他政党乃却顾失势仰其援焉”[3]。社会问题的存在是马克思主义学说创立的时代背景。德国社会发展迅速，非马克思主义萎靡不振，以至于

[1]《在中国国民党本部特设驻粤办事处的演说》，广东省社会科学院历史研究室等合编：《孙中山全集》第五卷，第472页，中华书局1985年版。

[2] 郭丽兰：《朱执信对马克思主义著述的翻译和传播——以〈共产党宣言〉、〈资本论〉为例》，《中共中央党校学报》2011年第2期。

[3] 广东省哲学社会科学研究所历史研究室编：《朱执信集》（上）第8页，中华书局1979年版。

其他政治势力纷纷打上马克思主义的旗号，都想与马克思主义扯上关系，甚至一些政治势力认为，真正要干一场大事业，必须要从马克思主义思想着手不可。国际形势如此，朱执信认为，中国的出路就在于马克思主义。

在对《共产党宣言》的翻译中，朱执信也谈了他翻译此作的初衷。接触《共产党宣言》后，他认为以前谈论社会主义，攻击资本主义的人大都“空洞无所裨”，是乌托邦式的幻想。而马克思之“事攻，此役为最”。因而，他决定将《共产党宣言》传入中国。在对《共产党宣言》的译介中，一个重要的方面是对阶级和阶级斗争的理解。朱执信认为，阶级和阶级斗争是客观存在的，阶级斗争是推动人类社会向前发展的历史动力。“关于马尔克之意，以为阶级争斗，自历史来，其胜若败，必有所基。……故其宣言曰：‘自草昧混沌而降，至于吾今有生，所谓史者，何一非阶级争斗之陈迹乎？’”[1]

这句话的意思是：到目前为止的一切社会的历史都是阶级斗争的历史。朱执信还介绍了《共产党宣言》中，关于资产阶级不再能作为统治阶级，也不能继续统治下去的思想及其原因。因为资产阶级是依靠剥削劳动者致富的，资本主义社会的雇佣制度和剥削，导致了劳动阶级的贫困化。

《共产党宣言》中阶级斗争的内容使朱执信产生了强烈的共鸣。他进而又研究并向国内介绍了《资本论》。

对于《资本论》，他认为，这是马克思主义的集大成，“而其学理上之论议尤为世所宗者，则《资本史》及《资本论》也”。在译介中，朱执信对《资本论》中资本主义剩余价值理论进行了评述，他用雇佣劳动的例子来说，“譬有人日勤十二小时，而其六小时之劳动已足以增物之价，如其所受之佣钱，余六小时者直无报而程功者也。反而观之，则资本家仅以结果所增价之一部还与劳动者，而干没其余，标之曰利润，株主（即股东）辈分有之，是非实自劳动者所有中掠夺得之者耶”？正因为此，“马尔克此论，为社会学者所共尊，至今不衰”。[2]

[1] 广东省哲学社会科学研究所历史研究室编：《朱执信集》（上）第11页，中华书局1979年版。
[2] 广东省哲学社会科学研究所历史研究室编：《朱执信集》（上）第17页，中华书局1979年版。

同一时期，重要的资本主义理论家廖仲恺也积极地宣传社会主义。廖仲恺 1877 年 4 月 23 日生于美国加利福尼亚州旧金山的一个华侨家庭。他祖籍福建，清道光年间，廖家迁徙到广东省归善县鸭仔埗乡窑前村，开始以务农为生，后到香港经商发了家，又到美国旧金山经商。

1893 年，廖仲恺的父亲廖竹宾突然病逝，不久，母亲忧伤过度病倒。16 岁的廖仲恺，扶着父亲的灵柩，携着病母和弟妹登上旧金山开往香港的轮船，辗转回到归善县。

回到家乡后，科考出身的叔父期望侄儿参加科考，进入仕途。在叔父安排下，他拜当地的硕儒梁缉嘏为师，攻读儒家的“四书”“五经”。后来，他受维新思想的影响，进入香港皇仁书院读书。1897 年 10 月，廖仲恺与何香凝结婚，二人感情很好。在何香凝的资助下，他于 1902 年到日本留学，1903 年初，何香凝也前往日本。

1903 年 9 月，廖仲恺、何香凝在日本结识了孙中山。从此他开始积极参加孙中山领导的革命运动。1905 年 8 月 7 日，何香凝在孙中山、黎仲实的介绍下，加入了同盟会，成为最早的同盟会女会员。

1905 年 9 月 29 日（农历九月初一），这是廖仲恺终生难忘的一个日子。当天晚上，孙中山、黎仲实、胡汉民等人应邀来到了廖仲恺、何香凝夫妇的小家。他们谈国家的前途、民族的命运，谈人生理想。深夜时分，由何香凝和黎仲实二人介绍，在孙中山的主持下，廖仲恺正式宣誓加入了中国同盟会。这是一个庄严的时刻，从此以后，廖仲恺更加积极地投入到民主革命的洪流之中。

当天晚上，谈到国家的前途问题，孙中山说，“中国革命之必要与三民主义之大略余等皆俯首称善”。关于“革命党之性质、作用，党员对党之义务与牺牲服从之要求则俱应曰：唯”[1]。在此之前，同盟会主要骨干胡汉民曾经就“平均地权”提出疑问。胡汉民虽早已倾向革命，赞成反对清王朝和建立共和制国家，但由于在日本法政大学速成法政科学习，受流行的资产阶级经济

[1] 胡汉民：《胡汉民自传》第 15 页，（台北）传记文学出版社 1902 年版。

廖仲恺全家照

学说影响很深，对于“平均地权”存有较多的疑虑。当天晚上的谈话，应该说也是一次推心置腹的交流。对在公开场合不宜提出的问题，孙中山都认真地做了解答。廖仲恺当时对为什么提出“平均地权”以及怎样实现“平均地权”，还没有一个明确的认识，所以他像小学生一样认真地听孙中山的讲解。在中国，为什么要实行“平均地权”呢？孙中山从国内外形势做了分析。

他说欧洲资本主义制度的确立，并没有消除剥削，人与人之间的不平等仍然存在。而且，两极分化的社会现象十分严重。观察中国，“此时似尚未发生问题。而将来乃为必至趋向，吾辈为人民之痛苦而有革命，设革命成功，而犹袭欧美日本之故辙，最大多数人仍受痛苦，非吾人革命之目的也”。[1]因此，中国革命取得胜利时，必须解决民生问题，“平均地权”正是必由之路。孙中山的讲解，使胡汉民的疑虑顿消，廖仲恺也感到，有一种力量和希望在召唤。

廖仲恺加入同盟会后，根据孙中山的安排，致力于翻译、宣传社会主义学说的工作，使其成为留学生中宣传社会主义的重要代表。

廖仲恺在孙中山的支持下，为《民报》翻译了大量有关社会主义的文章。比较有代表性的有《进步与贫困》《社会主义史大纲》《无政府主义之二派》《无政府主义与社会主义》等。这些文章中，最有影响力的是《社会主义史大纲》。这是节译英国学者柏律氏的《社会主义手册》中的一节。文章论述了社会主义的由来及社会主义运动发展的原因，认为“社会主义者，实与人间社会，自太古以来，同生同长”。希腊之雅典的政治体制，“希伯来之神权政治，更多为社会主义者”，“及基督教时代，原始教会亦企行共产制度”。廖仲恺还认为

[1] 胡汉民：《胡汉民自传》第16页，（台北）传记文学出版社1982年版。

社会主义是拯救穷人的人道主义。他既赞同马克思的“革命的社会主义”，又赞同拉萨尔的“国家社会主义”，他对温和改良的方式表示赞同。廖仲恺说，“盖就贫乏于无穷，而防庸之倾不能藉以为生活之点者，莫有以土地归公若也”。在廖仲恺看来，“固非横领强占之谓，而亦不忧骚扰，只须行以最简便易之法。除土地增值外，凡税捐俱免之”。这样，“生产之势必大加，分配之公正必可保，而文明之进步必达于最高度”。[1]在《社会主义史纲》里，廖仲恺也对马克思学说表示由衷的同情和敬意。

廖仲恺虽然怀着浓厚的兴趣去翻译和发表西方和日本的社会主义论著，但他未能科学地区分和评价各种思想流派。辛亥革命之前，他一方面对于揭露资本主义本质的社会主义理论怀有浓厚的兴趣，另一方面则又对无政府主义和俄国革命党人的斗争方式倾注了关切之情。

在此期间，廖仲恺介绍无政府主义的文章占比重较大，比较系统地论述了无政府主义代表人物的思想主张。他曾经对社会主义与无政府主义做了比较分析，认为二者在实施手段上存在很大差别。无政府主义为“颠覆国家”而主张暴力革命。而这些正是社会主义所反对的。他认为无政府主义“无论用任何暴力，凡用以破坏现社会者，均视为神圣”，因而特为关注无政府主义学说。就当时中国的条件来说，无政府主义要求用一切暴力手段反对“现社会”——清朝的封建统治，无疑是具有进步意义的。辛亥革命的亲历者吴玉章曾说，在当时，无政府主义思想，“鼓舞人们去进行冒险的斗争，重要作用还是积极的，不过同时也产生了一些崇拜英雄、轻视群众的消极作用”。[2]

无政府主义宣传用暴力手段推翻统治集团，激励了一些青年走向革命反清的道路，而辛亥革命前一系列暗杀、爆炸的发生，也体现了无政府主义的影响。

留日生马君武也是热衷于社会主义思想的鼓动者。1901 年，马君武留学日本，并结识孙中山。在孙中山的影响下，马君武在《译书汇编》《政法学报》《新民丛报》等报刊上宣传社会主义，介绍空想社会主义，其中包括《社会主

[1] 李喜所主编、刘集林等著：《中国留学通史》（晚清卷）第 546 页，广东教育出版社 2010 年版。

[2] 吴玉章：《吴玉章回忆录》第 47 页，中国青年出版社 1978 年版。

义与进化论比较》《社会主义之鼻祖德麻司摩儿之华严界观》社会党巨子加菩提之《意加尼亚旅行》《圣西门之生活及其学说》等。

1903年2月，发表在《译书汇编》上的《社会主义与进化论比较》一文，对马克思做了介绍，说“马克司者，以唯物论解历史学之人也，马氏尝谓借机竞争为历史之钥”。文章辩证地论述了社会主义的科学性，认为“社会主义诚近世一大问题之最新公理”。[1]

孙中山、朱执信、廖仲恺等人对社会主义思想的介绍和传播，主要在于利用西方理论为中国革命寻找理论依据，说明中国革命的科学性、必然性。孙中山提出在中国推行民生社会主义的论断，作为三民主义的一个理论体系，他希望借此既能推翻清政府建立民主政权，发展中国，又可以绕开西方国家所面临的社会危机和革命运动，避免发生真正的社会主义革命，即“毕其功于一役”。

留日学生在传播社会主义思想的历史进程中，不可避免地带有急切的功利色彩，对西方的新思想、新理论采取“拿来主义”，不去追根溯源，不去考究是否符合中国国情，也造成了对社会主义思想理解不深，过于片面。急切之心与理性思考相伴杂，是当时革命派留学生在传播社会主义学说中的一个突出特点。

虽然如此，在动荡的晚清中国，倾向革命的爱国留学生，积极将社会主义思潮传入中国，他们对社会主义思想特别是对马克思的科学社会主义的传播，为现代中国社会主义思想的探索，奠定了启蒙基础。

五、“译书汇编社”要为中国开启民智

留学生留学海外，通过国外所学，推动政治、文化、经济、教育等体制发生变革。而新思想、新文化、新观念的流入，很大程度上得益于西方文化的

[1] 李喜所主编、刘集林等著：《中国留学通史》（晚清卷）第548页，广东教育出版社2010年版。

传入。留学生通过西书传输、翻译、报刊传播等形式，使中国人对外面的世界有了更多的认识。

1896年，以13名留日学子为开端，逐渐开启了留日的浪潮。他们走进日本后，为了研究学术、促进学习，于1900年初成立了自己的小团体——励志会。励志会成立之初的目的，并没有想到将国外的先进文化介绍到国内来。他们成立这个团体的目的，还只是联络学生。那时的留学生不过百十余人，尚没有任何团体把大家组织起来。因而，励志会成立之初的目的，还只是联络感情。正如发起者戢翼翚等人在其宗旨中所说的，励志会最初的目的，只为交流学术，联络感情，激励志气，对国家没有任何政见。

作为留日学子，他们身处国外，具有接受新思想、新文化的优势。当时，日本发达的译书事业对日本的发展所起到的效果很快引起了他们的注意。

反观国内，当时虽然已经有一些中国人将国外的著述翻译过来，也出现了上海江南制造总局翻译馆、北京同文馆以及一些洋务企业，但当时，中国人的眼光还局限于欧美，很少有人想到翻译日本著作。维新变法之后，一些开明人士认识到，通过日本学习西洋文化是一条捷径。于是，大量的书刊被翻译成中文。

梁启超、康有为、张之洞、盛宣怀这些人虽然政治见解不一样，但他们都认为日本的迅速崛起，与发达的翻译事业有很大关系。正是因为注重翻译西书，从中汲取先进的文化和营养，从而使日本迅速壮大。

中国要自强，应该把日本的新书大量翻译过来，这成为当时有识之士的共识。以戢翼翚为代表的第一批13名留学生走进日本后，看到了这种趋势。于是，留日学界在成立励志会后，当年冬天又成立了第一个译书团体——译书汇编社。

译书汇编社以江苏籍留日学生为主，大量翻译日文书籍，它的主要编辑者是戢翼翚、杨廷栋、杨荫杭、雷奋等人。该社“以联络感情策励志节为宗旨，对国家别无政见”。但因为戢翼翚的因素，他们的革命色彩也逐渐彰显。

戢翼翚，字元丞，湖北房县人，出生于1878年。他19岁那年，被人清

留日生吴振麟曾经参加译书汇编社（右一为吴振麟）

国驻日公使裕庚选为公费留学生，成为第一批13名官费留学生之一。戢翼翚1896年5月20日进入日本嘉纳学校学习日语，从此开始了日本的留学生活。戢翼翚在日本学习，大概经历了五年半的时间。初到日本之时，他并无革命倾向，希望通过努力学习，将来为朝廷效力，因而，他刻苦学习，成为同学中学习成绩的优异者。

关于戢翼翚后来倾向革命，革命党人冯自由有着这样的记述："是时我国留东学生全数不满百人，以主张排满之戢翼翚、沈云翔等为最激烈。"[1]1900年，孙中山来到东京。听闻其名的吴禄芳便邀戢翼翚一同前往拜访。在孙中山的住处，他们畅谈治国方略，孙中山给他们讲述革命道理，戢翼翚听了，便要求加入了孙中山的兴中会。

当年夏天，唐才常在国内策划自立军起义。戢翼翚拿着孙中山的手书，中断学业回到国内参加起义。对于这一事件，当事人刘禺生记述：

> 戢元丞（戢翼翚）由中山先生派往主持策应革命之负责人。元丞赍中山先生手函与予，以革命驱胡为宗旨，请同志勿为保皇伪说所诱惑。……后保皇会知唐通孙，电上海截留其饷项，改期举事，事遂败。元丞临行曰：予将以汝尽力情形，面呈先生。[2]

作为自立军起义的重要参与者，刘禺生对戢翼翚参加起义的过程作了详细的记述。但是后来，起义事泄，这宣告了起义的失败。张之洞对自立军进行

[1] 冯自由：《革命逸史》（初集）第72页，中华书局1981年版。

[2] 刘禺生著，钱宝甫整理：《世载堂杂忆》第153页，中华书局1960年版。

戢翼翚与王侠民合影，右为戢翼翚

了血腥的镇压，许多志士被捕杀害。戢翼翚侥幸逃脱，回到日本后继续完成他的学业。

戢翼翚的革命倾向，当时被张之洞任命为驻日留学生监督的钱恂也知道一些内情。镇压自立军起义事件后，张之洞写成《劝戒上海国会及出洋学生文》，告诫学生要安分守己，用心读书。

对此，留日学生沈翔云则发表了《复张之洞书》，对张之洞的暴行、言论大加批判。《复张之洞书》在上海广为流传。张之洞的幕僚汪康年对此事颇为惊奇，就写信询问钱恂。钱恂回答说，《复张之洞书》虽为沈翔云发表，但“章仲和、戢元丞辈助之。中有名言，岂一人之力哉”[1]。虽然如此，钱恂并没有对此事深究。

戢翼翚回到东京后，想到国内志士的遇难，他的革命热情更加浓烈。当年冬天，他即创办了《译书汇编》和《国民报》，在翻译西方进步译述的同时，更积极地宣传民主革命。译书汇编社成立后，戢翼翚翻译了大量的西方和日本新学著作。在他与唐宝锷合著的《东语正规》的序言中说他“译述之书，多达十余种”。

戢翼翚主持的《译书汇编》以播撒民主种子、传布进步思想为己任。这种努力确实取得显著的社会效果。冯自由回忆：

此报专以编译欧、美法政名著为宗旨……皆逐期登载。译笔流丽典雅，风行一时。时人咸推为留学界杂志之元祖。自后各省学生次第倡办月刊，吾国

[1] 上海图书馆编：《汪康年师友书札》（三），第3008页，上海古籍出版社1987年版。

青年思想之进步，收效至巨，不得不谓《译书汇编》实为之倡也。[1]

冯自由对《译书汇编》给予了很高的评价，认为它对中国青年思想的转变“收效至巨”。文人孙宝瑄在1902年记述了阅读《译书汇编》的爱不释手。孙宝瑄说，自读了《译书汇编》关于君权与民权关系的论述后，茅塞顿开，发出“欲破天之权，非增其人权不可”的感慨，并认为翻译西方书报是开民智、增民权的有效选择。

继译书汇编社成立后，在留学生中又出现了一个新的译书机构——游学译编社。游学译编社创办于1902年，主要成员有黄兴、周宏业、周家树、杨守仁、陈天华、杨度等人。他们创刊了《游学译编》月刊。这份月刊，同《译书汇编》不同，主要是以日本报刊刊载的一些比较有见解的文章为主，将这些文章编译成书。他们选译的文章具有明显的倾向性，具有强烈的政治色彩。作为立宪派代表人物的杨度为《游学译编》作的序中就明显体现了这种倾向性，阐明其目的是通过译书传播资本主义文明，使古老的中国重新焕发活力。杨度的序中写道：

欧洲自十八世纪以来，思想横溢，沛然如骤雨之下，或主唯神论，或主唯理论，或主唯心说，或主唯物说，或主天赋人权说，或主世界主义，或主个人主义，或主实利主义，或主感觉主义，各执其专精独到之理论，以争雄于学界，因而弥及于社会，形之于实事，使之有日进千里之事，以成今日之文化。然则自中世纪末以至今日之欧洲，何以而非倍根、笛卡尔、孟德斯鸠、卢梭、达尔文、斯边撒诸贤之精神，相递禅相搀夺以成此过度时代之现象，至今而唯有已也乎？日本汉学一变为欧化主义，再变为国粹保存主义其方针未变，其进步未已也。……然则维新三十年来之日本，又何日而不视欧美之进步以为进步，奋起直追，唯恐不及，以成此过渡时代之现象，而不知其所止也乎？由此观之，

[1] 冯自由:《革命逸史》(初集)，第99页，中华书局1981年版。

则我中国者，以东洋文明之固有，而得老大之名，以西洋文明之将来，则一变而为地球上最少年之一国，夫岂难耶？同人之译是编也，激昂以为扶植老大、培植幼稚之助也。[1]

杨度希望通过译书事业，使中国焕发青春，成为地球上的少年中国。《游学译编》的确起到了积极的推动作用。自创刊以来，其译编的作品十分丰富，有学术、政治、军事、经济、文化、教育、外交、历史等等方面内容的文章，可谓无所不包。

《游学译编》编译的《自由之理》《文明史》《社会之进化》《意大利建国纪略》《六大强国》等等都在当时产生极大的影响。

在革命党的影响下，《译书汇编》和《游学译编》后来都产生了革命倾向。这与当时的社会环境有很大关系，当时的中国在清政府的专制统治和列强的外来侵略下，已经到了民族存亡的危机关头，满目疮痍之下，青年人要求救亡图存、期盼国家富强的心理是最急切的。两份刊物的译书方向都以介绍西方和日本的政治、法律、教育、经济、军事为主；他们在译书中，联系到西方的富强，看到中国的积贫积弱，为了唤醒国人，摆脱民族危机，也介绍了欧美各国和日本变革的历史，以及埃及、印度等沦为殖民地国家的教训；还介绍了许多民族英雄的事迹，以作为国人奋斗的榜样。

但是，希望国家强盛的良好动机却未必带来理想的效果。励志会中大多数人热衷于功名利禄，只是把留学看作进入仕途的一种捷径，根本没有把心思放在励志会上，这样就导致了励志会不得不解散。

《游学译编》从诞生到停刊也是如此。恃才傲物的杨度虽然对《游学译编》十分支持，但他忙于宣扬立宪，根本无暇顾及。负责发刊的黄兴、杨德仁、陈天华都是倾向革命的，急切的救国心理使得他们急功近利，对救国方法的选择考虑得比较片面，因而走了许多弯路。这些在他们所办的刊物中都有反映，

[1] 李喜所：《近代留学生与中外文化》第216—217页，天津人民出版社1992年版。

表现为对所刊内容不加选择，盲目引进自认为先进的思想，根本不顾中国国情实际。

继《译书汇编》《游学译编》之后，新译界社、新女界杂志文学社、闽学会、人演译社、国学社等一大批翻译团体相继成立。这些翻译团体人数多寡不一，少则三五人，多则数十人。各个团体所译书籍互有偏重，有的翻译欧美法政名著，有的翻译中小学教科书，还有的翻译报章杂志论文。与译著相比，译刊流通快，传播广，发行量大。如《译书汇编》发行逾千份，《云南》最高发行数上万份，这在民智初开的时代是十分可观的。所译之作有的以单行本印行，有的以丛书形式印行，也有的在刊物上连载。其时，留日学界各种刊物多达数十种。尽管这些刊物分属不同的政治派系，目标和宗旨也不尽相同，但在翻译方面都各尽其力。

需要提出的是，这些翻译机构也十分注重科学的翻译，传输。一方面这是外国传教士译书的传统，另一方面也与洋务运动前后大多数中国人的认识水平相一致。当时中国人认为西方只有“技艺”优于中国，而政教文章不及东方。到20世纪初年，中国知识分子不仅觉察到西方法政制度的优越，而且试图从中寻找救国救民之方，所译之书以社会科学为主，社会科学中又偏重政治学著作。如译书汇编社声称其宗旨是“采择东西各国政治之书……务播文明思想于国民”，所译之书如美国伯盖司的《政治学》、法国孟德斯鸠的《万法精理》、法国卢梭的《民约论》、法国伊耶陵的《权利竞争论》等，多数是介绍自由民权思想、进化论和提倡民族自决方面的译著。[1]

留学生还通过创办报刊的形式传播进步思想、先进文化。1901年5月10日，戢翼翚、杨廷栋、杨荫杭、雷奋、王宠惠、张继等创办《国民报》，以“破中国之积弊，振国民之精神”，积极宣扬西方文明，主张中国走西方资本主义革命道路。该报的创刊得到了孙中山的支持，他资助1000日元作为创刊经费。《国民报》创刊后，刊登了《革命新论》《民权》《自由不死》《正仇满论》《二十

[1] 王奇生:《中国留学生的历史轨迹》第285页，湖北教育出版社1992年版。

世纪之中国》《中国灭亡论》等著名文章，在国内产生了很大的影响。冯自由说，《国民报》开创了“留学界革命新闻的先河”。

1904年9月24日，秋瑾在日本东京创办了《白话报》，自任主编。《白话报》以干支纪年，设教育、历史、地理、理科、谈丛、歌谣、戏曲、小说、实业、传记、时论等栏目，积极为女界呼吁，主张男女平等和婚姻自由，鼓励妇孺识字，反对缠足。《白话报》创刊后，秋瑾以“鉴湖女侠秋瑾”为名，发表《致告中国二万万女同胞》一文，打响了呼唤女性解放的第一枪。但是，办报需要大量的经费，她四处筹资，并在报纸上大量登广告，号召大家入股，可是响应者很少。她没有办法，只好回国去夫家要了一笔钱。秋瑾后来回国后又创办了《中国女报》，积极为中国女性鼓与呼。

1905年6月3日，湖南籍留学生宋教仁、黄兴、田桐等在日本创办《二十世纪之支那》月刊。黄兴、宋教仁、田桐、程家柽、白逾桓、陈天华、鲁鱼、仇式匡等人都是华兴会成员。在此之前，他们组织的长沙起义、鄂宁起义先后失败，但他们并没有放弃革命信念。起义失败后，他们陆续回到东京，感到革命要争取更多人的支持，必须加大舆论宣传。于是，众人商议后，一起创办了这份杂志，提出以“提倡国民精神，输入文明学说”为宗旨，设政法、历史、军事、理科、实业、丛录、文苑、杂俎、时事、时评、来稿等栏目。编撰人大都是华兴会成员。在第一期上，刊有《二十世纪之支那初言》，提倡爱国主义，鼓吹革命独立，主张建立民主共和之“完全国家”，“使我二十世纪之地支那，进而为世界第一强国”。[1]

同盟会成立后，经黄兴提议，将该杂志改名为《民报》，作为同盟会的机关报。8月26日，《二十世纪之支那》第二期上刊登有《日本政客的支那经营谈》一文，对日本的侵华政策进行抨击，结果被日本政府全部予以没收，该刊也被迫停刊。

当时，各省的留日学生还大多创办了以本省命名的报刊，如《江苏》《新

[1] 刘则永:《东瀛涌动革命潮》,《团结》2011年第3期。

湖南》《浙江潮》《四川》《云南》等，都是留日学生界较有影响力的报刊。这些报刊以“开通风气，鼓舞国民精神”、“推倒专制政体，鼓吹民主主义”为宗旨，设置论著、译述、时评、历史、传记、小说、调查等栏目，它们积极传播西方与日本的政治、经济、文化，批判中国的封建制度，倡导富国强兵，推动了中国的民主革命运动。

第六章　强军

“师夷制夷”自强中国

一. 李鸿章派“淮军武弁”留欧要大清军事自强

晚清中国的留学史，最初是以学习军事为开端的。始于1872年的留美幼童，对于曾国藩、李鸿章等洋务派人士来说，其最初的派遣动机是学习军事技艺。但是，美国政府并不接受中国人到美国学习军事，于是留美幼童改学它艺。遗憾是的这些留学生到美国后思想观念转变，落了个学业未完成而被召回的结局。虽然如此，但此后，派往欧洲的军事留学从未终止。

闭关锁国的清王朝为什么对军事留学网开一面呢？晚清的军事留学发端于鸦片战争以来西方列强的一系列侵华事件。清朝自入关后，经过200多年的统治，妄想世世代代维系其封建体制的江山，但是，铁铸的封建门户挡不住西方列强的坚船利炮。两次鸦片战争后，清朝的闭关自守政策被击得粉碎，一窝蜂涌进来的列强们也使得朝野上下看到了西方利器的威力。一些有识之士开始思考并寻找中国的出路。

渴望振作的洋务派人士开始励精图志，积极发展军事与洋务事业，希望尽快摆脱西方列强的侵略。为发展军事，推动洋务事业，洋务派人士认识到中国急需培养一批懂军事和洋务的人才。于是，他们效仿日本，遴选优秀学生，走出国门，为中国的富强探求真知。

谈到军事留学，不能不提及一个人在幕后的惨淡经营和推动，他就是被称为“大清糊裱匠”的李鸿章。

李鸿章（1823 — 1901），安徽合肥人。他 30 多岁的时候投奔到曾国藩的部下，不断得到提拔。

李鸿章为什么屡屡得到曾国藩的提拔？一来李鸿章的父亲与曾国藩是同年关系，再者李鸿章与淮南地主团练头子关系密切。李鸿章父亲的幕僚张树声在合肥办团练，与淮扬一带的各团练团长诸如刘铭传、周盛传等人都保持很好的关系，而张树声又与李鸿章关系密切。

1860 年 5 月，太平天国的洪仁玕、陈玉成、李秀成、李世贤、杨辅清等主要干将在天京庆贺江南大营突围作战的胜利，并商议下一步进兵之策。洪仁玕和李秀成主张先取长江下游。洪秀全采纳了洪仁玕、李秀成的主张，命令李秀成率军东征苏常，并限期一个月完成任务。李秀成会同李世贤、杨辅清、黄文金等联合东进。与此同时，陈玉成率部渡江往攻扬州，以牵制江北清军，使其不得南渡救援苏常；刘官芳等则率部折回皖南，屏障天京西侧。

当月的 15 日，太平军李秀成部数万人从天京出发。一路浩浩荡荡，当天占领句容。计划攻取苏常，进而攻取江西、安徽、湖北等地，一举消灭曾国藩部主力。当月 19 日，太平军顺利拿下丹阳城。苏常之战中，清军死伤万余人，湖北提督王浚也被太平军当场击毙，部将和春看到形势不妙逃往常州。

苏常危急，曾国藩决定派兵增援苏常。他让李鸿章写信召张树声到安庆来，这次相见，几人谈得十分融洽，曾国藩决定以淮南地主团练为基础编练淮军，由李鸿章负责。从此，李鸿章与淮军结下了不解之缘。李鸿章受命后，首先招募自己老家庐州一带的团练，又合并了湘军系统中原由安徽人组成的几营淮勇。考虑到新建淮军的实力单薄，曾国藩又调拨了一部分湘军归入淮军。曾国藩风

李鸿章看了马克沁机枪的射击表演后连声称赞

趣地称这是送女儿出阁的“赠嫁之资”。在两个月内，淮军13营6500多人乘船到达上海。说到这里，需要说说太平天国军队。太平军创立之初，说他们纪律严明，对百姓秋毫无犯的屡见不鲜。但是随着其队伍的不断扩大，土匪、流民的大量加入。这种“秋毫无犯”的局面很快便被打破了。太平军进军江南，每到一地，抢劫、屠城几乎成了家常便饭。这些，历史文献上多有记载。

当太平军进攻苏常之时，上海的百姓、士绅都非常害怕，不断地向两江总督曾国藩求救。于是，曾国藩就命令李鸿章编练的淮军到上海一带驻扎。上海百姓、士绅听说淮军要来，都对李鸿章抱有很大希望。可是当淮军初进上海之时，上海百姓、士绅看到淮军的着装、军纪，不免有些失望，认为这不过是一支“土八路”罢了。淮军士兵自由散漫，还时常脏话连篇，这样一支军队怎么能打得过正如日中天的太平军呢？！

初到上海的李鸿章也感到一种压力和挑战。当初曾国藩指示李鸿章编练淮军，动机也不过是像保安团一样，保卫一方平安，根本没有想到把它培养成一支正儿八经的军事作战部队。

李鸿章到上海后，开始思考这支军队的前途问题。当时，上海还驻扎着一支外国人组成的军队，大约有3000多人，装备是清一色的来复枪和榴弹炮，这支军队由美国人华尔指挥，是上海地方士绅和商人出钱供养的雇佣军。虽然是中国人出钱，但核心的目标却是为洋人服务，保护洋人在上海的利益。但是，软弱的大清，对列强的索要多端似乎已经习惯了，即便是不习惯，它又到哪里说理去。驻扎在上海的这支由中国人供养、维护外国人利益的军队，装备精良，在保护洋人利益上确实也不遗余力。为此，清政府在1862年3月授予这支军队"常胜军"的称号。面对这支军队，当李鸿章带领着习气散漫的淮军来到上海时，焉能不感到压力。幸好李鸿章率领的淮军到上海后，在与太平军的交战中首战取捷，为自己挽回了面子。斯时，太平天国忠王李秀成率领几万人马进攻上海，交战地点就在上海的西郊。这一仗，太平军使用了威力巨大的火炮。对方的兵力、武器装备都远远优于淮军，面对敌强我弱的局面，李鸿章说不惧怕，那是假的。但是他想到了一个稳定军心鼓舞士气的办法。他搬了一把椅子坐在军队后撤必经的一个桥头，亲自督战。果然，面对太平军的猛烈炮击，淮军一开始便有些顶不住了。淮军将领张遇春开始后退，当他们退到桥头时，迎面看到李鸿章稳稳地端坐在那里，知道这是主帅来亲自督战了。张遇春倒也识趣，不等李鸿章发怒，又赶紧率军折了回去。张遇春知道不能硬拼，于是他想了法子，偷袭了太平军主营，使得太平军方寸大乱。

这一战，淮军变危局为胜局，官兵士气大增，李鸿章更是踌躇满志。李鸿章由此也看到太平天国军队"专用洋枪，力可及远"，又联想到驻扎在上海的英、法军队曾经利用洋枪洋炮击败过太平军的事实，认识到淮军要发展，要壮大，必须装备西洋先进武器。

在李鸿章之前，西洋军队凭借先进武器已经给清朝官员沉痛的教训。两次鸦片战争中，中国的连连失败，都是鲜明的例证。为此，担任江苏巡抚的薛焕以及上海布政使吴煦曾经央求驻扎在上海的英法军队承担更大的责任。李鸿章则不同，他想培养自己的军队，从而提高自己的地位。他计划让淮军在上海专防一处。因而，他在给曾国藩的信中说："力求自强，不与外国人搀杂。"[1]

经过积极的努力，大力采购，1863 年春，淮军建立了自己的洋炮队，装备的都是来复枪和榴弹炮，这是近代史上中国人自己的第一支新式炮兵。由于李鸿章的见识，这支军队在清朝军队中的装备一直处于领先地位，也对清朝镇压太平军以及后来的捻军作出了重大贡献。

除积极装备新式武器外，李鸿章还十分注重用西法训练淮军，他为此聘请了多名洋教官训练军队，使军队的战斗力不断增强，在苏南战场上不断取得胜利，配合湘军扼杀了太平天国政权，从而也使淮军迅速发展壮大，从原来的 6500 人，到太平军灭亡之时的 7 万余人。

李鸿章的淮军采用西法、西人练兵，使晚清陆军向近代化方向转变。这种转变也将一个刻不容缓的问题摆到了桌面。军队的近代化需要大量的新式人才，他希望通过引进西方的军事来实现自强，但他这些思想有着很强的功利性。在他领导的淮军中，官兵晋升仍然靠的是军功和关系。当时的淮军军官因为李鸿章的提携得到了升迁，但他们对近代武器装备和军事技术、作战之法大多是一知半解。再则，传统武科和传统的教育方式赋予他们的是冷兵器时代的思维和管理方法，这些问题的存在，李鸿章何尝不知。为使淮军向军事近代化迈进，李鸿章花费重金聘请洋人，教习中国士官，毕竟没有亲历其境，即使洋教习能耐再大，他们来到中国后，其国内最新的军事技术动态他们也并非全然了解，另外国内教育条件的限制，使得在战法、战术和管理上都有很大限制。再则，单纯聘请西洋教官来中国教习，容易被洋教习授之以柄，甚至不能尽心教习。

中国要图强，就必须进行系统的军事教育，而当时片面的军事教育势必难以满足需要。相比较而言，派出军事留学生可以取得很好的效果。西洋各国都设有军事学院，对于各种军事装备，技术、造船等都有专业研究，派出学生前往学习，进行系统化的军事教育才是正途。当时的洋务派官员中，曾国藩、左宗棠和李鸿章当然也看到了这一点。

---

[1] [美]刘广京、朱昌峻编:《李鸿章评传: 中国近代化的起始》第 27 页，上海古籍出版社 1995 年版。

李鸿章的淮军洋炮队

1870年，镇压国内起义力量屡获军功的李鸿章从湖广总督任上调任直隶总督兼北洋大臣。此时，李鸿章的职责已经不是在淮军和湖广时的治理一方，他必须把眼光放到全国战略上来。作为直隶总督兼北洋大臣，他在外交和军事方面履行着朝廷中的许多职责，他不仅负责直隶事务，还同时协调帝国上下其他若干省份的军事和行政事务。这样一个特殊身份，使他把在淮军中提出的自强思想上升到国家战略上来。

李鸿章到任直隶后向朝廷提出，大清国的军事计划应该把增强军事实力作为主要发展方向，认为只有这样才能维持中国与列强的和平关系。李鸿章解释说，西方大国在中国的目的在于通商，而不是扩充自己的版图，对中国真正的威胁来自岛海之隔的日本。因此，在李鸿章的自强方案中，首要的目标是发展强大的军事，建设中国的军事工业。

中国该如何发展强大的军事，建立军事工业呢？李鸿章做了分析。他说，经验已经表明，经营兵工厂和造船厂绝非易事，这些领域西方列强发展迅速，中国不可能在短时间内赶上。要使中国军事变得强大，必须购买外国的先进武器，装备一支新式军队。李鸿章进一步指出，建立强大的军队，缺少的是资金和人才。他说，探求军工业的扩展，必须对人才的培养予以支持。也正是基于这样的自强思想，李鸿章到直隶后，积极推动军事留学生的派出。

1871 年 6 月，李鸿章曾经考虑派遣留学生到英国去学习军事。但是，他当时感到更为迫切的是寻找具有西方经验，能够立即在兵工厂、造船厂和海关工作的管理和技术人才。他为此经常给各省的同僚写信，请他们推荐这样的人才，却所得有限。这也使他感到，要增强国家的军事力量，使国家自强，向国外派遣留学生，刻不容缓。

1873 年，李鸿章委托德国克虏伯公司聘德国都司李劢协 (Lemayer) 来天津教习炮队，“李劢协来津，与之订立合同，议明三年为期，教习克虏伯后膛钢炮，该都司悉心指受，炮队操法日臻娴熟”[1]。这使李鸿章对他深为赞赏。

虽然如此，李鸿章仍然感到，洋教官在中国传授的军事管理经验和作战之法，仍然与国外的战术战法、管理经验存在很大差距。因此，李鸿章很希望在军队中挑选优秀官兵，派遣他们到西方留学，提升他们的军事技能和素质。

1876 年，李劢协合同期满准备回国。在他回国之前，他向李鸿章建议，淮军军营中的卞长胜、王德胜等 7 位军官，年轻聪明，基础不错，建议随他一起“往德国武学院加功学习，以期各尽所长”[2]。李鸿章对李劢协的建议很感兴趣，立即召见卞长胜等人。

卞长胜字燮臣，江苏高淳人，武童出身，1862 年李鸿章创立淮军时即加入。淮军毕竟是李鸿章一手经营，因而对于军中的人员情况，大都有所了解。当时，卞长胜等人的年龄大都在 20 多岁左右。这些人跟随李劢协学习西洋军事、作战之法，已经渐入门径，对西洋的军备、技术，也有大概的了解。李鸿章感到“若令赴德国武学院观摩练习，当更精进。如三年后学习有成，回国教练各营，转相传授，似于军事将材，可有裨助”[3]。此后，李鸿章便让军械局道台刘

[1] 李喜所主编，刘集林等著：《中国留学通史》（晚清卷）第 133 页，广东教育出版社 2010 年版。

[2] 王红：《近代中国的首次军事留学》，《军事历史》2010 年 6 月。

[3] 同上。

含芳与李劢协一起研究淮军军官赴德学习的具体办法。经过商量，李劢协很快便草拟了一个章程，并呈给李鸿章审阅。章程名为《德国都司李劢协拟带中国武弁出洋赴德国武学院学习章程》。章程的主要内容包括衣物用品、赴德行程、学习安排、起居饮食、经费开支等5个方面，非常详细。

李鸿章在后来给郭嵩焘的信中透露了他派遣留学生的目的和用意。西洋海军、陆军的战法战术精严，军事学院的教学也比较成熟，是国内的军事学堂所无法比拟的。因此，李鸿章决定派遣卞长胜、王德胜等7人前往欧洲学习军事。毕竟是第一次派出军事留学生，还没有经验，李鸿章把此次派遣视为“小视其端”的投石问路，具有探索性质。

李鸿章信心满满，对这次留学生的派出寄予厚望，因为他知道，这可不是一般的开开眼，淮军是李鸿章一手创建的子弟兵，他派出淮军留学，用意深远。

历史学家认为这次军事留学生的派遣，虽然与留美幼童一样都是洋务派具体组织的出国留学，发生的时间也差不多，但是，幼童留美和军事留欧的性质却大不相同。留美幼童因为观念、行为的异化，落了个被“中途召回”的结局，而这次军事留学，承载着李鸿章强烈的自强梦想。

经过积极的准备，1876年4月15日，也就是光绪二年三月二十一日，卞长胜、王德胜、朱耀彩等军事留学生随李劢协一起由天津搭轮船赴德。这是晚清现役军官首次出国留学，也是中国正式派遣陆军留学生之始。他们经过近两个月的海上航行抵达德国后，出现了一个小插曲。7人中，卞长胜、朱耀彩、王德胜三人被安排到博洪炮厂学习杂艺，而不是在国内事先安排的学习军事。对于这个变化，德国总兵巴兰德解释说，卞长胜等3人不听管教，所以改派他们到博洪厂学艺。但卞长胜三人到博洪厂后也并不顺利，常常受到压制，以至于后来，卞长胜气愤地给李鸿章写信诉说委屈。

卞长胜等人到德国留学，为什么会出现诸多的不顺利呢？原因是多重的。先说说李劢协这个人，他虽然对中国怀有好感，但此人是个性格乖张、反复无常的人。出国前，他曾经夸下海口，可以利用赴欧的漫长路途，教留学生学会德语，打下语言基础。但上船后，他却推三阻四并不教众人学德语。一路上，大家只能观赏大海的惊涛骇浪了。

在马赛港靠岸后，李劢协仍旧不让几人学习，不是跟着他一块探亲访友，就是邀请他们一起出去玩耍。这样的情形，引起了卞长胜的不满，他认为这是在浪费时光，既浪费钱财又影响学业。他多次向李劢协提出意见，但是李劢协仍然不以为然，认为李鸿章既然把学生托付给了他，他就有权利安排学生们怎么做。他仍然我行我素地要求学生时而换上清朝的服装，时而穿上洋服，跟他参加各种社交活动。

卞长胜的不满，在李劢协看来，是不听摆弄的表现。因而，决定对不听话的人进行报复。出发之前，李劢协曾经对李鸿章说，等留学生粗识德国语言、文字后，即可进入军事学院读书。但是，他只把杨德明、刘芳圃、查连标、袁雨春等人安排到德国斯邦道军营学习军事语言。数月后，他又让这些人去学习陆军课程。而对他不满的卞长胜等人，则被他弄到德国的一家工厂学习木工、铁器等杂艺。卞长胜感到自己受了捉弄，因而他给在国内的李鸿章致函汇报了这件事。卞长胜给李鸿章的信中说，到德国后“备受凌辱及被逐出营外”，这样的屈辱实在难以接受。李鸿章接到信函后，即转令清政府驻欧公使了解情况。使馆工作人员张德彝奉命前往调查，了解到卞长胜等人确实遭受屈辱。他一面安慰他们“凡事忍耐，屈己从人”；一面又向上级汇报说，卞长胜等人“自高自大”，不服洋人管教。[1]对于李劢协，张德彝在报告中却只字未提。

对于卞长胜等人被派往博洪炮厂学习杂艺，张德彝也认为，和出国前的计划相违背。因而，他又去拜访德国总兵巴兰德，希望卞长胜等人重新归队，学习陆军课程。对张德彝的请求，巴兰德予以拒绝，他说，卞长胜、朱耀彩二人狂妄不逊，难以管教，最好是将他们遣送回国，其他的人继续留在军事学院学习。

张德彝协商未果，只有向德国国防部和海军部联系，安排卞长胜等人去学习海军。随后，卞长胜等 3 人被德国海军部随同 8 名日本留学生一同安排到

[1] 董守义：《清代留学运动史》，第 114 — 115 页，辽宁人民出版社 1985 年版。

海军院校。

事情并没有就此结束，更大的厄运正在降临到卞长胜等人头上。当年，李凤苞被派往欧洲出任留学生监督，朝廷要求他每三个月到德国了解一次留学生的情况。李凤苞到德国后，并未对留学生的学习生活情况进行实质了解，却就之前发生的事情，对卞长胜等人作出处分。他在呈给李鸿章的报告中说，卞长胜以二品花翎副将衔游击而自高自大，狂悖疏于管教。朱耀彩年轻，只知道一味追随卞长胜，不过是个愚顽的孩童罢了。只有王德胜，举止安详，尚可造就。

这样，卞长胜、朱耀彩被勒令回国。杨德明、刘芳圃、查连标、袁雨春四人继续留在德国学习。王德胜则比较幸运，因为李凤苞对他的印象很好，所以他没有被召回，而是留在柏林学习。

经此变故，李鸿章感到，最初的设想期望过高，以卞长胜等人的条件，难以实现自己渴望自强的目标。因此，在召回卞长胜、朱耀彩之前，他给总理衙门汇报此事时，言语中流露出失望情绪。他在信中说，派往德国学习的学生，年龄普遍较大，且对西洋文字学习不精，对他们进行深造有很大难度。待他们学成归国后，建议安排到各营做教练、管带，也算不负在德国的学习了。

李鸿章将卞长胜、朱耀彩调回国，选派到淮军中任职，两人仕途也并没有受到什么影响，后来还屡有升迁。

留在德国的杨德明、刘芳圃、查连标、袁雨春四人则继续留在斯邦道步兵营学习。在斯邦道步兵营，第一年先习练手足及演枪各法，兼习德语；第二年，随看练操所演迎敌设伏及绘制地图、排演各法；第三年，习演带排随同练操，兼习文书。

在斯邦道学习的第三年，他们还学习作战的战术。在教官西铎的教授下，他们对西洋战术有所心得，感到在国内所学都是皮毛。

1879 年，杨德明、刘芳圃、查连标、袁雨春四人学习期满，本应回国。对这些学生有些失望的李鸿章，也许是心有不甘，决定延长他们的学习期限，让他们在德国继续深造。李鸿章要求他们详细了解德国陆军的军事调度和作战之法。

于是，从这一年的夏天到秋天，杨德明等人白天跟随步兵、骑兵出操，晚上则继续听讲。在最后的几个月里，他们又了解了步兵、骑兵、海军等各兵种的相互配合情况。

当年9月，杨德明等人感到对德国学习步兵、炮兵、骑兵的作战方法和相互配合情况都已经全然掌握，实在是没有什么可学的了，李鸿章便召他们回国。

也就在这时，杨德明因学习过度劳累而病倒了，病情非常严重。李鸿章便请德国总兵巴兰德帮助照顾治疗。刘芳圃、查连标、袁雨春三人则先行回国。

三人回国后，李鸿章对他们进行了考核。根据考核的结果，李鸿章认为，这些留学生出洋三年有余，所学步兵、骑兵、炮兵的作战之法和配合情况还算熟练。他们到德国后没有像留美幼童那样一味西化，这实在是难能可贵之事。刘芳圃等人虽然没有完全达到德国军官的水平，但已经超过淮军聘请的一些洋教习，这是李鸿章感到欣慰的。

刘芳圃、查连标、袁雨春三人回国后不久，在德国治病的杨德明因为病情加重，也很快回国，但不久便病逝了。

而此时，在德国柏林学习的王德胜则继续留下深造。直至1880年12月，对德国的行军、测绘、迎战阵法、炮台、营垒、水雷各艺，都已掌握要领。

王德胜于1881年1月完成学业。当年3月，王德胜遵李鸿章之命，也回到国内。回国后，李鸿章向他详细了解了在德国学习的情形，并对他的学习情况进行了考核。经过考核，李鸿章对王德胜还算满意，认为王德胜所习行军、测绘、迎战阵法、炮台、营垒、水雷各艺都堪优异，入营督操也比袁雨春等其他留学生为优。于是，李鸿章决定让王德胜率领亲兵营，“仿照德国军营阵法，严勤操练，认真传习”。[1]

后来，王德胜仕途上发展较为顺利，成为淮军中的骨干人物，升至记名总兵。为感谢德国方面对此次留学提供的支持和帮助，李鸿章先后奏请朝廷，

[1] 王红：《近代中国的首次军事留学》，《军事历史》2010年6月。

授予巴兰德准将及负责训练的德罗他等4名军官二等和三等宝星，以示奖励。由于缺乏经验，此次赴德留学并不成功，没有达到预期的目的。但它毕竟开风气之先，首创之功仍不可没。而且，此次赴德也为以后军事留学生的派遣积累了经验，提供了借鉴。

二、固海防“船政学堂生”问道“泰西”

清朝的海军留学是在这样的一种背景下开始的，第二次鸦片战争，在西方列强洋枪洋炮的威逼下，清政府签订了《天津条约》《北京条约》等一系列不平等条约，这也是清政府进入了一个表面清平的时代，清政府自我吹嘘这一时期为“同治中兴”。但是，“同治中兴”的喜庆锣鼓还没有敲过三遍，西方列强的坚船利炮又开进了中国的大门。

1867年，两艘美国军舰在中国台湾岛南部的恒春登陆，进攻当地高山族居民；1869年，英国借口“修约”，蛮横要求扩大《天津条约》《北京条约》所约定的权利。在这前后，西方列强多向中国索要多端。

1870年，“天津教案”的发生更令清政府分外难堪。英、美、法等7国军舰集中开到天津、烟台一带逞威。清政府迫于列强们炮舰的威慑，向法国赔偿白银50万两，另派大臣崇厚为专使钦差，到法国赔礼道歉。此后，俄国也悍然出兵占领中国的伊犁地区。1875年发生的马嘉理教案，英国人武装威逼，迫使清廷签订了《中英烟台条约》。此间，就连岛海之隔的弹丸小国日本也步步紧逼。1871年，日本册封臣属于清王朝的琉球国王为“藩王”，挑起了中日关于“琉球归属问题”的争端。1872年，日本又兵发台湾。息事宁人的清政府不得已赔偿了日本白银50万两……

一个个触目惊心的现实，使得清政府不得不思考海防问题。曾经奏请设立福州船政局的左宗棠直言，大清海防空虚，致使西方列强无所顾忌。外国火轮兵船直达天津，大清却又没有能力抵御。对此局面，左宗棠在给朝廷的奏章

福州船政学堂的洋教员和洋人工匠合影

中作了深入的分析，他认为，在西方列强的坚船利炮面前，中国海船则呈现日渐减少的趋势。仅存的海船也是船式粗笨，在西方军舰面前不堪一击。西方有先进的铁甲舰，中国却没有，这使得中国的海防处于有海无防的局面。这样，西方列强就没有任何阻挡地可以长驱直入。

针对严峻的海上外患，左宗棠直言“欲防海之害而收其利，非整理水师不可；欲整理水师，非设局监造轮船不可”[1]。左宗棠特别留心注意到，西洋各国的舰船技术越来越先进，而且东邻日本也开始仿造轮船，并派人到英国学习造船技术；他断定日本在数年之后必有大成。因此，他建议朝廷大力发展中国的造船工业，只有掌握了火轮兵船技术，外国人就不敢轻举妄动。

在左宗棠的多次恳请之下，清政府终于在1866年批准他创办了福州船政局（下设有造船厂和船政学堂）。这是中国近代海军海防事业的第一个也是极其宝贵的造舰育才大基地。海防运动从此正式开始。

但中国自造军舰发展海军的道路并不平坦。1872年内阁大学士宋晋以“糜费太重”为由奏请朝廷停止建造军舰，并为此引起了一番争论。

在海防建设中，“糊裱匠”李鸿章也是走在历史前面的。为解决经费之

[1] 中国史学会:《洋务运动》(五), 第6页, 上海人民出版社1961年版。

难和财源之缺，李鸿章于1872年创办了轮船招商局，他说“西洋富强之策，商务与船政，互为表里，以兵船之力卫商船，必先以商船之税养兵船”，因而“今倡办华轮，实为国体、商情、财政、兵力展拓之基局”。[1]用今天的话来讲，李鸿章是在努力探索一条军用与民用相结合的海军发展道路。

1874年，美国军舰侵犯台湾，朝廷由此认识到筹办海军的重要性。经过与左宗棠、奕䜣、曾国藩、李鸿章等人的讨论，朝廷决定派李鸿章、沈葆桢筹办北洋、南洋海防事宜。在讨论中，李鸿章指出：“各国皆系岛夷，以水为家，船炮精练已久，非中国水师所能骤及。中土陆多于水，仍以陆军为立国根基，若陆军训练得力，敌兵登岸后尚可鏖战。炮台布置得法，敌船进口时尚可拒守。”[2]李鸿章在淮军的建设中尝到了甜头，因而他主张陆军都应该像淮军那样，经过认真挑选，组建洋枪炮队。

李鸿章在与左宗棠、恭亲王王爷奕䜣、曾国藩等人的讨论中，仍然觉得海军不像陆军那么重要，但他的建议反映了他对海防的日益关注，即迫切需要保证沿海，包括紧邻满洲和华北的朝鲜的安全。他建议设立北、东、南三洋海军，并认为各洋海军均须拥有大铁甲船两艘，“一处有事，六船联络，专为洋面游击之师，而以余船附丽之，声势较壮”。鉴于筹办海防需款甚巨，与清政府“财用极绌”的矛盾现实，他断言“欲图振作，必统天下全局，通盘合筹，而后定计”。[3]

建设海军，还有一个走在时代前面的人物，他就是福建船政局船政大臣的沈葆桢。他是海军留学的积极推动者。对于清朝廷而言，建立海军有两个难题，一个是经费问题，还有一个就是人才问题。起初，清廷用重金聘请洋人当技术顾问，但不久弊病丛生。一是花钱太多，二是洋人借机侵吞中国的权益。有鉴于此，培养自己的技术人才已成当务之急。培养自己的海军人才，派员出

[1] 许华：《海权与近代中国的历史命运》，《福建论坛：人文社会科学版》1998年第5期。

[2] 李鸿章：《筹议海防折》，吴汝纶编：《李文忠公（鸿章）全集》卷24，第19页，（台北）文海出版社1984年版。

[3] 同上。

去学习，成为发展海军的不二选择。当初的海军留学，同淮军留学一样，也是一波三折，存在诸多的难题。福州船政学堂创立之初，作为创立者的左宗棠就设想为强化海防，培养中国的海军人才。但是，后来他调任陕甘总督任上，福建船政局的发展，培养海军人才的重任落在了继任者沈葆桢身上。

沈葆桢

沈葆桢接任后，在福州船政局的基础上，附设了船政学堂。船政学堂初名“求是堂艺局”，分为前后学堂。前学堂专习制造，最初只为造船而设，又称“制造学堂”，主要用法语讲课。后学堂最初仅习驾驶，因为讲课主要以英语讲授，所以称为“英语学堂”。1868 年，后学堂又增设轮机学堂，由此又被称为“管轮驾驶学堂”。这个学堂的学生都是从上海和香港的外资工厂里招收有一定工作经验的青年。前后学堂教授语言不同，也决定了在海军留学选取专业问题上的价值取向，事实上，当时有一个普遍的认识，认为“制造各厂，法为最盛，而水师操练，英为最精”。[1]

沈葆桢对福州船政学堂学生的招录和学习都十分严格。从左宗棠推荐他到福州船政学堂任事的第一天起，他就提出“船政根本，在于学堂”。第一批学生的招录时他仍在服丧期间，但仍然亲自命题、阅卷。他出的题目是《大孝终生慕父母》，后来成为著名思想家的严复，在这次考试中以第一名的成绩被船政学堂录取。

沈葆桢对船政学堂学生的学习要求非常严格，因而培养了一大批新式海军人才。甲午海战中英勇献身的刘步蟾、林泰曾、邓世昌、林永昌等都是从福

[1] 李喜所主编，刘集林等著：《中国留学通史》（晚清卷）第 142 页，广东教育出版社 2010 年版。

州船政学堂走出来的毕业生。

在主持福州船政学堂事务中，沈葆桢也发现一些问题。近代战争的发生使沈葆桢认识到西方军事技术和科学技术的日新月异，船政学堂里教授的知识远远不能满足中国军事自强的需要。虽然说，船政学堂聘请了西洋教习，能够教授一些新技术，但他们所教授的大都是他们来华之前的成果，而自然科学和军事科学的新成果，很难在教学中得到展现。

经过几年来兴办福州船政学堂以及福州船政局的经验，沈葆桢渐生派遣海军留学生的设想，他认为，要想了解西方最先进的近代科学，必须派遣海军留学生出洋学习和掌握海军先进国家的科学技术和指挥艺术。同治十一年(1871年)四月初一，沈葆桢首次在奏折中提出了这一设想：

御侮有道，循已成之法而益精之耳。洋人来中国教习未必非上上之技。去年曾国藩有募幼童赴英国学艺之举，闽中欲踵而行之，以艰于筹费而止。拟限满后，选通晓制造驾驶之艺童，辅以年少技优之工匠，移洋人薪水为之经费，以中国已成之技求外国益精之学，较诸平地为山者又事半功倍矣。[1]

随着船厂规模的不断扩大，沈葆桢更感到派遣船政学堂学生学习海军先进技术经验刻不容缓。

1873年12月16日，沈葆桢联合陕甘总督左宗棠、闽浙总督李鹤年、福建巡抚王凯泰一起上折子，向朝廷提出了分派留学生到英、法两国学习军事的计划，他们在会奏中说：

窃以为欲日起而有功，在循序而渐进，将窥其精微之奥，宜置之庄岳之间。前学堂习法国语言文字者也，当选其学生之天资聪颖、学有根底者，仍赴法国深究其造船之方，及其推陈簇新之理。后学堂学习英国语言文字者，当选其有

[1] 李喜所主编，刘集林等著：《中国留学通史》(晚清卷)第143页，广东教育出版社2010年版。

根底者，仍赴英国深究其驶船之方，及其练兵制胜之理。速则三年，迟则五年，必事半而功倍。盖以升堂者求其入室，异于不得其门者矣。其学生中有学问优长而身体荏弱，不胜入厂上船之任者，应令在学堂接充教习，俾指授后进天文地舆算学等书，三至五年后由外国学成而归者，则以学堂后进之可造者补之，斯人才源源而来，朝廷不乏于用。[1]

沈葆桢、左宗棠等人的这个联合会奏是经过精心酝酿才呈给朝廷的。在此之前的 11 月 18 日，船政学堂教习日意格在呈给沈葆桢有关船政教育成果的报告中，建议选派优秀学生赴欧留学，进一步深造，以堪大用。沈葆桢认为这个建议很好，经过半年多考量，他决定与左宗棠等人联合会奏，奏折里对留学生的选派、留学国家、留学年限等等，都作了初步的设想和规划。

沈葆桢的奏章送到朝廷那里，很快得到了回复，朝廷将沈葆桢的奏章批转到总理衙门“建议具奏”，就是说要求他写一个更详细的奏报。与此同时，总理衙门又组织南、北洋通商大臣及左宗棠等就派遣船政学堂学生赴欧留学之事进行讨论。

当时李鸿章未给出明确答案。后来，李鸿章致函总理衙门，表示支持沈葆桢的建议。作为联名会奏者，左宗棠当然是积极支持沈葆桢的，他在给总理衙门的信中不仅表示支持派遣海军学员留学英、法，还建议留学不必指定英、法两国，只要在某一科技领域居于领先的国家都可以遣学生前往学习。左宗棠在给总理衙门的信函中说：

今幸闽厂工匠自能制造，学生日能精进，兹事可望有成。再议遣人赴泰西游历各处，藉资学习，互相考证，精益求精，不致废弃，则彼之聪明有尽，我之神智日开，以防外侮，以利民用，绰有余裕矣。就此一节而论，沈议遣赴英、法，曾议遣赴花旗。窃意既遣生徒赴西游学，则不必指定三处，尽可随时

[1] 李喜所主编，刘集林等著：《中国留学通史》（晚清卷）第 144 页，广东教育出版社 2010 年版。

斟酌资遣。如布洛斯枪炮之制，晚出最精，其国颠嗹曾言，波中新制水雷足破轮船，如中国肯挑二十余人同往学习制造，则水雷、后膛螺丝开花大炮，亦可于三年内学得，……即此类推，则不独英、法、美应遣人前往，此外尚可商量，明矣。[1]

总理衙门奏请朝廷，请准派遣留学生出国学习海军。在此期间，沈葆桢组织船政局西洋教习日意格以及船政局的有关人员制订了一个详细的海军赴欧留学计划。沈葆桢认为，不同于先前朝廷派出的留美幼童。派遣海军学员出外留学，一定要求善求精。

沈葆桢主持制订的海军留学计划提出，留法学习制造的学生每年要有两个月的时间到各国的船厂、铁厂了解生产工艺情况，增加自己的知识和见识，争取在四五年的时间里，成为熟悉海军各个环节全面发展的人才；对于留英学习驾驶的学生，除了每年要在学校学习外，也要有两个月的时间到大兵船上看海军操练。

具体到学习的科目，由日意格拟定的相关教育计划及章程一般被称为《日意格章程》，主要包括《法学章程》《艺童课序》《艺徒课序》以及《英学课序》等内容。这些课序内容如下：

针对留法学生：第一年，学习重学统论，画影勾股、水力重学、汽学、化学轮机制造、法国语言等等；第二年学习轮机重学、材料配力之学、轮机制造法、水力重学、化学、房屋制造法、法国语言、画图；第三年学习轮机重学、轮机制造法、挖煤铁学、船上轮机学、铁路学、法国语言、画图。三年后，还要入造船厂、轮机水缸厂、枪炮厂实习。

针对留法艺徒：第一年，学习画影勾股、算学、代数、勾股、画学、法国语言等等；第二年，学习画影勾股、重学统论、汽学、画图、法国语言；第三年学习重学统论、制造轮机学、水力重学、轮机重学、汽学、化学等等；对

[1] 《请简派重臣接管轮船局务折》，《左文襄公全集》奏稿，第3册，第132页。

于第四年第五年的学习除了到工厂学习工艺外，其他的与留法学生相同。[1]针对留英学生，日意格也制订了详细的计划。

在留学生监督的人选上，沈葆桢参考了留美幼童的经验，以容闳、陈兰彬为标准进行比较，当时没有比日意格更为合适的人选了。因此，沈葆桢选择在局多年，能与船政学堂学生融洽相处，又熟悉英法情况的日意格为留学生监督，并同时令其草拟了学生出洋学习条例、章程及费用清单函送李鸿章。

1875 年，日意格回国。临行之前，沈葆桢托付他两件事情：一是代船政局采购法国造的挖泥机、轮船铁胁和新式轮机。二是带领船政学堂的刘步蟾、陈季同等 5 名高才生到英法游历。2 月，带着沈葆桢的嘱托，日意格踏上了归国的行程。

关于此次赴欧游历的船政局五名高才生，巴斯蒂在《清末留欧学生》一文给予了很高的评价。他说，“这五人是船政学堂中最优秀的学生，他们的知识，特别是数学方面表现出的才能，使与他们一起学习的外国士官非常吃惊”，“他们懂英语、法语，具有相当高水平的欧洲近代科学知识，当然，也具有一定的中国传统教养的根底”。福州船政学堂系统的教育基础为此行五人“求外国益精之学”打下了良好的基础，他们圆满完成了考察任务。这对于为海军留学一直筹备奔走的洋务派官员来说，是一次莫大的激励，并使其感到派遣海军留学生的迫切性。与此同时，因日本侵台事件引发的海防危机使各督抚“造船”强海防的愿望越发强烈，由此普遍开始赞同与海防息息相关的海军留学。1875 年 5 月总理衙门会奏中关于海军留学为“防患要著”，应由各大臣随时筹办的内容明确了清廷对此事的基本立场，筹议多时的派遣留学生一事在此背景下加快了办理进程。

对于沈葆桢推荐日意格为留学生监督，李鸿章是有疑虑的。因为他对日意格尚不了解，因而半信半疑。

在 1876 年的头几个月里，李鸿章、沈葆桢、丁日昌以及接替丁日昌督船

[1] 田正平：《留学生与中国教育近代化》第 53 — 55 页，广东教育出版社 1996 年版。

政的吴赞诚，频繁地往返函商，逐项落实出国留学计划。

也就在此时，与李鸿章关系很好的丁日昌得知李鸿章正在寻找合适的留学生监督人选，便推荐了自己的助手李凤苞担任留学生监督。李凤苞为船政学堂考工，与沈葆桢也是相熟的，但是沈葆桢认为他不是最佳人选。其实，李凤苞也看不上这个职务，当时他正丁忧在家。对于丁日昌的推荐，他当即表示不能接受这个使命。但李鸿章对他非常看好，说他学识丰富，对西洋文化、外交事务都非常熟悉，是不可多得的人才，让他充任留学生监督一职实在是非常合适的人选。在李鸿章、丁日昌的坚持下，李凤苞只好答应，而沈葆桢推荐的日意格，李鸿章也不好拒绝，便决定由二人共同担任留学生监督。

留学生监督的人选确定后，李鸿章向总理衙门作了汇报。总理衙门表示支持，要他尽快促成留学之事。李鸿章遂让沈葆桢发电召回了正在欧洲的日意格。日意格接到电报后，即踏上了返回中国的轮船。1876 年 6 月，日意格返回上海后，立即前往天津，分别向调任两江总督任上的沈葆桢和直隶总督李鸿章汇报在欧洲游历、参观的情况。

在天津，日意格还见到了被李鸿章任命为留学生正监督的李凤苞。但二人见面的谈话很不投机，李凤苞表示很不愿意跟日意格合作。这样，李鸿章想出了一个折衷的办法，由李凤苞带领一部分学生赴法，日意格带领一部分学生赴英。对这个计划，日意格很担忧。在船政学堂教习的日子里，日意格对这些学生的学习情况、性格、走向都已全然了解。突然要把学生们分开，实在不利于学生们的学习生活。日意格从大局出发说，尽管李凤苞不愿与其合作，但从学生的前途考虑，还是不分开的好。李鸿章接受了日意格的建议，要他们以大局为重，共同把海军留学生送往欧洲。在天津，他们还共同制定了新的留学生章程，内容更加详细具体：

（一）设华、洋监督各一员，会办出洋肄业事务，负责安排学生就学、聘请教习、管理经费等事宜。两监督和衷会办，互相监察。如万一有意见不合之处，应据实呈明通商大臣、船政大臣察夺。

（二）选派制造学生十四名，制造艺徒四名，由两监督带赴法国，学习制造。此项学生，既在学堂学习，以培根抵，又要赴厂学习工艺，以明理法。应究其造船之方及推陈出新之理，回国后能设计、制造新式战船。凡所习之艺均须极新极巧，倘仍习老样，则惟两监督是问。

李凤苞

（三）选派指挥、驾驶学生十二名，由两监督带赴英国学习驾驶兵船，并陆续送格林尼茨、抱士穆德大学肄业外，还可带赴各厂及炮台、兵船、矿厂考察，约共一年。然后，再上大兵船及大铁甲船学习水师各法，应探究其驾驶之方及练兵制胜之理，约两年定可有成。回国后要达到对铁甲巨舰的驾驶、调度、演练、指挥都不依靠洋员，亲自指挥驾驶自如。

（四）出洋学生每三个月由华、洋监督会同甄别一次，或公订专门洋员甄别，并由华监督酌量调考华文论说。其驻洋日期，以抵英、法都城日起，计满三年为限；未及三年之前四个月，由两监督考验学成者送回供差。其中若有数人学业将成未成，须练习一年或半年者，届时会同案候裁夺。

（五）两监督及各项生徒自出洋以迄回华，凡一切肄业功课，游历见闻，以及日用晋接之事，均须详记日记，或用药水印出副本，或设循环簿递次互换，总以半年汇送船政大臣查核，将簿中所记，由船政抄咨南北洋大臣复核。

（六）此次所议章程，总以三年学成为限。若三年后，或从此停止，或另开局面，均由船政大臣、通商大臣令商主裁，外人不得干预。[1]

新的章程以日意格原来草拟的章程为蓝本，对留学生经费的筹措、管理、监督的职责、派遣学生的人数、年限、学习任务、要求、组织领导、物资经费、

[1] 李喜所主编，刘集林等著：《中国留学通史》（晚清卷）第148页，广东教育出版社2010年版。

生活供应等，都作了详细的计划。1877 年 1 月 13 日，沈葆桢联合李鸿章联名上奏朝廷，二人在奏章中说：

近时轮机铁胁，一变前模，船身愈坚，用煤愈省，而行驶愈速。中国仿造，皆其初时旧式，良由师资不广，见闻不多。官厂艺徒虽已放手自制，止能循规蹈矩，不能继长增多。即是访询新式，孜孜效法，数年之后，西人别出新奇，中国又成故步，所谓随人作计终后人也。[1]

二人的奏章意思是说，要建立强大的海军，达到自强的目的，是不能够总跟在别人后面模仿的，而应该探究其不断发展的奥秘，掌握自强的主动权，而要达到这一点，必须要自己培养出一大批具有近代科学知识的人才。

当时，李鸿章并不掌管船政局的事，为什么沈葆桢要拉上他一同联奏呢？沈葆桢自从左宗棠手里接手福州船政学堂后，一直有一个心愿，就是派遣留学生到国外学习海军，但一直未能实现心愿。李鸿章现在虽然不掌管船政方面的事情，可他在朝中的影响力和声望是无人能及。他有着一大堆的头衔：直隶总督兼北洋大臣、太子太保、文华殿大学士等等，除此之外，他又深受慈禧太后的信赖。在对外的交涉中，他与各国公使都很熟悉。有了这样一个人的支持，事情就好办多了。

当然，李鸿章也有自己的盘算。此时，李鸿章也正在酝酿筹建北洋海军，虽然暂无学生可派，但他知道，要筹建北洋海军，也需要大量的海军人才。对于沈葆桢的邀请，他积极参与，日后他也可以利用这批人才。所以，对于派遣海军留学之事，他也极力玉成。

沈葆桢与李鸿章的联名上奏，很快便得到了朝廷的答复，总理衙门也立即与英法两国协商。英、法两国先后与 1877 年 1 月 26 日和 29 日做出答复，同意接受中国军事留学生。至此，创议三年之久的派遣海军留学生计划尘埃

[1] 董守义：《清代留学运动史》第 117 — 118 页，辽宁人民出版社 1985 年版。

落定。

1877 年 3 月 31 日，第一届船政留学生登上福州船厂的“济安”号轮船，怀着“穷求洋人秒奥”的愿望，带着强盛中国的梦想，跨海越洋，奔赴欧洲，开始了中国海军留学的寻梦之旅。

三、学成归来的刘步蟾组建中国近代海军

1877 年 3 月，第一批海军留学生在沈葆桢、李鸿章等洋务派官员的推动下，留学英法，从此开启了海军留学的历史。他们在欧洲，学习和掌握了当时先进的海军技术，为中国海军的建设起到了积极的推动作用。

第一批海军留学生有 38 名，他们回国后大多投入到中国海军的建设之中。在这些留学生中，刘步蟾是一个风云人物。但是关于他的事迹，却备受争议。

在《甲午风云》《走向共和》等影视剧中，刘步蟾被演绎成民族英雄邓世昌的对立面，说他在黄海之战中畏缩惧敌，是个喜欢抽大烟，贪生怕死之徒。刘步蟾的形象在现实生活中是否真的如此？

影视艺术的刻画，并不能代表真的历史，也不能改写真的历史。在许多历史学家的研究中，发现真实的刘步蟾并不猥琐，他至少是一个作战勇敢，有一定作战能力的爱国将领。

刘步蟾

甲午之战中，当日舰分列成两个战术分队冲击北洋舰队时，海军司令丁汝昌还没有开打就负了伤。丁汝昌的失误在于在战前没有确定自己的代理人和代理旗舰，在交战过程中没有或已来不及采取任何补救措施，以致完全丧失了自己的指挥职能，使整个舰队处于群龙无首而各自应战的被动局面。

也就是从这一刻，刘步蟾实际上就成为北洋水师与日本人决战的真正指挥。在中国有一个惯例，不干事的不受指责，想干事或做实事的往往会受到指责，刘步蟾就是此例。在海战中，刘步蟾指挥“定远”舰冲在前面，打响了海战中的第一炮，并且一炮击中了吉野号日舰。

“定远”舰在刘步蟾的指挥下，战功赫赫，多次击中日本吉野舰、赤城舰，还击中西京丸舰。但是在整个战役中，开战即因丁汝昌负伤而换了主将，这已属大忌，战斗中各舰又不能很好地配合，各自为战，最终被日舰各个击破。对于刘步蟾其人，“定远”舰一位名叫陈敬永的水手后来说，刘船主有本事也有胆量，全舰没有一个孬种。说刘步蟾畏敌避战，显然不妥。

带着强烈的强国梦想，刘步蟾与海军结缘，应该追溯到1866年，那一年他14岁，顺利考入福州船政学堂。在那里他学习驾驶、枪炮诸术，后来以第一名的成绩毕业。1872年，朝廷对福建和广东两省的海军学员进行综合会考，刘步蟾再一次“复冠其曹”夺得第一。这些履历也证明了刘步蟾是一个品学兼优的好学员。

刘步蟾从福州船政学堂毕业后，被安排在“建威”号练习舰上成为一名见习军官。1873年日本侵犯台湾，刘步蟾于第二年奉命到台湾勘测港口与航道，顺利地完成了任务，被晋升为舰长。当时，刘步蟾还只有22岁。刘步蟾的品学兼优，当时的洋教习日意格、船政大臣沈葆桢对他都十分喜欢。

1875年，日意格要返回欧洲，也可能是探亲性质的回国。刚刚升任两江总督的沈葆桢让他带几名优秀军官到欧洲开开眼，顺便考察一下英法两国的海军。这一次的欧洲之行，刘步蟾也一同前往。欧洲之行使刘步蟾大开眼界，回国后即被授予都司一职，是一个四品官衔的武官。

在日意格带领刘步蟾等中国海军优秀军官到英法考察之前，左宗棠、沈葆桢等五人联名会奏朝廷，提出派遣船政学堂学生到英法等国学习深造，直隶总督李鸿章也积极支持，但当时未能立即实施。

1876年夏，李鸿章因“马嘉理教案”等前往烟台与英国代表进行谈判，后来签订的《中英烟台条约》就是这次谈判的结果。在烟台谈判期间，李鸿章应邀参观了停泊在烟台海面上的英、法、德等国的军舰。参观中，李鸿章发现军舰上有几名日本军官在随舰接受训练。李鸿章一直认为日本是中国最大的威胁，这次参观，更感到日本的威胁已经不容忽视。他认识到，中国要不被动挨打，必须派遣海军留学生到国外学习。这一次派遣海军留学生，刘步蟾再次名列其中。

1877 年 3 月 31 日，停靠在福建马尾港的“济安”号轮船一声长鸣，载着第一批海军留学生跨海越洋奔赴欧洲，他们将为中国的“自强”之梦到欧洲学习先进的军事技术。那一刻，他们走出国门，内心会是一种什么的情感呢？同几年前留美幼童走出国门时上海港的热烈场面相比，刘步蟾这批海军留学生走出国门时，又是一种什么样的场景呢？历史没有记载。是史家的忽略还是当局对军事留学的刻意为之，那一天的马尾港好像什么都没有发生。没有人吟诵什么“万里投荒去，男儿身许国”，似乎也没有发生“牵衣顿足拦道哭，哭声直上干云霄”的离别场面；没有礼炮鼓乐，也没有热闹的舞狮；没有声声寄语，也没有殷殷嘱托。

那一刻，会不会只有船政学堂的师生前来送行？因而，他们的远行是寂寞的，为着国家的自强，他们甘于忍受寂寞。

经过一个多月的航行，5 月 7 日，船抵法国马赛。学习制造的留学生在这里留下了，其他人则改乘火车前往英国。

刘步蟾是学习驾驶的，因而也一同前往英国。到英国后，刘步蟾、林泰曾等海军留学生在李凤苞的带领下前往伦敦中国公使馆，拜见了驻英公使郭嵩焘。第二天，郭嵩焘特意设宴招待了他们。

席间，谈到这些留学生的学习以及生活问题。郭嵩焘与李凤苞经过商议，根据他们的实际情况进行了安排。驾驶学生刘步蟾、林泰曾、蒋超英被派往英国地中海舰队的“马那杜”号、“孛来克柏林”号、“狄芬士”号铁甲舰实习，并获准给予军官伙食和床位优待。

经过两年的学习，刘步蟾、林泰曾于 1879 年底先期学成回国。沈葆桢对他们甚为满意，他在给朝廷汇报这批留学生的学习情况时，对他们给予了很高的评价，说他们在国外能够自我约束，不懈努力，虽然每个人的修行不一，但成绩都还不错。

在回国之前，刘步蟾、林泰曾还先后在英国“拉里”号、“潘尼洛布”号、“阿其力”号、“威灵顿”号军舰实习，巡历大西洋、地中海，学习了设防、备战、布置水雷、枪炮等技能。根据他们的这些经历，沈葆桢奏明朝廷，恳请将他们以游击身份留在福建尽先补用，并赏顶戴花翎。

1880年底，第一批海军留学生全部回国，李鸿章也奏明朝廷，为他们分别请奖。李鸿章的奏章中对这些学生的情况也作了表述，指出学习制造的学生中，魏瀚、陈兆翱、郑清濂、林怡游等人成绩都十分优异；学习艺徒的郭瑞珪、刘懋勋、裘国安等人则“均列优等”；[1]刘步蟾、林泰曾、严宗光、蒋超英、方伯谦、萨镇冰等学习驾驶的学生的成绩也颇为优异。总而言之，这些人几年出洋学习，都堪大用。第一批海军留学生归国之时，李鸿章正在积极筹建北洋海军，他在奏请朝廷对他们奖掖的同时，对他们积极地笼络利用。马建忠是以文案身份跟随李凤苞出国的，他回国后，李鸿章即命他主持水师营务处，全面负责海军的筹建工作，并由其开办大沽船坞。

筹建海军，当时朝野上下的心情都很急迫。1879年3月，日本仗着拥有铁甲舰悍然吞并大清藩属国琉球。琉球向清政府求救，但清政府对于日本的专横却无可奈何。这一事件给朝廷很大刺激，要求加强海防，尽速购买铁甲舰，并谕令沈葆桢筹备南洋海防，李鸿章筹备北洋海防，并要求丁日昌专驻南洋会同沈葆桢筹办海防。

丁日昌得到这个命令，感到责任重大，又向朝廷上了个折子，请求朝廷饬令南洋、北洋尽快筹措资金购买铁甲舰、水雷等，以备应敌作战。他在奏章中分析了购买铁甲舰的紧要性，说日本已经有了铁甲舰，现在已经兵犯琉球，即便两三年内不侵犯台湾，也必将北图朝鲜。

朝廷同意了丁日昌的建议，命李鸿章、沈葆桢尽速办理此事。

[1] 参见李鸿章：《出洋肄业在事各员奏奖折》（光绪七年正月十九日），《李文忠全集·奏稿》卷40，第1—2页，（台北）文海出版社1974年版。

甲午战争中被日军占领的大清海军公所

这样，李鸿章拥有了外购军备之权，这也是功利的李鸿章所期盼的。从1875年到1884年，他先后从英国、德国购买了10余艘军舰，这标志着北洋水师的正式成军。北洋海军成军后，李鸿章奏明朝廷任命丁汝昌为海军统帅。从此，丁汝昌这个淮军中的陆军军官赶鸭子上架成了中国近代海军的最高指挥官。

1879年11月，李鸿章在英国订购的镇东、镇南、镇西、镇北四艘军舰在英国海军教官琅威理率领下抵达中国。需要说明的是这四艘炮船均为英国海军的淘汰货，技术性能很低，根本不能适应海域作战。但琅威理在中国的海面上一番操练，已经弄得李鸿章心花怒放。

在这四艘军舰抵达中国港口之时，在福建的刘步蟾得到一个调令，要他从福建调赴北洋，充任“镇北”舰管带一职，从此刘步蟾成为北洋海军的一员。北洋海军建成后，却遇见了一个具有讽刺意味的事情，原本计划用于海军建设的经费，朝廷却决定用于修建颐和园。而一海之隔的日本，却早已制订了《清国征讨策案》，快速发展扩建新式海军，每年至少购买或制造两艘新式军舰。鲜明的对比之下，北洋海军的命运便可想而知。

作为北洋海军的一员，刘步蟾深知，日本扩军备战，必然成为中国的极大隐患。他毅然直面李鸿章，阐明北洋海军的现状和面临的威胁，请求“技年添如定、镇两舰，以防不虞”。

李鸿章在官场上可谓老于世故之人，他明明知道刘步蟾的建议关系到海军发展的大局，但他不想得罪朝廷，因而搪塞说：“子策良善，如吾谋之不用何！”刘步蟾颇不以为然，慷慨激昂陈辞：“相公居其位，安得为是言！平时不备，一旦偾事，咎将谁属？”在座的官员无不大惊失色，独他侃侃而谈，神色自若。对此，时人评论说：“盖其忧国之深，忠愤激昂，流露于言词之间而不自觉也。”[1]刘步蟾还多次向提督丁汝昌力陈中国海军装备远逊日本，添船换炮刻不容缓。对于刘步蟾的建议，李鸿章不敢向朝廷力争，只是说停购船械“俱非所以慎重海防，作兴士气之至意也”。[2]如此，刘步蟾的建议也只能是发发牢骚而已，北洋水师终于未再更新一炮一舰。

刘步蟾的建议虽然未被李鸿章采用，但李鸿章也感到刘步蟾绝非等闲之辈，也许是为了安抚他，因而向朝廷保荐他和林泰曾二人为北洋海军左、右翼总兵。这也许是对他们上书而未采纳的另一种形式的答复，这正是李鸿章的老谋深算之处。

李鸿章在与刘步蟾的接触中，对其人已有了解，几次接触中，他感到刘步蟾这个人英气逼人，颇有干才。他虽然委任刘步蟾管带一职，甚至又保荐刘为左翼总兵，但对于军队干部的选拔任用，他心里一直有一个小九九，一直任人唯亲。他也了解到，刘步蟾虽通晓西洋军事和驾驶新式军舰诸事，但平日难免骄纵，战时未必会听从自己的命令，因此只可用其督舰船，不可用其做将帅。

李鸿章对丁汝昌却大不相同。在李鸿章看来，丁汝昌既是安徽籍，淮系出身，又经大敌，事事能够听命于他，因而统领北洋海军的大任只能落在丁汝昌的身上。

事实上，丁汝昌作为从太平军投降过来的淮军将领，虽然有着陆战经验，

[1] 威海市政协文史资料委员会编：《北洋海军的兴衰》第 92 页，1994 年内部资料。

[2] 威海市政协文史资料委员会编：《北洋海军的兴衰》第 91 页，1994 年内部资料。

但对海战却一无所知。丁汝昌还是一个性情浮华，行为放纵之人，既无战略眼光，又对军事管理较为放纵。他有几个嗜好，就是吃喝嫖赌。他平时并不在军中居住，统帅如此，下属的放荡也就可想而知。因而，像刘步蟾这样留洋归来、有着一定军事才能的人对其不满也就势在必然。

李鸿章和丁汝昌淮系出身，因而他们在北洋水师的管理和编制上仍然照搬淮军的套路。李鸿章也知道丁汝昌缺乏海军管理经验，因而让刘步蟾、林泰曾出任左右翼总兵，协同丁汝昌对海军进行管理，也是不得已而为之。

刘步蟾、林泰曾身为两翼总兵，既然要协同管理，虽然与丁汝昌关系不睦，但二人倒也尽职。北洋海军的有关操练及整顿事宜，大多都由刘步蟾主持。

当时担任“定远”号总管轮的陈兆锵（后在民国时期晋升为海军中将）在其九十高龄时回忆说：刘步蟾“每夏秋之间，则驻防操演，巡弋辽东、高丽一带；或率两三舰，往日本各口岸。冬、春则巡察南洋群岛，习以为常”。因此，右翼总兵刘步蟾以“治军严肃”“慷慨好义”而深得官兵拥戴，所以“海军规制多出其手”。[1]

在刘步蟾、林泰曾等主持下的北洋海军的训练内容、战法，同旧式水师相比发生了很大的变化。在官兵的训练方面，刘步蟾从共同科目和专业科目训练两大方面入手，对枪炮的使用、损伤管制、潜水游泳、鱼雷和水雷的布置都进行严格的训练。

刘步蟾、林泰曾积极训练海军，但个人的努力，终究改变不了北洋水师走向覆亡的命运。甲午海战，北洋水师几乎全军覆没。北洋水师的覆灭早有预兆。功利的李鸿章一开始就想把北洋海军打造成“李家军”，任命丁汝昌就是希望唯自己马首是瞻。家奴哲学打造出来的军队，它的发展也只是李鸿章操弄权力的一种手段。

当然，李鸿章要把北洋海军打造成“李家军”，也与朝廷中的朋党之争有很大关系。当时，既有以光绪为首的“帝党”和以慈禧太后为首“后党”之

[1] 李喜所主编，刘集林等著：《中国留学通史》（晚清卷）第 482 页，广东教育出版社 2010 年版。

甲午海战失败后，清廷将幸存官兵集中至威海遣散

间的权力之争，又有朝臣之间的朋党之争。朝臣中，斗争最激烈的是李鸿章与左宗棠。因为朋党之争，二人在人才的选拔上也赌气起来，只认“奴”，不认“才”，他们选人的标准就是听话，有一定的姻缘关系，否则你就是才能再大，也不可能得到信任任用。这种观念下提拔起来的丁汝昌在海军的建设中，就只能以取悦于李鸿章为重心。北洋海军中，虽然刘步蟾这样有才能的海军将领大有人在，但大部分将领为了讨好丁汝昌，讨好李鸿章，盘算的是如何“站队”，而非打仗。

当然，北洋海军存在的问题，李鸿章也不会全然不知，他要整纪，就要做做样子杀鸡给猴看。留美幼童邝国光、邓士聪即因操巡怠玩、难期得力，由李鸿章参奏，被革去“定远”驾驶大副、炮务二副之职。但北洋海军纪律不整的老毛病并没有任何改观，因而落了个甲午海战全军覆没的悲剧。

北洋海军虽然覆灭了，但军事留学生毕竟开创了中国近代海防史上的第一支海军，为后来的海军复兴积累了宝贵的经验。

四、萨镇冰“七年计划”要复兴中国海军

亲政不到十个年头，渴望有所振作的光绪皇帝，很希望通过甲午一战为大清挽回些颜面。然而，一力主战的光绪皇帝得到的是北洋海军的一败涂地，甚至全军覆没。他悲观、失望，心中不由得暗骂李鸿章，骂北洋水师是一只纸老虎，竟然是那么的不堪一击。

此时，朝中的一些大臣也纷纷上条陈陈述北洋海军的利弊，分析海战失败的原因，并提出整饬海军的具体建议。但此时的光绪皇帝对北洋海军已是失望透顶。在慈禧太后一面，她受保守派的影响，巴望着尽快结束这场战争。她认为此时整顿海军，必然招致“欲御侮而嘲侮”的局面。因而，在甲午海战还没有结束之时，慈禧太后与光绪皇帝达成了一个共识，将总理海军衙门以及海军内外学堂一并裁撤。

此时的李鸿章倒是会图清静，甲午海战后，他不得不奉命与日本和谈。他于 1895 年 4 月 18 日，从马关登船回国。他到天津后，说自己有病不能上朝，让手下人将《马关条约》的文本送到总理衙门。老实说，甲午海战的失败，李鸿章负有很大责任，现在又签订了丧权辱国的《马关条约》，即便是李鸿章躲着，但还是遭到朝中大臣们的弹劾。光绪皇帝更是气得跺脚大骂，但是谁让慈禧太后欣赏他呢？于是，李鸿章被明升暗降到总理衙门办事。1895 年 4 月，光绪皇帝听取新任直隶总督兼北洋大臣王文韶的建议，发布上谕将北洋海军将领自提督、总兵、千总到把总、外委共约 315 名海军将官全部裁撤。留欧出身的叶祖珪、林颖启、萨镇冰、李鼎新等都一并革职。在中国历史上，有一个惯例就是“胜者为王，败者贼”，北洋海军被裁撤后，劫后余生的北洋海军军官还要经此打击，这不能不说是人生的悲剧。

根据朝廷的谕令，此时的叶祖珪被羁押在天津等待治罪。黄鸣球、萨镇冰当时混的也很差，竟然从堂堂的海军将领沦为官宦人家的私塾先生。这样的遭遇，当时北洋海军的幸存者、留欧军事生边宝泉在 1896 年向朝廷建议复兴

海军的奏章中不无心酸的说，甲午一战后，留欧归来的船政学堂生处境十分困难，他们大都饥寒交迫，为了生存，甘为人役。有的到外国的机构做事，或者充当各国领事馆的翻译。堂堂中华海军将才，留学欧洲归来，现在却要沦为洋人的奴才，这不能不说是十分荒谬的事。

还有更荒谬的，自北洋海军被裁撤后，朝廷虽于当年12月将南洋的“开济”“镜清”“寰泰”和福建的五个兵轮调往北洋，但自1884年中法海战，福建海军遭到重创，至今未恢复元气，且调任北洋的这些兵舰，大多属于老旧的兵船，根本不能适应作战。这样一来，中国的渤海门户无疑是全然洞开，列强觊觎中国领土更是肆无忌惮。

海军凋零，但大清国有海无防的局面是不能这样持续下去的。在朝廷裁撤北洋海军之时，就有大臣反对这种决定，认为甲午一战后，国家虽然举步维艰，但更应该克服困难，重振海军。但北洋的覆亡，全然打消了中国这个海洋大国征服海洋的自信心，因而在此后的一段历史时期内，朝廷建设海军也只是把战略目光放在近海极小的范围之内了。

在甲午海战进行得十分激烈的当口，朝廷迫于无奈曾向英、德两国订购“飞霆”“飞鹰”两艘新型驱逐舰。这两艘军舰于1895年抵达中国，新的军舰加上从福建和南洋调到北洋的几艘破兵船，都需要军事人才驾驶和管理。这样，朝廷虽然气愤北洋海军，但关系到海防御侮，海军还是必须要重建的。于是，被冷落了一段时间的留欧军事生重新得到启用。萨镇冰被起用为吴淞炮台总台官，后又任命为“通济”练习舰管带。

作为直隶总督兼北洋大臣的王文韶对北洋海军的重建并不是太热情，但他1896年1月目睹北洋海军满目苍凉的景象，也感到北洋海军还是要重建的。王文韶这个人和李鸿章相比，更圆滑，更老于世故。他做事有一个惯例，必先要看看世事风向，才会做出选择，他给自己定下了一个座右铭“多磕头，少说话”，认为这样才能一帆风顺。

当年3月，王文韶在向光绪皇帝奏报北洋海防的情况时说，旅顺东南西岸的十一座炮台，大连湾的六座炮台毁坏严重，大炮也大多荡然无存。修复炮台需要大量银两，如果形成规模需要二三千万两。他认为，现在的北洋海军要形成规模，需要很长时间慢慢地经营，不能急于求成。

王文韶这个不疼不痒的奏折，什么好的建议也没提出来。但他这种做法，代表了当时晚清朝臣中大多数人的风格。

当时，面对西方列强对中国的觊觎，整个渤海门户的全然洞开，毫无防御能力的尴尬局面也不是朝廷所愿意看到的。甲午之后，列强瓜分中国的企图更加明显。1896 年，日俄关系更加紧张。俄国军舰以不能再去日本海港过冬为由向清政府借泊胶州湾，清政府却无力拒绝；当时的德国军力也是迅速扩张，威廉二世要求在中国建立海军基地，遭到拒绝后，威廉二世十分恼火地说："经过这样的拒绝后这将是个耻辱。那是最后一次。"今后对于这样的事情"无须再询问！地点定后，立刻占据"[1]。德、俄提出无理要求，英国也是趁机敲诈勒索。1898 年 3 月，英国海军向中国派出军舰，宣称英国船舶有权利访问旅顺口和中国其他口岸。列强们的索要多端，使朝廷不得不筹议复兴中国海军。

1898 年的前九个月是维新力量占上风的阶段。渴望通过维新变法振作朝纲的光绪皇帝责成总理衙门负责重建海军，哪怕是借贷也要向欧洲购买新式军舰。

维新变法失败后，慈禧太后重新掌权，新政尽废，但筹建海军并没有停止。光绪皇帝在维新变法期间亲自过问的从英、德两国订购的巡洋舰、鱼雷艇、驱逐舰于 1899 年春夏相继抵达中国。慈禧太后与朝中的保守派再怎么样也总不能把这些兵舰一把火烧了吧？于是，兵舰被充实到北洋舰队之中，这样北洋舰队具有了一定的规模。

海军在被动的局面中得以重建，一个摆在慈禧太后和朝中大臣面前的问题是，海军需要一批真正有能力的将领。这样，慈禧太后不得不重新启用从福建船政学堂出来的留欧军事生。

1899 年 4 月 17 日，慈禧太后以光绪皇帝的名义发布谕令，撤销对前北洋

[1] 孙瑞芹译:《德国外交史料有关中国交涉史料选译》第一卷，第 131 页，商务印书馆 1960 年版。

在英国订购的“海天”号军舰

海军副将叶祖珪、副将衔补用参将萨镇冰的处分，分别委任为海军提督和总兵，

统领和帮统北洋各舰及鱼雷艇，仍归北洋节制。刘冠雄也被任命为“海天”管带。老实说，从福建船政学堂毕业后留学欧洲的军事生中，叶祖珪和萨镇冰的能力都不是最优秀的。但像刘步蟾、林泰曾这样的杰出留学生不是死于中法海战就是死于甲午战争。二人被推到历史的前台，朝廷也是瘸子里挑将军的无奈之举。北洋海军虽得以重建，毕竟其发展战略是局限于近海范围内的小打小闹，这就决定了海军建设的基础薄弱，起点很低，根本不能适应海上作战。1900 年，八国联军再侵中国，北洋舰队的船舰大部分被列强掠去。这样，刚刚重建的海军再次遭受致命的打击。

经此劫难，朝中的保守派对海军建设更是失去了信心。以至于辛丑议和时，朝廷中的议和大臣竟然提出把从英国、德国购买的“海天”“海圻”“海容”“海筹”“海琛”5 艘巡洋舰退还给两国，希望以此消除西方的疑虑，趁此向西方表明“中国无对外备战态度”。这个动议一经提出，即遭到了社会和舆论的公愤。叶祖珪、萨镇冰更是积极的奔走呼吁，要求保留“海天”号等舰船。经过积极努力，“海天”等 5 艘舰船最终没有被退回英、德两国。

虽然如此，但摆在大清国朝野的一个现实问题却是不容忽视的。经历了庚子之难，中国的门户全然洞开，海防危机进一步加深。以西狩之名携光绪皇帝逃窜到西安的慈禧太后，痛定思痛，不得不推行新政。新政中，朝廷把编练新军作为第一要务，海军建设处于可有可无的地位。

1901 年 11 月，备受争议的李鸿章病逝。慈禧太后让袁世凯署理直隶及北洋事务。第二年正式颁布任命。从此，袁世凯一跃成为中外瞩目的权力派人物。作为北洋大臣，袁世凯很想改变北洋海军的尴尬局面。他走马上任后，就开始逐步恢复海军重建，对甲午海战中被革职的海军将领陆续恢复职务。

1903 年 3 月，袁世凯向朝廷奏称，中国当前的局势，重要的是练兵，练兵海军比陆军更为当务之急；选拔海军将才，比起陆军更是难上加难。要建设强大的海军，并不是当年注重于长江内河所可同日而语的。

袁世凯的意思是说，建立海军，要适应深海作战的能力，但是这样的指挥人才是越来越少了。他又说，即使是重新招选，甚至是送到欧洲留学，但学成归来需要一定的时间，现在所幸的还有几个昔日的北洋将才。

因此，袁世凯主张在大力培养海军留学生，以此储备人才的同时，还要重视对昔日北洋海军中留欧军事生的任用。袁世凯对留学生背景的萨镇冰予以了很高的评价，说他“学问优长，驾驶娴熟，志趣刚正，操守洁清，胆略过人，能任艰巨”。“该参将驭下虽严而素得军心，人咸畏服。庚子夏间，管带‘海容’兵船驻泊庙岛，适有美国铁舰触礁遇险，该参将亲率弁勇，驰往援救，拔之而出，事为各国水师兵官所闻，莫不同深感佩。如该参将之贤能卓著，实为海军中杰出之将才。”[1]在袁世凯的极力保举下萨镇冰遂被朝廷任命为北洋海军总兵。从此，萨镇冰再次走上了重振海军的历史前台。

1904 年 9 月，李鸿章在世时深为器重的老助手周馥被朝廷任命署理两江总督兼南洋事务大臣。他到任后，考察了南洋船舰及附属设施情况后，于第二年的 1 月 18 日，向朝廷提出了南北洋海军联合派员统率的奏章，他在奏章中说：

臣此次南来，察看各兵船，亟应分别裁留，认真整理，非重定章程，不

[1] 张侠、杨志本等合编：《清末海军史料》第 585 页，海洋出版社 1982 年版。

能革除旧习，非专派大员督办，不能造就将才。查有现统北洋海军广东水师提督叶祖珪，心精力果，资劳最深，拟将南洋各兵船归并该提督统领。凡选派驾驶、管中官，修复练船，操练学生、水勇，皆归其一手调度，南北洋官弁，均准互相调用。现有兵舰虽不足一军之数，而统率巡防，须略仿一军两镇之制，即南洋水师学堂、上海船坞，兵舰械饷支应一切事宜，由于海军相关者，并准该提督考核。[1]

周馥的这个主张结束了南、北洋各自为政、分战区作战的局面。南北洋的合并，不仅使其具有了各战区作战的配合能力，也为后来按战略使命划分舰队功能奠定了基础。

1905年初春，经过两江总督周馥与驻沪总理南北洋海军提督叶祖珪一段时间的协商筹措，南北洋海军正式合并。

南北洋海军的合并，舰队功能的细化，使得中国海军逐渐又有了起色。但是，在1905年的初夏，一场突病使叶祖珪病逝于上海。萨镇冰责无旁贷地成为第一代海军将领中举足轻重的人物，统领海军的重任也落在他的身上了。此后，经过袁世凯的奏请，当年的5月16日，慈禧太后发布上谕，任命萨镇冰为广东水师提督，随后又升任总理南北洋海军兼广东水师提督。作为海军提督，萨镇冰深感责任重大。他虽然被授予总领南北洋海军提督，但是他的权力常常受到掣肘。特别是载沣出任摄政王后，只对满人信任，对汉族或其他民族成分的将官并不是太信任。他当政后，就让自己的亲弟弟载洵做了总理海军大臣。载洵作为皇亲贵族，对海军却是一窍不通，他能做的就是对萨镇冰起到制约作用。

载洵对海军一窍不通，曾经有这样一个笑话。《睇向斋秘录》中说，载洵访问美国时，在一次参观美国军舰后，美方人员询问："贵大使有何意见发表否？"载洵不知道该如何回答，想了一会儿只说了两个字："很好。"作为

[1] 姜鸣：《龙旗飘扬的舰队——中国近代海军兴衰史》第427页，上海交通大学出版社1991年版。

萨镇冰

翻译的周自齐感到这个没有技术含量的回答，实在有失大清朝的颜面，只好临时发挥，周自齐是这样翻译的："贵国海军精良，足资敝国模范，毋任钦佩！"两个字翻译成了一句长话，既显示了周自齐的灵活，也显示了堂堂皇朝用人制度的巨大问题。

萨镇冰要复兴海军，他面临的困难是多方面的，很多的时候，他必须得身体力行。1906年，他拟定的重振海军计划包括"改良军制，培养人才，先求内部组织之健全，再以渐进方式辟军港、建要塞、筑炮台、购机器，以完成建军计划之使命"。[1]

要做到这些，萨镇冰多次沿着海岸线或者乘坐轮船查勘，选择建设新军港的地址。他的这种身体力行的举动，当时的闽浙总督崇善、浙江巡抚张曾敭在向朝廷会奏《请以象山港为军港折》中说："现统南北洋海军广东水师提督萨镇冰，亲往巡视。……萨镇冰曾至港中勘验，盛称其口势纡长，众山环峙。至谓威海、旅顺港奥显露，故敌炮可捣中坚，不若象山港深藏可守。云云。"[2]从这个奏章中可以看出萨镇冰亲力亲为的严谨作风。

他的这种脚踏实地的工作作风，与当时的大多数朝廷官员得过且过、当一天和尚撞一天钟的习气形成巨大的反差。

萨镇冰不畏艰险，亲自到现场一线考察，其所选的军港使得袁世凯等中央大员和一些地方督抚甚为满意，认为他很有战略眼光。当时出使意大利的公使钱恂也在1909年11月14日给朝廷的条陈中大加称赞。钱恂说："数年前意大利步俄德后尘，有租借我浙江三门湾之说，幸我坚持未允，尚留此港。……

[1] 萨本仁：《萨镇冰传——一生跨越四个历史时期的近代爱国海军宿将》第76页，海潮出版社1994年版。

[2] 张侠、杨志本等合编：《清末海军史料》第294页，海洋出版社1982年版。

到意后，更探访其所以求借之故，俞知我国可以建立军港之地，仅此一湾矣。”[1]萨镇冰经过认真的考察，将重振海军的军港定在三门湾象山港。象山港历为浙江中部沿海海防重地和门户。历史上多有记载，明代抗倭，即设所城于钱仓（象山）郭巨（镇海），均位于象山港口，南北遥峙。明末抗清将领张煌言，曾屯兵于港内之港牌山。这个海港意大利十分渴望得到，可见它的战略地位有多么重要。因而，钱恂对萨镇冰的工作十分赞赏。

海军建设中，还有一个重大的困难是资金的问题。经历了几次海战，中国海军的重建资金缺口十分巨大，为此，萨镇冰想到了利用华侨的力量。他在华侨居多的南洋等地扩大海军的影响力，培养他们的爱国心，并希望从华侨中寻求复兴海军的资金支持。

1908 年，萨镇冰奏陈朝廷说，今后每年应该派遣军舰到南洋各国巡访，抚慰那里的侨胞。萨镇冰的意见得到了朝廷的支持。从此后，他亲率“海容”号等军舰到新加坡、印度尼西亚、越南等国代表朝廷宣抚那里的华侨，给那里的华侨带去了祖国的温暖和关怀。自鸦片战争后清朝国势日衰，洋人的歧视使得那里的华侨常常有一种孤独的飘零感。萨镇冰的到来，使他们感到了祖国的温暖，萨镇冰的名字也在南洋华侨中广为流传，激发了华侨的爱国心。华侨们纷纷捐款捐物，表示对复兴海军的支持。

在学习以及引进西方先进军事技术、经验方面，萨镇冰也作出了突出贡献。为了解西方军情和技术发展，他订阅了大量的军事书报，每天都坚持阅读，密切关注着西方的军情变化。为此，他还建议朝廷向欧洲派出军事留学生，从 1904 年到 1911 年，几乎每年都有军事留学生被派往欧洲或日本学习军事。

1907 年海军处成立，当年夏天，萨镇冰、载洵提出了旨在复兴海军的“七年计划”。这个计划要求在整顿南洋北洋舰队旧有兵舰的基础上，在未来的 7 年里，购买一批新式兵舰。计划添造头等战舰 8 艘，巡洋舰 20 余艘，各种兵轮 10 艘；编制第一、第二、第三各队水鱼雷艇，北洋舰队、南洋舰队及闽省

[1] 萨本仁：《萨镇冰传——一生跨越四个历史时期的近代爱国海军宿将》第 78 页，海潮出版社 1994 年版。

1909 年载洵、萨镇冰出访欧洲各国，订购了多艘舰船。图为载洵、萨镇冰一行考察英国海军，前排左二、左三分别为萨镇冰、载洵

各洋舰队；派出军事留学生，创办海军学堂等等。当年 8 月，载沣批准了这个建议，并根据这个建议，让度支部及各省筹措开办费 1800 万两。“七年计划”应该说是一份比较系统、可行的海军复兴计划。这个计划如能实现，中国海军不仅能恢复到甲午海战前的总体水平，而且在舰艇和武器装备方面还可能更胜一筹。因而，对于这个计划，当时朝野上下都十分关心。为实现这个“七年计划”，萨镇冰与载洵一道前往欧美各国考察。

1909 年 9 月，载洵、萨镇冰等人组成的海军考察团从上海登轮前往欧美各国考察。这次考察之前，他们也选派了一批优秀海军学生一同前往欧洲学习驾驶和造船技术。10 月间，他们乘轮船抵达意大利的热那亚港。热那亚港有意大利最大的造船中心，载洵与萨镇冰来这里就是为了了解这里的军舰情况的。在意大利考察后，他们订购了意大利炮舰，然后他们又前往德国考察，并在德国订购了一些炮舰。

离开德国后考察团准备前往法国，但是这时出现了一个小插曲。在德国之时，德国政府对亲王载洵予以了很高的接待规格，出行都有高级官员出迎、陪同，沿途有警卫人员和皇家马队护送。

此时，法国方面得知载洵准备前往法国，很是高兴，为表示对中国的友好，法国政府照会中国驻德公使荫昌说，法国方面已经做好了接待亲王的准备，并说，为表达中国与法国的友谊，待载洵到法国后，将授予他一枚二等勋章。这个勋章的授予，不过是一个象征。但是，载洵却不这样看。他认为，堂堂大清朝的一个亲王却只授予一个二等勋章，这实在有失身份和有损颜面的问题。便决定不去法国，他让荫昌发电报给驻法公使，以"行期太短，无暇访问，下次来欧洲再访问"为借口取消了法国行程，而直奔英国。

在英国，萨镇冰与载洵参观了英国的一些造船厂和制炮厂，还访问了萨镇冰曾经留学的格林尼茨皇家海军学院。他们在英国订购了巡洋舰。然后前往俄国参观考察，最后乘火车经西伯利亚回国。载洵、萨镇冰一行这次三个多月的考察，应该说是富有成效的，从欧洲学到了不少海军建设的经验。

载洵与萨镇冰一行欧洲考察并购买军舰的举动，也引起了美国的兴趣。美国很希望中国也派出代表到美国考察，购买军备。因此，他们回国后，美国政府就通过美国驻华公使向载洵、萨镇冰发出要求，希望他们能够成行。但在回国后，摄政王载沣又安排他另一个弟弟载涛出国访问。当时载涛只有20岁，又是一个不懂军事的门外汉。

载洵接到美国方面的邀请时，当即作出表示不能按原计划出访，出访美国的时间可能推迟到1910年7月，"因为二个亲王同时都不在国内是不合适的"[1]。因为美国方面的要求，第二年7月，载洵、萨镇冰又奏请朝廷前往美国、日本考察。但是，在美国期间，载洵遭遇了一次暗杀。革命志士邝佐治假扮成厨工混在酒店的人群中准备刺杀载洵。当他刚从裤子的口袋里拔出枪时，被身旁的警察发现，当即逮捕。根据美国的法律，邝佐治并未拔出手枪，只要他不承认自己的谋杀动机便可以得到释放。但是，邝佐治却大声说，自己杀载洵是为铲除"国家大害"。因此，经过审判，邝佐治被判有期徒刑14年。而经过

[1] 崔志海:《海军大臣载洵访美与中美海军合作计划》,《近代史研究》2006年第3期。

北洋海军“威远”号上的水兵合影

这次虚惊，吓破了胆的载洵匆匆离开美国，前往日本考察。在日本，载洵与萨镇冰经过考察后，又向日本订购了炮舰二艘。

萨镇冰陪同载洵到美国、日本考察，于1910年11月返国。经过这次考察，萨镇冰再次目睹西方和日本资本主义的发达。他回想到中国的积贫积弱，这不仅使他产生了“旧染已深，时多牵肘，仍属徒有其义”的担忧，也使他把复兴海军看作是中国强大的希望。

经过几次考察，中国海军在增加军舰、学习西方军事技术的同时，也根据西方各国海军的建军经验，改革军制。1911年初，海军部参照陆军三等九级军衔制，对海军军衔进行了改革。萨镇冰也参与了改革。这次军衔改革，萨镇冰被授予海军副都统加正都统衔，相当于海军中将；长江舰队统领沈寿堃，简授海军协都统，相当于海军少将；各舰队统领、管带、参谋官等等都在改衔之列。这次改革也说明了，以萨镇冰为代表的留欧军事留学生参与重建海军，涉及到海军复兴的各个方面。实行军制改革，作为载洵、萨镇冰提出的“七年规划”中“设置海军专部、添设各洋舰队海军官缺”中的重要一环，也是中国近代海军逐步走向正规化的体现。

载洵与萨镇冰提出的“七年计划”包罗万象，涉及海军事宜的各个方面。“七年计划”在实施过程中，也取得了一定成就，但由于理想与综合国力差距太大，严重脱离了国防建设的实际，不免流于空想。1911 年，武昌起义的革命枪声，击碎了封建王朝渴望打造世袭铁桶江山的残梦，也使得“七年计划”不得不中断实施，当时的许多海军将领都成为王朝的掘墓人，清王朝复兴海军的愿望破灭。但清末留学生对中国海军的影响并未就此结束。进入民国之后，萨镇冰、李鼎新等先后出任海军总长、海军总司令等要职，成为重建中国海军的关键人物。

五、袁世凯练新兵促动陆军留学

1876 年李鸿章派遣武弁卞长胜等 7 人赴德国学习陆军，这是近代派遣军事留学生之始，同时也是近代中国人留学欧洲的先导。此后，虽然有张之洞等洋务派人士积极推动陆军留学，但与朝廷派遣海军留学生赴欧相比，陆军留学一直处于可有可无的次要境地。

中日甲午战争，中国惨败，并惊讶于弹丸小国日本的迅速崛起。昨天还骄傲地自称是日本人“老师”的老大帝国，一夜之间被自己的“学生”打败。失败的阵痛使得大清帝国朝野上下不得不用惊奇的目光重新审视日本。此后，清廷中的开明人士清醒地感到，要与日本抗衡，必须加强军事建设，军事建设需要的是人才，而人才的培养除了在国内开设学堂外，留学也是一个不容忽视的途径。留学比作为练兵第一要义的设立学堂更能够吸收新知识新技术。

此后，陆军留学生逐渐增多，成为军事留学生的主流，而派遣国则主要集中在日本。此前，陆军留学生的派遣之所以长期不受重视，与清政府抵御外侮的“重海轻陆”政策有关。直到海军在中日甲午战争中惨败之后，清廷才将军事建设的重点转移到新式陆军建设上来。如同海军建设一样，陆军建设首先需要人才。

培养军事人才，这对于侧身军界已经渐掌兵权的袁世凯来说，他也看到这个问题的存在。

袁世凯，字慰廷，又作慰庭、慰亭。1859 年 9 月生。他出生之时，他的家乡袁家寨正处在强悍的捻军的猛烈攻击之下。然而，这个小生命却没有丝毫的畏惧。小袁世凯对来到这个世界格外兴奋，嗓门很大，哭声越来越响，直到捻军败走。对此，袁家寨的人们认为，是袁世凯的降生，给他们带来了好运气。

袁世凯厕身军界是 1881 年的事，那一年，他带着家丁王成和乡邻赵贤国投奔淮军统领吴长庆。吴长庆 (1834—1884)，字筱轩，安徽庐江沙湖山人。其祖居之地离现在庐江城东南约十余公里，因其生前做过晚清提督，统兵一方，累建军功，死后清廷诏建专祠，谥“武壮”，乡人习惯称为“吴大帅”，至今如此，未见改口。吴长庆之父吴廷襄以文名见闻庐江，为当地有名乡绅，故在太平军乱清“祸害两江三省”之时，得以受命于清廷地方，办理庐江团练。吴长庆少年随侍其父左右，后来进入淮军系统，与袁家一门数人结下不解之缘。

1909 年被开缺回籍的袁世凯

父辈们自然也希望袁世凯通过科举考试博取功名。袁世凯投身到吴长庆的军中，希望在军事上有番作为，因而，他奔走钻营。在吴长庆及其幕僚面前，一幅“谦仰自下”的样子。有时也表现出忧国忧民的情态，“作激昂慷慨之谈”。[1] 这些

[1] 李宗一：《袁世凯传》第 16 页，中华书局 1980 年版。

都使吴长庆对其颇有好感。吴长庆见他对科考没兴趣，就让他去营务处帮办，从而踏上了仕途的第一步。

1882年朝鲜禁军叛乱，进犯王宫，杀戮大臣，王妃失踪，并火烧日本使馆，杀害使馆人员，此即为“壬午兵变”。日本发兵干预。中国与朝鲜为宗主国和藩属国的关系，得知日本出兵朝鲜，中国驻日使节黎庶昌于8月1日电告北洋大臣张树声，遣兵轮3艘前往干预。但所派兵轮驶抵仁川后，士气沮丧不愿作战。

此时，朝鲜幸免于难的闵妃秘密召集靠得住的近臣商讨对策，她派员潜入汉城，告知国王、王妃其依然健在，然后通知因事在中国天津的朝鲜领选使金允植、鱼允中，让他们以国王的名义，向清廷报告朝鲜禁军叛乱的情况，请求宗主国出兵靖难。

光绪皇帝得到这个报告后，即令军机处尽快处理此事，军机处令吴长庆率兵轮前往。由于壬午兵变使朝鲜受到日本的威胁，涉及清朝对朝鲜的宗主权，所以吴长庆特别积极，认为这是报效朝廷的好时机。这次出兵，袁世凯也随军前往。

袁世凯处理事情雷厉风行。因为在镇压朝鲜国内兵变中大显身手，他不但受到吴长庆的信任，也为朝鲜国王所看重。

帮助朝鲜镇压兵变之后，朝鲜国王希望维护自己的地位，便提出请中国帮助朝鲜操练新军，培养军队。这个重任便落在袁世凯的身上。袁世凯帮助朝鲜操练新军，使朝鲜新军迅速扩大。新军训练仅仅一个月后，朝鲜国王前往检阅，发现袁世凯训练的新军步法颇正，放枪亦准，大加赞赏。

袁世凯在朝鲜一呆就是12年。这12年，他积淀了一定的政治基础，并逐渐为世人所瞩目。在朝鲜的日子里，袁世凯广泛接触外界，比当时的一些外交官更具国际视野。

但是，个人的努力终究不能改变时代的命运。袁世凯在朝鲜的最后几年，正是朝鲜的民族矛盾最为激烈的时代。

1894年，朝鲜爆发了东学道起义，将民族和阶级矛盾推向了极点。朝鲜无力平乱，要求清政府出兵戡乱。袁世凯本来认为，东学道不足一提，但混乱

朝鲜王国凯旋门

的局面使日本政府感到这是吞并朝鲜的最好时机。因而，日本政府鼓动浪人组织“天佑侠团”，混入东学道，企图操纵起义队伍。同时，又怂恿清政府出兵“戡乱”。实际上，是为日本人自己出兵朝鲜寻找借口。清政府没有识破日本人的诡计。6月初，清政府选派淮军2000人奔赴朝鲜。

在清政府向朝鲜派兵的同时，日本方面不顾朝鲜的反对，也陆续向朝鲜派兵。就在中日都向朝鲜派兵期间，朝鲜政府与东学道达成了全州和议。这样，戡乱就失去了意义。全州和议达成以后，朝鲜政府要求中日两国撤兵。于是，中日之间在撤兵问题上展开了谈判。但日本侵略朝鲜的野心已定，根本不顾朝鲜宗主国中国的反对。这样，谈判不可能达成任何协议。谈判在这年7月间破裂。此时，感到在朝鲜已经难以有所建树的袁世凯以病重为由请求回国。8月1日，中日甲午战争爆发，中国以失败而告终。李鸿章苦心经营的北洋海军毁于一旦，淮军和湘军也一败涂地。这一战，清廷的腐朽完全暴露出来，朝野中的大多数人也认识到了日本军队采用西洋新式武器、西洋战法的巨大优越性。要求改革军队的呼声十分高涨。光绪皇帝连发上谕，提出参照中外兵制，编练新军是救亡图存，寻求自强的第一要义。

袁世凯在朝鲜时就积累了编练新军的经验，1895年5月，他在天津上书

甲午战争爆发前，清廷为加强驻朝兵力，派遣卫汝贵的盛字军，马玉昆的毅字军，左宝贵的奉军和丰升阿的奉天练军盛字营及吉林练军等共 32 营 1 万多人，驻扎朝鲜

李鸿藻，分析甲午战争失败的原因，并提出了一个整顿旧军，编练新军的计划。

操练新军一事，朝廷最初委派胡燏棻负责，但胡是一介书生，在军事上没有什么专长。虽然他也主张创办新军，按西法编练，但是新军创办之初的训练平平，使他遭到了朝廷上下的指责和批评。甲午战后，改革军队，富国强兵的呼声空前高涨，朝廷决定，由袁世凯接替胡燏棻编练新军，这一决定，从此使袁世凯奠定了人生辉煌的开端。

袁世凯认为，德国陆军是很好的借鉴模式。日本人效仿德军，很快便走向强盛。所以中国要建立强大的陆军，必须学习德国军制。为此，袁世凯亲自主持编制了《练兵要则》《新建陆军营制饷章》等，基本上照搬了德国陆军的那一套。新军不但设立步、马、炮、工、辎等多兵科兵种，还首次在军中成立参谋机构，以军事专业人才取代了文人参谋师爷，以西方近代军事的战略战术，而不是中国传统兵法谋略统军作战。

清朝在 1900 年之前一直采用的是募兵制，也就是雇佣兵制度，认为通过发饷的形式，将年轻力壮的人招到军中来，年老体弱者就不可能揭竿起义。由于军队的管理者大都只关心自己的利益，导致军队战斗力和利益密切相关。募兵制还有一种现象，军队的管理者常常虚报士兵人数吃空饷发财，以致许多部队仅存于纸面。这样的军队，一旦临战，后果可想而知。

袁世凯看到了这个问题，他受命后，即着手对兵员制度进行了改革。1901年，袁世凯改募兵制为征兵制。他对兵员的条件、资格、待遇都做出了新的规定，要求被征的兵勇必须家庭清白，年纪在 18 — 25 岁，身体健康，没有恶习。他要求，招募的兵丁按名注册，交由地方官分存备案，以便将来稽查核证。对于被征的兵丁的家属，他建议朝廷分给他们土地，免除他们的劳役和税收。但是政策虽好，地方官并没有很好地执行。

袁世凯改革新建陆军编制构架，把军权集中于参谋、教练和兵备三处。三处总办分别是段祺瑞、冯国璋和王士珍。不久又上奏，要求创办常备军。

所谓常备军即现役部队，每月支全饷 4.2 两；在营 3 年退为续备兵，月支饷银 1 两；再 3 年后退为后备兵，月饷减半；再 3 年退伍为老百姓，到战争爆发时可征调续备、后备兵入伍。这是中国历史上第一次出现和现役相关联的后备役部队。

建立强大陆军，必须做到知己知彼，方能百战不殆。为此，袁世凯高薪从德国聘请了 10 余名德国军事教官，直接负责教习新军的军操、战术等等，并让所有士官都学习德国语言。

袁世凯知道，洋教习本领再大，技术再高，经验再丰富，也不可能全然把西洋的军事、科学技术搬到中国来。因而，他认为，要学他人之技，使中国实现变革图强之效，必须多派军事留学生出国留学。他惯用的一个方法是，对曾经有留学海外或者有留学背景的人加以重用，留美幼童唐绍仪曾经被袁世凯重用，留学德国炮兵科的段祺瑞成为袁世凯的心腹。

袁世凯大胆提携留学者，使这些留学归来者迅速登上了政治舞台，加速了他们的建功立业。袁世凯虽然投机、功利，但他这些举动对近代中国发展的意义是不言而喻的。

1902 年，袁世凯奏派武卫右军随营学堂第三批毕业生 55 名赴日留学军事。在奏章中他详细分析了派遣陆军留学生的必要性和紧迫性。他说："臣观近日各营将弁，其朴诚勇敢者然气质半属粗豪，文理亦多暗昧，其于军谋战略，平时既少研究，一旦临戎，往往张皇失措。"[1]

袁世凯编练的北洋新军仪仗队

袁世凯的分析不是没有道理，回想中日甲午战争，北洋水师因为缺乏系统统筹，导致了战局的不可逆转。此外，在大沽炮台、天津、北京等地的防御作战中，中国守军被列强们通过正面或侧面一举攻破，除了武器装备不如人外，更深层次的原因就是清军缺少能够把握战略全局的统领人才，要改变这种局面，必须系统地学习西方和日本先进的军事技术和经验。虽然，淮军、湘军、北洋水师也提倡西方练兵，但他们学到的都只是皮毛，没有得到真正的战法奥妙。比如李鸿章编练的淮军和北洋水师，有一个致命的问题就是任人唯亲。针对这些情况，袁世凯认为，学习西洋军事，不仅要学习技术，先进的管理经验、人事制度都要周详备至，系统学习。

袁世凯认为选派陆军留学生应该以日本留学为主，他为此在北洋军事学堂毕业生中做了一个对比。他说："学堂学生中质量最好的官佐据说是直隶、湖北和安徽学堂的学生，可是，就是这几所学校的学生，在技术上也不及那些在日本留过学的人。"[2]

1900年以后，中国留学生留学日本成为热潮，军事留学生也不断派往日本。有人统计，1904年，中国派往日本的军事留学生有100多人，到1906年达到670人，1908年更上升到千余人之多。虽然这些留学生有多少是袁世凯派出的，没有明确的记载，但这期间是袁世凯操练新军，主掌军权的时代，军事留学生

[1] 廖一中、罗真容整理：《袁世凯奏议》第487页，天津古籍出版社1987年版。

[2] 王逸峰：《袁世凯与中国近代军事留学教育——兼论袁世凯与军事留学生的关系》，《徐州师范大学学报：哲学社会科学版》2004年第4期。

的派出应该说与他的影响有很大关系。

后来成为国民党总裁的蒋介石，就是因为投奔到袁世凯的门下，才赴日本留学的。1906 年 8 月，袁世凯受命在北洋速成武备学堂基础上，创立了通国陆军速成学堂，校址设在保定城东，并于当年冬天开始招生。当时刚从日本游历归来的蒋介石听说这个消息后，便从奉化赶到保定，希望进入该校学习。但是，当时蒋介石还不满 20 岁，不在招收之列。但他对面试官说，他已经 20 岁，身体很好，将来能够报效国家，成为一名军人。他的信誓旦旦，说服了面试官，录取到炮兵科学习。

蒋介石在通国陆军速成学堂学习了一年的时间。1907 年冬天，清政府陆军部决定在学堂选派学员到日本留学。作为学堂创立者的袁世凯当然不会放过这个笼络人才的机会。他的部下赵理泰是军校的总办，更是十分上心。老实说，赵理泰这人能力平平，又嗜吸鸦片，拉帮结派的思想较为浓厚。在任保定军校首任总办期间，对教学体制、教学大纲等无革新创造，教材内容也是沿袭清末军事学堂时的老教材。但是，他很善于揣摩袁世凯的心思，因而颇得袁世凯的欢心。

保定陆军学堂规定，必须是参加学校日语班的学生才可报考。蒋介石并没有参加过学校的日语学习，但他很想到日本留学，便向学校写了个报告，说自己曾经在日本东京的清华学校学习过日语，希望学校批准他报考陆军留学生。

蒋介石的报告递上去，校方迟迟没有答复。蒋介石感到自己不会有希望了，也就不怎么把这件事放在心上。然而，到了考试前一天晚上，他突然得到通知，校方同意他参加考试。第二天的考试，蒋介石得心应手，笔试、实践都轻松过关。

那时候，中国留学生很多人到日本后开始倾向革命，故出国之前，地方官都要进行一番盘问，也算是政治审查吧。考试后的一天，蒋介石突然被总办赵理泰喊到办公室进行谈话。

在总办室，赵理泰上上下下打量了蒋介石一番，说：蒋志清，在学堂学习一年多了，你是怎么想的，毕业之后有何打算？

总办亲自谈话，蒋介石受宠若惊，他恭恭敬敬地说：报告总办大人，在

留学日本的蒋介石与同学合影，后排戴帽者为蒋介石

学堂一年多的时间里，学生收获颇丰，毕业去向，一切听凭学堂安排。蒋介石的回答，赵理泰暗自点头，感到满意。

赵又问：你既然已经熟练武艺，可知道用到哪里？蒋介石又答：一切为了皇上。

蒋介石这个回答，应该说赵理泰并不满意，他拍了拍蒋介石的肩膀说：蒋志清，你说说我们学堂是谁主持？蒋介石回答：袁大人！

赵理泰说：袁大人看了你的成绩，看中你啦，要送你到日本留学。蒋介石听了高兴不已，立即跪倒在地说：多谢袁大人提携，学生一定认真学习，将来报效袁大人。听了蒋介石信誓旦旦的话，赵理泰笑了，感到蒋介石是一个可以造就的人。这次谈话，蒋介石千恩万谢。不久，便随赵理泰到了日本，进入振武学校学习。振武学校位于日本东京新宿区河田町，是专门从事陆军士官学校的预科教育，开设的课程有日文、算术、几何、地理、生理、物理、历史、化学、图画、军事教范等等。蒋介石在这里学习了三年，然后进入日本陆军第 13 师团实习。

让袁世凯没有想到的是，蒋介石到日本的第一年，就在陈其美的介绍下，加入了同盟会，后又加入“丈夫团”。

1910 年 6 月，蒋介石在陈其美的介绍下，见到了时在日本的孙中山。关于二人第一次相见，蒋介石后来说："我还牢牢记得，总理说：'革命党的青年，应该不计名位，而要为革命任务牺牲、奋斗。美国建国英雄华盛顿，也并不是由他一个人的力量造成的，而是由千千万万无名的华盛顿共同奋斗，为他们的领袖华盛顿牺牲而造成的。我们革命者，不是要成为有名的华盛顿，而是要成为无名的华盛顿——无名英雄。'我听了这个训示以后，就立定了志愿，要实践这个训示，决不辜负总理对党员的期勉。"[1]

像蒋介石这样留学日本，最终却成为革命党的一员，袁世凯以及清政府和后来的北洋政府都不愿意看到。因而，他们对留学生由最初的支持到后来的排斥，在留学生的任用上也是如此。留日生如果没有特殊的关系，在民国之初的北洋系里很难立足。当时有一种现象，留日生归来，"除几个留京任用外，余皆分在各省带兵"，后来的二、三期留学生也"皆在江浙、两湖、闽粤各地任职"。犹有甚者，即使是北洋士官生在北洋派内亦受到排斥，如北洋将领段祺瑞就"颇信任陆军速成（及早期）军官学生，不重用国外陆军留学生"[2]。

北洋派系忌惮革命力量，对留学生不能信任，结果这些留学生都逐渐成为其他督抚争先延聘礼遇的对象，有的甚至很快升到很高的职务，手握重兵，这在辛亥革命后体现得非常明显。

[1] 蒋介石：《我们复国的精神志节和建国的目标方略》1963年11月，见《蒋公全集》第三册第二卷，第2831页。

[2] 杜春和等编：《北洋军阀史料选辑》上册，第34页，中国社会科学出版社1981年版。

第七章　移风

在传统与潮流的门廊

一、李叔同引进西方戏剧为中国传输新文明

留学生跨海越洋留学海外，他们在异域学习的过程中，对西方的科学技术、文化从最初的懵懂不知到有一个全新的认识，使他们的人生观、世界观都在发生着变化。他们通过国外所学，在推动国内的军事、科学、技术、文化、实业等诸多领域发生变化外，受国外生活方式、地域文化的影响，自身也在潜移默化地认同国外的习俗，并推动国内的移风易俗的变革浪潮。

留美幼童走出国门，最初拖着象征大清王朝礼制的“猪尾长辫”，穿着长袍马褂，但他们在国外接受新式文明后，反观国内，女子缠足，男子抽大烟、纳妾竟然成了达官贵人、市井乡绅身份的象征，开始对中国传统文化重新审视。他们对传统文化存在的弊端认识得越深刻，越感觉到应该革除陋习，弘扬新文化。这样的想法，使得许多人投入到移风易俗的浪潮中去。

晚清留学生中，容闳、詹天佑、严复、蔡元培等一大批知识分子都以各

种方式宣传西方文化，介绍移风易俗的道理。

留学日本的李叔同也是积极推动移风易俗的一位。李叔同，祖籍浙江平湖，1880年10月23日生于天津，学名文涛，又名广侯、成蹊，字叔同，受到良好的中国传统文化教育，自幼聪慧过人，才情早露。39岁于杭州出家，法号弘一，1942年10月13日圆寂于泉州。

青年时代的李叔同

李叔同早年在上海入南洋公学，从蔡元培先生受业，与邵力子、黄炎培、谢无量等人同学。这是当时上海最先进的学校。在这里，他一方面接受了较系统的儒家经典教育，一方面又吸纳了“新学”的精华，促发了他积极用功、奋发有为的心态。当时上海文坛有著名的“沪学会”，参加者多为一些俊杰。而李叔同应征的文章，名字屡屡列为第一，从此被上海的名士闻人所青睐，作为“才子”驰名于上海滩。

有一句话常说，才子多风流。年轻时的李叔同不仅是一位才华横溢的文士，也是一个风流一时的富家公子。他在天津、上海时经常出入歌馆妓院，与艺界女子、妓女来往不断。晚清时代比较有名的名坤伶杨翠喜、谢秋云等等都与李叔同有着频繁的交往。年轻时的李叔同“寄情于声色”，在他的许多诗词中都有流露。李叔同这样也许是在麻醉自己，因为当时他颇有些郁郁不得志。1900年前后，李叔同因为科举考试不第，感到前途暗淡无光，再加上当时腐朽、堕落的社会环境，使他“奔走天涯无一事。何如声色将情寄，休怒骂，且游戏”。

年轻时的李叔同追求声色刺激，还有一个因素是当时他的家境比较富裕，人生际遇的不顺，使他像许多的富家子弟一样，选择了颓靡纨绔的公子生活，这种生活一直持续到他的母亲去世。

1905年5月，李叔同的母亲王夫人病逝于上海。这对他的人生是一个致命的打击。因为李叔同早年丧父，支撑着家业和教育重任的，是他的母亲。李叔同依“东西各国追悼会之例”举行了隆重的丧礼。丧礼之上，李叔同自弹钢琴，唱悼歌，寄托对母亲的哀思。这一举动，在当时的天津广为流传，被称为文明丧礼。

料理完母亲的丧事，李叔同认为自己的“幸福时期已过去”，在国内也已没有牵挂，便决定负笈东瀛留学。

踏上去往日本留学的轮船之前，他有一种怅然的离别情绪，怀着对家乡对祖国的离别之情，他写了一首《金缕曲：留别祖国，并呈同学诸子》。

披发佯狂走。莽中原，暮鸦啼彻，几株衰柳。破碎河山谁收拾？零落西风依旧。便惹得离人消瘦。行矣临流重太息，说相思刻骨双红豆。愁黯黯，浓于酒。漾情不断淞波溜。恨年年絮飘萍泊，遮难回首。二十文章惊海内，毕竟空谈何有！听匣底苍龙狂吼。长夜西风眠不得，度群生那惜心肝剖。是祖国，忍孤负？[1]

李叔同以文言志，他甘愿漂洋过海，忍受孤独，目的是实现他的抱负。事实上，他到日本后，的确很快成为一个活跃人物。李叔同来到东京后像众多留学生一样，很快剪去了长辫，也适应了日本的生活方式，和周围的日本人看不出有何区别。一位曾采访过李叔同的日本记者说：“李叔同是一个圆肩膀儿的青年，有一副魁梧的身材，穿着藏青色的和服，腰间系一条黑纱的腰带。头上则是三七分的发型，语调一贯平和安详。”[2]

李叔同东渡日本留学，后来成为引进西方戏剧的第一人。他以其一贯的才华横溢而又颇具时代感与中国文化人担当精神的形象进入人们的视野，一发而不可收，特别是在戏剧方面，造诣颇深。

李叔同于 1901 — 1904 年在上海南洋公学读书的时候，正是上海学生热

[1] 苏迟：《李叔同传》第 5 页，团结出版社 1999 年版。

[2] 《李叔同》，见民国文林：《细说民国大文人——那些国学大师们》现代出版社 2010 年版。

衷于演出戏剧的当口。李叔同所在的南洋公学，戏剧演出十分活跃。1904年他在上海南市和黄炎培、马相伯等人创办“沪学会”，经常召开演说会，办补习班，宣传讲究卫生和移风易俗，提高社会青年知识觉悟。

1905年李叔同到日本后，仍然关注着“沪学会”的发展和演出活动。他受到日本新派剧的影响，开始研习话剧，并着手进行新剧的创作。当年10月，他为上海“沪学会”编写了新剧《文野婚姻》。这是一出宣传男女婚姻自主思想的戏剧，如果能够演出，对于社会风气的变革可谓意义非常。

当年冬天，李叔同与留学东京美术学校习美术的曾延年等发起创立的春柳社演艺部，为我国最早的新剧（话剧）团体，目的为“在我国戏剧史上，开辟一个新天地”。他有感于欧美、日本戏剧的发达，尤其目睹明治维新后戏剧界为反抗传统的歌舞伎剧兴起的新剧运动，产生了“改良戏曲，为转移风俗之一助”的强烈愿望，在日本专家的帮助和指导下，他们“以研究学理，练习技能为目的”，成立春柳社演艺部，并发表《春柳社演艺部专章》，具体阐明新剧在戏剧中不可替代的重要作用。

该专章说：“演说之事迹，有声无形；图画之事迹，有形无声；兼兹二者，声应形成，社会靡然而向风，其惟演戏欤！挽近号文明者，曰欧美，曰日本。欧美优伶，靡不向学，博洽多闻，大儒愧弗及；日本新派优伶，泰半学者，早稻田大学文艺协会有演剧部。教师生徒，皆献技焉。……吾国倡改良戏曲之说有年矣。……其成效卒莫由睹。”[1]

1907年初春，江苏淮北发生了严重的水涝灾害，致使百姓流离失所，民不聊生。对此悲惨的状况，日本的一些媒体曾经做了报道。留日学生对祖国受灾同胞的命运、生活状况非常关切。他们觉得，应该设法帮助正在困境中的受灾同胞。李叔同等留日学生在清国留学生会馆商议，决定组织一次赈灾演出，所得款项都资助国内受灾百姓。

这次赈灾演出，李叔同非常重视。他亲自购置了几套供演出用的女装，

[1] 李喜所主编，刘集林等著：《中国留学通史》（晚清卷）第586页，广东教育出版社2010年版。

李叔同在东京美术学校毕业时与同学合影，中为李叔同

对着镜子试穿。他决定亲自登台演出，并特意向日本著名戏剧家藤泽浅二郎虚心请教。在李叔同的邀请下，藤泽浅二郎承担了这次演出的导演工作。

这次演出之前，担任主持的留学生王正延在舞台上向观众介绍："李叔同君，本来是留有美术家式小胡子的，这次为了扮演茶花女情，怀着变革旧思想的情怀，1906 年 1 月，李叔同利用寒假的机会从日本回到上海，组织了沪学会演剧部，积极指导上海南洋公学的学生排演新剧，并于当年 2 月 9 日正式演出。李叔同以更大的热情投身到新剧的创作与研究活动中。他回到日本后，专程向日本新派剧家藤泽浅二郎请教研习话剧，并加入了以改良文学、美术、音乐、戏剧为目的的日本文竟将胡子牺牲了。"这个介绍，立即拉近了李叔同与观众的距离。李叔同刚一登台，观众就鼓起了潮水般的掌声。李叔同扮演的茶花女，每一个动作、表情都是那么的惟妙惟肖，剧情紧紧抓住观众的心。这次演出非常成功，意想不到的是，剧场谢幕时，全场的观众都站起来高呼："息霜(李叔同艺名)！李叔同，李叔同！"

李叔同的演出也得到日本戏剧界的一致好评。日本剧评家松居松翁也观看了这次演出，他对李叔同的表演很是赞赏，他评价说："中国的演员，使我佩服的便是李叔同君。当他在日本时，虽仅仅是一位留学生，但他组织的'春柳社'剧团，在乐座上演《茶花女》一剧，实在非常好。不，与其说这个剧团好，宁可说这位饰茶花女的李君演得非常好……尤其是李君的优雅婉丽，绝非日本的俳优所能比拟。"[1]

演出获得巨大成功，使李叔同十分高兴，他在演出结束后写下了两首诗，

[1] 莫小尘:《中国话剧百年: 魂兮归来》, 载《观察与思考》2007 年 1 月。

1916年9月，李叔同在“上海南社”合影（前排左二为李叔同、左八柳亚子）

题为《茶花女遗事演后感赋》：

东邻有儿背佝偻，西邻有女犹含羞。蟪蛄宁识春与秋，金莲鞋子玉搔头。
誓度众生成佛果，为现歌台说法身。孟旃不作吾道绝，中原滚地皆胡尘。

当年6月，春柳社再次举行公演。演出《黑奴吁天录》一剧，该剧是根据美国作家斯托夫人的《汤姆叔叔的小屋》改编的。该剧具有强烈的民族情感，留日女学生欧阳予倩也应邀参加了演出。演出再次获得了成功。这次演出中，李叔同扮演艾美柳夫人及破醉汉两个角色。惟妙惟肖的扮相和表演时的传神表现让欧阳予倩十分感动。受李叔同的感染，她加入了春柳社，走上了表演之路，成为一代戏剧表演大家。

李叔同在演出春柳社第三次公演的剧目《天生相怜》时，有人评论他的扮相不好，春柳社里又有人与他意见不一致，他演戏的兴致便渐渐淡下去。

李叔同演戏的兴趣虽然淡了下去，但是他创办春柳社，影响却是深远的。当时的留日生回国后，积极推动春柳社的新剧在上海演出。在留日生陆镜若、徐卓呆等人的推动和宣传下，春柳社在上海多次自编自演新剧（当时尚无“话剧”这一名称），如《黑奴吁天录》《不如归》《谁之罪》等，其中后两出剧目，尤为出名。《不如归》最为观众喜爱。春柳社的积极努力为我国戏剧业的发展作出了积极的贡献，因而著名戏剧家欧阳予倩将春柳社誉为“中国戏剧革命先锋队”。[1]

当时，李叔同还有一件比较轰动的事，就是在“沪学会”刊物上发表了歌曲《祖国好》，给动荡的晚清，给青年学子们以极大的感慨。李叔同的《祖国好》歌词是这样的：

上下数千年，一脉延，文明莫与肩。
纵横数万里，膏腴地，独享天然利。
国是世界最古国，民是亚洲大国民。
呜乎大国民，呜乎，唯我大国民！
幸生珍世界，琳琅十倍增声价。
我将骑狮越昆仑，驾鹤飞渡太平洋，谁与我仗剑挥刀？
呜乎大国民，谁与我鼓吹庆升平！[2]

《祖国歌》的发表，在动荡、颓废的晚清时代，仿佛是昭示人们振作的清新剂，使人们感到一种生生不息的力量。歌曲很快在青少年中广为传唱。

李叔同在积极传播西方戏剧的同时，也积极致力于音乐的传播。他在日本留学时创办了中国人自己的音乐刊物《音乐小杂志》。这个刊物在日本编辑出版，然后在国内发行，积极地向国内学生介绍音乐知识。创刊号中《我的国》一曲系李叔同精心创作，也成为他另一首广为传唱的爱国歌曲。

李叔同不仅是中国近代戏剧和音乐领域的传输者，也是开创者。此外，他的一生兴趣十分广泛，在中国油画、木刻、广告画艺术创作领域也作出了积极的贡献。他是西洋画传入中国的第一人。他的绘画作品《自画像》《素描像》

[1] 李喜所主编，刘集林等著：《中国留学通史》（晚清卷）第587页，广东教育出版社2010年版。
[2] 苏迟：《李叔同传》第14页，团结出版社1999年版。

《裸女》《佛画》，都成为流传至今的优秀作品。

二、蒋梦麟徘徊在道德与浪漫之间

留学生留学海外，被外面的新生事物所吸引所改变是常有的事，而留学海外的蒋梦麟却遭遇了一次尴尬。1908 年，在横渡太平洋的轮船上，蒋梦麟遇到了一件令他既尴尬又感兴趣的事——西方乘客在船上举行舞会。他不习惯男女混杂在一起，更不用说公然展示两性间的亲密，因此他形容看到的情景让他“最感到惊讶”。[1]

蒋梦麟是浙江余姚人。他 1886 年出生，原名梦熊，字兆贤，号孟邻。他的父亲是一个商人，据说，蒋梦麟出生之时，他的父亲梦见一只熊来到他家，便给他取名“梦熊”。蒋梦麟 13 岁那年，便开始接触西学。1901 年，他 15 岁，父亲又把他送到杭州的一所教会学校读书。在这里他和学校的同学们因为闹罢课而被学校列入了黑名单，从此，他便将自己的名字正式改名为“蒋梦麟”。

蒋梦麟

15 岁那年，蒋梦麟到教会学校读书的时候，还没有想到自己将来会有一天跨海越洋到美国留学。当时，他虽然在接受西式教育，但是，平心而论，他骨子里还是希望通过科举考试来改变自己的命运。他的父亲也希望他这样做，18 岁那年，他中了秀才。

蒋梦麟所处的时代毕竟是中西文化激烈碰撞的当口，长期所受的西方教育对他的影响也很大，特别是在上海南洋公学读书的那一段时光。蒋梦麟 1904 年考入上海南洋公学，南洋公学是现在

[1] 叶维丽著，周子平译：《为中国寻找现代之路：中国留学生在美国（1900 — 1927）》第 146 页，北京大学出版社 2012 年版。

上海交通大学的前身。这所学校创办之初，采纳了美国传教士福开森的意见，采取德、智、体全面发展的教育方针。在教育内容上既开设西学，又开设中学。

中学课程以儒家经典为主要内容。西学课程则以历史文化、新兴自然科学为主，同时又十分注重学生身体体能的锻炼。这样的教育氛围，使蒋梦麟"尚未成熟的心灵"渐渐感到西学的潮流已经无法抗拒，他决定前往美国留学。

在上海南洋公学读书时，他就开始对中外道德进行比较。他在回忆中说：

> 每当发现对某些问题的中西见解非常相似，甚至完全相同时，我总有难以形容的喜悦。如果中西贤哲都持同一见解，那末照着做自然就不会错。当发现歧见时，就加以研究，设法找出其中的原因。这样就不知不觉地做了一项东西道德行为标准的比较研究。这种研究工作最重要的结果是……对于如何立身处世开始有了比较肯定、比较确切、也比较自信的见解，因为道德观念是指导行为的准绳。[1]

在踏上前往美国的轮船之前，蒋梦麟到一家理发店剪去辫子。当时，剪辫在青年学生中已经成为进步的象征。但是，这条从祖宗那里就传承下来，在他的脑后拖了二十多年的辫子，已经成为人清顺民的象征。在剪去辫子那一刻，蒋梦麟确有几分不舍，但是辫子在学生中代表落后与保守。他也知道，中国人脑后拖着辫子，在国外常常要遭受外国人的耻笑。带着这种矛盾的心情，当理发师为他剪去辫子那一刻，蒋梦麟有一种上断头台的感觉，全身直冒冷汗。辫子剪断了，他仿佛人头也随着辫子落地。这是一种与旧我告别的方式，他的内心难免有一些忐忑，战战兢兢。

蒋梦麟踏上去往美国轮船的那一刻，新我与旧我再一次发生碰撞。在轮船上，蒋梦麟经常看到美国人、中国人甚至其他国家的人相拥着在一起跳舞。在男女授受不亲的时代里，蒋梦麟看到男男女女相偎相依，翩翩起舞在一起，

[1] 蒋梦麟:《西潮》第 67 页，天津教育出版社 2008 年版。

感到很不顺眼，也有些排斥。但是在好奇心的驱使下，他观看了几次之后，也开始慢慢地欣赏这种曼妙的舞姿。后来，蒋梦麟在自传中写道：

这只邮船比我前一年赴神户时所搭的那艘日本轮船远为宽大豪华。船上最使我惊奇的事是跳舞。我生长在男女授受不亲的社会里，初次看到男女相偎相依，婆娑起舞的情形，觉得非常不顺眼。旁观了几次之后，我才慢慢开始欣赏跳舞的优美。[1]

蒋梦麟由惊奇、反感到欣然接受这种西方的交际方式，见证了他快速适应西方生活的能力。当时的驻美外交官颜惠庆如果知道蒋梦麟有如此之快的适应能力，也许会为他感到高兴。蒋梦麟初到美国之时，颜惠庆正受邀在麻省阿什本海姆举行的中国留美学生夏季年会上发表演讲。颜惠庆也曾经有留学美国的历史，对西方的生活方式十分了解。当时，他跟随伍廷芳正出使美国。颜惠庆在公使馆负责英文文案及留学生的管理工作，因而在驻美期间，他与留学生接触较多。

那次演讲中，颜惠庆说，你们这些留学生应当通过旅行与美国人交朋友以及去教堂、剧院等方式了解“西方人的生活、活动和生存的方式”。演讲中，颜惠庆还希望留学生多了解“美国人的家庭”，“特别是女子的地位”和“夫妻之间的关系”，并向学生们发问：“什么是关于婚姻最好的观念？”在讲话末尾，他郑重地说：“美国生活各方面有很多可供我们国家吸取和采纳的东西”，“我们的任务是要像学习书本那样认真地学习它们”。[2]蒋梦麟到美国后，仍然时常把目光集中在中西文化的对比上，他喜欢用中国的尺度来衡量欧美的东西。他认为这是利用旧知识来获取新知识的过程。为了证明他的正确。他举例说：

[1] 蒋梦麟：《西潮》，天津教育出版社 2008 年版。第 61 页，天津教育出版社 2008 年版。

[2] 叶维丽著，周子平译：《为中国寻找现代之路：中国留学生在美国（1900 — 1927）》第 146 — 147 页，北京大学出版社 2012 年版。

如果一个孩子从来没有见过飞机，我们可以对他说飞机就像一只鸟，或者像一只长着翅膀的船。假如这个孩子连鸟和船也没见过，要让他了解飞机就困难了。同样的道理，要想让中国学生了解西方文明，最好的办法？是用中国文化进行比较。因为“对中国文化的了解愈深，对西方文化的了解愈易。[1]

初到美国，蒋梦麟也希望快速融入美国的学习生活。但他的英语水平，使他常常感到尴尬。

蒋梦麟和众多的中国人一样面临着发音的难关。一开始也走了弯路。因为他根本不懂语音的发音方法，单靠模仿，常常不能得到正确的发音。因为口中发出的声音以及所听到的，常常差别很大。

在加利福尼亚大学，美国同学对中国同学并不亲热。虽然这里有很好的教育环境，丰富的业余生活，但不善交际、英语发音很差的蒋梦麟在不太热心的美国同学面前，更不敢贸然与他们交往。这使得初到美国的蒋梦麟处于自我封闭的尴尬局面。当有人向他提出问题，他常常尴尬地不敢回答。好在加利福尼亚大学的教授们对这个异国来的孩子还算客气，从来不勉强他回答任何问题，但是这却无助于蒋梦麟英语口语的提高。

蒋梦麟的内向性格以及英语口语的欠缺，使他躲过了伦理学课程的讨论。在古代中国，儒家学说虽然标榜伦理道德，但只是忠君尊孔，上下尊卑。蒋梦麟在加利福尼亚大学读书很快便发现了中西两个国度在伦理观上存在很大的差别。

中美两个国度道德伦理观念的对比，在蒋梦麟脑子里传统的“忠君尊孔”的道德伦理观念就像遭遇地震一样开始坍塌，变得面目全非。中国传统的伦理道德教育，对古圣先贤的尊崇，对贞节烈女的旌表，对圣谕诏诰的宣讲，而关于性，关于浪漫的爱情、婚姻、女性的解放，却都扼杀在伦理道德的旧框框里了。

[1] 蒋梦麟：《西潮》第 68 页，天津教育出版社 2008 年版。

蒋梦麟在加利福尼亚大学接触到的伦理学，使他渴望在道德原则与行为规范中寻找真理。但是，他性格中由于存在着内向的一面，与生俱来的自卑感，再加上英语口语能力极差，因而，在学校伦理学教授组织的伦理课大讨论的时候，他并不敢发言。再者，传统中国文化的影响，使他谈性色变。蒋梦麟虽然不敢参加伦理课的讨论，但是他对伦理道德所产生的新的认识也常常促使他很认真地聆听同学们的发言。

让蒋梦麟感到困惑的还有这样一件事。在加利福尼亚大学有一个大门叫“赛色门”，门上雕有许许多多的浮雕裸像。这些裸像在美国这样的开放社会也引起一些人的非议，特别是学校的一些女生的家长更是反对，要求学校铲除这些裸雕。但学校的伦理学教授却说，“让女学生们多看一些男人的裸体像，可以有效纠正她们忸怩作态的不良习惯”。

蒋梦麟第一次见到这些希腊裸体人像时，心理也有一点疑惑：为什么学校当局竟把这些“猥亵”的东西摆在智慧的源泉?

对此，蒋梦麟猜想学校主持者大概就是要灌输“完美的思想寓于完美的身体”的观念。后来，蒋梦麟对美国道德伦理观念的认识加深，也就对这些“裸像”见怪不怪。

1909 年，也就是他在这里学习的第二学期，他已经基本适应了美国的学习环境，英语口语能力也得到了很大的提升，他也喜欢了与美国的同学们交流，参加他们的活动。

加利福尼亚大学有许多以希腊字母作代表的兄弟会和姊妹会。这些学生团体经常组织起来联欢，组织校内或校外的各种活动。起初，蒋梦麟对这些学生团体并不了解。后来，他的一位同学邀请他参加一个兄弟会的活动。但同学提出，蒋梦麟必须投票选举这个兄弟会的会员出任班主席和其他职务。对这种独特的拉选票方式，蒋梦麟还是第一次接触，但他当即答应了美国同学的要求，在第二天的选举中，蒋梦麟根据名单投了选票。通过这次独特的选举方式，蒋梦麟与许多美国同学成为很好的朋友。

还有一件事使蒋梦麟感到中国与西方人际观念的差别很大。学校里有一间同学开设的商店，同学们称之为“合作社”。合作社的门口挂着一块牌子，上面写着：“我们相信上帝，其余人等，一律现金交易。”合作社里最兴隆的生意是五分钱一个的热狗，味道不错。但确实没有人敢向合作社赊账，当然即便有人敢提，合作社的同学估计也不会同意。

最初蒋梦麟并不认同这样的经营方式，认为有些不近人情。但时间久了，蒋梦麟感到，这样的方式更有利于经营，也就渐渐地认同这种经营方式。

蒋梦麟在学业的选择上，也是经过对比思考，才做出决定的。在国内之时，蒋梦麟一直希望在文科上有所建树。但到美国之后，他感到中国最急迫的不是文科，而是能够使中国实现富强的实用人才。因而，他选择了农科，关于这个选择，他后来说：

我想，中国既然以农立国，那末只有改进农业，才能使最大多数的中国人得到幸福和温饱。同时我幼时在以耕作为主的乡村里生长，对花草树木和鸟兽虫鱼本来就有浓厚的兴趣。为国家，为私人，农业都似乎是最合适的学科。此外我还有一个次要的考虑，我在孩提时代身体一向羸弱，我想如果能在田野里多接触新鲜空气，对我身体一定大有裨益。[1]

于是，蒋梦麟选择了农科，进入加利福尼亚大学农学院学习。当时的主要课程有植物学、动物学、生理卫生、英文、体育等等。在农学院学习，蒋梦麟也是感到愉快的，植物学和动物学，都使他产生了浓厚的兴趣。儿提时代，他就喜欢花鸟虫鱼，并留心地观察它们，在农学院，当他用显微镜观察到肉眼无法看到的微生物时，他分外高兴。

过了有半年的时间，蒋梦麟的一位朋友，劝他放弃农科，另选别的专业。这位同学的理由是，农科对中国固然重要，但中国的现状更需要的是社会科学。这个过程，蒋梦麟回忆：

[1] 马勇：《蒋梦麟传》第 75 页，红旗出版社 2009 年版。

在农学院读了半年，一位朋友劝我放弃农科之类的实用科学，另选一门社会科学。他认为农科固然重要，但是还有别的学科对中国更重要。他说，除非我们能参酌西方国家的近代发展来解决政治问题和社会问题，否则农业问题也就无法解决。其次，如果不改修社会科学，我的眼光可能就局限于实用科学的小圈子，无法了解农业以外的重大问题。[1]

但此时，蒋梦麟并没有听从这位同学的建议。因为，它不是一个因为别人影响就轻易改变主意的人。但是他在学习中也逐渐产生这样一种认识，农学院学科的丰富，使他认识到中国传统教育可能过于偏执，也很落后，中国很需要像美国这样的教育模式来改变中国落后的教育局面。这种思想的暗藏，以及此后有一天发生的事情，让蒋梦麟做出了决定。

一天清早，我正预备到农场看挤牛奶的情形，路上碰到一群蹦蹦跳跳的小孩子去上学。我忽然想起：我在这里研究如何培育动物和植物，为什么不研究研究如何作育人材呢？农场不去了，一直跑上卜技利的山头，坐在一棵古橡树下，凝望着旭日照耀下的旧金山和金门港口的美景。脑子里思潮起伏，细数着中国历代兴衰的前因后果。忽然之间，眼前恍惚有一群天真烂漫的小孩，像凌波仙子一样从海湾的波涛中涌出，要求我给他们读书的学校，于是我毅然决定转到社会科学学院，选教育为主科。[2]

蒋梦麟并不是唯一对美国社会、风俗、伦理等诸多方面进行对比关照的人，其他的中国留学生也都在睁大眼睛观察着美国的一切。他们对美国人的伦理、道德、社会、政治都有着各自的体会和见解。通过观察，在美国的一些留学生把中国女性与美国女性做了对比。

[1] 蒋梦麟：《西潮》第 66 页，天津教育出版社 2008 年版。
[2] 蒋梦麟：《西潮》第 67 页，天津教育出版社 2008 年版。

20世纪初的美国处于一个社会和文化深刻变化的时期，美国女性的独立自主已经成为社会的主流趋势，这主要表现在女性参与各种社会活动成为普遍现象。在婚姻、伦理、道德观念上，独立观念使得美国女性生育率下降，离婚率剧增。

中国留学生通过对比观察，认为美国女性在许多地方有学习之处。一位叫严迪恂的中国留学生认识了密歇根大学的一位美国女生，这位女生与寻常女生不同，更与中国女性有很大差别。这位女生对政治、新思想、新观念有着浓厚的兴趣，她曾经去过日本和香港。她说第一次世界大战一旦结束，她打算去周游世界。严迪恂对这位女生的经历既感到汗颜，又感到一种强烈的吸引力。作为一名男性，他尚没有这样热情地对待生活、社会的方式，何况处于封建伦理道德下的中国女性，因而，他很希望追求这样的女性作为自己的终身伴侣。与这位女性的接触之下，严迪恂更呼唤中国女性实现自我解放。

留学生们通过对中西文化、社会、人们的生活观念、价值观等等方面的对比观察，思想观念发生很大变化。他们希望通过自身的努力改变中国社会，传播女性解放。在这些留学生的影响下，新思想、新观念也在逐渐占据人们的思想，推动着中国社会发生深刻变革。

二、接受西学的辜鸿铭要做捍卫中华文化的人

在近代中国的留学生中，辜鸿铭与蒋梦麟对西方文化从迟疑到欣然接受的态度截然不同。他可谓徘徊在中西文化两个阵营里的怪人。辜鸿铭的一生学贯东西，他精通英、法、德、拉丁、希腊、马来亚等9种语言文字，获得13个博士学位，这真是空前绝后。

辜鸿铭1857年7月18日出生于南洋马来半岛西北的槟榔屿一个英国人经营的橡胶园内。他的父亲辜紫云是这家橡胶园的总管，能够讲一口流利的闽南话，英语、马来语都十分精通。辜鸿铭的母亲是一位金发碧眼的西洋人，讲

英语和葡萄牙语。这样的血统，也许是辜鸿铭从小养成放荡不羁性格的一个原因，也使辜鸿铭自幼就对语言有着出奇的理解力和记忆力。

辜鸿铭从小接受西式教育，没有子女的橡胶园主布朗先生非常喜欢他，将他收为义子。因而，布朗先生对辜鸿铭学业给予了很大的支持。辜鸿铭曾在槟榔屿的英国王子中心学校学习三年，主要学习英语。他 13 岁那年，被布朗夫妇送到欧洲留学。辜鸿铭在欧洲一呆就是 13 年。他先是在英国留学，1873 年他在爱丁堡文学院专攻西方文学，当时学习的课程有拉丁语、希腊文、数学、形上学、道德哲学、自然科学和修辞学等。4 年后，他获得文学硕士学位，之后又到德国某工学院学习，获得工学文凭后，又到法国巴黎大学、意大利等地游学。1880 年辜鸿铭 24 岁时，返回槟榔屿，被派往新加坡殖民地政府工作。

在新加坡时，辜鸿铭得遇马建忠，二人一见如故。马建忠劝说他回国，为国家效力。于是，辜鸿铭来到了张之洞幕府，成为张的幕僚。在这里，他一边帮助张之洞统筹洋务，一边研究儒家文化。辜鸿铭虽然接受过西方教育，但骨子里是中国传统文化的卫道者。他在政治立场上虽然基本上属于洋务派，却反对变法，嘲讽改良，也反对辛亥革命，曾撰文著书予以抨击。他一生最大的特点，就是对中国传统文化的捍卫。还在英国留学时，每逢中国重大传统节日，他一定要在房间里朝东方摆个祭台，敬上酒馔，有板有眼地遥祭祖先。房东老太揶揄："你的祖先什么时候会来享受你这些大鱼大肉哇？"他响亮地回敬道："应该就在贵先人闻到你们孝敬的鲜花花香之前！"[1]令对方瞠目结舌。

1908 年 9 月，日本首相伊藤博文访华。9 月 19 日这天上午，光绪皇帝在西苑勤政殿接见了伊藤博文。伊藤博文的这次访华，对于大清朝，对于光绪皇帝来说有着什么样的深意，没人能说得清楚。但是悲剧的是，这次接见后两天，清朝政局发生重大转变。前一天还"亲切"接见外宾的光绪，已因慈禧太后发动的宫廷政变而失去了权柄。此后的一天，伊藤以请教孔孟学说为由，前往拜访辜鸿铭。会见中，谈到中国文化，伊藤博文语含讥诮，他说："闻君素精西

[1] 钟兆云:《解读辜鸿铭》，载《书屋》2002 年第 10 期。

学，尚不知孔子之教能行于数千年前，不能行于今日之二十世纪乎？”[1]

对伊藤博文的话，辜鸿铭不以为然。他说：孔子的思想，就好比数学家的加减乘除，几千年前是三三得九，几千年后依然是三三得九。你说，难道还会是三三得八不成？贵国如果没有孔子之教，焉能有今日，我看不是因了洋人的那点玩艺儿吧！[2]

辜鸿铭的话言外之意是，你日本国不要忘了，你们的文化还是从中国学来的。没等伊藤博文辩解，辜鸿铭又说：不过，阁下说的也不是完全没有道理，这十九世纪的数学是改良了，刚才我们说三三得九也有不正确之处。比如说，我们中国人向洋人借款，三三得九却七折八扣变成了三三得七，有时连七还得不到，成了个大大的负数。到了还钱时，三三得九却连本带利还了三三得十一！嘿，我倒真是不识时务，落伍得很！

二人的谈话，伊藤博文没有讨到便宜，十分尴尬。此后逢人便说，辜鸿铭铁嘴钢牙。

辜鸿铭推崇孔子。一天他参加外国朋友的宴请，外国朋友按中国礼仪，让他坐在首席。席间，外国朋友问他，孔子礼仪究竟好在哪里，使得中国人那么推崇？辜鸿铭回答：刚才诸君互相推让，不肯居上坐，这就是行孔子之教。假如行今日西洋流行的“物竞天择”之教，以“优胜劣败”为主旨，则今天这一席酒菜势必要等到大家你死我活竞争一番，决出胜败，然后定座，再动筷子。如果这样的话，今天这顿饭不知要经过多长时间才能到口呢，恐怕最后谁也吃不到嘴。

辜鸿铭的巧妙回答，使众人都感到中华文化无处不在。他推崇孔子，其用意也是在捍卫中华文化，是一种爱国的表现。但辜鸿铭推崇中国传统文化，却到了偏激的地步。他还极力为近代中外人士几乎一致公认为中华“国渣”的八股、小脚、太监、姨太太、贞节牌坊、廷杖以及板子夹棍的法庭辩护。这些独有的所谓“中国宝贝”，辜鸿铭都大唱赞歌。缠足是封建中国的一大陋习，

[1] 孔庆茂：《辜鸿铭评传》第 65 页，百花洲文艺出版社 1996 年版。

[2] 钟兆云：《解读辜鸿铭》，载《书屋》2002 年第 10 期。

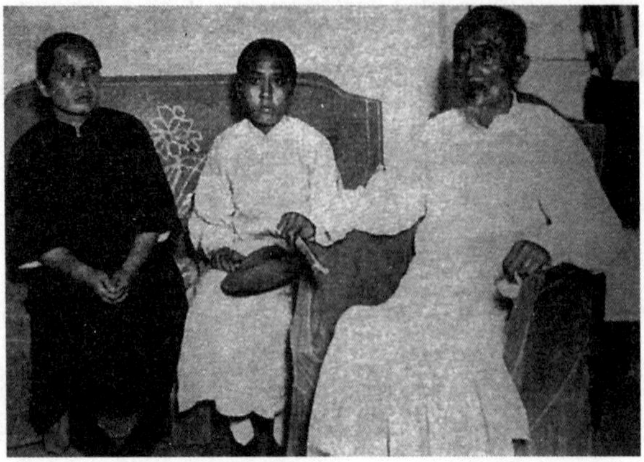

辜鸿铭（右）和他的小妾吉田贞子（中）在一起。

传统的观念使得人们都把女性缠足视为秀美。男人们则以娶到小脚为荣，但缠足也给女子身心带来了巨大伤害。妇女缠足是小脚一双，泪水一缸。探究其过程，有着说不尽的苦痛。女子缠足的具体做法是用一条狭长的布带，将妇女的足踝紧紧裹住，使趾骨变形。缠足后脚会变得纤细扭曲。这种畸形的变化，却被视为一种美。为使小脚变得纤细，有的人还会在缠足之前，在女孩的脚趾间撒明矾。然后，除大脚趾外，将四个小脚趾用力向脚心推进并压在脚板下，再以一条长十尺、宽两寸半至三寸半的蓝布，从四趾，经足背、足跟，再至足背、足跟，一圈圈狠狠裹缠。这样，一般三四年便“定型”成一双纤细的“香足”。

缠足给女人带来的痛苦，在男人的征服欲里可以忽略不计。缠足后，女人的小脚在一些人心目中俨然成为极富想象力而幽邃神秘的器官。

在这种意念的驱动下，很多人把“品足”、把玩“三寸金莲”视为一种风尚。在文人墨客的笔下，在荷尔蒙异常发达的男人情感世界，一双“可爱”、“可以意淫”的“三寸金莲”不仅让他们销魂，更吸引了无数的“爱莲者”为一双“姗姗动人”的纤纤细足而趋之若鹜。

男子迷恋小脚成为一种普遍现象，辜鸿铭就是这其中的一位。辜鸿铭的妻子淑姑和当时成千上万的女性一样，缠着一双“秀美”的小脚。辜鸿铭和她结婚后，感情一直很好，而使两人情感加深的因素据说就是淑姑的一双小脚。

要说淑姑的小脚，和众多的女性一样除了畸形、纤小，也别无二致。但是，辜鸿铭却非常迷恋，自结婚入洞房之后，辜鸿铭就将那双小脚视为珍宝，他常脱掉淑姑的绣花鞋，解开又臭又长的裹脚布，爱抚把玩，嗅那种不可名状的味道。辜鸿铭更喜欢在读书写作之时，让淑姑将她那瘦如羊蹄的小脚放到他身旁的凳子上，他右手执笔，左手抚弄淑姑的小脚，时捏时掐，如同玩佛手。每当此时，他文思如泉涌、下笔千言。

辜鸿铭之所以喜爱小脚，正是出于对中国传统文化的捍卫。辜鸿铭的这种捍卫背后还有一种更深层的国粹主义逻辑。1904 年，辜鸿铭在其日记中写道，“目前欧洲文明的衰落和退化”，在那些西方称之为“社交妇女”，亦即“健壮的、男人气十足的女人们”的身上，得到了最好的体现。“在中国，这些好管闲事的外国太太正忙于将中国美妙的小脚女人……改造成像她们一样健壮的、男人气十足的妇女。”他还罕见地写了一小段为缠足辩护的文字，其中说道，他将缠足看成是女性的自我保护措施：“由于生活环境艰苦，中国妇女不得不裹住脚，自我保护，不致于过度劳作。”[1]相对于欧洲紊乱的两性关系，中国以男女有别为基调的两性调和，标志着中国文明的优越性。

辜鸿铭还为纳妾辩护。辜鸿铭认为，纳妾是男人的权利和尊严，是身份的象征。他曾经把男人讨小老婆比喻成茶壶和茶杯的关系。在他看来，一个茶壶定要配几个茶杯，总不能一个茶杯配几个茶壶。他以为中国男人纳妾是没有所谓的不道德的。他说：“中国的那些纳妾成群的达官贵人们，倒比那些摩托装备的欧洲人，从马路上捡回一个无依无靠的妇人，供其消遣一夜之后，次日凌晨又将其重新抛弃在马路上，要更少自私和不道德成分。纳妾的达官贵人或许是自私的，但他至少提供了住房，并承担了他所拥有的妇人维持生计的责任。”[2]

辜鸿铭积极在为新派人物视为“国渣”的纳妾、缠足、长辫等传统陋习辩护，并乐在其中，在当时的文化巨匠吴宓看来，是出于一种爱国情感。吴宓

[1] 辜鸿铭著，黄兴涛编：《辜鸿铭文集》上册，第 201 页，海南出版社 1996 年版。
[2] 李书纬：《晚清民国众生绘》第 190 页，中国纺织出版社 2013 年版。

说："盖辜氏久居外国，深痛中国国弱民贫，见侮于外人，又鉴于东邻日本维新富强之壮迹，于是国家之观念深，爱中国之心炽，而阐明国粹，表彰中国道德礼教之责任心，乃愈牢固不拔，行之终身，无缩无倦。此实辜氏思想学说真正之渊源。"[1]

当然，在洋枪洋炮洞开中国国门，西方经济、文化大肆入侵的环境下，辜鸿铭的言行的确有维护中国传统文化的成分。辜鸿铭当年出西洋读书时，父亲说了许多话，辜鸿铭记得最牢的是"中国人"三个字。到欧洲后，作为大富翁家的养子，他的生活完全是贵族化的，可他毕竟是个黑头发、黄皮肤的中国人，是为欧洲人所歧视的黄种人中的一员，正是因为这样，使他形成了极强的自尊心和爱国情结。

辜鸿铭回国以后，曾听说这样一个事件。一位美国船长在福建向一个引起他不满的中国人开枪，然后给丧命的中国人仅仅 20 美元的赔偿。但美国驻福州领事馆领事却骂船长说："为什么要给他那么多钱，只不过是一个中国人嘛。"[2]得知内情的辜鸿铭很为美国人的这种霸道不满，他为此撰文予以谴责。

辜鸿铭在文中说：

> 真正的夷人，指的就是像美国驻福州领事那样的人……是那些以种族自傲、以富自高的英国人和美国人，是那些惟残暴武力是视，恃强凌弱的法国、德国和俄国人，那些不懂得什么是真正的文明却以文明自居的欧洲人！[3]

义和团运动爆发后，西方列强从自身的利益出发，大肆歪曲由他们发起的侵华战争，指责这是由于黄种人排斥白种人，落后民族拒绝先进文明的野蛮行动，与此同时，一种极端仇视中华民族的"黄祸论"也甚嚣尘上。

[1] 黄兴涛：《旷世怪杰——名人笔下的辜鸿铭 辜鸿铭笔下的名人》第 5 页，东方出版中心 1998 年版。

[2] 钟兆云：《解读辜鸿铭》，《书屋》2002 年第 10 期。

[3] 黄兴涛：《文化怪杰辜鸿铭》第 138 页，中华书局 1995 年版。

有一次，德皇威廉二世专门画了一幅《黄祸图》，送给俄国沙皇尼古拉二世。他送这幅画的动机是说，“黄种人”的崛起将会给欧洲带来威胁，欧洲人应该联合起来，遏制这种威胁。这种偏激的种族歧视，使辜鸿铭大为反感，他在《文明与混乱》一文中，批判了德皇威廉二世的这种沙文主义观念，并强烈抨击了西方的霸道政治。

1885年美国旧金山某杂志上的排华漫画，直言“黄祸论”威胁。说，美国若允许华人移民如同养虎为患

他在文章中说，西方人总以文明自居，视中国人为野蛮，但他们并非真地了解中国人，他们也不懂什么叫真正的文明。辜鸿铭对于东方文明与西方文明还做了一个明晰的论断。他说：

欧洲人，尤其是那些没有思想且讲究实惠的英国人，他们习惯于将现代政治经济学家所说的“生活水平”看作是衡量一个民族道德文化或文明的标准。毫无疑问，在他们眼里，中国和东方民族的实际生活无疑是十分低劣和难如人意的。然而，生活水平本身却并不是一个民族文明的标尺。在今天的美国，生活水平比在德国要高得多。可尽管一个美国百万富翁的儿子会认为某所德国大学教授的生活水平简单、相对低下，因此要怀疑教育在该大学的价值，但我相信，没有一个有教养的人在游历了这两个国家之后，会承认德国人不如美国人文明。

实际上，生活水平完全可以作为文明的“条件”来考虑，它却不是文明本身。举一个物理现象来说明：热在一个动物体内是生命和健康的条件，但是动物体内的温度本身却并非是衡量其内部结构组织完好或粗劣的真正与绝对的标准。一个结构组织真正完好的动物躯体会因某种反常原因而变得很冷。同样，某一民族的生活水平也可能由于某种经济原因而变得十分低下，但它本身却不是该民族道德文化或文明的证据。爱尔兰的土豆歉收和大不列颠长期持续的贸易萧条，可能极大地降低了这些国家人民的生活水平，但是人们却不能由此判断说爱尔兰人和英国人已经变得不怎么文明。[1]

辜鸿铭运用他在西方留学期间了解到的经济发展信息和所学的生物学知识，来驳斥单纯以物质生活水平来衡量一个民族的文明程度，驳斥了其荒谬，有理有据，相当有力度。

在崇洋惧洋成风的年代，辜鸿铭果敢地站出来抨击西方人的“黄祸论”，体现了其热烈的爱国情怀。爱国，首先要爱其文明。他的《在德不在辫》一文指出：“洋人绝不会因为我们割去发辫，穿上西装，就会对我们稍加尊敬的。我完全可以肯定，当我们中国人变成西化者洋鬼子时，欧美人只能对我们更加蔑视。事实上，只有当欧美人了解到真正的中国人——一种有着与他们截然不同却毫不逊色于他们文明的人民时，他们才会对我们有所尊重。”[2]

让外国人尊重中国人，辜鸿铭把它视为一种民族尊严。一次，英国作家毛姆到中国旅行，写了一张便条让人给辜鸿铭送去，请辜鸿铭到他的住处聊聊。辜鸿铭把毛姆的便条随手扔到一边，表示没时间去，毛姆没办法，只好前去拜见辜鸿铭。

见面时，辜鸿铭讽刺毛姆说：“你们以为只消招招手，我们就得来？”对于西方国家对中国文化的歧视，辜鸿铭对毛姆发泄着不满，说：“你们凭什么理由说你们比我们好呢？你们的艺术和文字比我们的优美吗？我们的思想家不及你们的深奥吗？我们的文化不及你们的精巧，不及你们的繁复，不及你们的细微吗？呶，当你们穴居野处、茹毛饮血的时候，我们已经是进化的人类了。”[3]

辜鸿铭的爱国情感在一举一动，一言一行中都历历再现。但是，由于辜

[1] 黄兴涛：《文化怪杰辜鸿铭》第135页，中华书局1995年版。

[2] 同上。

[3] 钟兆云：《解读辜鸿铭》，载《书屋》2002年第10期。

鸿铭的偏执，使其爱国情感，也难逃狭隘、愚忠的表现。辜鸿铭的愚忠主要表现在他为帝制辩护，为慈禧太后辩护，在《尊王篇释疑解祸论》中，辜鸿铭这样说：

当此北方事变，中外交讧，其间世故纷乱已极，无从排解，故各国议论，咸谓非以兵力从事断难理喻……或问余曰："然则今日之事果尚可解乎？"余曰："可解。"盖两江刘制军偕湖广张制军，深知各国并无仇视中国之意，故仍联合长江及各省疆臣，力任保护外人之责，俾各国亦知中国并无拒绝外人之心，以待转圜。惟以目下情形而论，则全局要着在乎先定民心。其道有二。一，各国亟宜及早宣布，此次联军进兵除救护使馆外，无有他意，并将待中国宗旨共同议定，宣布中国人民，咸使明白无疑；二，各国如无贪取中国土地之心，且不任管辖中国人民之责，则急须布告中国人民，此次联军入京必保两宫，必尊必敬，毫无他意。[1]

义和团排斥外国人事件的发生，当时慈禧太后也是纵容支持的。这一点国内外都有共识，康有为也曾经撰文予以披露。辜鸿铭对于康有为的文章极尽批判之能事，目的是为慈禧太后开脱罪责。他在上海《字林西报》上发表文章，巧为辞令，以致黑白颠倒，是非混淆，把中国内乱外患的罪责，说成是"皆由康党散布谣言，煽惑人心"所致，甚至把慈禧再次训政，发动戊戌政变，说成"中国本以孝治天下，皇上自请训政，乃名正言顺之举"[2]。

辜鸿铭把中国内乱外患的责任，全部推给了康有为，声称，如果不是康有为变法维新，抨击慈禧仇视向西方学习，并进而袒护义和团的排外活动，西方列强不可能会对慈禧"猜忌不满"，自然也就不会有如此惨痛的结局。如此牵强附会的推理，也只有辜鸿铭做得出来。

辛亥革命爆发后，辜鸿铭竟然在《字林西报》发表文章，公然反对革命。

[1] 孔庆茂：《辜鸿铭传》第123页，百花洲文艺出版社1996年版。

[2] 孔庆茂：《辜鸿铭传》第124页，百花洲文艺出版社1996年版。

他甚至荒唐地要求列强出兵围剿革命军。《字林西报》编辑曾经刊登过批评慈禧太后的文章，这也让辜鸿铭感到愤愤不平。他发文谴责说，该报是对慈禧太后的诋毁和污蔑。对清王朝，他更是不入流的大表忠心："许多人笑我痴心忠于清室，但我之忠于清室，非仅忠于吾家世受皇恩之王室——乃忠于中国之政教，即系忠于中国之文明。"辛亥革命后，剪辫成为潮流，而他的一条辫子却还固执地拖在脑后，成为他愚忠的鲜明例证。民国初年，辜鸿铭还不分良莠地加入到张勋复辟之列，更是成为一生无法洗去的污点。

辜鸿铭推崇中华文化，在辜看来，世界上只有"中国文明是一种真正的道德文明"，辜鸿铭把中国人与西洋人做了一个对比，结果是：中国人的性格和中国文明的特点是深沉、博大、纯朴、灵敏；美国人博大、纯朴，但不深沉；英国人深沉、纯朴，但不博大；德国人深沉、博大，但不纯朴；法国人不如德国人的深沉，不如美国人的博大和英国人的纯朴，但却拥有这三个民族都缺乏的灵敏。也正是因为如此，这些国家人都不能真正了解中国人和中国文化。

在列强蹂躏、中西文明激烈碰撞的大时代中，辜鸿铭极力挽回中国文化的尊严。他在《留学生与文学革命——读写能力与教育》一文中，对留学海外的留学生们排斥中国文化，盲目崇拜西方生活方式、文化意识形态的现象，表示深深的忧虑。

辜鸿铭捍卫中华文化，他不断地向世界宣扬中国文化才是正统。他的弟子吴宓这样赞誉他："除政治上最主要之一二领袖人物应作别论外，今日吾国人中，其姓名为欧美人士所熟知，其著作为欧美人士所常云者，盖无有如辜鸿铭氏。自诸多西人观之，辜氏实中国文化之代表，而中国在世界唯一之宣传员也。"[1]

虽然如此，辜鸿铭在中国的声望，却远不如在西方那样闻名遐迩。他骂过很多西方人，奇怪的是骂得越厉害的国家对他越发尊重。法国作家罗曼·罗兰说："辜鸿铭在欧洲是很著名的。"丹麦评论大家勃兰兑斯称他为"现代中

[1] 吴宓：《悼辜鸿铭先生》，见黄兴涛：《旷世怪杰——名人笔下的辜鸿铭 辜鸿铭笔下的名人》第 5 页，东方出版中心 1998 年版。

国最重要的作家”。[1]辜鸿铭骂西方人从来是不遮不掩，他骂英国人的傲慢，德国人的自私，美国人的粗俗，俄国人的残暴，辜鸿铭一张利嘴，几乎骂遍所有西方人。1920年的美国《纽约时报》星期杂志，刊有辜鸿铭的论文《没有文化的美国》，中间插入辜鸿铭身着前清顶戴、朝服后拖一根大辫子的漫画像。辜鸿铭在批评美国文学时，毫不客气地说美国除了爱伦·坡的诗外，没有一首好诗。生平痛骂西人而反被西人见重，辜鸿铭算是一个独特的样板。

四、向妻子灌输新婚姻观的陈独秀与顾维钧

留学生在推动移风易俗的历史进程中，还有一个重大的变化，是婚俗的变化。留学生对中国人的婚姻与西方人的婚姻曾经做过对比、关照，蒋梦麟、严迪恂、顾维钧甚至留学日本的陈独秀都曾如此。

晚清中国，虽然社会在转型，但现实的婚姻仍然是以包办为主。当时的婚姻形式中，早婚、童养媳、一夫多妻、典妻等等不平等的婚姻比比皆是，这种不平等的婚姻不仅酿成人生悲剧，也闹出许多令人啼笑皆非的笑话。

晚清的广东，童养媳婚姻十分流行。在岭南曾经流传着这样一个笑话。安庆有一男孩，九岁时与他的童养媳圆房。可以想象，九岁的孩童，睡觉当然很沉。这个孩子还有一个特点，就是尿炕。圆房前，都是他老娘侍候他尿尿。待圆了房，婆婆退居二线了。侍候新郎尿尿的工作理所当然地交给了新娘。为此，婆婆还特意告诉儿媳，晚上得把新郎尿尿。新娘害羞，就没有理会新郎。第二天早上，她出来晒被子，不用说，新郎尿床了。第三天，她又出来晒被子。婆婆说：你晚上怎么不叫他起床尿尿？新娘说：我叫了，叫不醒。婆婆说：把他扔井里他照样睡得香，如何叫得醒？你直接把他得了。那时候穷，新娘就这两床被子，她心疼啊。第三天晚上，婆婆去听房，先是听见媳妇在“哎哎”地

[1] 钟兆云:《解读辜鸿铭》,《书屋》2002年第10期。

叫新郎起床，那时候的媳妇思想保守，从不直呼其名，只会叫“哎”，这么“哎哎”了一会儿，没有动静，新娘只得抱起新郎尿尿。婆婆在外头一看，高兴坏了，媳妇终于上道了。没想到这一高兴，在外头弄出了动静。里头的新娘听见了，不好意思，手一撒，把睡得正香的新郎扔尿桶里去了。这个笑话正验证了童养媳作为一种婚姻形式是违背人伦的。

不仅留学生，即便当时的外交官到国外后，也对中国的传统婚姻感到不能接受。

1876年，跟随郭嵩焘出使欧洲的刘锡鸿、张德彝到英国后，不久即发现，英国的社会风俗与中国有很大差别。刘锡鸿后来记述道，在婚姻方面，男女婚姻自主选择，“女有所悦于男，则约男至家相款洽，常避人密语，相将出游，父母之不禁。款洽既久，两意投合，告父母互访家私，家私不称不为配也；称则以语男女，使自主焉”。[1]

刘锡鸿、张德彝对这种新式婚姻十分赞赏。但二人毕竟是天朝官员，出使英国又受保守派的指示。因而，他们所见所闻，也只能是感慨罢了，而不敢有任何主张。

留学生则不同，他们目睹国外的婚姻，为封建婚姻观提出了新的参照，因而渴望改良传统婚姻的呼声十分高涨。

1901年留学日本的陈独秀回国后，于1904年在安徽芜湖创办了《安徽俗话报》，这是一份以通俗语言向民众传播新思想的小报。报纸设有论说、新闻、历史、地理、教育等栏目。报纸创办后，陈独秀在《恶俗篇》中对包办婚姻表达了不满。他在文章中说：

我这《恶俗篇》上，把婚姻一篇。放在头里。你道中国人婚姻的坏处是什么？就是不合情理四个大字。世界上无论什么事情，都逃不出情理二字。况是男女婚姻大事，更是不消说的了。可恨我们中国人，与婚姻一事，自始自终，没有

[1] 钱恂：《五洲各国政治考》第3卷，礼政，《风俗》第3、4页，上海刊本1901年。

一件事合乎情理……人类婚姻的缘由，乃因男女相悦，不忍相离，所以男女结婚，不由二人心腹情愿，要由旁人替她作主，强逼成婚，这不是大大的不合理吗？你看中国人结婚的规矩，哪一个不是父兄作主，有一个是男女相悦，心服情愿的吗？[1]

在陈独秀看来，将一对互不认识，互不了解，志趣不同，不了解性格，毫无爱情可言的男女安排成为夫妻，这是一种不道德的婚姻。对于那些不道德婚姻，为什么不能像西方社会那样也选择离婚呢？但是，中国的婚姻，自包办那一刻起，就注定了两个人要"嫁鸡随鸡嫁狗随狗"。因而，陈独秀又在文中说：

至于成婚后不能退婚的规矩，无论是自己择配，或是父兄替他尽心择配，断没有个个都择得合适，不走一眼的。若是配定就不能再退，那不是有误终身么？……世界各国的法律，男女不合，都可以禀官退婚，各人另择婚娶……中国的法律，女子不好，男子虽有七出的权利，男子不好，却没说女子可以退婚。这不是大大不平的事吗？天生男女都一样，怎么男子可以退女人，女人就不能退男人呢？[2]

陈独秀抨击包办婚姻带来的危害，因为他就是包办婚姻的受害者。因而，他写这篇文章的时候，很大程度上有着同样的感受。但是他毕竟是接受过新思想的人，后来也冲破世俗，与妻妹高君曼一见钟情并走向婚姻的殿堂。

陈独秀与高君曼产生恋情是在1909年，高君曼是陈独秀原配夫人高晓岚同父异母的妹妹。1908年底，陈独秀37岁的哥哥陈庆元在东北病逝。陈独秀将哥哥的灵柩送回老家安庆。当时，他年迈的继父陈衍庶已经从辽宁新民府道员任上退休告老还乡。陈衍庶实际上是陈独秀的叔父，很有些家财。陈独秀幼年时很讨他这位做官的叔父的喜爱，叔父身边又没有子嗣，便将他收养为养子。

[1] 陈独秀:《陈独秀文章选编》(上)第27、28页，生活·读书·新知三联书店1984年版。
[2] 同上。

陈独秀回乡时，继父陈衍庶正卧病在床，陈独秀看到病中的叔父，于心不忍，为尽一份孝道，便在家中居住了一段时间。

1909 年年终岁尾的时候，陈独秀原配妻子高晓岚同父异母的妹妹高君曼来到家里。高君曼 1888 年生，比陈独秀小 10 岁，在北京女子师范学校读书。在学校里，高君曼常以姐夫的革命活动和留学生涯引以为豪，常常在同学们中传说。此番见到陈独秀，高君曼不免有些青睐之情。因为陈独秀和高晓岚是包办婚姻，价值观的不同使二人的婚姻并不和谐，用陈独秀的话说，他与高晓岚两个人仿佛相差了一个世纪。高君曼作为一个新女性，很快便引起了陈独秀的注意。两人很喜欢一起聊天，两人的谈话常常是陈独秀滔滔不绝，高君曼听得认真。

一天，陈独秀与高君曼谈到婚姻问题。陈独秀说："中国的婚姻就是不如西洋、日本，洋人别的不好，有一条好，婚姻男女双方可以自己作主，不像我们中国，父母包办，媒妁之言，男女双方自己一点也作不了主。"[1]陈独秀的见解，高君曼认真聆听，像一个真诚的小学生。

见此情景，陈独秀十分高兴，又兴致勃勃地说："我有一个朋友，叫苏曼殊，也是因为父母包办婚姻，自己爱的人却不能与他结婚，男女相悦不能相爱，结果由父母作主，与一个自己并不爱的女人结了婚。苏曼殊痛苦不过，出家做了和尚，后来还专门写了一本怀念情人的诗集。那真是字字含血，声声带泪啊！"[2]二人聊天时常常不在意高晓岚的存在。时间久了，高晓岚也感到和自己话语不多的丈夫是喜欢上自己的小妹了。她嘴上虽然不说，但是内心之中还是产生一丝不快，也有些危机感，便盼着同父异母的妹妹高君曼早一日离开。陈独秀与高君曼在陈家书房里的话题，从社会责任到包办婚姻，从诗词歌赋到市井新闻，二人可谓无话不谈。有一次，陈独秀说到自己在《安徽俗话报》上发表的一篇文章，说："我在几年前写了一篇《恶俗篇》，其中就谈到退婚。我主张男女都可以退婚，男人找了坏女人，女人找了坏男人，怎么不能退婚呢？

[1] 朱洪：《陈独秀风雨人生》，湖北人民出版社 2004 年版。

[2] 丁彦斌主编：《中共领袖人物传记》第一卷第 13 页，中国教育出版社 2004 年版。

陈独秀

这样终身抱恨委曲求全硬凑合在一起，于己于国都是不利的。婚姻不幸福，天天不是东家吵，就是西家闹，闹得家与国都不得安宁。”

陈独秀的话，聪明又受过高等教育的高君曼自然感到，姐夫这是话里有话。她也知道，姐夫与姐姐的婚姻是包办的，早已因为二人的价值观不同而名存实亡。因而，她问陈独秀："你和我姐姐怕也是受罪的一对吧？"

高君曼的问话使陈独秀陷入了沉思，他虽然知道这都是包办婚姻的结果，但也不能说婚姻中的两人谁对谁错。因而他反问道："你姐姐难道是个坏女人么？""当然不是。""我主张退婚，并不主张滥退。再说，退了婚找不到合适的，不如不退，找到适合的，可以不退，又何必非退不可呢？"[1]

陈独秀说完这话的时候，深情地看了高君曼一眼，他希望这是一个最好的答案，但这个答案里给高君曼一个信号，他希望冲破这包办婚姻的牢笼。

随着时间的推移，无话不谈的二人渐渐产生了感情。终于有一天，勇敢的高君曼扑进了姐夫的怀抱。就在陈家的书房里，他们有了石破天惊的第一次，第二次……一个是旧礼教的挑战者，一个是接受过新思想的时代女性。他们大胆地冲破传统人伦道德的底线，恪守三从四德的姐姐无意中成了他们追求自由婚姻的搭桥者。

在当时，他们这种大胆的举动，无疑是违背“人伦”的“苟且之事”。于是，指责和风言风语铺天盖地而来。陈家、高家甚至提出与二人断绝关系。继父陈衍庶更是以“退继”相逼，但对于一心革命，根本无意于继承遗产的陈独秀来说，封建家庭的干预已经无济于事。

但是，高君曼思想再新潮，她毕竟是一个女性，面对姐姐的大闹，亲人

[1] 丁彦斌主编:《中共领袖人物传记》第一卷, 第 14 页, 中国教育出版社 2004 年版。

的指责，她渐渐感到难以承受。然而，陈独秀被爱情燃烧着，并不愿顾及人言隐身而退。于是，他决定带着高君曼私奔。1910 年冬天，陈独秀与高君曼以留学为名双双踏上前往杭州的轮船。在高晓岚的哭声里，陈衍庶捏紧拳头怒目大骂道："今生今世，再不准这孽种跨进我陈氏家门半步！"此时，高晓岚已有身孕，第二年孩子生下地，是个男孩，陈衍庶取谱名陈遐松，即陈独秀的第三子松年。

陈独秀与高君曼到杭州后，二人在西子湖畔结为伉俪。他们在"众数"嘴里成了"有伤风化"之徒，只有在"少数"眼里是冲破包办婚姻的壮举之士。在外界的非议中，他们在婚姻自主与爱情甜蜜的巨大喜悦中，享受了十五年的快乐时光。

陈独秀大胆地追求自由婚姻，留学生王建善更是别出心裁。1905 年，王建善在《时报》刊登了一则征婚广告。这在当时实属罕见。他在报纸上留下自己的通讯地址，表示有女方愿意与他共同追求幸福的自由婚姻，可以通过书信的方式与他联系，彼此加强了解，然后在此基础上决定是否缔结婚姻。王建善的征婚广告如下：

西人言中国人婚配如牛马，任人牵弄，此言殊酷，近人所以有自由结婚之说也。然吾国教化幼稚，骤令男女会合，或反紊纲纪，识者又忧之。余以为宜由男女互通信，先各抒衷曲，质疑问难，徐议订婚，既可免嫌疑，又不致妍媸误配，诚一夫一妻偕老同穴之善法也。创法请自我始。敢告女同志，如欲与余通信，可照下开住址邮寄。信到，誓不示他人。并望亦示地址，令可寄回信，藉通信以讲学，亦文明风俗所许，正不必拘于婚字也。若欲就医学上之质疑问难，而除去婚姻思想者，余亦愿与为友焉。再者，余今留学于日本医学校，并不欲急娶；因人才难得，故欲早早物色。以下所开住址，日本邮局必能递到，若有迁居，事当登报声明。至婚姻进化之理，言之甚长，旁观有疑我者，或俟

他日更着一书就正，今姑勿赘，识者谅之。王建善谨白。……[1]

王建善征婚广告的登出，很快便收到了回音。一个月后，他再次登出广告，阐释自由平等开放的婚姻观。当时，王建善的这种情况实属个例，但他毕竟开启了风气之先。

留学生虽然渴望改良传统婚俗，但他们中的大多数人曾经深受传统文化的影响，骨子里也有矛盾的一面。

1904 年，当 16 岁的顾维钧动身去美国的时候，他脑子里没想过他已是订了婚的人。婚事是父母做的主，为的是报答女方的父亲的救命之恩。虽然此时“新式婚姻”已经开始在中国一些沿海城市出现，但流行的做法仍然是父母为子女包办，一般并不征求孩子的意见。订婚是两个家庭联姻的第一步，毁约将损害两家的声誉。

顾维钧在美国已经接受了新思想。美国青年男女自由的婚姻观，他也是耳闻目染。但是，父母之命，他又不好明确拒绝。对于这桩婚姻，他以退为进，明确要求，女方必须放足并学习文化。顾维钧的父亲和兄长对他这个要求满口答应，说女方已经不再缠足，且正在学习英文，在复信中还说，张小姐是个貌美贤惠的女子。顾维钧答应这门婚事，只是迂回之策，因而对父母信中的描述并不感兴趣，只是希望拖一时再说。但父兄却步步紧逼，说已经答应女方。他的拒婚，让父亲很失面子，十分伤心，并因此气病在床。

看到这样的信，顾维钧很是无奈，便做了让步，答应利用假期探望双亲之时，再议此事。但声明正在读书，绝不结婚。父母也是权宜之计，表示正在读书，绝不强求。

1908 年暑假，顾维钧从美国回到家里。他见到张润娥时，发现她并没有放足，仍然一副小脚蹒跚的样子，张润娥也并未学习文化。但顾维钧一回到家里，他的父母、兄长就软硬兼施，要求他与张润娥完婚。顾维钧坚决拒绝，他

[1] 刘志琴主编，闵杰著：《近代中国社会文化变迁录》第二卷，第 242 页，浙江人民出版社 1998 年版。

顾维钧与第三任妻子黄蕙兰

的父母则以绝食相逼。

他的父亲说，他从未想到他曾竭尽全力养育儿子，并给他以优良教育，结果儿子毫不理解他的心意，令他大失所望，生趣全无。

顾维钧的大哥则一面规劝父亲，一面规劝顾维钧，不要因为到国外留学了，就思想太超前。并说，父母养育子女实不容易，不要让他们太伤心难过。父亲以死相逼，顾维钧担心出现不测，自己将有何颜面处世。他又退了一步，为保全父母的面子，为博父母欢心，保全他们的面子，顾维钧表示，“愿意在形式上结婚”。父母听后心中大喜，心想什么“形式”，只要生米做成熟饭，岂能返饭为米？父亲当日进食，并令家人准备婚礼。

顾维钧与张润娥完婚后，本想可以松一口气，到美国后，再做主张。但他的父亲也是另有打算。假期结束的时候，他的父亲明确要求顾维钧必须带上妻子才能回校学习，否则不能走。顾维钧不得不再次屈从。他们二人到美国后，顾维钧先把张润娥安顿在美国费城的一位老太太家里，再独自一人回纽约读书。

他每周都回去看望张润娥。张润娥在那家女主人的帮助下，很快适应了美国的生活，并开始学习英语。这样的生活持续了一年时间，顾维钧提出了让双方都感到棘手的问题——协议离婚。顾维钧向她阐述了美国人的婚姻观，说这样的婚姻拖下去对谁都没有好处。

张润娥毕竟在美国有一年多的生活经历，对美国的婚姻观也已经有所了解。顾维钧提出离婚，她冷静地听着。

张润娥申言："我们既是正式结过婚，还有什么可说的？"顾维钧告诉她：如果双方同意，婚约便可解除。顾维钧将相关法律文书寄给张润娥。过了些时候，张润娥考虑离婚已定，复函表示要与其面商。

二人再次见面时，顾维钧表示，她可以继续留在美国读书，费用由他负担；也可以返国与他的父母共同生活，或者回娘家，其陪嫁及顾宅房间物品，由她掌管、支配。随后，顾维钧草拟一离婚合约，征求张润娥意见。

数月后，他们再次相见。张润娥说她看不出合约有什么要改的；但表示如果顾维钧要她签她便签。顾维钧毕竟是学习法律的，他说为避免外界的无稽之谈和非议，为避免双方父母的不快，证明这不是他逼她所为，他希望她亲手誊抄四份副本，交给双方父母各持一份。张润娥十分宽容和豁达，顺从照办。

1911 年，他们签了离婚协议，"以极友好的态度彼此分手"。顾维钧于 1912 年回国后再次结婚，新夫人是唐绍仪的大女儿。唐绍仪是早年容闳带的留美幼童之一，在民国初年很有政治势力。

五、秋瑾留学日本要为中国女性伸张女权

晚清的留学生留学海外或者留学归来，他们呼吁女子追求妇女解放，伸张女权，打破传统男权社会的束缚也成为一个时代特征。

晚清的中国，仍然是男权社会。家庭关系中，女子处于被支配的地位，三从四德、男尊女卑、贞节观念、伦理纲常仍然阻碍着人们的思想。晚清中国

也是社会发生转型的时期，中国女性被压迫、被屈从的地位以及社会中缠足、纳妾等压迫女性的行为，使得社会上一些开明人士为女性的解放、伸张女权奔走呼吁。

留学日本的邹容在其著名的《革命军》一书中提出："全国无论男女，皆为国民"，"凡为国人，男女一律平等，无上下贵贱之分"。[1]

陈天华在其《警世钟》中也热情地呼唤妇女救国，"凡我的女同胞，急急应该把脚放了，入了女学堂，讲些学问，把救国的担子，也担在身上，替数千年大多数妇女吐气……我看妇女们的势力，比男子还要大些"。[2]

在这种此起彼伏的声浪中，数以百计千计的留学欧美、留学日本的女生，走出深闺，跨出国门，求学域外，本身就是对"女子无才便是德"的传统观念的挑战。她们留学海外，也在一定程度上改变了国民的传统女性观念，进一步加强了男性的救亡忧患意识。1903 年，林宗素乘船赴日留学时，与吴玉章等一批川籍赴日留学者同船，吴玉章后来回忆道："我们刚从闭塞的四川出来，看到女子出洋留学，本来就已觉得新奇，而她（林宗素）那滔滔不绝的言词，说的又全是些革命的道理，更使我感到佩服。这样，我无形中感受到了时代的脉搏，革命的思潮便把我头脑中原来那些改良主义的思想冲淡了。"[3]

在留学过程中，女子留学生进一步感受到伸张女权解放自身乃事关国家兴亡的大事，将女学、女权与民权、国权、移风易俗紧密联系起来。

随夫走进日本的单士厘虽然不是专业留学，但作为晚清时代较早出洋的女子。她跟随丈夫钱恂走出国门，目睹国外城市的整洁，人们生活得无拘无束，反观国内因为列强的侵略，以及朝廷的腐朽，传统思想观念像绳子一样地捆绑着人们的思想观念，单士厘就感到有一种责任。1902 年，她随丈夫从日本出发赴俄，其间曾经绕道回到硖石乡间，破败的景象与国外的繁华鲜明对照，对她来说，更有一种触动。她在《癸卯旅行记》中写道：

[1] 邹容：《革命军》第 35 页，中华书局 1958 年版。
[2] 李喜所主编，刘集林等著：《中国留学通史》（晚清卷），第 437 页，广东教育出版社 2010 年版。
[3] 吴玉章：《吴玉章回忆录》第 18 页，中国青年出版社 1978 年版。

六日，晚，乘风率朝日婢步行至东南湖母舅家，距予家不足三里。中国妇女，向以步行为艰。予幸不病此，当在东京，步行是常事。辛丑寓居镰仓，游建长寺则攀树陟巅……此硖石唯幼年生长地，今已老，乡党间尚不以予为非，故特以步行风同里妇女。

八日，伯宽之友顾、金二君，欲见予，谈日本女学事。论乡曲旧见，妇女非至戚不相见；今本国青年，以予之略有所知，欲就谈女学，岂可不竭诚相告，乃谐伯宽接见……

十三日，李君兰舟家招饮，其太夫人率两女、一外孙女接待。席间谈卫生事。因谆戒缠足，群以为然。兰舟又极言中国女教女容，必宜改良，盖借予之稍知女学，欲以劝励其姊妹也。[1]

单士厘的日记目的是劝喻女子解放思想，走出闺门，移风易俗。当时的女子中，湖北籍留日女生王莲与单士厘有着相同思想。1903 年，湖北留日女生王莲在湖北同乡会新年会上以切身体会发表“劝兴女学”演说，号召女子走出深闺，接受现代知识教育，并积极出国留学。

出生于湖北恩施的王莲是 1902 年自费留学日本的。她说，她在国内时，根本不懂国家观念，也不读书，到日本耳闻目睹日本的新气象后，才明白“我们要替国家做事，就是要对自己做事”，就要有学问，但我国女子讲学问有两个难处，“一是穿耳缠足，收拾得像罪人一样，没得精神时候去读书。一是女子到了十二岁以上，就是嫡亲的男子，也不许会面，那里能够读书”。当初她刚到汉口时，尚为面对男子而害羞，到上海后稍微习惯，到东京后，每日朋友往来数十人，便逐渐“忘记自己是女子”，相互之间像兄弟姊妹一样亲密往来，“循规蹈矩，彼此敬爱，绝不像中国男女不可见面的野蛮风俗”。初来日本就试行放脚，于身体、就学十分便利；见日本女子个个读书，个个能写信看报，

[1] 孙石月：《中国近代女子留学史》第 346、347 页，中国和平出版社 1995 年版。

晚清时女子学堂里的女学生

“愧悔到底”，故“每日拼命学习”。她认识到女子于国家兴衰大有关系，因为无论英雄豪杰还是贪官污吏“都是做丈夫做儿子的人”。通过留学生活，她切实感到：“要讲爱国家，须要爱自己；自己不明白，必要读书看报；自己身体弱，必要放脚走动；自己越强壮越聪明，就是国家越强盛越文明。”[1]

女子留学生主张通过兴女学，接受新事物和思想，从而推动妇女解放。她们还通过创办报纸，成立团体的形式，来为女性伸张权利。1903 年，留日女生胡彬夏（后又留学美国），因为经常听到这样一种说法，中国人愚昧无知，不具备国民的资格，特别是女性，更不具备国民的资格，感到万分痛心。她认识到，要改变这种歧视的状况，必须激励国人振作起来，特别是女性同胞，要唤醒她们的国民意识，使她们感受到每个人都是一个个体国民，都享有权利和义务。要做到这些就必须对他们进行启蒙教育，培养她们的爱国情感，增长她们的知识，激发自我解放的观念。

当年 4 月，胡彬夏联合林宗素、龚圆春、曹如今等人，共同发起成立了共爱会。共爱会“以拯救二万万之女子，复其固有之特权，使之各具国家之思想，以得自尽女公民之天职为宗旨”。[2]

[1] 李喜所主编，刘集林等著：《中国留学通史》（晚清卷）第 437 页，广东教育出版社 2010 年版。
[2] 孙石月：《中国近代女子留学史》第 107 页，中国和平出版社 1995 年版。

共爱会成立之初，没有建立领导机构，主要是由胡彬夏代为负责。她们商定，共爱会每两月开会一次，讨论妇女教育及激发妇女的爱国情感问题。共爱会成立后，积极宣传妇女教育问题，每月都在报刊上发表一些文章。龚圆春发表的《男女平权说》、胡彬夏发表的《论中国之衰弱女子不得辞其罪》都在当时产生影响。

追求女性解放，当时留学日本的秋瑾也是走在时代前面的杰出代表。秋瑾，清末民主革命时期的女革命家。她原名闺瑾，留学日本时改名瑾，字竞雄，另号鉴湖女侠。原籍浙江绍兴人。1877 年 11 月 15 日，秋瑾生于福建厦门。秋瑾秉性聪慧，幼年时在家塾中读书，塾师对她有“过目成诵”之誉。她 11 岁就开始写诗，喜博览群书，尤喜杜甫、辛弃疾诗词，特别爱看历史上描写女英雄的小说故事，很希望成为花木兰、秦良玉那样的女英雄。

秋瑾虽然是一个女性，但她也一样有着强烈的爱国情感。她幼年时经常看到洋人在厦门横行不法，胡作非为。当时，厦门已经被帝国主义强行辟为商埠。秋瑾的祖父秋嘉禾是厦门知府。她多次看到洋人到知府衙门蛮横地提出各种无理要求，秋嘉禾不堪其辱，毅然辞官率领全家回乡，也就是从这时候，秋瑾对列强产生了不满和仇恨。

1895 年，秋瑾的父亲秋寿南被任命为湖南湘乡厘金局总办。这可是一个肥差，秋家男女老少都十分高兴。秋瑾也跟随父母来到了湘乡。当时，秋瑾年方 19 岁。

秋寿南到湘乡任职后，认识了湘潭首富王黻臣。王黻臣听说秋寿南的女儿秋瑾十分貌美，想到自己的三儿子王廷钧尚未婚娶，便托当地乡绅李润生前来做媒。当时的包办婚姻十分讲究门第观念，多视双方的权势和财力而定。秋家几代都是清朝官员，又是书香门第。而王黻臣也不一般，他不仅是湘潭首富，而且还是曾国藩的表弟。这样的背景，使得双方父母一拍即合。但是，王廷钧自幼娇生惯养，养成了吃喝嫖赌的纨绔习气。秋瑾是一个天性热情，精通琴棋书画的才女。二人性格上的天壤之别，使得他们婚后的生活并不美满。但是，父母之命媒妁之言，秋瑾也是无可奈何。

1903 年，不学无术的王廷钧以九千两白银向朝廷买了个“户部主事”的官职。他任职后，也将秋瑾一同带往北京居住。在北京期间，秋瑾认识了安徽桐城才女吴芝瑛（王廷钧的同事廉泉的夫人）。相同的爱好使她们经常来往。秋瑾经常到吴芝瑛家看一些新书新报，对西方世界、资本主义革命有了一些认识。

吴芝瑛的伯父是当时著名教育家、京师大学堂总教习吴汝纶。吴汝纶从日本考察回来后，经常给吴芝瑛说一些日本的教育情况。吴芝瑛又告诉了秋瑾，秋瑾听说后就产生一种向往，希望到日本留学。与丈夫婚后的不快乐，也使她很想寻找一种新的生活。也就在此时，秋家的亲戚陈静斋带来了《留学倡导书》的公函，公函中详细说明了留学的办法，这促使秋瑾下定决心要到日本留学。

1904 年 2 月，秋瑾在吴芝瑛家里认识了一位日本女子服部繁子，她向秋瑾详细介绍了日本的教育情况，这更坚定了秋瑾到日本留学的决心。

秋瑾决定到日本留学，王廷钧极力反对，但因为二人婚后的不和谐，他也知道要想说服秋瑾十分困难。他千方百计设法来讨好秋瑾。他购买名人字画，购买银狐大衣。秋瑾喜欢看戏，他还专门为秋瑾租了一辆车，方便秋瑾出行。另外，为防止秋瑾赴日留学，他悄悄藏起了秋瑾出嫁时从娘家带过来的各种装饰品和金银、衣物等等。但是，秋瑾把随身带的首饰、项链、衣物等装进一只手提箱内，委托人帮助变卖，还是凑够了赴日的路费。

1904 年 6 月 28 日，秋瑾冲破家庭的阻力，从塘沽登上前往日本的客轮，由于丈夫反对导致费用的紧张，她不得不女扮男装和三教九流共挤一舱。

秋瑾到日本后，先是在日本东京留学生会馆日语讲习所补习日文，次年考入青山实践女学。

秋瑾赴日之初，决意努力学习救国家救同胞尤其是两亿女同胞的本领。凭着这样的理想，她继胡彬夏之后，再次重建共爱会，希望以此推动中国的女权运动。她竭力帮助受欺压的柔弱妇女脱离苦海，帮助陷于困境的妇女解决生活困难，寻求生路。她大力进行妇女解放的宣传活动，参加创办《中国女报》，撰写发刊辞，筹集资金。她的目标是：“普及妇女界之智识”，开通风

秋瑾的好友吴芝瑛立于秋瑾的墓前

气，联络感情，并为创办全国妇女团体打下基础。她“欲结二万万大团体于一致，通全国女界声息于朝夕，为女界之机关使我女子先生机活泼，精神奋飞，绝尘而奔以建进于大学明世界”。[1]她后来撰写说唱材料《精卫石》，更详尽地普及男女平权知识。

秋瑾想到中国女性同胞长期处于被压制、被屈从的地位，联想到自己婚姻因为父母包办而带来的不如意，感到应该呼唤女性站起来为争取自由、平等而斗争。该怎样斗争呢？秋瑾认为读书，改变旧有观念是一个门径，1905年，她在《致湖南第一女学堂》中说：“欲脱男子范围，非自立不可。欲自立非求学艺不可，非合群不可。东洋女学之兴，日见其盛，人人皆执一艺以谋身，上可以扶助父母，下可以助夫教子，使男女无坐食之人。其国焉能不强也？我诸姊妹如有此志，非留学日本不可。”[2]

秋瑾在《勉女权歌》中也呼吁，女性应该为了自由觉醒起来，为男女平权而奋斗：“吾辈爱自由，勉励自由一杯酒。男女平权天赋就，岂甘居牛后？愿奋然自拔，一洗从前羞耻垢。若安作同俦，恢复江山劳素手。旧习最堪羞，女子竟同牛马偶。曙光新放文明侯，独立占头筹。愿奴隶根除，智识学问历练就。责任上肩头，国民女杰期无负。”[3]

秋瑾追求女子解放，她坚决站在了反缠足的“天足运动”阵营。她对女子缠足的野蛮陋俗进行了控诉，她说，“没有几岁，也不问好歹，就把一双雪

[1] 秋瑾:《秋瑾集》第12页，上海古籍出版社1979年版。

[2] 乔素玲:《教育与女性:近代中国女子教育与女性觉醒(1840—1921)》第118页，天津古籍出版社2005年版。

[3] 秋瑾:《秋瑾集》第117页，上海古籍出版社1979年版。

白粉嫩的天足脚，用白布缠着，连睡觉的时候，也不许放松一点儿，到了后来，肉也烂尽了，骨也折断了，不过讨亲戚、朋友、邻居们一声‘某人家姑娘脚小’罢了”，从此缠足的女孩却“每日只能坐在房中，不能动作……真正像个死了半截的人，面黄肌瘦，筋骨缩小，终日枯坐，血脉不能流通……”[1]

正是出于对这种“大门不出，二门不迈”、逆来顺受，戕害身心的传统陋习的愤怒，秋瑾呼吁女子放弃缠足，和男人一样站在天足的行列。

晚清时代，像秋瑾这样的女性有很多，她们通过国内舆论与报刊报道等传播渠道，面向国内宣传与提倡女权，无疑产生了较大的社会影响，逐渐形成了女性自身的群体意识，也逐渐改变着社会各阶层国民的传统女性观。

六、容闳“剪辫”要与王朝体制抗争

留学生在推动婚姻婚俗发生变革，呼吁女性解放之外，还有一个重大的变化，就是剪辫易服，推动王朝体制发生深刻变革。

作为留学之父的容闳，他走出国门，决然没有想到自己留学海外，有一天会成为剪辫易服的时代先驱。他和黄宽、黄胜跟随布朗博士到美国之时，还是穿着长袍马褂，拖着长辫的。但是，当他考入耶鲁大学之后，思想和观念上的巨大变化，使他毅然断发易服，与美国的同学在穿着上保持了一致。但是，容闳所处的时代，剪辫仍然成为禁令，以他个人的力量也不可能改变这种延续了几百年的王朝体制。

当容闳回国后，在母亲的要求和相邻的指责声中，他不得不重新蓄起了长辫，穿起了马褂。继容闳之后，留美幼童走进美国，虽然他们以群体的力量，剪辫易服，融入了美国的生活，但他们这种异化的行为，也遭到了被朝廷召回的尴尬局面。

[1] 李书纬:《晚清民国众生绘》第 131 页，中国纺织出版社 2013 年版。

1872年9月，留美幼童抵达旧金山之时，美国《纽约时报》曾经有一个报道，道出了留美幼童拖着长辫走进美国的尴尬，报道说：

昨天到达这里的三十名清国学生都非常年轻。他们都是很勤奋和优秀的小姐和绅士，容貌俊秀，要比任何这之前曾到美国访问过的清国人都好看得多。[1]

报道显然是因为一条长辫而将幼童们误认为是中国女孩了。虽然这种误解是在不经意间发生的，但对幼童们的心理应该说也产生了一定的冲击，虽然，他们还没有想到与王朝体制发生抗争，但在随后的学习中，长袍马褂和脑后的长辫，于学习、生活、玩乐所带来的不便，使得天生具有模仿和改变能力的幼童们，开始不自觉地认同美国的服饰和轻松简洁的短发。于是，在美国生活了一段时间后，幼童们开始纷纷要求脱掉长袍马褂、穿西服，剪辫发。容闳毕竟是有留学美国的经历，对于幼童们的想法感同身受，但是王朝体制不容改变，因而，容闳想起了一个折衷的办法：幼童们的基本服饰可以依照美国的习俗，但是穿着西服的时候，外边应该罩上中国的短褂。至于辫发，可以盘在帽子里或者束在衣服里边。

但这毕竟只是权宜之计，幼童们哪里能够接受这个。他们在美国生活的时间愈久，对美国自由、民主、活泼的文化习俗的认同感就越强烈。因而，他们中的大多数人开始偷偷地剪掉长辫。但是没有辫子怎么行呢？他们毕竟是朝廷派出的官派留学生。当时的留学生监督除了容闳对他们比较宽容之外，陈兰彬、吴嘉善之流常常利用各种理由找他们的麻烦，于是，幼童们在剪去长辫之后，想起了一个瞒天过海的办法，用假发代替长辫，一旦拜见留学生监督或者陈兰彬、吴嘉善来检查他们的学习、生活时，他们就会假模假样地戴上假辫。但是后来，他们还是露出了马脚。

[1] 郑曦原编：《帝国的回忆：〈纽约时报〉晚清观察记》第85页，生活·读书·新知三联书店2001年版。

剪去长辫，这关系到大清王朝的国体，留学生监督自然难以容忍。因而，留美幼童落了中途召回的尴尬结局。

留美幼童剪辫易服时，并没有想到与王朝的体制相抗争，而只是生活、学习，耳濡目染，感到西方的风俗较为便捷。但他们被召回国的结果，见证了他们剪辫易服的失败。他们到国内后，更遭到社会的冷眼，这些无不说明了王朝体制的根深蒂固。

留美幼童被撤回国后，留学美国在很长一段时期里处于历史的低谷。此间，朝廷虽然向欧洲派出了几批军事留学生，由于官方的背景，他们在剪辫易服上没有什么举动。倒是这期间自费留学欧美的学生，他们走出国门后，更多地融入西方的生活，在推动着时代的进步。自费生颜惠庆 1895 年走进美国时。立即“剪掉了辫子”，“定做了西服”。他的这些举动，在当时的留学生中，显然是一个大胆的举动。

在当时走进欧美的自费留学生中，何启、孔祥熙、顾维钧、丁文江都先后剪掉了辫子。他们剪辫的过程，都经历了激烈的思想斗争。留学美国的蒋梦麟，甚至因为剪辫，内心感到上断头台一样，战战兢兢。留学生身在海外，越来越深刻地感到，剪辫易服是一个趋势，他们不能忍受西方人对他们长辫的歧视和嘲笑。他们还注意到，长辫已经成为西人辱骂中国人的标志。所以，他们到国外后，开始主动剪辫。

1903 年留学德国的杨祖谦等 10 余人，“抵德以后，即将发辫鳞次剪去”。他们剪辫的目的和动机，用他们自己的话说，就是“一以化西人相与之迹，俾得稍为亲近，得究其长；一以坚久留学之心，誓非有成，决不返国，众志昭昭，日月可表”[1]。他们剪辫易服的举动，有意无意间对王朝体制产生冲击。

留学欧美的留学生经历着出国剪辫回国遭受指责的两难过程，而世纪之交的留日生初到日本留学时也在辫子问题上颇受挫折。中国留学生刚到日本时，都是梳着大辫子的，因而，也遭到了被歧视的命运。1896 年，中国派往日本

[1] 李喜所主编，刘集林等著：《中国留学通史》（晚清卷）第 567 页，广东教育出版社 2010 年版。

辛亥革命后，民国政府颁布《剪辫通令》《服饰条例》，图为剪去发辫的青年

的第一批 13 名留学生中，4 名到日本后两三个星期就退了学，其原因之一就是忍受不了日本人的这种嘲弄。他们穿戴着日本的校服和制服，垂着大清朝的辫子在街上行走，日本的小孩子便无理地喊叫："猪尾巴！猪尾巴！！"他们的家长并不制止，因此，一些不能忍受屈辱的留学生愤而退学。

虽然如此，清政府仍然规定留学生的装束为长袍马褂，不许剪辫子。后来，留学生便把发辫盘于头顶，用帽子盖着。

面对日本人对中国留学生的轻侮，起初，中国留学生把希望寄托在清王朝身上，希望清政府能够振作，富国强兵，有复兴的一天。然而，历史的现实是，清政府虽然也表示要施行新政，但是并无作为。

留学生们感到，要实现富国强兵，必须打破旧的传统。随着这种认识的不断加深，越来越多的留学生把反帝反封建作为革命目标，并把剪辫易服作为革命的标志。在这种思潮的影响下，留日学生剪辫的越来越多，革命高潮带来了剪辫高潮，青年学生们参加斗争，首先就是剪辫子。

留学生大胆剪辫，引起了留学生监督姚文甫的指责。学生们对他的指责很是不满，适逢他在日本有奸情发生，丑闻迅速传开。张继、陈独秀、邹容等人便想借机教训他一下。一天晚上，正当姚文甫胡作非为的时候，邹容、陈独秀、王孝缜等五个人闯入他的寓中，先打他的嘴巴，然后用剪刀剪去他的宝贝辫子，并把它挂在留学生会馆门口示众。姚文甫当众出了丑，顿时威风扫地，继续呆下去的胆量也没有了，便偷偷溜回国去。

姚文甫溜回国后，在日本的留学生大为解气，感到这是革命的胜利，这既让清政府感到无奈，又大长了留学生的爱国志气。

此后，留学生们纷纷剪去辫子，开始了革命反清的第一步。这些爱国留学生中，邹容、鲁迅、许寿裳、胡汉民等都是剪辫易服较早的爱国留学生。

邹容等人剪去姚文甫的辫子，引起了清政府的震怒。因这件事，他们也被日本当局勒令必须离开日本。邹容离开日本后，发誓与清朝一刀两断，坚决革命到底。

爱国留学生中许寿裳也是较早剪辫响应革命的一位。许寿裳是 1902 年到日本的，到日本的头一天他就剪掉了辫子。他说：我不耐烦盘发，和同班同学韩强士两个人就在到东京的头一天，把烦恼丝剪掉了。

许寿裳剪辫之时，江南班还没有人剪辫，原因在于官派的留学生监督管教很严。留学生监督为每省一名，由清政府派出。所谓的留学生监督，名为率领学生出国，管理学生事务，其实并无事情可做。再说，既然是官派的，就要维护朝廷的利益，对于学生的一些爱国活动以及剪辫易服等等，总是设法掣肘。姚文甫奸情败露，被陈独秀等人剪去辫发后，江南班才逐渐开始剪辫，剪辫在此时也成为参加革命反叛朝廷的标志。革命家吴玉章就是在这种思想的影响下，剪掉了辫子。他在《辛亥革命》中写道：

到日本以后，又受到了更多的革命思想的影响。而且还参加了拒俄学生运动。改良主义思想在我头脑中就逐渐丧失了地位。正因为如此，所以黄芒（同乡）写信回家说我参加了革命，不但未能使我发生恐慌，反而更加坚定了我参加革命的意志。我一怒之下马上将头上的辫子剪了，以示永不回头的决心。[1]

[1] 吴玉章：《吴玉章回忆录》第 21 页，中国青年出版社 1978 年版。

剪辫到了1905年已经相当普遍，并作为时尚潮流迅速传到国内。山西同盟会会员景定成对于1905年一次剪辫发事件的记述，有很强的象征意义：

山西第二次派来的学生里头，很有几位老先生，保守辫子，好像一条生命似的宁死也不肯剪掉。我一天借着同乡开肯亲会，发了一段议论，便说道："这头发本是一种烦恼的东西，弄成一条辫子，搁在脑背后，已经不成个体统；如今人把他挽在头上，作了个盖顶势，好好一个头颅，让他盘居在上面（影射清朝廷），压制得全身不爽快（影射不自由），如今请大家下一个决心，痛痛快快地一刀两断，剪除了他（影射革命），不但一头圆光，而且通身快活，大家有什么顾忌，不肯决然舍去呢？！"这一席话，革命同人，自然领会得来，拍掌喝彩地欢迎。唯有那老先生大不快意。[1]

正如景定成所记述的，留学生的剪辫易服作为一种潮流，给一些进步青年带来新的影响。因此，在各地的青年学生中，剪去发辫者已不乏其人。对此，清廷似乎也不再那么严厉管束，因为统治集团内部要求剪辫易服的呼声也不断出现。但是，长辫毕竟是清王朝政治体制的一个标记，剪发辫毕竟是违背了清王朝的"祖宗成法"的行为，因而，诸如参加乡试、会考或者参加政府体制内的活动，剪辫者是没有资格的，除非弄一条假辫子带上。不仅如此，剪辫易服之人一旦犯案，官府在处罚上会更加严厉。尽管如此，在留学生带回的这种风气影响之下，剪辫之风在开化之地不断涌现，甚至影响到军队。1905年，北洋新军种对官兵剪辫也采取纵容态度。这种状况甚至还影响了一些政府官员，也说明清统治者统治力量逐渐走向衰弱，王朝大厦已到了崩溃的边缘。

[1] 景梅久：《罪案》，中国史学会主编：《辛亥革命》（二），第246页，上海人民出版社1957年版。

参考文献

1 王奇生:《中国留学生的历史轨迹》, 湖北教育出版社 1992 年版。

2 容闳:《西学东渐记》, 岳麓书社 1985 年版。

3 李喜所主编, 刘集林等著:《中国留学通史》(晚清卷), 广东教育出版社 2010 年版。

4 刘真主编, 王焕琛编著:《留学教育》,(台北)国立编译馆 1980 年版。

5 徐盈、李希泌等:《詹天佑》, 中国青年出版社 1956 年版。

6 李喜所:《近代中国的留学生》, 人民出版社 1987 年版。

7 高宗鲁:《中国留美幼童书信集》,(台北)传记文学出版社 1986 年版。

8 李圭:《环游地球新录》, 湖南人民出版社 1980 年版。

9 董守义:《清代留学运动史》, 辽宁人民出版社 1985 年版。

10 李喜所:《近代留学生与中外文化》, 天津人民出版社 1992 年版。

11 邓丽兰:《临时大总统和他的支持者——孙中山英文藏档透视》, 中国文史出版社 1996 年版。

12 陈学恂主编:《中国近代教育史教学参考资料》, 人民教育出版社 1986 年版。

13 经盛鸿:《詹天佑评传》, 南京大学出版社 2001 年版。

14 施肇基:《施肇基早年回忆录》,(台北)传记文学出版社 1985 年版。

15 颜惠庆著, 吴建雍等译:《颜惠庆自传——一位民国元老的历史记忆》, 商务印书馆 2003 年版。

16 李茂盛:《孔祥熙传》, 中国广播电视出版社 1992 年版。

17 王炳林主编:《孔氏家族秘史》, 中国档案出版社 1995 年版。

18 叶维丽著, 周子平译:《为中国寻找现代之路》, 北京大学出版社 2012 年版。

19 中国社会科学院近代史研究所译:《顾维钧回忆录》, 中华书局 1983 年版。

20 清华大学校史研究室编:《清华大学史料选编》, 清华大学出版社 1991 年版。

21 潘乃穆、潘乃和编:《潘光旦文集》, 北京大学出版社 1995 年版。

22 孙石月:《中国近代女子留学史》, 中国和平出版社 1995 年版。

23 留美学生会编:《留美学生年报》, 上海中华书局 1913 年版。

24 张海林:《王韬评传》, 南京大学出版社 1993 年版。

25 钟叔河编, 王韬著:《走向世界丛书: 漫游随录》, 岳麓书社 1985 年版。

26 ［美］柯文：《王韬与晚清革命》，江苏人民出版社 1998 年版。
27 ［美］明恩溥著，刘文飞、刘晓旸译：《中国人的气质》，三联书店 2007 年版。
28 ［英］约·罗伯茨著，蒋重跃、刘林海译：《十九世纪西方人眼中的中国》，时事出版社 1999 年版。
29 郑大华点校：《新政真铨 —— 何启·胡礼垣集》，辽宁人民出版社 1994 年版。
30 张云樵：《伍廷芳与清末政治改革》，（台北）联经出版事业公司 1987 年版。
31 薛玉琴著：《近代思想前驱者的悲剧角色：马建忠研究》，中国社会科学出版社 2006 年版。
32 方豪：《中国天主教史人物传》，中华书局 1973 年版。
33 马相伯：《马相伯集》，复旦大学出版社 1996 年版。
34 故宫博物院明清档案部：《清末筹备立宪档案史料》，中华书局 1979 年版。
35 张乐天：《蔡元培传》，团结出版社 1998 年版。
36 崔志海编，蔡元培著：《蔡元培自述》，河南人民出版社 2004 年版。
37 蔡振编：《中学修身教科书》，商务印书馆 1910 年版。
38 舒新城编：《中国近代教育史资料》，人民教育出版社 1961 年版。
39 端方：《端忠敏公奏稿》，（台北）文海出版社 1967 年版。
40 《光绪朝东华录》，中华书局 1984 年版。
41 胡适：《丁文江的传记》，安徽教育出版社 1999 年版。
42. 李祖鸿：《丁文江这个人》，（台北）传记文学出版社 1979 年版。
43 李兆忠：《喧闹的骡子》，人民文学出版社 2010 年版。
44 王蘧常：《严几道年谱》，《严复研究资料》，海峡文艺出版社 1990 年版。
45 《严复集》，中华书局 1986 年版。
46 高惠群、乌传衮：《翻译家严复传论》，上海外语教育出版社 1992 年 10 月版。
47 ［美］本杰明·史华兹：《寻求富强：严复与西方》，江苏人民出版社 1996 年版。
48 严复：《严复文选》，上海远东出版社 1996 年版。
49 汤志钧编： 《康有为政论集》，中华书局 1981 年版。
50 李培德：《曾孟朴的文学旅程》（传记文学丛书之七），（台北）传记文学出版社 1977 年版。
51 黎庶昌：《西洋杂志》，岳麓书社 1985 年版。
52 《近代中国史料丛刊》，（台北）文海出版社 1966 年版。
53 ［美］史景迁：《文化类同与文化利用》，北京大学出版社 1990 年版。
54 陈季同著，李华川译：《吾国》，广西师范大学出版社 2006 年版。
55 ［日］实藤惠秀：《中国人留学日本史（修订译本）》，北京大学出版社 2012 年版。
56 孙孝恩、丁琪著：《光绪传》，人民出版社 1997 年版。
57 钱单士厘：《癸卯旅行记·归潜记》，湖南人民出版社 1981 年版。

58 胡钧编:《张文襄公之洞年谱》,(台北)商务印书馆 1978 年版。

59 日本外务省编:《日本外交文书》,日本国际联合协会 1954 年版。

60 康有为著,楼宇烈整理:《康南海自编年谱(外二种)》,中华书局 1992 年版。

61 [日]矢野文雄:《清国留学生招聘策》,见《近代史资料》总 74 号,中国社会科学出版社 1989 年版。

62 [日]大里浩秋、孙安石编著:《近现代中日留学生史研究新动态》,上海人民出版社 2014 年版。

63 赵尔巽等撰:《清史稿》,中华书局 1977 年版。

64 曹聚仁:《鲁迅评传》,复旦大学出版社 2006 年版。

65 鲁迅:《鲁迅书信集》,人民文学出版社 1976 年版。

66 廖梦醒:《我的母亲何香凝》,人民出版社 1984 年版。

67 邹鲁编著:《中国国民党史稿》,中华书局 1960 年版。

68 谢长法:《中国留学教育史》,山西教育出版社 2006 年版。

69 廖一中、罗真容整理:《袁世凯奏议》,天津古籍出版社 1987 年版。

70 夏东元主编:《二十世纪中国大博览》,吉林人民出版社 1994 年版。

71 胡汉民:《胡汉民自传》,(台北)传记文学出版社 1982 年版。

72 施培毅,徐寿凯校点:《吴汝纶全集》,黄山书社 2002 年版。

73 [美]安德鲁·马洛泽莫夫:《俄国的远东政策(1881–1904)》,商务印书馆 1977 年版。

74 张篁溪:《1905 年留日学生罢课运动始末》,《文史资料选编》第 33 辑,北京出版社 1988 年版。

75 秋瑾:《秋瑾集》,上海古籍出版社 1979 年版。

76 黄尊三:《三十年日记》,湖南印书馆 1933 年版。

77 侯宜杰:《二十世纪初中国政治改革风潮》,人民出版社 1993 年版。

78 张謇研究中心、南通市图书馆编:《张謇全集》,江苏古籍出版社 1994 年版。

79 故宫博物院明清档案部编:《清末筹备立宪档案史料》,中华书局 1979 年版。

80 孙中山:《孙中山选集》,人民出版社 1981 年。

81 [日]藤原正人编:《幸德秋水全集》,(东京)诚进社,1982 年版。

82 郑匡民:《社会主义讲习会与日本社会主义者》,见《中国近代史上的自由主义》,社会科学文献出版社 2008 年版。

83 靳明全:《攻玉论:关于 20 世纪初期中国政界留日生的研究》,重庆出版社 1999 年版。

84 [日]石母田正:《中国革命与幸德秋水》,载《国外中国近代研究》第 2 辑,中国社会科学出版社 1981 年版。

85 杨天石编:《"社会主义讲习会"资料》,《中国哲学》第 1 辑,生活·读书·新知三联书店

1979 年版。
86 章炳麟:《章太炎全集》,上海人民出版社 1985 年版。
87 广东省哲学社会科学研究所历史研究室编:《朱执信集》,中华书局 1979 年版。
88 刘禺生著,钱宝甫整理:《世载堂杂忆》,中华书局 1960 年版。
89 上海图书馆编:《汪康年师友书札》,上海古籍出版社 1987 年版。
90 冯自由:《革命逸史》(初集),中华书局 1981 年版。
91 中国史学会:《洋务运动》,上海人民出版社 1961 年版。
92 田正平:《留学生与中国教育近代化》,广东教育出版社 1996 年版。
93 李宗一:《袁世凯传》,中华书局 1980 年版。
94 廖一中、罗真容整理:《袁世凯奏议》,天津古籍出版社 1987 年版。
95 吴汝纶编,《李文忠公(鸿章)全集》,(台北)文海出版社 1984 年版。
96 孙瑞芹译:《德国外交史料有关中国交涉史料选译》,商务印书馆 1960 年版。
97 张侠、杨志本等合编:《清末海军史料》,海洋出版社 1982 版。
98 姜鸣:《龙旗飘扬的舰队——中国近代海军兴衰史》,上海交通大学出版社 1991 年版。
99 苏迟:《李叔同传》,团结出版社 1999 年版。
100 李书纬:《晚清民国众生绘》,中国纺织出版社 2013 年版。
101 黄兴涛:《文化怪杰辜鸿铭》,中华书局 1995 年版。
102 中国史学会主编:《辛亥革命》,上海人民出版社 1957 年版。
103 陈独秀:《陈独秀文章选编》,生活·读书·新知三联书店 1984 年版。
104 刘志琴主编,闵杰著:《近代中国社会文化变迁录》,浙江人民出版社 1998 年版。
105 吴玉章:《吴玉章回忆录》,中国青年出版社 1978 年版。
106 马建忠著,张岂之、刘厚祜点校:《适可斋记言》,中华书局 1960 年版。
107 广东省社会科学院历史研究室等合编,《孙中山全集》,中华书局 1981 年版。
108 蒋梦麟:《西潮》,天津教育出版社 2008 年版。
109 郑曦原编:《帝国的回忆:〈纽约时报〉晚清观察记》,生活·读书·新知三联书店 2001 年版。
110 [法]阿兰·佩雷菲特:《停滞的帝国:两个世界的撞击》,生活·读书·新知三联书店 1993 年版。
111 [美]马士:《中华帝国对外关系史》,(台北)成文出版社影印本 1978 年版。
112 林庆元:《林则徐评传》,南京大学出版社 2000 年版。
113 张海林:《王韬评传(附容闳评传)》,南京大学出版社 1993 年版。
114 《筹办夷务始末》(咸丰朝),中华书局 1979 年版。
115 《筹办夷务始末》(同治朝),中华书局 1979 年版。
116 钟叔河主编,祁兆熙著:《走向世界丛书:游美洲日记》,岳麓书社 1985 年版。

117 钱钢、胡劲草:《大清留美幼童记》，香港中华书局 2003 年版。
118 石霓著:《观念与悲剧: 晚清留美幼童命运剖析》，上海人民出版社 2000 年版。
119 黄遵宪著，钱仲联笺注:《人境庐诗草笺注》，香港中华书局 1963 年版。
120 郑大华点校:《采西学议: 冯桂芬、马建忠集》，辽宁人民出版社 1994 年版。
121 容闳著，石霓译注:《容闳自传: 我在中国和美国的生活》，百家出版社 2003 年版。
122 张礼恒:《伍廷芳的外交生涯》，团结出版社 2008 年版。
123 蔡元培:《蔡元培选集》，中华书局 1959 年版。
124 宋路霞:《李鸿章家族》，重庆出版社 2005 年版。
125 欧阳哲生:《严复评传》，百花洲文艺出版社 1994 年版。
126 茅海建:《从甲午到戊戌: 康有为〈我史〉鉴注》，生活·读书·新知三联书店 2009 年版。
127 王晓秋:《中日文化交流史话》，山东教育出版社 1991 年版。
128 鲁迅:《鲁迅全集》，人民出版社 1981 年版。
129 朱正:《鲁迅传略》，人民文学出版社 1982 年版。
130 史全生主编:《中国近代军事教育史》，东南大学出版社 1996 年 10 月版。
131 冯祖贻:《邹容 陈天华评传》，河南教育出版社 1986 年版。
132 李刚:《大清帝国最后十年》，当代中国出版社 2008 年版。
133 中国第一历史档案馆编:《光绪宣统两朝上谕档》，广西师范大学出版社 1999 年版。
134 张晶萍:《书生襟抱本无垠: 近代风云人物杨度》，广西师范大学出版社 2011 年版。
135 张难先:《湖北革命知之录》，商务印书馆 1946 年版。
136 张笃勤:《孙中山读书生涯》，长江文艺出版社 1997 年版。
137 [美]刘广京、朱昌峻编:《李鸿章评传: 中国近代化的起始》，上海古籍出版社 1995 年版。
138 萨本仁:《萨镇冰传——一生跨越四个历史时期的近代爱国海军宿将》，海潮出版社 1994 年版。
139 杜春和等编:《北洋军阀史料选辑》，中国社会科学出版社 1981 年版。
140 辜鸿铭著，黄兴涛编:《辜鸿铭文集》，海南出版社 1996 年版。
141 黄兴涛:《旷世怪杰——名人笔下的辜鸿铭 辜鸿铭笔下的名人》，东方出版中心 1998 年版。
142 朱洪:《陈独秀风雨人生》，湖北人民出版社 2004 年版。
143 丁彦斌主编:《中共领袖人物传记》，中国教育出版社 2004 年版。
144 朱贞:《晚清学堂读经与日本》，《学术研究》2015 年第 5 期。
145 中国第一历史档案馆:《清政府开办清华学堂史料选》，《历史档案》1987 年第 3 期。
146 [日]细野浩二:《鲁迅的境界——追溯鲁迅留学日本的经历》，(日本)《亚洲评论》1976 年第 4 期。
147 厉绥之:《五十年前的学友——鲁迅先生》，《文汇报》1961 年 9 月 15 日。

148 杨源濬述，张湟溪记：《陈天华殉国记》，《湖南历史资料》1959年第1期。
149 威海市政协文史资料委员会编：《北洋海军的兴衰》，1994年内部资料。
150 崔志海：《海军大臣载洵访美与中美海军合作计划》，《近代史研究》2006年第3期。
151 崔志海：《关于美国第一次退还部分庚款的几个问题》，《近代史研究》2004年第1期。
152 张大庆：《黄宽研究补正》，《中国科技史杂志》2011年第1期。
153 林启彦：《严复与何启——两位留英学生近代化思想模式的探讨》，《近代史研究》2004年第3期。
154 ［日］细野浩二：《鲁迅的境界——追溯鲁迅留学日本的经历》，（日本）《亚洲评论》1976年第4期。
156 刘姗姗：《清末成城学校入学冈潮述论》，《徐州师范大学报》2009年3月。
157 郑匡民：《一桩隐藏在"取缔规则"背后的政治交易》，郑大华、邹小站主编：《中国近代史上的民族主义》，社会科学文献出版社2007年版。
158 《留学生纪事：记军国民教育会》，《浙江潮》1903年第五期。
159 ［日］永井算巳：《所谓清国留学生取缔规则事件之性格》，日本《信州大学期刊》1952年第7期。
160 张篁溪：《1905年留日学生罢课运动始末》，中国人民政治协商会议北京市委员会文史资料研究委员会编：《文史资料选编》，北京出版社1988年版。
161 严海建：《中国台学与清季革命》，《历史档案》2014年第3期。
162 范铁友：《黄尊三留日史事述论》，《徐州师范大学学报》2012年7月。
163 闾小波：《从议会主义到宪法主义——从魏源到孙中山民主诉求之检讨》，《近代中国》，上海社会科学院出版社2001年版。
164 叶介甫：《传奇杨度》，《世纪风采》，2012年第1期。
165 孙中山：《孙中山选集》，人民出版社1981年。
167 张难先：《湖北革命知之录》，商务印书馆1946年版。
168 靳明全：《攻玉论：关于20世纪初期中国政界留日生的研究》，重庆出版社1999年版。
169 ［日］藤原正人编：《幸德秋水全集》，（东京）诚进社，1982年版。
170 郑匡民：《社会主义讲习会与日本社会主义者》，见郑大华、邹小站主编：《中国近代史上的民族主义》第486页，社会科学文献出版社2008年版。
171 杨天石编：《"社会主义讲习会"资料》，《中国哲学》第1辑，生活·读书·新知三联书店1979年版。
172 刘则永：《东瀛涌动革命潮》，《团结》2011年第3期。
173 王红：《近代中国的首次军事留学》，《军事历史》2010年6月。
174 许华：《海权与近代中国的历史命运》，《福建论坛：人文社会科学版》1998年第5期。

175 崔志海:《海军大臣载洵访美与中美海军合作计划》,《近代史研究》2006 年第 3 期。
176 王逸峰:《袁世凯与中国近代军事留学教育——兼论袁世凯与军事留学生的关系》,《徐州师范大学学报:哲学社会科学版》2004 年第 4 期。
177 夏东元:《论洋务运动的经济背景和思想背景》,《上海社会科学院学术季刊》1986 第 3 期。
178 中国史学会主编:《洋务运动》,上海人民出版社、上海书店出版社 2000 年版。
179 梁碧莹:《梁诚与近代中国》,中山大学出版社 2011 年版。
180 罗香林:《梁诚的出使美国》,(台北)文海出版社 1979 年版。
181 王奇生:《中国留学生的历史轨迹:1872—1949》,湖北教育出版社 1992 年版。
182 王韬:《漫游随录》,岳麓书社 1985 年版。
183 欧阳哲生编:《丁文江先生学行录》,中华书局 2008 年版。
184 李兆忠:《喧闹的骡子》,人民文学出版社 2010 年版。
185 王晓秋:《中日文化交流史话》,山东教育出版社 1991 年版。
186 陈学恂、田正平编:《中国近代教育史资料汇编:留学教育》,上海教育出版社 1991 年版。
187 黄福庆:《清末留日学生》,(台北)中央研究院近代史研究所 1975 年版。
188 靳明全:《攻玉论:关于 20 世纪初期中国政界留日生的研究》,重庆出版社 1999 年版。
189 王学斌:《“三将军”张继的辛亥岁月》,见《文史天地》2012 年第 2 期。
190 [日]石母田正:《中国革命与幸德秋水》,《国外中国近代研究》第 2 辑,中国社会科学出版 191 社 1981 年版。
191 郑匡民:《社会主义讲习会与日本思想的关系》,《社会科学研究》2008 年 3 期。
192 郭丽兰:《朱执信对马克思主义著述的翻译和传播——以〈共产党宣言〉、〈资本论〉为例》,《中共中内党校学报》2011 年第 2 期。
193 莫小尘:《中国话剧百年:魂兮归来》,载《观察与思考》2007 年 1 月。
194 马勇:《蒋梦麟传》第 75 页,红旗出版社 2009 年版。
195 钟兆云:《解读辜鸿铭》,载《书屋》2002 年第 10 期。
196 孔庆茂:《辜鸿铭评传》,百花洲文艺出版社 1996 年版。
197 钱恂:《五洲各国政治考》,上海刊本 1901 年。
198 邹容:《革命军》,中华书局 1958 年版。
199 梁碧莹:《梁诚与近代中国》,中山大学出版社 2011 年版。
200 罗香林:《梁诚的出使美国》,(台北)文海出版社 1979 年版。
201 朱寿朋:《光绪朝东华录》,中华书局 1984 年版。